Max Heinze

Die Lehre vom Logos in der griechischen Philosophie

Max Heinze

Die Lehre vom Logos in der griechischen Philosophie

ISBN/EAN: 9783743331525

Hergestellt in Europa, USA, Kanada, Australien, Japan

Cover: Foto ©Thomas Meinert / pixelio.de

Manufactured and distributed by brebook publishing software
(www.brebook.com)

Max Heinze

Die Lehre vom Logos in der griechischen Philosophie

DIE

LEHRE VOM LOGOS

IN DER

GRIECHISCHEN PHILOSOPHIE.

VON

DR. MAX HEINZE,
HOFRATH UND PROFESSOR.

ἀρχὴ οὖν λόγος καὶ πάντα λόγος.
PLOTIN.

OLDENBURG.

FERDINAND SCHMIDT.

1872.

Inhaltsübersicht.

Vorwort.

Der griechische Geist erblickte in der Welt die vollendetste Ordnung. Einer seiner Hauptvertreter liess die ästhetische Betrachtung des Alls vorwalten. So lag es nahe, die Welt als ein Werk der Vernunft anzusehen und letztere zum herrschenden Begriff in dem All zu machen. Wir finden den Logos von dem Aufdämmern des griechischen Geisteslebens bis in die letzten Zeiten desselben behandelt. Aus der Physik griff er über in die Ethik.

Eine Monographie über die Geschichte dieses Begriffs, der von grosser Wichtigkeit in der Philosophie und ebenso in der Theologie ist, besitzen wir noch nicht. So vortrefflich einige Darstellungen der gesammten griechischen Philosophie sind, war es ihnen doch nicht möglich, einen einzelnen Begriff in seinem ganzen Umfange historisch zu verfolgen. Deshalb ist es auch schwierig, aus ihnen die volle Bedeutung des Logos zu ersehen. Die Theologen pflegen nur bis auf Philon zurückzugehen.

Die johanneische und patristische Lehre zu behandeln, liegt nicht in meiner Aufgabe. Ich beschränke mich hier auf die specifisch-philosophische Entwickelung. So viele griechische Elemente auch in der Logoslehre bei Kirchenvätern sich finden, so ist es doch Sache der Theologie, diese nachzuweisen und auf sie einzugehen. Vielleicht dient meine Arbeit dazu, nach dieser Seite die Untersuchungen zu erleichtern.

Dass ich bei der Darstellung der Lehre Heraklits einige Punkte genauer besprochen habe, findet seine Erklärung in der Kärglichkeit der Quellen für diesen Philosophen und der Dunkelheit seiner Sprüche.

Auffallen könnte es, dass ich nicht ausführlicher den Logos bei Platon und Aristoteles behandelt habe. Allein bei diesen beiden ist der Begriff zu wenig abgegrenzt, als dass es überhaupt möglich wäre, ihn darzustellen. Von einer Logoslehre kann nur da die Rede sein, wo das Wort einen bestimmten Begriff bezeichnet, wenn dieser auch einen grossen Umfang hat.

Das System, welches dem Logos die grösste Bedeutung beilegt, ist die Stoa. Eine Geschichte der Logoslehre wird gleich kommen einem Ausschnitt aus der Geschichte der Stoa. Diese Philophie hat einen bedeutenderen Einfluss ausgeübt auf die spätere Entwickelung der griechischen Speculation, als man meist geneigt ist anzunehmen. Zeller hat zuerst in seinem meisterhaften Werke in reicherem Maasse darauf aufmerksam gemacht. Ich habe es mir angelegen sein lassen, die Beziehungen späterer Speculation zur Stoa hervorzuheben, soweit sie den Logos betreffen. Besonders bin ich eingegangen auf den λόγος σπερματικός, diesen specifisch stoischen Begriff, und auf den λόγος ἐνδιά-θετος und προφορικός.

Die Uebergänge von der Stoa zu Philon musste ich heranziehen und besprechen, obgleich bei ihnen vom Logos nicht viel die Rede. Durch sie lernt man erst die Lehre Philons verstehen, wie sie sich aus den früheren Elementen entwickelt. Bei Philon selbst habe ich Werth darauf gelegt, dessen innigen Zusammenhang mit der griechischen Philosophie nachzuweisen und so zugleich die Rechtfertigung dafür zu geben, dass ich ihn, den Juden, zu den griechischen Philosophen rechne.

Den Neuplatonismus habe ich vielleicht für manche zu kurz abgefertigt im Verhältniss zu den früheren Systemen. Hierzu war ich berechtigt, weil gerade die Lehre vom Logos bei Plotin an vielen Unklarheiten und Widersprüchen leidet. Hätte ich ausführlicher sein wollen, so wäre die Behandlung Plotins über das Maass ausgedehnt worden, da dann eine grosse Zahl von Stellen in allen Einzelheiten hätte erörtert werden müssen. Hierzu war keine Veranlassung, da wir trotz der specielleren Untersuchungen nichts neues bei ihm gefunden hätten. Ausserdem liegt der Schwerpunkt der plotinischen Speculation nicht in der Lehre vom Logos.

Dass meine Arbeit auf selbständiger und umfassender Durcharbeitung auch der entlegeneren Quellen beruht, will ich nur für solche Leser bemerkt haben, die in der Geschichte der griechischen Philosophie weniger zu Hause sind.

Mancher würde aus dem von mir benutzten Material häufig bestimmtere Schlüsse gezogen haben. Meiner Individualität ist es entsprechender, da nur von Wahrscheinlichkeit zu reden, wo nicht jeder Zweifel beseitigt scheint.

Erstes Capitel.

Heraklit.

Die ältesten griechischen Naturphilosophen begnügten sich damit, einen Urstoff gefunden zu haben, aus dem alles entstehe und bestehe. Diesem selbst legten sie Leben und Bewegung bei, so dass die Welt der Erscheinungen ohne Mitwirken einer weiteren geistigen Kraft aus dieser Urmaterie allein gebildet sein und begriffen werden sollte, mochte diese nun das Wasser oder das Unendliche, als unbestimmter Stoff, oder die Luft sein. Wenn wir auch in späteren Quellen von einem Weltverstande bei Thales lesen, oder von einer göttlichen Macht, welche den Stoff durchdringe und die Welt bilde, so ist diese Nachricht als irrthümlich zu bezeichnen, da Aristoteles sonst auch von dieser Lehre hätte berichten müssen, er sie aber bei Thales geradezu in Abrede stellt.

Für Anaximander nehmen manche Forscher, z. B. Brandis[1]), eine göttliche Kraft des Unendlichen an, die darin bestehe, alles zu umfassen und alles zu lenken, sich stützend auf Arist. Phys. III, 41. 203, b, 11, wo von dem ἄπειρον gesagt wird, dass es selbst der Urgrund von allem zu sein scheine καὶ περιέχειν ἅπαντα καὶ πάντα κυβερνᾶν, ὥς φασιν ὅσοι μὴ ποιοῦσι παρὰ τὸ ἄπειρον ἄλλας αἰτίας, οἷον νοῦν

---

[1]) Geschichte der Entwickelungen der griechischen Philosophie I. 54 f. 51. Noch viel weiter geht Röth, Geschichte der abendländischen Philosophie II, 1, 142.

Heinze, Lehre vom Logos. 1

ἢ φιλίαν, καὶ τοῦτ᾽ εἶναι τὸ θεῖον· ἀθάνατον γὰρ καὶ ἀνώ-
λεθρον ὡς φησὶν ὁ Ἰναξίμανδρος καὶ οἱ πλεῖστοι τῶν φυ-
σιολόγων. Allein wenn auch die Worte *ἀθάνατον καὶ ἀνώλε-
θρον* mit ziemlicher Sicherheit dem Anaximander zuzuschreiben
sind, so darf man doch nicht ohne Bedenken auch die Ausdrücke περιέχειν ἅπαντα καὶ πάντα κυβερνᾶν ihm zusprechen,
da sie ganz im allgemeinen denen in den Mund gelegt werden,
welche Aristoteles von ihrem physischen Urgrunde das Prädicat ἄπειρον aussagen und neben diesem kein geistiges
Princip annehmen lässt. Dies sind aber nach ihm die meisten der Physiologen. Heraklit freilich, für den der Ausdruck
am ersten passte, kann nicht mit darunter verstanden werden,
da er sein Princip als begrenzt annahm [1]. Auch schon
Simplikios betrachtet die Worte nicht als Eigenthum des
Anaximander; denn bei ihrer Erklärung braucht er den Pluralis [2]. Aber sogar angenommen, sie gehörten ihm unbestritten,
so würde man die göttliche **Kraft** doch noch nicht daraus
herleiten können; denn zu dem τοῦτ᾽ εἶναι τὸ θεῖον ist das
δοκεῖ aus dem vorhergegangenen wieder zu ergänzen, so dass
dies wahrscheinlich nur eine Folgerung des Aristoteles ist.

Anders als bei den früheren ionischen Physikern scheint
es sich schon bei Xenophanes zu verhalten, der von der
Gottheit sagt, dass sie ganz Auge, ganz Gedanke, ganz Ohr
ist [3], namentlich dass sie ohne jegliche Mühe durch das
Denken alles beherrscht [4]. Aber diese Aeusserungen über
die Gottheit verdanken wir mehr der Opposition gegen den
sinnlichen Polytheismus als der philosophischen Speculation,
und ausserdem wird die Gottheit bei Xenophanes in kein
bestimmtes Verhältniss zur Welt gebracht, so dass man nicht

---

[1] Diog. IX, 8. Simpl. Phys. 3, b, ob.
[2] Phys. 107, a: εἰ δὲ καὶ περιέχειν ἔλεγον καὶ κυβερνᾶν, οὐδὲν
θαυμαστόν.
[3] Diog. IX, 19.
[4] Simpl. Phys. 6, a.

einmal entscheiden kann, ob er zu den Theisten zu zählen
ist, oder zu den Pantheisten.

Einen entschiedenen Fortschritt in dem philosophischen
Denken bekundet Heraklit, mag er nun durch Xenophanes
den er wenigstens kannte, aber nicht hoch schätzte[1], Anregung empfangen haben oder nicht. Zwar tritt er keineswegs aus der Reihe derer, welche den Stoff belebt sein lassen,
und aus dessen Wandlungen die Dinge erklären, aber abgesehen von allem übrigen ist auch schon in diesem Punkte ein
grosser Unterschied zwischen ihm und andern Physikern
anzuerkennen. Während nämlich einige von ihnen ihre Stoffe
als solche immer bestehen lassen und blos durch Verbindung
und Trennung, durch Verdichtung und Verdünnung derselben
die Mannigfaltigkeit der Erscheinungen zu erklären suchen,
nimmt er eine qualitative Veränderung des Feuers an, wie
deutlich hervorgeht aus seinen Worten, dass alles gegen Feuer
sich umsetze wie Waaren gegen Gold und Gold gegen Waaren[2].
Auch sonst wird dieser Ausdruck ἀμοιβή von dem Processe
der Umwandlung der Dinge bei Heraklit gebraucht; und
wenn wir bei späteren, so bei Simplikios[3], von Verdichtung
und Verdünnung des heraklitischen Feuers lesen, so ist dies
nur nicht genau ausgedrückt, aber es liegt das wahre wenigstens zu Grunde, insofern nämlich durch die Umwandlung

---

[1] Diog. IX, 1.
[2] Plut. De Ei ap. Delph. 8. 388, E: πυρός τ' ἀνταμείβεται πάντα,
φησὶν Ἡράκλειτος, καὶ πῦρ ἁπάντων ὥσπερ χρυσοῦ χρήματα καὶ χρη-
μάτων χρυσός. Das vorhergehende: ὡς γὰρ ἐκείνην (τὴν τὰ ὅλα δια-
κοσμοῦσαν ἀρχήν) φυλάττουσαν ἐκ μὲν ἑαυτῆς τὸν κόσμον, ἐκ δὲ τοῦ
κόσμου πάλιν αἳ ἑαυτὴν ἀποτελεῖν giebt wenigstens genau einen der
heraklitischen Hauptgedanken wieder, wenn auch mit später gebrauchten
Ausdrücken. An Stelle des durch Lassalle, Die Philosophie Herakleitos des
Dunkeln I, 221 f. in Schutz genommenen aber sinnlosen φυλάττουσαν wird
es sich empfehlen, πλάττουσαν, eine Conjectur von Bernays. Rhein. M.
Neue F. VII, III, Anm. 3, aufzunehmen.
[3] Phys. 6, a. 310, a. Vgl. Diog. IX, 8.

des Feuers wirklich dichteres entsteht, und umgekehrt durch die der Dinge in Feuer dünneres[1]).

Dieses Feuer ist nun dem Heraklit nicht nur lebendiger, bewegter und bewegender Stoff, sondern dieser Stoff hat auch eine gewisse und ganz unverbrüchliche Ordnung in sich und ein sicheres und vernünftiges Gesetz, nach dem die Wandlungen vor sich gehen, und von diesem kann er sich nie trennen, weil es zu seinem Wesen gehört. Hierbei dürfen wir uns freilich nicht berufen auf Hippolytos[2]), der das Feuer φρό-νιμον und αἴτιον τῆς διοικήσεως τῶν ὅλων nach Heraklit nennt, auch nicht auf Sextus[3]), welcher das περιέχον als φρε-νῆρες und λογικόν nach ihm bezeichnet, weil wir in diesen Ausdrücken blos die Consequenzen aus den eigenen Worten des ephesischen Weisen gezogen finden, zum Theil in der Sprache der Stoiker. Die eigenen Worte Heraklits, welche uns Clemens Strom. V. 599, B in der vollständigsten Fassung aufbewahrt hat, sprechen dies deutlich aus: Κόσμον τόνδε τὸν αὐτὸν ἁπάντων οὔτε τις θεῶν οὔτε ἀνθρώπων ἐποίησεν· ἀλλ᾽ ἦν ἀεὶ καὶ ἔσται πῦρ ἀείζωον, ἁπτόμενον μέτρα καὶ ἀποσβεννύμενον μέτρα. Könnten wir mit Bernays[4]) κόσμος unbedingt an dieser Stelle für Weltordnung fassen, so würde das ewig lebende Feuer geradezu für diese erklärt, und es hätte schon alles materielle verloren. Allein wir müssen den Stoff in diesem κόσμος mit begreifen und darunter verstehen die Welt in einer bestimmten Ordnung, was ja auch die eigentliche Bedeutung des Wortes ist. Das letztere einzu-schliessen berechtigt uns allerdings besonders Alexander der Aphrodisier, der bei der Erklärung dieses κόσμος Nachdruck auf die διάταξις legt[5]), aber das materielle auszuschliessen

---

[1]) Vgl. Zeller, Phil. d. Gr. I, 543 f.
[2]) Refut. IX, 10.
[3]) Math. VII, 127. S. 398 ed. Fabr.
[4]) Die heraklitischen Briefe 11.
[5]) Simpl. z. Arist. De coelo. Schol. in Arist. 488, a, 2.

verbietet einmal die Bezeichnung eben dieses κόσμος als
Feuer, das bei Heraklit nicht immateriell gedacht ist, und
zweitens eben derselbe Aphrodisier, der den κόσμος an dieser
Stelle nicht blos für die jetzige Entfaltung der Welt gefasst
wissen will, sondern überhaupt für die ganze Entwickelung
von unendlichen Verbrennungen und Entfaltungen und ihm
deshalb auch im Gegensatz zu dieser διακόσμησις die Ewig-
keit zuschreibt. Er sagt der κόσμος sei hier καθόλου τὰ
ὄντα καὶ τὴν τούτων διάταξιν. Man sieht, die ὄντα sind
eingeschlossen, und es ist nicht blos die Weltordnung.

Mit dieser Erklärung von κόσμος steht auch in Uebereinstimmung eine Stelle, wo wir dies Wort wahrscheinlich
noch von Heraklit selbst gebraucht finden, nämlich Plut. De
superst. 3. 166, C: Ὁ Ἡράκλειτός φησι, τοῖς ἐγρηγορόσιν
ἕνα καὶ κοινὸν κόσμον εἶναι τῶν δὲ κοιμωμένων ἕκαστον
εἰς ἴδιον ἀποστρέφεσθαι. Ueber diese Worte sei vor der
Hand nur so viel gesagt, dass κόσμος hier nicht blos die
Weltordnung bedeuten kann, zu welcher Annahme man bei
dem ersten Lesen der Worte vielleicht geneigt wäre. Der
Zusammenhang zwischen dem einzelnen Menschen und dem
κοινὸς κόσμος erhält sich durch die rein physischen Processe
des Einathmens und der Sinnenthätigkeit, und deshalb muss
dieser etwas materielles sein.

Aber nicht blos der Ausdruck κόσμος bezeugt uns, dass
in dem heraklitischen Fragment das ewiglebende Feuer in
einer gewissen Ordnung sich bewegen muss, sondern auch
die letzten Worte desselben: ἀπτόμενον μέτρα καὶ ἀποσβεννύμενον μέτρα[1]), sich entzündend nach Maassen und ver-

---

[1]) Die Masculinform ἀπτόμενος κτλ. finden wir ohne bestimmtes
Subject bei Simplikios z. Arist. De coelo. Schol. in. Arist. 487, b, 35, der
aus dem Gedächtniss citirend wahrscheinlich die Worte auf κόσμος bezieht. — Der Ausdruck μέτρον findet sich ähnlich gebraucht in einer
Definition der εἱμαρμένη, Stob. Ekl. I, 178 ed. Heeren, wo entweder diese
selbst oder die οὐσία des ganzen genannt wird: σπέρμα τῆς τοῦ παντὸς
γενέσεως καὶ περιόδου μέτρον τεταγμένης. Es lässt sich hieraus

löschend nach Maassen. Mag das Entzünden und Verlöschen nun verstanden werden von dem fortwährenden Uebergange der Dinge in Feuer und umgekehrt des Feuers in die Dinge während einer bestimmten Weltentfaltung, mag man es beziehen blos auf die periodisch wiederkehrende Weltverbrennung und die ihr folgende neue Entstehung der Dinge, mag man endlich beide Uebergänge darunter verstehen, was sich bei der dunklen Sprache des Ephesiers wohl am meisten empfiehlt, so viel steht fest, dass diese Wandlungen des Feuers, also die ganzen Processe, welche dieses und die abgeleiteten Dinge durchzumachen haben, „nach Maassen" vor sich gehen. Es genügt nicht, diese Maasse räumlich oder zeitlich zu fassen, sondern sie stehen im allgemeinsten Sinne von Norm, Regel, gesetzmässiger Ordnung, wobei das zu viel oder zu wenig vermieden wird, wie auch sonst μέτρον vorkommt, sogar schon bei Hesiod[1]). So bewegt sich das Feuer nach einer bestimmten Ordnung, ist nicht dem blinden Zufall anheimgegeben, sondern es trägt das Gesetz in sich, nach welchem sein Leben sich gestaltet. In gleicher Weise natürlich auch die von ihm abgeleiteten Dinge, wie Heraklit von der Sonne sagt: „Helios wird die Maasse nicht überschreiten; thäte er es, so würden ihn die Erinnyen, die Helferinnen der Dike auffinden"[2]). Die ganze Welt entwickelt sich nach einem dem Stoffe immanenten Gesetz, und wenn nach dem Inhalte desselben gefragt wird, so ist dieser das ewige Werden ohne jegliches Sein, ohne allen Stillstand.

Sehen wir uns nämlich in den Quellen für die alte Philosophie um, so werden wir vor allem zweierlei am häufigsten als die Grundlage der physischen Speculation Heraklits er-

schliessen, dass wenigstens heraklitische Elemente in diese Erklärung gekommen sind, wenn sie im ganzen auch stoische Färbung haben.

[1]) Op. 692: μέτρα φυλάσσεσθαι 718: γλώσσης — πλείστη δὲ χάρις κατὰ μέτρον ἰοίσης.

[2]) Plut. De exil. 11. 604, A.

wähnt finden. Einmal das materielle Substrat alles Seins, das Feuer, und zweitens den Fluss aller Dinge, wonach nichts in seinem Sein verharrt, sondern stets ein jedes in das Gegentheil, das Sein in das Nichtsein umschlägt und umgekehrt. Dies wird auf die verschiedenste Art von Heraklit in den uns noch erhaltenen Fragmenten als die tiefste Weisheit mitgetheilt, am populärsten in der Form, dass es nicht möglich ist, zweimal in denselben Fluss zu steigen, da stets anderes Wasser hinzufliesst. Die sinnlichen Dinge sind fortwährend in diesem Uebergange begriffen, und ein Wissen derselben ist demnach nicht möglich[1]. Nur darf man, wenn Aristoteles an verschiedenen Stellen von dem Fluss der sinnlichen Dinge spricht, nicht glauben, Heraklit sei durch diese ewige Bewegung der Sinnenwelt zu dem Bedürfniss gekommen, noch etwas über dieser anzunehmen, was bleibend sei und demnach Gegenstand des Wissens werden könne. Aristoteles wird blos vermocht diese Ausdrücke zu brauchen durch die Rücksicht auf den in der Schule der Herakliteer aufgewachsenen Platon, der ja diese Consequenz für sein System zog. Bei Heraklit ist alles Werden; und wenn es an einer Stelle[2] heisst: ἔν δέ τι μόνον ὑπομένειν, ἐξ οὗ ταῦτα πάντα μετασχηματίζεσθαι πέφυκεν, so ist unter diesem einen das Feuer als physisches Substrat der Wandlungen verstanden, und sogar diese Ausdrücke hat Heraklit nicht selbst gebraucht, sondern sich jedenfalls viel unbestimmter gehalten, wie hervorgeht aus den darauf folgenden Worten des Aristoteles: ὅπερ ἐοίκασι βούλεσθαι λέγειν ἄλλοι τε πολλοὶ καὶ Ἡράκλειτος ὁ Ἐφέσιος[3].

---

[1] Arist. Metaph. I, 6. 987, a, 33. XII, 4, 1078, b. 14. De coelo III, 1. 298, b, 30. Phys. VIII, 8. 265, a, 3.

[2] De coelo A. a. O.

[3] Dasselbe, was Aristoteles, sagt Simplikios zu der angeführten Stelle, Schol. in. Arist. 509, a, 30: οἱ δὲ τὰ μὲν ἄλλα γενέσθαι λέγουσιν, ἓν δὲ μόνον τὸ κοινὸν ὑποκείμενον ἀγένητόν φασιν, ἐξ οὗ τὰ ἄλλα

Die fortwährende Veränderung aller Dinge ist also das Gesetz, welches Heraklit in der Welt wahrnahm und aussprach, und dem natürlich vor allen Dingen das Feuer unterworfen ist. Aber wir haben darunter nicht etwa eine regellose Veränderung zu verstehen, sondern eine nach bestimmten Verhältnissen vor sich gehende, bestimmte Maasse beobachtende, wie wir oben schon bei dem Entzünden und Verlöschen des Feuers sahen. Wahrscheinlich war diese gesetzmässige Bewegung das erste, was Heraklit überhaupt von der Welt aussagte, der Satz, auf dem er in seiner Speculation fusste, und er zeigte hiermit offenbar einen wesentlichen Fortschritt gegen seine Vorgänger. Da er dies Gesetz in dem beweglichsten aller Dinge, in dem Feuer am deutlichsten dargestellt fand, so ist es leicht verständlich, wie er dies zum Ausgangspunkt und Endpunkt seiner ewigen Bewegung machte, und an ihm und seinen Umwandlungen die stete Bewegung haften liess.

Was Heraklit selbst unter dem Feuer verstanden hat, darüber genauere Untersuchungen anzustellen, ist nicht unsere Aufgabe. Wahrscheinlich ist es, dass er sich darunter, auch wenn er sagt, dass der Blitz alles regiere [1]), überhaupt den

---

γίνεται, als blosse Paraphrase des aristotelischen Textes. Dass unter diesem ὑπομένον des Aristoteles und κοινὸν ὑποκείμενον des Simplikios das Feuer verstanden ist und nicht der Logos, oder „der reine Gedanke der Negativität selbst" ganz in hegelschem Sinne, welches letztere Lassalle weitläufig zu beweisen sucht, II, 20 ff., geht aus vielen Stellen des Aristoteles und Simplikios hervor, wo sie eben von der ἀρχή bei Heraklit als Feuer sprechen. Auch weist der Ausdruck ὑποκείμενον deutlich auf das materielle Substrat hin, und auf der nächsten Seite schon spricht Simplikios von dem Feuer, aus dem alles geworden, und in das sich alles auflöst, was Lassalle entgangen zu sein scheint. Wenn er Widersprüche zu entdecken glaubt zwischen der Angabe, dass dieses zu Grunde liegende ein beharrendes und ungewordenes sei, und der andern, dass das Feuer auf dem Wege nach oben aus den Dingen selbst wieder entstehe, so ist zu entgegnen, dass das ἀγένητον von Simplikios blos auf den Anfang der Dinge bezogen, und das ὑπομένειν nur ein Synonymon von ὑποκείσθαι ist, da das Feuer gleichsam als ὕλη hier von Aristoteles betrachtet wird.

[1]) Hippol. IX, 10.

Wärmestoff, oder den warmen Hauch, der Leben giebt und
Leben erhält, dachte, so dass später Ainesidemos verführt
werden konnte, zu behaupten, das Wesen der Dinge sei nach
Heraklit die Luft [1]).

Mit dem regelmässigen, unverbrüchlichen Gange der Bewegung nahe verwandt, vielleicht sogar identisch ist ein Begriff, den Heraklit zuerst ahnungsvoll in die Philosophie
einführte, und der von grosser Tragweite in der ferneren
Geschichte des Geistes gewesen ist, nämlich der des Logos,
dessentwegen ihn bekanntlich sogar Justin der Märtyrer unter
die Christen zählte, wenn er auch für einen *ἄϑεος* gehalten
worden sei [2]). Es wird hier allerdings nicht auf den physischen, alles durchdringenden Logos des Heraklit hingedeutet,
sondern blos auf die ethische Richtung seines Lebens, wie
schon aus der Anreihung an Sokrates hervorgeht und aus
dem *βιώσαντες*, auf welches Justin Nachdruck legt. Aber
ohne Zweifel denkt hier Justin im allgemeinen an die Logoslehre Heraklits, sonst würde er nicht gerade ihn aus der
grossen Reihe der Philosophen herausgegriffen haben.

Heraklit muss diesen Begriff an die Spitze seiner ganzen
Lehre gestellt haben, so dass er alles übrige beherrschte,
wie sogleich aus den Anfangsworten seines Buches *περὶ φύσεως* hervorgeht. Diese lauten nach Sext. Math. VII, 132.
S. 398f. [3]): *λόγου τοῦδε ἐόντος ἀεὶ ἀξύνετοι γίγνονται ἄνθρωποι
καὶ πρόσϑεν ἢ ἀκοῦσαι καὶ ἀκούσαντες τὸ πρῶτον· γινομένων
γὰρ πάντων κατὰ τὸν λόγον τόνδε ἀπείροισιν [4]) ἐοίκασι πειρώ-
μενοι ἐπέων καὶ ἔργων τοιούτων, ὁκοίων ἐγὼ διηγεῦμαι κατὰ*

---

[1]) Sext. Math. X, 233 S. 672.

[2]) Apol. I, 85, C: *οἱ μετὰ λόγου βιώσαντες Χριστιανοί εἰσι, κἂν
ἄϑεοι ἐνομίσϑησαν, οἷον ἐν Ἕλλησι μὲν Σωκράτης καὶ Ἡράκλειτος καὶ
οἱ ὅμοιοι.*

[3]) Vgl. Arist. Rhet. III, 5. 1407, b, 16. Hippol. IX, 9. Clem. Strom., V.
602, D, wo überall statt *τοῦδε ἐόντος* gelesen wird *τοῦ δέοντος*. Doch
kann kein Zweifel sein, welches die richtige Lesart ist.

[4]) Für *ἄπειροι* nach Bernays, Rh. Mus. IX, 242.

φύσιν διαιρέων ἕκαστον καὶ φράζων ὅκως ἔχει· τοὺς δὲ ἄλλους
ἀνθρώπους λανθάνει, ὁκόσα ἐγερθέντες ποιοῦσι ὅκωσπερ
ὁκόσα εὕδοντες ἐπιλανθάνονται. Aus diesem Fragmente, in
welchem uns der Logos sogleich in seiner grossen Bedeutung
entgegentritt, gewinnen wir mehrere Punkte zu seiner näheren Bestimmung. Zuerst lehren uns die Anfangsworte selbst, dass dieser
Logos ewig besteht. Denn obgleich Aristoteles es für schwierig
hält, zu entscheiden, wozu das ἀεί gehört¹), ob zum vorhergehenden oder zum folgenden, so ist es doch wahrscheinlich,
dass es zu dem ἐόντος gezogen werden muss, da dies ohne
das ἀεί nicht verständlich wäre, während für das folgende
eine nähere Angabe nicht verlangt wird.

Dann ist für uns von grosser Bedeutung, dass alles
gemäss diesem Logos geschieht²), und offenbar wird das κατὰ
τὸν λόγον τόνδε entsprechen dem folgenden κατὰ φύσιν, so
dass unter dem Logos also verstanden wird das Gesetz der
Natur oder das ewige Gesetz des Weltlaufs. Hieraus geht
zugleich deutlich hervor, dass Logos in unserem Fragment die Bedeutung Rede allein nicht haben kann, während
es allerdings nicht unmöglich ist, dass Heraklit in seiner unbestimmten Art zu sprechen unter diesem Ausdruck beides,
sowohl seine folgende Auseinandersetzung oder Rede, als
auch das ewige Gesetz verstanden habe.

Weniger Gewicht brauchen wir vor der Hand darauf zu
legen, dass Heraklit voll stolzen Selbstgefühls die übrigen
Menschen alle als unfähig bezeichnet, diesen Logos zu be-

---

¹) Freilich bei der Lesart τοῦ δέοντος.

²) Dass dies der Fall ist, musste Lassalle II, 40 aus diesen Worten
Heraklits selbst beweisen und nicht aus einer Stelle des Amelios b. Euseb.
Praep. ev. XI, 19. 540, b, wo es heisst: καὶ οὗτος ἄρα ἦν ὁ λόγος, καθ'
ὃν ἀεὶ ὄντα τὰ γινόμενα ἐγένετο ὡς ἂν καὶ ὁ Ἡράκλειτος ἀξιώσειε.
Diese Worte beziehen sich offenbar auf den Anfang der heraklitischen
Schrift.

greifen, während er allein die Dinge so erklärt, wie sie sich in Wahrheit verhalten, wie er auch sonst davon spricht, dass er die Wahrheit gefunden und alles wisse [1]).

Dass dieses Gesetz der Weltordnung nun die ewige Bewegung ist, immanent in dem kosmischen Element des Feuers, ist oben schon gezeigt, und es braucht demnach nicht noch nachgewiesen zu werden, dass diese identisch mit dem Logos ist. Jetzt kommt es darauf an, den näheren Bestimmungen dieser Bewegung, oder besser des Logos, noch nachzugehen, wie er sich in der Natur der Dinge manifestiert.

Nehmen wir an, dass er die ganze Speculation Heraklits beherrscht, wie aus dem Voranstellen zu Anfang seines Buches und der allgemeinen Gültigkeit der Bewegung hervorzugehen scheint, so werden wir vielleicht irre daran gemacht durch eine Stelle bei Philon [2]): ἐν γὰρ τὸ ἐξ ἀμφοῖν τῶν ἐναντίων, οὗ τμηθέντος γνώριμα τὰ ἐναντία. Οὐ τοῦτ' ἐστὶν ὃ φασιν Ἕλληνες τὸν μέγαν καὶ ἀοίδιμον παρ' αὐτοῖς Ἡράκλειτος κεφαλαῖον τῆς αὐτοῦ προστησάμενον φιλοσοφίας αὐχεῖν ὡς εὑρέσει καινῇ; Hier wird also gesagt, das eine bestehe aus zwei Gegensätzen, und erst wenn es getheilt sei, würden die Gegensätze erkennbar. Dies sei der Hauptsatz Heraklits, und dieser scheint dem, was wir eben gefunden, zu widersprechen. Sobald wir aber die ewige Bewegung näher betrachten, werden wir sehen, dass gerade diese Angabe Philons vollständig der Wahrheit entspricht, und dass Philon dabei wahrscheinlich auf den Anfang des heraklitischen Buches Bezug genommen hat.

Aus dem Fliessen der Dinge, aus dem unausgesetzten Uebergehen von dem einen zum andern folgt, dass nie die eine Bestimmung allein an etwas haftet, sondern sogleich die entgegengesetzte darin enthalten ist, dass sich demnach die

---

[1]) Diog. IX, 5. Prokl. z. Plat. Tim. 106. Hippol. 1, 4.
[2]) Quis rer. div. her. 1, 508 ed. Mangey.

Gegensätze in den einzelnen Dingen vereinigen und sich in Wahrheit zugleich an ihnen befinden, wie denn auch Ainesidemos [1]) den Unterschied zwischen Skeptikern und Herakliteern dahin angiebt, dass nach den ersteren entgegengesetzte Bestimmungen nur an den Dingen zu sein schienen, nach den letzteren sie wirklich daran seien. So lesen wir in den Fragmenten des Ephesiers [2]): „in demselben ist das lebende und das todte, und das wachende und schlafende, und das junge und alte; denn wenn dieses sich umwandelt, ist es jenes, und wenn jenes sich umwandelt, wiederum dieses.‟ Der Honig ist zugleich süss und bitter [3]), und ein recht deutlich in die Augen springendes Beispiel bietet jeder Punkt auf der Peripherie, der zugleich Anfang und Ende ist [4]). Lucian [5]) lässt Heraklit offenbar ganz seiner Lehre entsprechend sagen: „Dasselbe ist Vergnügen und Missvergnügen, Kenntniss und Unkenntniss, gross und klein, oben und unten, kreisend und sich abwechselnd in dem Spiele des Aeon‟, und dieser wird genannt ein spielender, würfelnder Knabe, um das wechselnde, unsichere deutlich genug zu bezeichnen. Dass diese Ausdrücke sogar Heraklit angehören, sehen wir aus Hippolytos

---

[1]) Sext. Pyrrh. I, 210. S. 53.

[2]) Plut. Cons. ad. Ap. 10. 106, D. Auch die letzten Worte: τάδε γὰρ μεταπεσόντα ἐκεῖνά ἐστι, κἀκεῖνα πάλιν μεταπεσόντα ταῦτα werden als Heraklit angehörig betrachtet werden müssen. Vgl. Bernays Rh. Mus. VII, 103. Dass der Ausdruck μεταπίπτειν, der dabei für „sich umwandeln‟ gebraucht wird, Heraklit oder wenigstens seiner Schule angehört, ist ersichtlich aus Syrianos z. Arist. Metaph. Schol. in Arist. 874, a, 9, wo den Herakliteern in den Mund gelegt wird: Wie man die vorüberfliessende Luft nicht mit den Händen fest greifen könne, so könne man auch nicht die unstät sich verändernde Natur der Dinge, τὴν ἀστάτως μεταπίπτουσαν τῶν πραγμάτων φύσιν durch Worte deutlich bezeichnen, deshalb habe sich auch Kratylos, wie einige berichteten, später des Gebrauchs der Sprache enthalten und habe nur zu- und abgenickt, κατανεύειν δὲ μόνον καὶ ἀνανεύειν. Vgl. Arist. Metaph. III, 5. 1010, a, 12.

[3]) Sext. Pyrrh. II, 63, S. 81.

[4]) Porphyr. Schol. in Hom. ed. Bekker, 392.

[5]) Vit. auct. 14.

IX, 9. Die eigenen Worte des Ephesiers lauten: παῖς αἰών
ἐστι παίζων πεττεύων· παιδὸς ἡ βασιληίη [1]). Es wird sogar
als Lehre des Heraklit angegeben und zwar ohne Zweifel
mit Recht, dass eines alles sei und alles zu allem werde [2]).
So kann Gott zugleich Tag und Nacht, Sommer und Winter,
Krieg und Frieden, Hunger und Sättigung [3]) genannt sein, und
in diesem Sinne möchte ich auch mit Zeller den Satz, dass
Tag und Nacht eins sind [4]), auffassen, und nicht von der
reinen Identität.

Dagegen macht Zeller mit vollem Rechte darauf aufmerksam [5]), dass der Vorwurf, den Aristoteles häufiger und
ihm nachsprechend seine Commentatoren dem Heraklit machen,
als höbe er den Satz des logischen Widerspruchs auf, eigentlich blos die von diesen eigenmächtig aus Heraklits Lehre ge-
zogenen Consequenzen trifft, wie sich Aristoteles selbst auch
schon vorsichtig äussert, einige glaubten Heraklit lehre derartiges [6]). Die Sprüche des Ephesiers werden sich in diesem

---

[1]) Vgl. Clem. Paedag. I. 90, C. Prokl. z. Plat. Tim. 101, F.

[2]) Phil. Leg. alleg. III. I, 88 f.: Ἡρακλειτείου δόξης ἑταῖρος κόρον
καὶ χρησμοσύνην καὶ ἓν τὸ πᾶν καὶ πάντα ἀμοιβῇ εἰσάγων. Philon
zeigt sich auch sonst als Kenner des Heraklit, κόρος und χρησμοσύνη
gehören diesem an, also wird das folgende auch den Anspruch machen
können, seine Lehre wieder zu geben. Aehnlich ist der Sinn, wenn es bei
Sextus Pyrrh. II, 59 S. 80 heisst: ἑτέρα δὲ (διάνοια) ἡ Ἡρακλείτου, καθ'
ἣν λέγει πάντα εἶναι und dies nachher 63 S. 81 erläutert wird dadurch,
dass der Honig zugleich süss und bitter sei, also mehreres zugleich.

[3]) Hippol. IX, 10: ὁ θεὸς ἡμέρη, εὐφρόνη, χειμών, θέρος, πόλεμος,
εἰρήνη, κόρος, λιμός. ἀλλοιοῦται δὲ ὅκωσπερ ὁκόταν συμμιγῇ θύωμα
(nach Bernays θυώμασιν)· ὀνομάζεται καθ' ἡδονὴν ἑκάστου.

[4]) Ebd. Zeller I, 532.

[5]) I, 545, 2.

[6]) Metaphys. III, 3. 1005, b, 24: καθάπερ τινὲς οἴονται λέγειν Ἡράκλειτον. Der Ausdruck muss hier auffallen und zeigt, dass Aristoteles
seiner Sache selbst nicht sicher ist. Wenn auch φασί häufiger von ihm
gebraucht wird, wo er über eine Thatsache nicht im Zweifel ist, und wenn
er auch sonst Limitationen liebt, so wird doch eine ähnliche Redeweise
wie hier, von etwas ihm feststehenden nicht nachzuweisen sein. Vgl.
Metaph. III, 7. 1012, a, 24.

Punkte, wie auch sonst, in einer Unbestimmtheit gehalten
haben, die verschiedene Auffassungen zuliess.
Bisweilen werden die Gegensätze blos wie Ursache und
Wirkung mit einander verbunden, Stob. Floril. 3, 84: νοῦσος
ὑγιείην ἐποίησεν, ἡδὺ καὶ ἀγαϑόν, λιμὸς κόρον, κάματος ἀνά-
παυσιν, und auch die sophistische Lehre möchte aus seinen
Worten leicht zu entnehmen sein, so aus den Stücken, die
wir bei Hippolyt. IX, 10, finden. Wenn es daselbst z. B.
heisst: ϑάλασσα ὕδωρ καϑαρώτατον καὶ μιαρώτατον, ἰχϑύσι
μὲν πότιμον καὶ σωτήριον, ἀνϑρώποις δὲ ἄποτον καὶ ὀλέ-
ϑριον, so sieht man, dass es nur auf den subjectiven
Standpunkt ankommt, von dem aus die Dinge angesehen
werden [1].

Viele Beweise und Beispiele wandte Heraklit auf, um
diese seine Lehren von dem Gegentheile deutlich zu machen [2],
und besonders nachdrücklich scheint er hervorgehoben zu
haben, wie gerade die Gegensätze und das widerstrebende
nöthig sei, um Uebereinstimmung in dem ganzen hervorzubringen, denn „das entgegengeschnittene passt zusammen,
und aus dem sich entzweienden entsteht die schönste Harmonie" [3]. Durch das ungleiche und verschiedene wird der
Einklang des ganzen hervorgebracht, und die Dinge, die dem
Menschen als Uebel erscheinen, dienen in Wahrheit zur allgemeinen Weltordnung, wie dem Gotte alles schön und gerecht ist, die Menschen aber haben das eine für recht und
das andere für unrecht angenommen [4]. So dient alles zur
Harmonie des ganzen, die freilich nicht wahrgenommen werden kann und an Schönheit die sichtbare Welt bei weitem

[1] Vgl. Schol. Venet. in Hom. Il. IV, 4.
[2] Phil. in Gen. III, 5. 178 Auch.
[3] Arist. Eth. Nic. VIII, 2. 1155, b, 4: καὶ Ἡράκλειτος τὸ ἀντίξουν συμφέρον καὶ ἐκ τῶν διαφερόντων καλλίστην ἁρμονίαν καὶ πάντα κατ' ἔριν γίνεσϑαι.
[4] Schol. Venet. in Il. a. a. O.

überragt[1]). „Verbinde ganzes und nicht ganzes, zusammentretendes und auseinandertretendes, stimmendes und missstimmendes, und aus allem wird eins und aus einem alles"[2]).

Ja von dem einen, worunter wohl das All zu verstehen ist, wird gesagt: Indem es auseinander gehe, komme es wieder mit sich selbst zusammen, wie die Harmonie des Bogens und der Leier[3]). So wird demnach der Krieg der Vater von allem und der König von allem und der Herrscher von allem genannt[4]). Zeus und der Krieg sind dasselbe[5]), und Homer wird getadelt, weil er den Streit von den Menschen und Göttern entfernt wünsche; denn es sei keine Harmonie möglich, wenn es kein hohes und tiefes gäbe, und keine lebenden Wesen möglich, wenn nicht die Gegensätze von männlichem und weiblichem existierten[6]).

Gemäss dem Streite geschieht alles, sagt Heraklit nach verschiedenen Berichten. Arist. Eth. Nic. VIII, 2. 1155, b, 6 heisst es πάντα κατ᾽ ἔριν γενέσθαι, Orig. C. Cels. VI, 42 nach Schleiermachers Verbesserung: εἰδέναι χρὴ τὸν πόλεμον ἐόντα ξυνὸν καὶ Δίκην ἔριν, καὶ γινόμενα πάντα κατ᾽ ἔριν καὶ χρεώ-

---

[1]) Plut. De an. procr. 27. 1026, C: ἁρμονίη γὰρ ἀφανὴς φανερῆς κρείττων καθ᾽ Ἡράκλειτον. In der Erklärung dieser Stelle folge ich entschieden Zeller I, 551, 4.

[2]) Arist. De mundo 5. 396, b, 20.

[3]) Plat. Symp. 187, A. Vgl. Soph. 242, E. Doch ist das ἕν vielleicht platonische Zuthat. Ueber die Harmonie des Bogens und der Leier brauche ich nichts hinzuzufügen. Es genügt auf die Darstellungen der Philosophie Heraklits zu verweisen.

[4]) Hippol. IX, 9. Plut. de Is. et Os. 48. 370, D und sonst öfter.

[5]) Philod. π. εὐσεβ. T. XIV Z. 28 ff.

[6]) Arist. Eth. Eud. VII, 1. 1235, a, 25 und öfter. Die Stelle bei Chalcidius z. Plat. Tim. 295 scheint sich nicht auf diese Aeusserung des Heraklit zu beziehen. Es heisst da: *Propptereaque Numenius laudat Heraclitum reprehendentem Homerum, qui optaveril interitum ac vastitatem malis vitae, quod non intelligeret, mundum sibi deleri placere; siquidem silva, quae malorum fons est, extirparetur.* Demnach hat Heraklit den Homer nicht nur wegen einer, sondern wegen mehrerer bestimmter Stellen angegriffen, hier wegen Od. XIII, 46: μή τι κακὸν μεταδήμιον εἴη, und wir brauchen an

μενα [1]. Wenn wir nun damit vergleichen, was er im Anfang seines Buches lehrt, dass alles gemäss dem Logos geschehe, so werden wir auch äusserlich diese Identität zwischen Logos und Streit oder Krieg bezeugt finden, nachdem sie uns schon aus dem Systeme selbst klar geworden ist.

Der Logos ist also nach den Bestimmungen, die wir bisher für ihn gewonnen haben, das ewige Gesetz der Weltbewegung, wie sich diese in dem Streite, das heisst dem Umfassen der Gegensätze zeigt. Man kann den Dingen nur nahe kommen, indem man sie in diese Gegensätze zerlegt, sie auseinandersetzt, und eben diese Lehre hat Heraklit schon zu Beginn seiner Schrift ausgedrückt, wenn er daselbst sagt, dass er ein jedes nach der Natur zertheilen will und angeben, wie es sich verhält. In der Erklärung des διαιρέων hat nämlich Lassalle [2]), wenn er es in seiner ursprünglichsten Bedeutung fasst, das richtige gefunden. Nachweisen will Heraklit, dass dieser Process mit den Dingen vorgenommen werden muss, und da ist es ganz natürlich, dass er sogleich im Anfange seiner Auseinandersetzung, wenn er von dem allgemeinen Naturgesetze spricht, auch auf das eigentliche Wesen derselben hinweist. Auch sonst wird gerade das Wort διαιρεῖν wenigstens in heraklitisierenden Stellen gebraucht. So heisst es in der pseudohippokratischen Schrift περὶ διαίτης von den Bauleuten: τὰ μὲν ὅλα διαιρέοντες, τὰ δὲ διῃρημένα συντιϑέντες [3]).

---

der Richtigkeit der Angabe nicht zu zweifeln, wenn auch Numenios den Heraklit in diesem seinen Tadel missverstanden hat. Dieser scheint von dem Wege nach oben gesprochen zu haben, während der Neuplatoniker darunter die Vertilgung der ὕλη versteht.

[1]) Sollte in dem letzten Worte, das noch keine genügende Erklärung gefunden hat, nicht die Bedeutung liegen: „nach Nothwendigkeit geschehend", entweder zu κατ᾽ ἔριν noch zu beziehen, oder auch für sich stehend?

[2]) II, 210 ff.

[3]) C. 17. Vgl. Phil. Qu. rer. div. her. I, 505 f.

Ueberall sind diese Gegensätze thätig; demnach werden wir bei Heraklit' den Pantheismus voraussetzen müssen, und ganz in seinem Sinne, wenn auch nicht mit seinen Worten, gesagt finden, dass der Logos durch das ganze geht, Stob. Ekl. I, 178: διήκων δι' οὐσίας τοῦ παντός, allerdings als Definition der εἱμαρμένη, während sonst in der Stelle zu viele stoische Ausdrücke vorkommen, als dass man sie für rein heraklitisch ansehen könnte.

Noch bestimmter muss eine Angabe über den Logos bei Clemens dem Heraklit abgesprochen werden, die Lassalle II, 56. 60 f. ihm zuzuschreiben scheint, und wonach der Logos allerdings noch über und vor dem Feuer stände und als das oberste weltbildende Princip anzusehen wäre. Nachdem nämlich Strom. V. 599, C ein Fragment Heraklits angeführt ist, worin von den Wandlungen des Feuers gesprochen wird, heisst es weiter: δυνάμει γὰρ λέγει, ὅτι πῦρ ὑπὸ διοικοῦντος λόγου καὶ θεοῦ τὰ σύμπαντα δι' ἀέρος τρέπεται εἰς ὑγρὸν τὸ ὡς σπέρμα τῆς διακοσμήσεως. Das δυνάμει fasst Lassalle „dem Ansich nach", während es allein heissen kann, wie Zeller[1] richtig bemerkt: „der Sinn seines Ausspruchs ist." Denn Clemens will einfach die Worte des ephesischen Philosophen nach seiner, das heisst hier nach stoischer, Weise deuten, und demnach braucht er auch ganz stoische Ausdrücke in dieser seiner Erklärung. Διοικεῖν[2] selbst und διακόσμησις bezeugen dies hinreichend, und ausserdem hätte das Mittelstadium der Luft, welches das Feuer erst durchmachen muss, um Wasser zu werden, als rein stoische Lehre, von der wir bei Heraklit nichts finden, schon abhalten müssen, auch nur den vollen Sinn dieser Worte unserem Philosophen beizulegen. Aus dieser Stelle werden wir also nichts be-

[1] I, 553, 2.
[2] Auch M. Aur. IV, 46 finden wir in einem heraklitischen Fragment den λόγος ὁ τὰ ολα διοικῶν genannt. Aber ohne Zweifel ist dies ein Zusatz des stoischen Philosophen.

sonderes für die genauere Begrenzung des Logos hernehmen,
am wenigsten auf seine Thätigkeit Schlüsse machen dürfen,
obwohl das διοιχεῖν τὰ σύμπαντα, abgesehen von dem Ausdruck, dem heraklitischen Logos zukommt [1]), ‘da ja alles nach
ihm geschieht.

Er hat unverbrüchliche Geltung, und es wird uns demnach nicht befremden, wenn wir bei Heraklit volle Identität
des Logos und des Verhängnisses treffen. Dass dieser eine
Nothwendigkeit in dem Laufe der Welt angenommen, geht
aus seiner bisher besprochenen Lehre schon deutlich hervor.
Doch haben wir auch darüber manche Zeugnisse. Vor allem
ist das Wort εἱμαρμένη bei Heraklit selbst. gesichert durch
den Anfang eines Fragments bei Stobaios Ekl. I, 178, wo es
allerdings blos heisst: γράφει γοῦν (Ἡράκλειτος)· ἔστι γὰρ
εἱμαρμένη πάντως. Auf das Wesen des Verhängnisses können wir natürlich daraus noch keinen Schluss machen; denn
mit Lassalle [2]) das πάντως in πάντη zu verwandeln, um doch
nur irgend etwas für die εἱμαρμένη aus diesem Anfang eines
Satzes zu gewinnen, haben wir kein Recht.

Sodann erfahren wir an vielen Stellen, dass alles nach der
εἱμαρμένη geschieht [3]), und Erklärungen derselben stossen
uns mehrere auf, wovon uns besonders zwei näher angehen.
Die eine bei Stobaios Ekl. I, 60, wo die εἱμαρμένη definiert
wird als λόγος ἐκ τῆς ἐναντιοδρομίας δημιουργὸς τῶν ὄντων,
als Logos, der aus dem Gegeneinanderlaufen die Welt bildet.
Abgesehen nun von dem Worte δημιουργός, das wir dem
Heraklit absprechen müssen, mag diese Definition als hera-

---

[1]) Das οἰκονομεῖν, was Lassalle I, 93, 2 auch den Heraklit gebrauchen
lassen will, SchoL Ven. in Il. IV, 4, allerdings nicht vom Logos, sondern
von πόλεμος, gehört gleichfalls erst der Schule der Stoiker an, in der wir
es öfter vom Logos angewandt finden, z. B. M. Aur. V, 32.

[2]) I, 333.

[3]) Diog. IX, 7. Stob. Ekl. I, 178. Theodor. Affect. cur. IV, 851 ed. Hal.
Simpl. Phys. 6, a.

klitisch gelten, wenn wir auch sonst alle Ursache haben,
diesem späten Sammler Stobaios zu misstrauen, wie er in
demselben Capitel manche Angaben hat, die wir entschieden
zurückweisen müssen. Es würde dann nichts weiter gesagt,
als was wir auch bei Diogenes IX, 7 finden, wo es erst
heisst, dass alles nach der εἱμαρμένη geschieht, dann διὰ τῆς
ἐναντιοτροπῆς ἡρμόσθαι τὰ ὄντα, und dies weiter erklärt wird
als γίνεσθαι πάντα κατ᾽ ἐναντιότητα. Wir stossen also hier
bei dem Verhängniss auf dasselbe Princip, das Heraklit als
das Wesen der Weltbewegung angiebt, auf das des Gegensatzes, was wir als den eigentlichen Inhalt des Logos kennen
gelernt haben. Denn unter der ἐναντιοδρομία und der ἐναν-
τιοτροπή oder der παλίντροπος ἁρμονίη κόσμου, wie nach
Plutarch Heraklit die εἱμαρμένη nennt[1]), ist nichts anderes
zu verstehen als die ἐναντία ῥοή, wie Platon[2]) die heraklitische entgegengesetzte Bewegung bezeichnet, nach der nichts
ohne Gegensätze zu Stande kommt. Dies ist demnach auch
das Wesen der εἱμαρμένη, sowie des Logos, und wir müssen
beide als identisch fassen, wenn wir auch nicht noch die
andere schon oben erwähnte Definition der εἱμαρμένη bei
Stobaios Ekl. I, 178 hinzunehmen, wo sie erklärt wird als
λόγος διήκων δι᾽ οὐσίας τοῦ παντός. Der Inhalt des Logos
ist also hier nicht besonders angegeben, sondern blos seine
Ausdehnung durch die Materie des Alls. Denn unter οὐσία
ist hier jedenfalls im stoischen Sinne der Stoff zu verstehen.

Einen Unterschied zwischen εἱμαρμένη und ἀνάγκη, wie
ihn später einige Stoiker wenigstens festzusetzen scheinen, hat
Heraklit nicht aufgestellt. Im Gegentheil wird von den Be-
richterstattern geradezu gesagt, er habe die Identität beider
gelehrt[3]). Ja es wird ihm sogar eine εἱμαρμένη ἀνάγκη zu-

---

[1]) De an. procr. 27. 1026, B.
[2]) Kratyl. 418, E.
[3]) Stob. Ekl. I, 178. Theodor. a. u. O.

2*

geschrieben [1]). Das strenge Gesetz der Entwickelung, das
sich überall geltend macht, duldet neben sich aber nicht
eine Vorsehung, die einen subjectiven Verstand im Gegensatz zu der absolut gültigen Ordnung zur Voraussetzung
haben würde. Deshalb nahm Heraklit, consequent bleibend,
eine Vorsehung weder für das allgemeine, noch für das einzelne an, wie Nemesios Nat. hom. 186 berichtet.

In enge Verbindung mit der εἱμαρμένη bei Heraklit
bringt Lassalle die δίκη und setzt sie im kosmischen Sinne [2])
als die „Aufhebung des einzelnen sinnlichen Daseins, das
auf sich beruhen und sich erhalten will"; sie sei also der
sich durch alles hindurchziehende Logos nach seiner negativen Seite hin gegen die Einzelexistenz ausgesprochen. In
den Stellen nun, die von der δίκη handeln, tritt sie allerdings zum Theil als strafende auf. Das eine Mal werden
ihre Helferinnen, die Erinnyen, die Sonne erreichen, wenn
diese ihr Maass überschreitet [3]), das andere Mal wird sie
selbst die Lügenschmiede und Zeugen ergreifen [4]), und an
einer dritten Stelle heisst es: Man würde ihren Namen nicht
kennen, wenn es die Gesetze nicht gäbe [5]).

Alles dies berechtigt uns aber nur zu der Annahme, dass
die Abweichungen von dem ewigen Gesetz gerügt werden
sollen, und dass es damit die δίκη zu thun hat, nicht aber
dass diese die negative Beziehung des Logos auf das existie-

---

[1]) Simpl. Phys. 6, a.

[2]) I, 350 f.

[3]) Plut. De exil. 11. 604, B und De Is. et Os. 48. 370, D, wahrscheinlich beides auf ein und dieselbe heraklitische Stelle zurückzuführen.

[4]) Clem. Strom. V. 549, C, wobei Clemens unter der Bestrafung durch
die δίκη sich die Reinigung durch das Feuer vorstellt, den Heraklit selt-
sam missverstehend.

[5]) Clem. Strom. III. 478, B: Δίκης ονομα ουκ αν ηδεσαν, ει ταυτα
μὴ ην, wobei es mehr als zweifelhaft ist, ob die letzten Worte dem Heraklit gehören, und wenn sie wirklich von ihm herrühren, was sie bedeuten.
Im Zusammenhang bei Clemens selbst sind sie schwerlich anders zu erklären, als sie oben übersetzt sind.

rende und einzelne ist. Am ersten würde diese Ansicht noch
zu beweisen sein aus der angeblich heraklitischen Lehre, die
wahrscheinlich von Anaximander zuerst herzuleiten ist, dass
das Werden überhaupt eine Ungerechtigkeit sei, insofern dabei etwas unsterbliches mit dem sterblichen sich vermische[1]);
oder, wie das aus einer Stelle des Jamblichos[2]) und aus
Aeneas Gazaios[3]) hervorgeht, insofern die reine Bewegung
durch eine reale Existenz bereits gehemmt sei. Allein es muss
uns anstössig erscheinen, diese Lehre auf Heraklit zurückzuführen, da wir durch sie auf einmal etwas transcendentes
über der Natur der Dinge stehen sehen, das uns sonst nicht
begegnet. Es ist deshalb die erste Stelle in der Art zu erklären, dass von Plutarch hier Heraklit mit Empedokles
fälschlicher Weise abermals zusammengefasst worden ist,
nachdem sie beide vorher in einigen Punkten hatten mit
Recht zusammen genannt werden können. Auf die Zeugnisse
der beiden Neuplatoniker ist ohne andere nicht viel Werth zu
legen. Aber auch angenommen, dass diese Lehre für heraklitisch gelten müsste, lässt sich immer noch nicht nachweisen, wie Lassalle dies zu thun versucht, dass die δίκη
ihrem Wesen nach darin aufgeht, die ἀδικία des Werdens
durch Vernichtung zu heben. Im Gegentheil reden die oben
angeführten Stellen nur im allgemeinen von Bestrafung, die
durch die δίκη erfolgt, und dass diese eben der δίκη zugeschrieben wird, hängt schon mit ihrem Namen zusammen.
Sobald die δίκη aber überhaupt kosmische Bedeutung
hat, tritt sie ganz in gleiche Geltung mit dem allgemeinen

---

[1]) Plut. De soll. anim. 7. 964, E: Ἐμπεδοκλῆς καὶ Ἡράκλειτος —
πολλάκις ὀδυρόμενοι καὶ λοιδοροῦντες τὴν φύσιν, ὡς ἀνάγκην καὶ πόλεμον οὖσαν, ἀμιγὲς δὲ μηδὲν μηδὲ εἰλικρινὲς ἔχουσαν, ἀλλὰ διὰ πολλῶν
καὶ ἀδίκων παθῶν περαινομένην· ὅπου καὶ τὴν γένεσιν αὐτὴν ἐξ ἀδικίας
συντυγχάνειν λέγουσι τῷ θνητῷ συνερχομένον τοῦ ἀθανάτου καὶ τέρπε-
σθαι τὸ γενόμενον παρὰ φύσιν μέλεσι τοῦ γεννήσαντος ἀποσπωμένοις.
[2]) Stob. Ekl. 1, 896.
[3]) De mort. an. 5. Vgl. Lassalle I, 123.

Princip des Werdens, wie wir aus dem früher erwähnten Fragment des Heraklit Orig. C. Cels. VI, 42 sehen, wo es heisst: „Man muss wissen, dass der Krieg gemeinschaftlich ist, und die δίκη Streit ist, und dass alles gemäss dem Streite geschieht." Denn mag man in dieser Stelle die schleiermachersche Correctur annehmen oder nicht[1]), es bleibt der Sinn doch immer, dass die δίκη Streit oder Krieg ist, und dass in Folge dessen auch alles nach ihr geschieht. Und dasselbe geht aus einer längeren Stelle bei Platon Kratyl. 412, C bis 413, D hervor, wo allerdings nicht von der δίκη selbst die Rede ist, sondern von dem δίκαιον. Nur ist bei der Betrachtung dieser Stelle wohl zu bemerken, was Lassalle übersicht, dass man dieselbe wegen der scherzenden Weise des Platon mit Vorsicht gebrauchen muss, und dass nicht einmal alles, was dort als ernstlich gesagt anzusehen ist, von Heraklit und seinen Schülern genommen zu sein braucht, da Platon unter den ὅσοι ἡγοῦνται τὸ πᾶν εἶναι ἐν πορείᾳ andere mit begriffen haben kann, wie er auch im Theaitetos 152 sagt, alle Weisen stimmten nach der Reihe mit Ausnahme des Parmenides in dem Satze überein, dass nichts je sei, sondern alles immer nur werde.

Indem Platon nun im Kratylos bei der etymologischen Untersuchung über das Wort δίκαιον auch zu dem Begriff desselben übergeht, sagt er, zunächst würde von allen denen, welche die allgemeine Bewegung annehmen, gelehrt, es gienge durch das All etwas, wodurch das werdende alles werde, und es sei dies das schnellste und das feinste (λεπτότατον), und da dies nun über dem andern walte, durch alles hindurchgehend (διαϊόν), sei es mit Recht δίκαιον genannt worden. Es sind dies Bestimmungen, welche auf den heraklitischen Logos passen, und wir werden demnach nicht irren, wenn wir darunter wirklich die Lehre Heraklits anerkennen, wobei

---

[1]) Ohne Correctur heisst das Fragment: εἰ δὲ χρὴ τὸν πόλεμον ἐόντα ξυνὸν καὶ δίκην ἐρεῖν κτλ.

freilich unbestimmt gelassen werden muss, ob Heraklit selbst
für dieses kosmische Princip δίκαιον gebraucht hat, oder in
Anlehnung an seine δίκη seine Schüler es zuerst angewandt
haben. Wenn es dann im Kratylos weiter heisst, bei näherer
Erkundigung, was denn eigentlich das δίκαιον sei, giengen die
Meinungen auseinander, so können wir unter den ersten, die
dasselbe für die Sonne erklären, wohl kaum Herakliteer verstehen. Denn so hoch auch Heraklit die Sonne stellte, so
war sie für ihn doch immer blos eine einzelne Erscheinung,
mit welcher das μὴ δῦνον, wie er sein allgemeines bezeichnete[1]), unmöglich identificiert werden konnte, auch nicht einmal von seinen Anhängern[2]).

Anders steht es mit den bei Platon folgenden Meinungen, unter denen wenigstens zwei als divergierende Ansichten der Herakliteer gelten können. Die einen sagen
nämlich, das gerechte sei das Feuer, und den andern scheint
dies wahrscheinlich zu sinnlich, deshalb nehmen sie es blos
für das warme in dem Feuer, also für die eigentliche Substanz des Feuers (τὸ θερμὸν τὸ ἐν τῷ πυρὶ ἐνόν). Ueber die
vierte Ansicht, die noch vorgebracht wird, wollen wir vor-
läufig hinweggehen.

---

[1]) Clem. Paedag. II. 196, B.

[2]) Es möge mir hier gestattet sein, etwas meteorologisches von Heraklit, das nicht in den Gang der Darstellung gehört, anzufügen. Bekanntlich erlischt die Sonne nach ihm beim Untergehen und bildet sich jeden
Tag neu: νέος ἐφ᾽ ἡμέρᾳ Arist. Meteor. II. 2. 355, a, 12. Der Grund
dazu wird in verschiedenem gefunden, aber eine Erklärungsart, die wenigstens dem Heraklit selbst zugeschrieben wird, ist mir in den Darstellungen
der heraklitischen Philosophie noch nicht begegnet. Nämlich Olympio-
doros z. Arist. Meteor. 30, a. unt. sagt: ὑπερβησόμεθα δὲ τὴν Ἡρακλεί-
τειον παραδοξολογίαν. οὐκέτι γὰρ νέος ἐφ᾽ ἡμέρᾳ γενήσεται ὁ ἥλιος
διὰ τὸν Ἡράκλειτον. ἀλλὰ νέος καθ᾽ ἕκαστον νῦν. ἔλεγε γὰρ ὁ Ἡράκλειτος, ὅτι πῦρ ὑπάρχων ὁ ἥλιος, ὅταν μὲν ἐν ταῖς ἀνατολαῖς ὑπάρχῃ, ἀνά-
πτεται διὰ τὴν ἐκεῖσε θερμότητα. ὅταν δὲ ἐν ταῖς δυσμαῖς ἔλθῃ, σβέν-
νυται διὰ τὴν ἐκεῖσε ψῖξιν. In wie weit der Commentator den Heraklit
hier richtig aufgefasst hat, soll an diesem Platze nicht näher untersucht
werden.

So hatten wir zuletzt das δίκαιον oder, was dasselbe
sagen will, den Logos dem Feuer, das heisst dem weltbildenden Element, gleichgestellt gefunden und sind nun auf dem
Punkte wieder angelangt, von dem wir ausgiengen, als wir
sagten, das Feuer habe ein sicheres Gesetz, nach dem es die
Welt entfalte und dann wieder zurückziehe in sich, ja es sei
gewissermaassen selbst dies Gesetz. Auch äusserlich finden
wir solches gewährleistet. Denn wie es von dem göttlichen
Gesetz heisst, dass es herrscht, soweit es will, allem ge-
wachsen ist und alles überwindet[1]), so von dem Feuer, dass
es alles lenkt[2]). Wir haben dies Gesetz als den in allem
waltenden Logos kennen gelernt in seinen näheren Bestimmungen und müssen nur noch hervorheben, dass dieser
durchaus immanent in der Welt, nie transcendent gedacht
wird; er ist materiell gefasst das Feuer, und das Feuer ver-
geistigt ist der Logos. Es ist ein und dasselbe weltbildende
Element, nur von verschiedenen Seiten angesehen. Deshalb
ist der Logos gerade so wenig immateriell zu denken, wie
das Feuer.

An einer Stelle, Clem. Strom. V. 599, D, citiert bei Eusebios Praep. ev. XIII, 13. 676, c, scheint λόγος geradezu für
πῦρ gebraucht, als ein Stoff gedacht. Es heisst nämlich daselbst: ὅπως δὲ πάλιν ἀναλαμβάνεται (τὸ ὑγρόν) καὶ ἐκπυ-
ροῦται σαφῶς διὰ τούτων δηλοῖ· „θάλασσα διαχέεται καὶ
μετρέεται εἰς τὸν αὐτὸν λόγον, ὁκοῖος πρόσθεν ἦν ἢ γενέσθαι γῆ“ (dies γῆ fehlt bei Eusebios). Die Erklärung der
Worte ist eine sehr verschiedene. Lassalle[3]) entscheidet sich

---

[1]) Stob. Floril. 3, 84: κρατέει (ὁ θεῖος νόμος) γὰρ τοσοῦτον, ὁκόσον
ἐθέλει καὶ ἐξαρκέει πᾶσι καὶ περιγίνεται.

[2]) Hippol. IX, 10: τὰ δὲ πάντα οἰακίζει κεραυνός. Das folgende:
πάντα γὰρ τὸ πῦρ ἐπελθὸν κρινεῖ καὶ καταλήψεται ist ohne Zweifel mit
Hippolytos auf die ἐκπύρωσις zu beziehen. Vgl. Pseudo-Hippokr. De diait.
ed. Kühn I, 639: τοῦτο (τὸ πῦρ) πάντα διὰ παντὸς κυβερνᾷ, was sicherlich
heraklitisch ist.

[3]) II, 61 ff.

für die Lesart des Eusebios und übersetzt: „Das Meer wird
ausgegossen und gemessen nach demselben Logos (Gesetz),
welcher zuerst war, ehe es selbst noch war," indem er so
eine Präexistenz des Logos annimmt, nach welchem sich das
Meer sowohl auf dem Wege nach unten, als auf dem nach
oben umwandle. Allein einmal ist es unwahrscheinlich, dass
ἐς τὸν λόγον bedeutet: nach dem Logos, worauf Zeller aufmerksam macht[1]), während sonst hierfür Heraklit κατὰ τὸν
λόγον gebraucht. Dann vernehmen wir auch anderswo bei
Heraklit nichts von einem präexistierenden Logos, und es
muss daher gewagt erscheinen, diese Abweichung von seiner
sonstigen Lehre auf die unsichere Interpretation dieser ein-
zigen Stelle hin anzunehmen. Zeller[2]) erklärt: „es dehnt
sich, wenn es sich aus Erde bildet, zu derselben Grösse aus,
die es vorher hatte." Aber wenn man auch die Bedeutung
Maass oder Grösse für λόγος annimmt, so passt dazu das
ὁκοῖος nicht, wofür ὁκόσος stehen müsste. Ferner ist
es eine wunderbare Ausdrucksweise, wenn es vom Meere
heisst, dass es sich ausdehnt, während es doch noch nicht
besteht, sondern erst aus Erde gebildet wird. Beide Auffassungen der Stelle berücksichtigen nicht, zu welchem
Zwecke Clemens die Worte anführt. Er thut dies, um nachzuweisen, wie nach Heraklit die Feuchtigkeit wieder aufgenommen und verwandelt wird in Feuer, und wir haben
keinen Grund von der Interpretation des immerhin philosophisch gebildeten Kirchenvaters abzuweichen, so lange
nicht das Missverständniss klar zu Tage liegt. Zunächst
werden wir also diesen Sinn in der Stelle suchen müssen,
und wir finden ihn leicht, wenn der Logos nur eben so viel
bedeutet hier, wie das Feuer, das weltbildende Element. Dass
dies der Fall sein kann, haben wir gesehen. Das Meer also

---

[1]) I, 559, 1.
[2]) A. a. O.

verflüchtigt sich und wird gemessen, das heisst, es verwandelt
sich nach Maassen in denselben Logos, also in dasselbe
Feuer, von welcher Beschaffenheit es vorher war, ehe es
selbst entstand.

Bei dieser Erklärung müssen wir freilich das *γῆ* am Ende
streichen, da dies ganz unverständlich ist, aber wir haben dafür die Autorität des Eusebios. Dagegen ist dann der Sinn
der ganzen Stelle klar, und besonders passt das *ὁποῖος*, auf
die Qualität des Logos und des Feuers bezogen. Einer
näheren Betrachtung möchte blos noch das *διαχέεται* be-
dürfen, das allerdings eher auf den Act der *διακόσμησις*
sich zu beziehen scheint, als auf den der *ἐκπύρωσις*, wie wir
auch *διάχυσις* in dieser Bedeutung bei den Stoikern finden.
Allein aus dem späteren Gebrauche lässt sich kein sicherer
Schluss auf den Gebrauch bei Heraklit machen, und die bei
der Umwandlung in das Feuer vor sich gehende *ἀναθυμίασις*
könnte man recht gut als ein Auseinanderfliessen (*διαχέεσθαι*)
bezeichnen, da möglicher Weise auch der Raum, den das
Feuer einnimmt, grösser ist als der vom Wasser angefüllte.
Wir finden dies wenigstens bei den Stoikern, nach deren Lehre
bei der *ἐκπύρωσις* das *κενόν* noch mit hinzugenommen wird,
um von dem aus dem All entstandenen Feuer angefüllt zu
werden[1]. Aehnlich braucht später der sehr heraklitisie-
rende M. Aurelius das einfache *χεῖσθαι* IV, 21, wo es heisst:
*ψυχαὶ — μεταβάλλουσι καὶ χέονται καὶ ἐξάπτονται, εἰς τὸν
τῶν ὅλων σπερματικὸν λόγον ἀναλαμβανόμεναι*, also das
Zerfliessen mit dem Aufgehen in Feuer zusammengebracht
wird[2]. Diese Stelle dient mit ihrem Inhalte wesentlich dazu,
die obige Erklärung zu bestätigen; denn hier werden die

---

[1] Plut. Comm. not. 35. 1077, B, Pseudo-Phil. De incorrupt. m. II, 507.

[2] Die Erklärung Lassalles I, 282, 1, der das *χεῖσθαι* auch bei den
Seelen für den Weg nach unten fasst, findet in dem Zusammenhange keine
Stütze. Vgl. auch Phil. De incorrupt. m. a. a. O., wo *χεῖσθαι* und *ἀνα-
λύεσθαι* von der Auflösung in Feuer gebraucht werden.

stofflichen Seelen in den Logos, der auch stofflich gedacht
werden muss, aufgenommen, wie bei Heraklit das Wasser
in den Feuer-Logos.

So darf man sich den Logos nicht immateriell vorstellen,
umgekehrt nichts materielles ohne diesen Logos, und wir
müssen demnach bei Heraklit trotz seines Fortschrittes gegen
die früheren Physiologen den reinsten Hylozoismus anerkennen,
ebenso wie den reinsten Pantheismus, mag nun das Feuer
als Gott betrachtet worden sein, wie wir bei Clemens[1]) angeführt finden, oder der Logos, wie wir aus der Bezeichnung
„göttlicher Logos" bei Sextus schliessen können[2]). Diese
pantheistische Anschauung braucht nach alledem, was wir
bisher über Heraklit gesagt, nicht noch besonders aus seiner
Lehre entwickelt zu werden. Aber dass sie ihm auch zum
Bewusstsein gekommen ist, geht aus einer Erzählung des
Aristoteles[3]), wenn wir sie als beglaubigt ansehen wollen,
hervor, wonach Heraklit Fremden, die in der Absicht, ihn zu
besuchen, ihn in der Küche sich wärmend fanden und deshalb Bedenken trugen hineinzugehen, zurief, sie sollten nur
ohne Zögern herein kommen: εἶναι γὰρ καὶ ἐνταῦϑα ϑεούς.
Auch Diogenes legt ihm den Ausspruch in den Mund: πάντα
ψυχῶν εἶναι καὶ δαιμόνων πλήρη[4]), was offenbar in ganz

---

[1]) Cohort. 42, C.
[2]) Sext. Math. VII, 127 ff. S. 398 f.
[3]) De part. an. I, 5. 645, a, 17.
[4]) Diog. IX, 7. δαιμόνων wird man hier geradezu als ϑεῶν fassen
müssen, das ψυχῶν ist aber sonderbar, wenn wir auch später als Lehre
der Pythagoreer bei Diogenes VIII, 32 finden: ψυχῶν ἔμπλεων ἀέρα
εἶναι. Der Bericht über Heraklit ist vielleicht am besten zu ändern in
τὸ πᾶν ἔμψυχον εἶναι καὶ δαιμόνων πλῆρες, ein Satz, der keineswegs
wörtlich dem Heraklit zukommen wird, ihm aber doch auch nicht zu fern
liegt, und der auch sogar schon dem Thales wörtlich so zugeschrieben
worden, Stob. Ekl. I, 56. Dass Heraklit eine Weltseele angenommen habe,
wird von verschiedenen Seiten überliefert. Nach Theodoretos IV, 822 hat
er gelehrt, die gestorbenen Seelen kehrten in die Seele des Alls wieder
zurück, die gleichartig mit ihnen sei, und Nemesios, Nat. hom. 28, be-

demselben Sinne zu verstehen ist. Es heisst das im Grunde nichts anderes, als dass der Logos durch alles hindurchgeht, überall ist und alles wirkt, und es ist nur anders ausgedrückt.

Einer schwierigen Frage müssen wir uns jetzt nahen, die verschiedene Beantwortungen erfahren hat, nämlich ob das Feuer oder der Logos, oder am besten, um beides zusammenzufassen, der Feuer-Logos als mit Intelligenz und Bewusstsein von Heraklit gedacht worden, oder ob blos eine objective Vernunft in der Weltentwickelung bei ihm anzunehmen ist. Von denen, die sich ausführlicher mit diesem Punkte beschäftigen, hat sich Bernays für die erste Ansicht entschieden[1]), während Lassalle[2]) die letztere vertritt. Es wird nicht zu umgehen sein, wenigstens die Beweisgründe für das eine zu prüfen, indem sich dann zugleich die grössere oder geringere Wahrscheinlichkeit des Gegentheils herausstellen wird.

Etwas grosses wäre für den ephesischen Denker gewonnen, wenn er als der erste in der Geschichte des Geistes da stünde, der in das Leben des Alls Bewusstsein gebracht, also seine gesetzmässige Bewegung nach bewussten Zwecken hätte dahinschreiten lassen. Weil dies aber auf einmal ein so gewaltiger Fortschritt wäre, gilt es auch die Stellen, die darauf hindeuten, um so sorgfältiger anzusehen, und sollten dieselben nicht hinreichend klar das eine oder das andere herausstellen, ein anderes Beweismittel zu suchen.

Zunächst legt Bernays grosses Gewicht auf ein Fragment des Heraklit bei Hippolytos IX, 9: οὐκ ἐμοῦ ἀλλὰ τοῦ

---

richtet, Heraklit habe die Seele des Alls erklärt als ἀναθυμίασις τῶν ὑγρῶν. Dasselbe finden wir bei dem Compilator der Plac. phil. IV, 3. 898, D, nur dass sie hier Weltseele genannt wird. Heraklit selbst hat den Ausdruck nicht gebraucht, die Sache war aber für den spätern Forscher leicht zu schliessen aus dem Leben des Feuers.

[1]) Rhein. Mus. IX, 248 ff.
[2]) Namentlich I, 335 ff.

λόγον¹) ἀκούσαντας ὁμολογέειν σοφόν ἐστιν, ἕν πάντα εἰδέναι, das er übersetzt: „Weise ist's, nicht auf mich, sondern auf den Logos hörend zu bekennen, eines wisse alles.“ Es lässt sich nicht leugnen, dass bei dieser Auffassung der Worte eine Einsicht des höchsten Princips, mag sie nun als unmittelbar wirkend, oder als beschaulich gefasst werden, bei Heraklit anzunehmen ist. Aber betrachten wir zunächst den Zusammenhang, in dem die Worte bei Hippolytos sich finden, so stellt sich heraus, dass der Kirchenvater, wenn er überhaupt eine Absicht bei der Anführung hatte, sie nicht so hat verstehen können. Er sagt vorher, das All fasse nach Heraklit die verschiedensten Bestimmungen in sich zusammen, und dieser Satz soll durch das Citat bewiesen werden. Es muss also darin von der Einheit des einen mit vielem oder allem gesprochen sein, oder das Citat ist ganz sinnlos, und das ist nach der sonstigen Citiermethode dieses Kirchenvaters entschieden zurückzuweisen. Auch aus den Worten, die den angeführten folgen, erkennt man deutlich den Sinn, welchen Hippolytos in Heraklit gefunden haben muss. Es heisst da nämlich: καὶ ὅτι τοῦτο οὐκ ἴσασι πάντες οὐδὲ ὁμολογοῦσιν, ἐπιμέμφεται ὧδέ πως· οὐ ξυνίασιν ὅκως διαφερόμενον ἑωυτῷ ὁμολογέει κτλ. Mit τοῦτο wird das, was vorhergeht, wieder aufgenommen und noch durch das weitere Citat des Heraklit erklärt, so dass deutlich hervorgeht, wie in dem ἕν πάντα εἰδέναι der gleiche, oder wenigstens ein ähnlicher Sinn liegen muss, wie in dem διαφερόμενον ἑωυτῷ ὁμολογέει. Es kommt nicht darauf an, was dies „Eines“ weiss, sondern was es ist. Demnach scheint sich die Conjectur Millers zu empfehlen, welchem Lassalle folgt, wonach εἰδέναι in εἶναι geändert wird, und damit wären alle Schwierigkeiten gehoben. Auch den Einwurf von Bernays gegen dieselbe kann man nicht gelten lassen, dass nämlich Heraklit mit diesem Satze auf-

¹) So ist höchst wahrscheinlich mit Bernays statt δόγματος zu lesen.

hörte ein Herakliteer zu sein und ein στασιώτης τοῦ ὅλον würde. Es liegt darin weiter nichts, als dass alle Gegensätze in dem einen verbunden sind, was ja sonst oft genug als Lehre des Heraklit hingestellt wird. Trotz dieser Empfehlung der Conjectur wird man sie doch nicht annehmen können; denn in der Handschrift steht εἰδέναι, und höchst wunderbar wäre es, wenn aus dem leicht verständlichen εἶναι das in den Zusammenhang scheinbar nicht passende εἰδέναι geworden wäre. Deshalb muss der Versuch gemacht werden, die handschriftliche Fassung des Fragments im Sinne des Hippolytos zu verstehen. Wird nun das ἓν πάντα εἰδέναι als nähere Erklärung zu dem ὁμολογέειν gefasst, so werden wir dies erreicht haben. Es ist demnach zu übersetzen: „Nicht auf mich, sondern auf den Logos hörend ist es weise übereinzustimmen, nämlich eines als alles zu wissen." Im Sinne sind dann alle Schwierigkeiten vermieden, und sprachlich steht dieser Erklärung nichts geradezu hindernd entgegen. Auch scheint die folgende Verbindung des οὐκ ἴσασι und οὐδὲ ὁμολογοῦσιν mir auf diese Interpretation hinzudeuten.

Ist dies der Sinn, in welchem Hippolytos die Worte gefasst hat, so bleibt uns wenigstens die Möglichkeit, die sogar an Wahrscheinlichkeit grenzt, dass Heraklit selbst nichts anderes damit habe sagen wollen, und so lange wir nicht anderwärts das Wissen des einen von allem, das heisst die bewusste Intelligenz bei Heraklit, bestätigt finden, kann diese Stelle nicht als Beweis dafür gelten.

Bedeutend für diese Lehre in die Wagschaale zu fallen scheint nun ein Fragment bei Diogenes IX, 1, wo Heraklit selbst angeführt wird in den Worten: „Vielwissen lehrt den Sinn nicht; denn sonst hätte es gelehrt den Hesiodos und Pythagoras und wiederum den Xenophanes und Hekataios", und dann fortgefahren wird: εἶναι γὰρ ἓν τὸ σοφὸν ἐπίστασθαι γνώμην, ᾗτε οἱ ἐγκυβερνήσει πάντα διὰ πάντων. Mag

man sich in diesen Worten nun für die Conjectur Schleiermachers: *ἥτε οἴη κυβερνήσει*, wobei das Futurum immer anstössig bleiben wird, oder für die von Bernays: *ἥτε οἰακίζει*,
die mir etwas gewagt scheint, oder für eine andere entscheiden, der Sinn wird stets der bleiben: die einzige menschliche Weisheit besteht darin, zu verstehen die *γνώμη*, welche
alles durch alles lenkt. Hier hätten wir also eine wirkende
γνώμη. Muss nun die *γνώμη* gefasst werden als Verstand,
Einsicht im subjectiven Sinne, so wäre ein bewusstes höchstes
Princip für die Welt bewiesen. Aber *γνώμη* bedeutet auch
Weisheit, Vernunft, die sich objectiv als Inhalt von etwas
zeigt, wie deutlich aus der Bedeutung „Klugheits-, Erfah-
rungs-Spruch" hervorgeht. An einer Stelle des Plutarch [1]),
an der auch sonst viele heraklitische Spuren zu finden sind,
heisst es sogar, dass der ewige und unvergängliche Gott sich
selbst umwandle, das heisst bald die mannigfachsten Gestalten
hervorbringe, bald alles in Feuer wieder aufnehme *ὑπὸ εἱμαρμένης γνώμης καὶ λόγου*. Die Worte sind höchst wahrscheinlich auf Heraklit zurückzuführen, und die *γνώμη* scheint hier
zu stehen als Schicksalsspruch, ganz objectiv gedacht, der
sich in der Welt zur Erfüllung bringt, und in dem natürlich Weisheit enthalten ist. Es steht nun nichts im Wege,
in dem Fragment aus Diogenes das Wort in einem ähnlichen Sinne zu fassen, als die objective Weisheit, die in der
Welt regierend erscheint, mit welcher eine Einsicht noch gar
nicht verbunden zu sein braucht. Sie ist dann gleich dem
Logos, der durch alles geht, und gemäss dem alles geschieht [2]),
und wird auch als *ἓν τὸ σοφόν* bezeichnet. Denn etwas
anderes als das höchste Princip können wir nicht unter

---

[1]) De Ei ap. Delph. 9. 388, F. Vgl. Lasalle I, 225 ff.

[2]) Ob das *decretum rationabile* bei Chalcidius z. Plat. Tim. 249 mit
Lassalle II, 343 Anm. gleich der *γνώμη* zu setzen ist, kann sehr fraglich
sein. Die *ratio divina*, von welcher das Vernunftdecret ebd. ausgeht, kann
man ebenso gut als identisch mit der *γνώμη* ansehen.

diesem Ausdruck bei Clemens Strom. V. 604, A verstehen, wo es heisst: ἓν τὸ σοφὸν μοῦνον λέγεσθαι οὐκ ἐθέλει καὶ ἐθέλει Ζηνὸς ὄνομα. Für uns wird aus der schwer zu erklärenden Stelle nichts weiter gewonnen, als dass der Logos oder das Feuer, als herrschendes Princip in der Philosophie Heraklits, auch das allein weise genannt wird, womit aber ihm noch keine Erkenntniss zugeschrieben werden muss.

Fraglich ist, ob hierher das Fragment aus Stobaios Floril. 3, 81 gehört: ὁκόσων λόγους ἤκουσα, οὐδεὶς ἀφικνεῖται εἰς τοῦτο ὥστε γιγνώσκειν, ὅτι σοφόν ἐστι πάντων κεχωρισμένον. Die einfachste Erklärung desselben scheint mir die zu sein, dass die Weisheit von allen Menschen getrennt, also nirgends zu finden ist. Man würde allerdings nach dem vielversprechenden Eingange nicht gerade diesen beinahe trivialen Gedanken erwarten. Aber man muss sich erinnern, dass Heraklit gerade das Nichtwissen der Menge um die Wahrheit auf die mannigfaltigste Weise ausdrückte, dass er also besonderes Gewicht auf diesen seinen Satz legte. Lassalle übersetzt die Stelle[1]: „dass das absolute allem sinnlichen Dasein enthoben, dass es das negative ist.“ Es beruht dies auf seiner besonderen Auffassung des höchsten Princips bei Heraklit, und die Erklärung steht und fällt mit ihr.

Wenn ferner Bernays[2] das höchste Princip Heraklits als ein mit Intelligenz wirkendes gewährleistet findet durch ein geradeaus redendes Zeugniss bei Hippolytos[3], nach welchem der Ephesier sagt, das Feuer sei φρόνιμον καὶ τῆς διοικήσεως τῶν ὅλων αἴτιον, so möchten wir diese Bestätigung doch nicht für eine sichere halten. Denn so bald Hippolytos die Worte des Heraklit nicht selbst anführt, ist er höchst unzuverlässig und willkürlich in der Deutung. Man sieht dies sogleich aus dem Anfang des Abschnitts, wo er

---

[1] II, 849.
[2] A. a. O. 260.
[3] IX, 10.

den Philosophen sagen lässt, dass das All ausser vielem
anderen auch Vater und Sohn sei. Allerdings passt das
φρόνιμον als Prädicat des Feuers viel eher zu dem, was
wir sicher von der Lehre des Heraklit wissen, als manches
andere, was Hippolytos noch dem Ephesier zuschreibt. Aber
doch scheint es, dass er auch hierin etwas zu weit gegangen
ist, ebenso wie Sextus, wenn er berichtet, Heraklit habe das
περιέχον, was selbst schon wahrscheinlich kein heraklitischer
Ausdruck ist, *λογικόν* und *φρενῆρες* genannt[1].

Am ersten scheint für die Intelligenz und das Bewusstsein des höchsten Princips bei Heraklit zu sprechen eine
Angabe bei Plutarch De Is. et Os. 77. 382, B, worin es
heisst, dass dies lebende und schauende und den Anfang
der Bewegung aus sich selbst habende und die Kenntniss des
eigenen und fremden besitzende Wesen *ἄλλοθεν ἔσπακεν
ἀπορροὴν καὶ μοῖραν ἐκ τοῦ φρονοῦντος, ὅπως κυβερνᾶται
τὸ σύμπαν καθ᾽ Ἡράκλειτον*. Sind die letzten Worte wirklich von Heraklit, so wäre eine bewusste, reflectierende und
nach Zwecken handelnde Intelligenz für die Leitung der Welt
bei ihm bewiesen. Aber das *καθ᾽ Ἡράκλειτον* giebt keine
Sicherheit, dass die Worte aus seiner Schrift selbst genommen,
sondern nur dafür, dass Plutarch entweder den Sinn des
ganzen Satzes, oder doch wenigstens den der letzten Worte
bei Heraklit zu finden geglaubt hat, und selbst Bernays meint,
Plutarch habe dabei die weltleitende *γνώμη* Heraklits im
Sinne gehabt, und die Kräftigkeit dieses Ausdrucks nur abgeschwächt, um ihn seinem Zeitalter näher zu bringen. Zunächst ist es falsch, wenn es von der Seele heisst, dass sie
einen Theil und einen Abfluss losgelöst habe von der höheren
Intelligenz, da wir vielmehr bei Sextus[2] lesen, dass dies ein
fortdauernder Process ist, durch welchen wir den göttlichen

---

[1] Math. VII, 127. S. 398. Vgl. 286. S. 512.
[2] Math. VII, 129 f. S. 398.

Logos an uns reissen und so vernünftig werden. Diese Lehre, die Plutarch hier vorträgt, finden wir bei den Stoikern, bei M. Aurelius, wo der νοῖς des einzelnen Menschen bezeichnet wird geradezu als ἀπόσπασμα des Zeus[1]), bei Epiktetos[2]), wo Gott einen Theil von sich selbst losgerissen und ausgegeben hat. Sie ist also jedenfalls als das Product einer viel vorgerückteren Zeit zu betrachten. Wie steht es nun aber mit den Worten: φρονοῦν ὅπως κυβερνᾶται τὸ σύμπαν, auf die es hier besonders ankommen muss? Bernays schreibt die Worte dem Plutarch zu. Weil nämlich γνώμη, das Heraklit selbst gebraucht, in späterer Zeit nicht mehr absolute Intelligenz bedeutet habe, sei von Plutarch das participiale Abstractum ergriffen worden. An dem φρονοῦν selbst als heraklitischem Ausdrucke würde nun, vergleicht man es besonders mit dem ἕν τὸ σοφόν, kein Anstoss zu nehmen sein. Sobald man überhaupt bei Heraklit ein bewusstes höheres Princip statuieren zu müssen glaubt, würde diese Bezeichnung sehr gut dafür passen. Ausserdem steht das Verbum κυβερνᾶσθαι bei Heraklit fest. Bloss anstössig wäre das dazwischen geschobene ὅπως, durch welches die Intelligenz von der unmittelbaren Leitung des Alls getrennt und zu einer reflectierenden oder „beschaulichen" gemacht wird[3]). Deshalb hat Bernays von seinem Standpunkte aus Recht, die Worte als Eigenthum des Plutarch anzusehen. Es würde durch sie auch unserem Philosophen eine πρόνοια zukommen, die ihm, wie bemerkt, anderwärts abgesprochen wird. Lassalle nimmt die Worte für heraklitisch, liest aber, um die bewusste Intelligenz auszuschliessen, nach Wyttenbach ὅτῳ statt ὅπως, ein Auskunftsmittel, das für den bestimmten Zweck schwerlich genügen wird. Von dem φρονοῦν ist das subjective Denken sicherlich nicht

---

[1]) IV, 27. Vgl. Diog. VII, 143. VIII, wo den Pythagoreern die Lehre zugeschrieben wird, dass die Seele ein ἀπόσπασμα τοῦ αἰθέρος ist.

[2]) Diss. I, 17, 27.

[3]) Vgl. Bernays 256.

zu trennen, und bei Plutarch wird es öfter[1]) geradezu für
den reflectierenden Verstand gebraucht. Also die blosse Objec-
tivität der Vernunft, die Lassalle bei Heraklit findet, würde
dabei nicht aufrecht zu erhalten sein. Gehört das *φρονοῦν*
ὅπως oder *ὅτῳ* dem Heraklit, so müssen wir auch sagen:
Er hat zuerst in die Geschichte eine bewusste Intelligenz,
welche die Welt regiert, eingeführt, und dem angemessen würden
dann auch die oben besprochenen Stellen von der *γνώμη* und
dem *ἕν πάντα εἰδέναι* zu erklären sein.

Dies aber anzunehmen hindert uns etwas ganz entschei-
dendes, nämlich das absolute Schweigen des Platon und
Aristoteles über diese Lehre bei Heraklit und die bestimmte
Aussage ihrerseits, dass Anaxagoras zuerst den Geist, oder die
denkende Kraft in der Natur gelehrt hat. Wenn Heraklit
schon von dem *φρονοῦν*, das die Welt leitet, gesprochen,
was hätte Anaxagoras eigentlich neues mit seinem *νοῦς* auf-
gebracht? Wie wäre dies denkende Princip, oder die sich
ihrer Bewegung bewusste Einsicht des Heraklit von dem
weltordnenden Geiste des Anaxagoras zu unterscheiden? Wie
hätte Aristoteles sagen können, Anaxagoras oder Hermotimos
erscheine wie nüchtern neben den früheren, die ohne Ueberlegung gesprochen hätten[2])? Es leuchtet allerdings bei Aristoteles eine gewisse Missachtung und Verkennung des grossen
ephesischen Philosophen deutlich hervor. Bei richtiger Würdigung hätte er ihn nicht ohne weiteres zu den übrigen
ionischen Philosophen rechnen und sein Logos-Feuer ganz
auf dieselbe Stufe wie die Principien der übrigen stellen
können. Auch kann die Schwierigkeit der heraklitischen
Sprache nicht der einzige Grund für diese Erscheinung sein.
Geradezu lächerlich ist es, dass der grosse Gedanke des

---

[1]) De superstit. 3. 166, C. Conjug. praec. 4. 138, F. Quaest. conv. VII,
5. 706, A.
[2]) Arist. Metaph. I, 4. 984, b. 15.

heraklitischen Logos bei Aristoteles nirgends erwähnt ist, mit Ausnahme von der bekannten Stelle in der Rhetorik, wo hervorgehoben wird, dass es schwierig sei, die richtige Verbindung der Wörter bei Heraklit zu finden. Aber mag auch diese Ungerechtigkeit gegen Heraklit noch so gross sein, mit oder ohne Bewusstsein des Aristoteles, soweit hätte derselbe doch nicht gehen können, eine weltordnende Intelligenz bei ihm vollständig zu ignorieren. Es ist dies geradezu eine Unmöglichkeit, und in diesem Falle ist das *argumentum a silentio* ein zwingendes, wozu überdies noch die positive Angabe über das neue bei Anaxagoras kommt.

Dasselbe ist von Platon zu sagen, der ja, in seiner Jugend selbst Herakliteer, genau mit den Lehren dieser Schule vertraut sein musste, aber freilich nicht das historische Interesse seines grossen Schülers hatte. An der früher besprochenen Stelle des Kratylos[1]) scheint es zwar, als würde wirklich das Princip des Heraklit wenigstens von Schülern desselben identificiert mit dem *νοῖς* des Anaxagoras. Nachdem Sokrates verschiedene Bestimmungen des *δίχαιον* in seiner kosmischen Bedeutung angeführt hat, unter denen wir heraklitisches gefunden haben, fährt er fort: ὁ δὲ τούτων μὲν πάντων καταγελᾶν φησιν, εἶναι δὲ τὸ δίκαιον ὃ λέγει Ἀναξαγόρας, νοῦν εἶναι τοῦτο· αὐτοκράτορα γὰρ αὐτὸν ὄντα καὶ οὐδενὶ μεμιγμένον πάντα φησὶν αὐτὸν κοσμεῖν τὰ πράγματα διὰ πάντων ἰόντα. Dies nimmt Lassalle[2]) als die Meinung eines Herakliteers an und spricht es auch dem inhaltlichen Gedanken nach Heraklit selbst zu. Allein einmal steht gar nicht fest, dass hier wirklich eine Meinung aus der heraklitischen Schule mitgetheilt wird, und dann, wenn dies auch der Fall wäre, so sind offenbar die Anhänger über den Meister weit hinausgegangen, da von ihnen eben der *νοῖς*

---

[1]) 412, D. ff.
[2]) II, 16.

des Anaxagoras vorausgesetzt wird, und wir erfahren über die Lehre Heraklits aus dieser Stelle nichts.

Schweigen also Platon und Aristoteles über die bewusste Intelligenz und das zweckvolle Leiten des Feuers bei Heraklit, so sind seinem Princip diese Bestimmungen abzusprechen. Das φρονοῦν ὅπως κυβερνᾶται τὸ σύμπαν gehört nicht dem Heraklit, sondern dem Plutarch, der die heraklitische Lehre wiederzugeben glaubt, und die kurzen Fragmente Heraklits, die möglicher Weise auf sie hindeuten, müssen anders erklärt werden, was, wie wir oben gesehen, keine besonderen Schwierigkeiten bietet.

Der Logos und die das All leitende γνώμη bleiben trotzdem stehen in der Physik Heraklits, und sie sind wesentliche Seiten an seinem höchsten Princip. Die Weisheit kommt zur Darstellung in der Weltentwickelung, und die Vernunft arbeitet sich aus sich selbst heraus in ureigener Bewegung. Sie ist aber von dem Stoffe gar nicht zu trennen und geht in ihm auf, weil sie mit ihm eins; sie steht nicht über ihm, wie dies mit dem Geiste des Anaxagoras der Fall ist, der, keinem Dinge beigemischt, nur wie ein *deus ex machina* angewandt wird, sobald die natürlichen Ursachen nicht mehr ausreichen. Wenn Anaxagoras seinem Geiste Erkennen und Bewegung zuschreibt[1]), so geschieht dies in einem ganz andern Sinne, als wenn Heraklit sagt, dass die γνώμη das ganze leitet, und er sein Feuer bewegt und lebendig sein lässt. Bei Anaxagoras hat der Stoff endlose Zeit geruht, das heisst die Ursamen haben kein Princip der Bewegung in sich, sondern diese muss erst durch den Geist von aussen kommen, von diesem wird der Wirbel hervorgebracht, der sich dann allerdings, es scheint in mechanischer Weise, fortpflanzt. Bei Heraklit ist umgekehrt von vornherein alles Bewegung, ohne sie nichts zu

---

[1]) Arist. De an. I, 2. 405, a, 17: ἀποδίδωσι ἄμφω τῇ αὐτῇ ἀρχῇ τό τε γιγνώσκειν καὶ τὸ κινεῖν.

denken, ihr Typus das Feuer, weil sie in ihm am energischsten wahrgenommen wird, und dieses ist deshalb geradezu das höchste Princip genannt. Der Geist des Anaxagoras hat jegliches Wissen von allem, aber nicht weil er in den Dingen ist, sondern weil er sie ordnet, und man sich diese Thätigkeit nicht ohne solches Wissen denken kann. Er muss deshalb auch planvoll und nach Zwecken handeln, und das Schicksal ist dem Anaxagoras ein leerer Name, während es mit dem Logos des Heraklit zusammenfällt, und dieser nicht das Wissen der Dinge hat, sondern die Weisheit selbst ist, die sich in der Welt zur Entfaltung bringt. Sei es nun, dass Anaxagoras zur vollen Persönlichkeit seines Geistes gelangt ist, sei es, dass er blos eine unbestimmte Ahnung davon gehabt, so viel wird doch immer feststehen, dass er das theistische Element in die Philosophie eingeführt hat, während der grosse Ephesier in consequentestem Pantheismus verharrte. Demnach werden die Lehren der beiden grössten ionischen Philosophen immer durch eine tiefe Kluft von einander getrennt bleiben.

Ehe wir nun zur Bedeutung des heraklitischen Logos in der Ethik übergehen, ist es noch nöthig, wenigstens kurz über Lassalles in dem bisherigen Gange schon mehrfach berührte Auffassung desselben zu sprechen. Nach ihm ist der Logos nämlich nichts anderes, als das Gesetz der Identität des processirenden Gegensatzes von Sein und Nichtsein, oder die reine processirende Einheit desselben als reiner Begriff gefasst, das was wir etwa die logische Kategorie des Werdens nennen würden, oder das Gedankengesetz der unsichtbaren Harmonie; oder auch reine Negativität, die allem wirklich sinnlichen Sein transcendent ist. „In dieser, in der inneren Anschauung des logischen Begriffs des Werdens sind die beiden entgegengesetzten Gedankenmomente, Sein wie Nichtsein vorhanden; aber eben weil sie hier als reine Gedankenmomente gedacht, ist sie nur die unaufhörlich in einander übergehende reine Bewegung." Hier in der unsichtbaren

Harmonie ist reiner unaufgehaltener Gedankenwandel vorhanden, während in der wirklichen Welt beide Momente,
Sein wie Nichtsein, in der Form des festen beharren wollen-
den Seins da sind. Ueberdies zieht sich das Gedankengesetz
durch alles hindurch, und durch dasselbe wird der reale
Process des Werdens, in dem das Universum stets begriffen,
bewirkt. Aber in diesem Process wollen die rastlos in einander übergehenden Unterschiede Bestand haben und sind
deshalb in einer ihrem Begriffe, welcher absolute Identität
ist, schlechthin widersprechenden Form vorhanden, und demnach ist hier nur aufgehaltene Bewegung, gehemmte und
zerstreute Einheit von Gegensätzen, das heisst überhaupt
ἀδικία im Gegensatz zur δίκη, dem idealen Logos [1]).

Wenn wir nun, abgesehen von manchen Widersprüchen,
die sich bei dieser Auffassung der heraklitischen Lehre in
ihr finden würden, die Fragmente genauer prüfen, so finden
wir von diesem rein logischen Gesetz, dieser philosophischen
Abstraction, mit Sicherheit nichts. Alles, was über den Logos
gesagt ist, oder über die Begriffe, die mit ihm identisch sind,
bezieht sich auf die Natur der realen Dinge, auf das zeit-
liche Uebergehen von dem einen ins andere, und die Stellen,
auf die sich Lassalle hauptsächlich stützt, sind höchst zweifel-
hafter Erklärung [2]), so dass man auf sie ohne andere sichere
Beweise nichts gründen kann. Auch die ἀδικία, als das Wesen
dieser Welt, steht bei Heraklit, wie wir oben gesehen, auf

---

[1]) Vgl. besonders I, 25. 28. 122. 125 f. 139, Anm. 2. 306. 348. II, 265 f.
368 u. s. w.

[2]) Es sind dies namentlich diejenigen, wo die Rede ist von dem einen
weisen, das von allem getrennt ist, und von dem einen weisen, das mit
dem Namen des Zeus nicht genannt sein will und genannt sein will, ferner
ἁρμονίη γὰρ ἀφανὴς φανερῆς κρείττων und endlich eine aus Themistios
Orat. V ad. Iov. 69 und XII ad. Valent. 159: φύσις δὲ καθ' Ἡράκλειτον
κρύπτεσθαι φιλεῖ καὶ πρὸ τῆς φύσεως ὁ τῆς φύσεως δημιουργός. Die
letzten Worte, auf die Lassalle grosses Gewicht legt, gehören zweifelsohne
dem Platoniker und nicht dem Ephesier. Vgl. Zeller I, 551, 4.

höchst schwachen Füssen, und mit ihr muss die transcendente Existenz des Logos fallen. Lassalle hat, in Anschluss an Hegel, moderne philosophische Gedanken auf den Ephesier übertragen, begünstigt dabei durch die Unklarheit mancher Aussprüche, aber zugleich in gezwungener Weise viel unverfängliches zu seinem Zwecke umdeutend. Nicht über der Welt, nicht vor der Welt, sondern mit ihr, in ihr lebt der Logos, und geht in ihr auf. Diese seine Allgemeinheit in der Welt bildet nun zugleich den Uebergang zu der heraklitischen Anthropologie und Ethik.

Zunächst ist die Seele aus eben derselben Substanz, welche der ganzen Welt zu Grunde liegt, also aus Feuer. Freilich wird dieses letzte in der wichtigsten Stelle für diesen Punkt nicht direct gesagt, aber man kann es doch aus ihr schliessen. Nämlich bei Aristoteles heisst es De an. 405, a, 25: καὶ Ἡράκλειτος δὲ τὴν ἀρχὴν εἶναί φησι ψυχήν, εἴπερ τὴν ἀναθυμίασιν, ἐξ ἧς τἆλλα συνίστησιν· καὶ ἀσωματώτατόν δὴ καὶ ῥέον ἀεί. Mag nun in diesen Worten ἀρχή Subject oder Prädicat sein, und sich ἀναθυμίασις auf ψυχή oder ἀρχή beziehen, wiewohl die Annahme Lassalles, dass ψυχή Subject und ἀναθυμίασις zu ἀρχή gehört, durch den Sinn gefordert zu sein scheint, so geht doch dies jedenfalls aus ihnen hervor, dass die Seele zu dem Princip der Welt und nicht zu den Umwandlungen derselben gehört und ἀναθυμίασις ist. Das Princip der Welt ist Feuer, also muss auch die Seele dies sein. Sie wird aber noch näher bestimmt als Ausdünstung, ein Begriff, der in der alten Philosophie bekanntlich vielfach vorkommt, aber schwerlich schon dem Heraklit zuzuschreiben ist. Allerdings finden wir auch sonst ἀναθυμίασις von der Seele als heraklitischen Terminus gebraucht, so bei Areios Didymos, Euseb. Praep. ev. XV, 20. 821, d, wo auch gesagt wird, vielleicht nach Kleanthes, dass Heraklit beweisen wollte, ὅτι αἱ ψυχαὶ ἀναθυμιώμεναι νοεραὶ ἀεὶ γίνονται, und sie deshalb den Flüssen verglichen habe, bei denen stets anderes Wasser hinzuströme[1]). So müsse bei den Seelen immer nur feuriger Dunst hinzuströmen, aus dem nassen sich entwickelnd, damit sie vernehmend würden und in Verbindung mit dem ganzen blieben. Die Flüsse erhalten sich ihr eigentliches Wesen nur durch fortwährende Erneuerung des Wassers, und ebenso die Seelen nur durch den ewigen Wechsel von feurigem Dunst. Demnach hat für mich der Vergleich, im Gegensatz zu Schleiermacher[2]), durchaus nichts unpassendes oder dunkles[3]). Ferner finden wir die Seele als ἀναθυμίασις nach Heraklit bei Plutarch Plac. phil. IV, 3. 898, D, wo sogar die Seele des Alls so genannt wird, und die Seele in den Thieren aus der äusseren Verdunstung und der in ihnen selbst entstehen soll. Wahrscheinlich jedoch sind die Stellen alle auf die eine des Aristoteles zurückzuführen[4]).

Wenden wir uns dieser wieder zu! Themistios[5]) hält die ἀναθυμίασις für Feuer, und ebenso Zeller[6]) für identisch mit diesem. Dass sie hier als trockene im engeren Sinne und nicht etwa als feuchte aufzufassen ist, bedarf nicht erst des Beweises, und ist demnach nicht daran zu zweifeln, dass man Feuer unter ihr zu verstehen habe. Aber sie scheint blos eine bestimmte Art davon zu sein und sich keineswegs mit

---

[1]) In der dindorfschen Ausgabe des Eusebios sind als dem Heraklit gehörend noch bezeichnet die Worte: καὶ ψυχαὶ δὲ ἀπὸ τῶν ὑγρῶν ἀναθυμιῶνται, die aber sicherlich dem Areios Didymos zuzuschreiben sind.

[2]) Herakleitos der dunkle, Mus. d. Alterthumswissensch. I, 359.

[3]) Vgl. Lassalle I, 297 f.

[4]) Lassalle fasst II, 330 ff. die ἀναθυμίασις als das allgemeine Werden, als das Processieren, wenn auch nicht in abstract logischer, sondern in realer und kosmologischer Beziehung. Wie man dies in dem Worte selbst finden kann, ist mir unerklärlich, und von dem ἀσωματώτατον, welches sein Hauptbeweis für diese Annahme ist, lässt sich leicht zeigen, dass es keineswegs soviel als „stofflos" bedeutet.

[5]) De an. II, 24, 13: καὶ Ἡράκλειτος δὲ ἦν ἀρχὴν τίθεται τῶν ὄντων, ταύτην τίθεται καὶ ψυχήν· πῦρ γὰρ καὶ οὗτος. τὴν γὰρ ἀναθυμίασιν, ἐξ ἧς τὰ ἄλλα συνίστησιν, οὐκ ἄλλο τι ἢ πῦρ ὑποληπτέον.

[6]) I, 576, 4.

ihm zu decken; denn sonst wäre es doch wunderbar, dass
Aristoteles diesen Ausdruck und nicht viel lieber den eigentlichen gebraucht hätte. Es ist diese ἀναϑυμίασις demnach
wohl nicht das reine Urelement, aus dem alles entsteht und
besteht, worauf allerdings die Worte ἐξ ἧς τἄλλα συνίστησι
hinzudeuten scheinen, sondern das Feuer, was auf dem Wege
nach oben sich entwickelt aus den nassen Bestandtheilen
der Welt. So würden die Seelen auf dem Wege nach oben
überhaupt erst entstehen[1]), und je entfernter von dem nassen, je feuriger, desto reiner, desto weiser würden sie sein,
wofür deutlich die Aussprüche Heraklits von der Weisheit
der trockenen Seele zeugen[2]). Umgekehrt wird die Seele
unvernünftig durch Feuchtigkeit, so namentlich durch den
Rausch[3]), und die Verwandlung in Wasser ist geradezu ihr
Tod[4]). Mit dem allgemeinen weltbeherrschenden Feuer hängt
die Einzelseele demnach zusammen, wenn sie auch nach Aristoteles blos von einer bestimmten Art desselben gebildet
wird. Sie ist von ihm genommen und geht ebenso in das
Feuer wieder auf, wie auch Theodoretos offenbar meint,
wenn er sagt[5]), nach Heraklit giengen die abgeschiedenen
Seelen in die Seele des Alls zurück, die ihnen nach Art
und Wesen gleich sei. Das Feuer ist aber nichts anderes
als der Logos, und so sind die Seelen im Grunde nur Theile
des Feuer-Logos oder der γνώμη, welche das All leitet, wie
auch Plutarch dies, freilich etwas umgedeutet, angiebt an der

---

[1]) Vgl. Clem. Strom. VI. 624, D: ἐκ γῆς δὲ ὕδωρ γίνεται, ἐξ ὕδατος
δὲ ψυχή.

[2]) Heraklit hat diesen Satz in verschiedenen Formen ausgesprochen,
worüber zu vgl. Zeller I, 577, 1.

[3]) Stob. Floril. 5, 120.

[4]) Clem. Strom. VI. 624, D: ψυχῇσι ϑάνατος ὕδωρ γενέσϑαι. Unmöglich kann in diesem Fragment die ψυχή für ἀήρ genommen werden,
wie Pseudo-Philon De incorrupt m. II, 509 will, wenn auch das richtig ist,
dass unter der ψυχή eine Art Luft gedacht wird.

[5]) Cur. aff. IV, 822.

besprochenen Stelle[1]), wo er die erkennende Natur nennt eine ἀπορροή und μοῖρα ἐκ τοῦ φρονοῦντος. Etwas ganz ähnliches finden wir bei Sextus Math. VII, 130 S. 138, wo die Seele genannt wird: ἡ ἐπιξενωθεῖσα τοῖς ἡμετέροις σώμασιν ἀπὸ τοῦ περιέχοντος μοῖρα. Das περιέχον wird demnach als ganz dasselbe anzusehen sein, was bei Plutarch das φρονοῦν ist, nur hier räumlich und physisch gedacht, während dort der Begriff der Intelligenz vorwaltet[2]).

Aus dem Feuer entstanden, muss nun die Einzelseele diese rein physische Verbindung mit dem allgemeinen, mit dem alles durchdringenden Logos auch durch physische Processe aufrecht erhalten, und gerade diese Art und Weise der Erhaltung des Logos in uns zeigt, dass Heraklit auch in dieser Hinsicht reiner Physiker geblieben und sich nicht auf metaphysisches Gebiet gewagt hat. Ist nämlich das Feuer da reiner vorhanden, wo Trockenheit herrscht, so wird seine Qualität in der uns umgebenden Luft ziemlich unverfälscht sein, und nichts ist natürlicher, als dass wir durch das blosse Einathmen schon mit dem Lebenselemente in Verbindung bleiben, da dies aber eben die Vernunft ist, schon dadurch vernünftig werden und uns vernünftig erhalten. Es ist diese Lehre Heraklits uns ausführlich, wenn auch nicht mit den ursprünglichen Ausdrücken mitgetheilt bei Sextus

[1]) De Is. et Os. 77. 382, B.

[2]) Lassalle versteht unter dem περιέχον die allgemeine reale μεταβολή II, 120, oder das objective weltbildende Gesetz II, 270. Liegen auch solche Begriffe dem περιέχον nicht so fern, als es von vornherein scheint, so kann man doch höchstens sagen, dass beides Seiten desselben Dinges sind, nur von verschiedenem Standpunkte aus betrachtet. Schon die einfache nicht leicht misszuverstehende Bedeutung des Wortes und des ἡμᾶς, was bei Sextus zu demselben tritt, hätte Lassalle von seiner Erklärung abhalten sollen. Den Zusammenhang der Einzelseele mit der allgemeinen Vernunft bezeugt sehr gut Chalcidius z. Plat. Tim. 249, der sagt: *Heraclitus vero consentientibus Stoicis rationem nostram cum divina ratione connectit regente ac moderante mundana, propter inseparabilem comitatum consciam decreti rationabilis factam, quiescentibus animis, ope sensuum futura denuntiare.*

Math. VII, 127 ff. S. 397 ff., und es scheint nöthig, die ganze Stelle anzuführen: τὸν δὲ λόγον κριτὴν τῆς ἀληθείας ἀποφαίνεται (sc. Ἡράκλειτος) οὐ τὸν ὁποιονδήποτε ἀλλὰ κοινὸν καὶ θεῖον. τίς δ᾽ ἐστὶν οὗτος, συντόμως ὑποδεικτέον. ἀρέσκει γὰρ τῷ φυσικῷ τὸ περιέχον ἡμᾶς λογικόν τε ὂν καὶ φρενῆρες. τοῦτον δὴ τὸν θεῖον λόγον καθ᾽ Ἡράκλειτον δι᾽ ἀναπνοῆς σπάσαντες νοεροὶ γινόμεθα, καὶ ἐν μὲν ὕπνοις ληθαῖοι, κατὰ δὲ ἔγερσιν πάλιν ἔμφρονες. ἐν γὰρ τοῖς ὕπνοις μυσάντων τῶν αἰσθητικῶν πόρων χωρίζεται τῆς πρὸς τὸ περιέχον συμφυΐας ὁ ἐν ἡμῖν νοῦς, μόνης τῆς κατὰ ἀναπνοὴν προσφύσεως σωζομένης οἱονεί τινος ῥίζης, χωρισθείς τε ἀποβάλλει ἣν πρότερον εἶχε μνημονικὴν δύναμιν· ἐν δὲ ἐγρηγορόσι πάλιν διὰ τῶν αἰσθητικῶν πόρων ὥσπερ διά τινων θυρίδων προκύψας καὶ τῷ περιέχοντι συμβαλὼν λογικὴν ἐνδύεται δύναμιν. ὅνπερ οὖν τρόπον οἱ ἄνθρακες πλησιάσαντες τῷ πυρὶ κατ᾽ ἀλλοίωσιν διάπυροι γίνονται, χωρισθέντες δὲ σβέννυνται, οὕτω καὶ ἡ ἐπιξενωθεῖσα τοῖς ἡμετέροις σώμασιν ἀπὸ τοῦ περιέχοντος μοῖρα κατὰ μὲν τὸν χωρισμὸν σχεδὸν ἄλογος γίνεται, κατὰ δὲ τὴν διὰ τῶν πλείστων πόρων σύμφυσιν ὁμοιοειδὴς τῷ ὅλῳ καθίσταται. τοῦτον δὴ τὸν κοινὸν λόγον καὶ θεῖον, καὶ οὗ κατὰ μετοχὴν γινόμεθα λογικοί, κριτήριον ἀληθείας φησὶν ὁ Ἡράκλειτος. Hier sehen wir, dass nicht nur durch das Einathmen die Verbindung mit dem Logos hergestellt wird, sondern auch durch die Poren der einzelnen Sinne; ja diese scheinen sogar das wesentliche zu sein, um den verschiedenen Grad von Aehnlichkeit mit dem Logos hervorzubringen. Allerdings ist Sextus vorzuwerfen, dass er an dieser Stelle ungenau und verworren berichtet hat. Denn zuerst heisst es, dass wir schon durch das Einathmen νοεροί werden; das bedeutet doch wohl hier, da wir den göttlichen Logos dabei mit einziehen, soviel wie λογικοί, was dadurch vollkommen bestätigt wird, dass wir, wie weiter unten steht, durch die Theilnahme an dem Logos λογικοί werden sollen. Sodann lesen wir wiederum, dass in den wachenden der Verstand durch die Sinnesporen wie durch Thürchen sich vorneigend mit dem *περιέχον* sich vereinigt und so erst die λογικὴ δύναμις annimmt. Dieser Widerspruch ist jedenfalls auf Rechnung des Sextus und nicht des Heraklit zu schreiben. Auch sonst lässt sich annehmen, dass Sextus den Heraklit nicht hinreichend verstanden hat. Denn wenn wir bei ihm als heraklitische Lehre finden, dass der Ursprung des *νοῦς* in uns und die Basis für den Zusammenhang des *νοῦς* im einzelnen mit dem allgemeinen Logos der Process des Athmens ist, so widerspricht dem die oben angeführte Stelle des Areios Didymos, nach welcher Heraklit die Seelen durch ἀναθυμίασις verständig oder vernehmend werden lässt. Dies Zeugniss geht wahrscheinlich auf Kleanthes zurück und ist deshalb nicht von der Hand zu weisen. Es liegt auch nur in der Consequenz der heraklitischen Lehre, dass die Seelen durch ihre eigene Substanz, durch das aus der Feuchtigkeit sich entwickelnde lebendige Feuer, das den Logos in sich haben muss, auch die Fähigkeit des Vernehmens erlangen. Kommt aber durch das Wesen der Seele selbst schon der *νοῦς* in uns, so kann das Athmen nicht erst der Grund hierfür sein. Mit Schleiermacher[1]) das ἀναθυμιώμεναι geradezu durch „Einathmen" zu übersetzen ist unzulässig, da die ἀναθυμίασις eben ein ganz anderer Process ist als die ἀναπνοή. Muthmaasslich hat sich Heraklit dunkel über dies erste Fundament ausgedrückt, so dass es von den verschiedenen Erklärern verschieden verstanden worden ist, zumal er die Ausdrücke ἀναθυμίασις, ἀναπνοή und λογικόν höchst wahrscheinlich selbst noch nicht gebraucht hat. Das richtige hat aber ohne Zweifel Kleanthes gefunden, der auch sonst in die heraklitische Lehre tief eingedrungen ist, und demnach würde sich dieselbe in dem betreffenden Punkte etwa so herausstellen: Das erste

---

[1]) A. a. O. I, 359.

ist das warme Aufdunsten der Substanz der Seele selbst, vermittelst deren wir im Zusammenhang mit dem allgemeinen stehen, gefördert und erhalten wird dieselbe durch das Einathmen, und eine noch bedeutendere Innigkeit wird herbeigeführt durch Vermittlung der Sinne. Fortwährend findet also der Verkehr zwischen uns und dem Logos statt, wie wir auch deutlich sehen aus einem Fragment des Heraklit selbst bei M. Aurelius IV, 46: ᾧ μάλιστα διηνεκῶς ὁμιλοῦσι λόγῳ — τῷ τὰ ὅλα διοικοῦντι (ohne Zweifel ein Zusatz des Stoikers) — τούτῳ διαφέρονται. Diese Worte zeigen aber zugleich, wie trotz dieser innigen Verbindung, die rein physischer Natur ist, doch ein Abwenden der Einzelseele von dem allgemeinen stattfindet. Die Seele nimmt ja Theil an dem Wesen der Welt selbst; in ihr geht jener Process, welcher die Welt bildet, stets mit besonderer Energie vor, nämlich die ewige Bewegung und Umwandlung des Feuers, das ewige Walten des Logos. Sie hat in ihrem Sein ja schon die Erkenntniss der Wahrheit, und diese Consequenz wird auch von Heraklit deutlich gezogen, wenn er sagt Stob. Floril. 3, 84: ξυνόν ἐστι πᾶσι τὸ φρονεῖν[1]), oder Sext. Math. VII, 133 S. 399: τοῦ λόγου δὲ ἐόντος ξυνοῦ. Sie könnte sich also von der Wahrheit gar nicht trennen, und dennoch findet eine solche Absonderung nach Heraklit auf das erschreckendste statt. Zunächst wird diese, wie wir bei Sextus gesehen, im Schlafen durch das Schliessen der Sinnesporen herbeigeführt, und in diesem Zustande bildet sich der Mensch eine eigene Welt, während im Zustande des Wachens eine

---

[1]) Aus diesem Satze Heraklits und aus einem andern bei Plutarch Adv. Col. 20. 1118, C: ἐδιζησάμην ἐμωυτόν ist wahrscheinlich die Sentenz geflossen, die Stob. Floril. 5, 119 ihm beigelegt wird: ἀνθρώποισι πᾶσι μέτεστι γινωσκειν ἑωυτοὺς καὶ σωφρονέειν. Sie ist als ihm untergeschoben anzusehen, nicht wegen der Maximen-Form, die dem Heraklit nicht so fremd ist, wie Lassalle II, 344 annimmt, sondern weil die ἀρετή μεγίστη, das σωφρονεῖν (Stob. Floril. 3, 84), unmöglich von ihm allen Menschen beigelegt werden kann.

einzige für alle gemeinsam ist, indem dann der Mensch
wenigstens alle Mittel hat, dem gemeinsamen Logos zu folgen[1]). Aber auch während des Wachens ist doch die Mehrzahl der Menschen verkehrt in ihrem Urtheil und ihrem
Thun. Der Logos ist allgemein, man muss dem gemeinsamen
folgen, aber die Mehrzahl lebt, als hätte sie ihre ganz besondere Einsicht[2]. Heraklit fängt seine Schrift gleich damit
an, dass die Menschen den ewig seienden Logos nicht erkennen,
dass sie unerfahrenen gleichen und sogar im wachen Zustande
nicht wissen, was sie thun. Häufig müssen in seiner Schrift
sich diese Klagen wiederholt haben; wenigstens finden wir
davon zahlreiche Spuren. Was den Menschen tagtäglich begegnet, das scheint ihnen fremd[3]). Auch wenn die Wahrheit
ihnen zu Ohren kommt, sind sie gleich Tauben, und das
Sprichwort sagt von ihnen, dass sie, obwohl anwesend, doch
abwesend sind[4]). Keiner von der Menge hat Verstand oder
Sinn, die meisten sättigen sich, wie das Vieh und denken
auf nichts höheres[5]). Das allgemeine, die Wahrheit, liegt
einem jeden deutlich vor, sie liegt auch in ihnen — alles ist
ja in ewigem Flusse —, aber sie ergreifen sie nicht, sondern

---

[1]) Plut. De superst. 3. 166, C: ὁ Ἡράκλειτός φησι τοῖς ἐγρηγορόσιν
ἕνα καὶ κοινὸν κόσμον εἶναι, τῶν δὲ κοιμωμένων ἕκαστον εἰς ἴδιον
ἀποστρέφεσθαι. An einer andern Stelle M. Aur. VI, 42 wird freilich
von Heraklit gesagt, ganz und gar entsprechend seinem ausgeprägten
Pantheismus, er habe auch die schlafenden Mitarbeiter an dem, was in
der Welt geschehe, genannt.

[2]) Sext. VII, 133 S. 399: διὸ δεῖ ἕπεσθαι τῷ ξυνῷ· τοῦ λόγου δὲ
ἐόντος ξυνοῦ, ζώουσιν οἱ πολλοὶ ὡς ἰδίαν ἔχοντες φρόνησιν.

[3]) M. Aur. IV, 46: οἷς καθ' ἡμέραν ἐγκυροῦσι, ταῦτα αὐτοῖς ξένα
φαίνεται.

[4]) Clem. Strom. V, 604, A: ἀξύνετοι ἀκούσαντες κωφοῖς ἐοίκασι·
φάτις αὐτοῖσι μαρτυρέει παρεόντας ἀπεῖναι.

[5]) Prokl. z. Alkib. B. II S. 115 ed. Cous. und Clem. Strom. V. 576, A:
τίς γὰρ αὐτῶν νόος ἢ φρήν; — οὐκ εἰδότες, ὅτι οἱ πολλοὶ κακοί, ὀλίγοι
δὲ ἀγαθοί. — οἱ δὲ πολλοὶ κεκόρηνται ὅκωσπερ κτήνεα, und an vielen
andern Stellen. Vgl. Zeller I, 528 f.

in Sinnes-Täuschung befangen gehen sie ihrer eigenen φρόνησις nach, wie der schlafende in der Traumwelt seinen
eigenen Gebilden. Der κοινὸς λόγος oder das ξυνόν nämlich,
das objective Vernunftgesetz in der Welt und in dem einzelnen, ist das Kriterium der Wahrheit, und nur so weit unsere
Vorstellung an diesem Theil hat, kann sie auf Wahrheit Anspruch machen [1]. Damit ist aber noch keineswegs gesagt,
dass die κοινῇ φαινόμενα auch πιστά seien, wie Sextus a. a. O.
meint, wahrscheinlich stoische Ansichten dem Heraklit unter-
schiebend. Es können diese allgemeinen Annahmen auch
noch reiner Wahn sein, das heisst nichts anderes als
eine heilige Krankheit [2], wie es z. B. der Fall ist mit
der Annahme von dem dauernden Bestehen der Dinge. So
weit geht Heraklit, dass er ganz im allgemeinen den Menschen die Vernunft abspricht. Sogar von Natur sollen sie
unvernünftig sein, wiewohl diese letzte Aeusserung wahrscheinlich nicht genau heraklitisch ist; denn sie würde dem
innersten Princip des Systems widersprechen [3].

Ebenso wie mit der Erkenntniss steht es nun mit dem
Handeln selbst. Alles muss eigentlich im Thun des Menschen
nach dem Logos geschehen, und dazu gehört nichts als sich
dem physischen Process unmittelbar hinzugeben, so dass dann
das Erkennen und Handeln von dem Sein nicht zu trennen
ist — wenn man bei Heraklit überhaupt von einem Sein
reden darf und es nicht lieber „Werden" nennen will. Das
Aufgehen im allgemeinen, im ewigen Werden, ist das ethische

---

[1] Sext. Math. VII, 133 S. 399: διὸ καθ' ὅτι ἄν αὐτοῦ (jedenfalls
ξυνὸς λόγος) τῆς μνήμης κοινωνήσωμεν, ἀληθεύομεν, ἃ δὲ ἄν ἰδιάσωμεν,
ψευδόμεθα. Die Worte gehören nicht dem Heraklit, sondern Sextus an.

[2] Diog. IX, 7.

[3] Philostr. Ep. Apoll. 18: Ἡράκλειτος ὁ φυσικὸς ἄλογον εἶναι κατὰ
φύσιν ἔφησε τὸν ἄνθρωπον. Sext. Math. VIII, 286 S. 512: καὶ μὴν
ῥητῶς ὁ Ἡράκλειτός φησι τὸ μὴ εἶναι λογικὸν τὸν ἄνθρωπον, μόνον
δ' ὑπάρχειν φρενῆρες τὸ περιέχον. Vgl. über die Vernunft des περιέχον ebd. VII, 127. S. 398.

Princip bei ihm, und das Verharrenwollen im eigenen, oder das Erhaltenwollen der speciellen scheinbaren Existenz, das unsittliche. Schon bei dem Sprechen muss das allgemeine die Grundlage bilden, wie es bei Stobaios Floril. 3, 84 heisst: ξὺν νόῳ λέγοντας ἰσχυρίζεσθαι χρὴ τῷ ξυνῷ πάντων, ὅκωσπερ νόμῳ πόλις καὶ πολὺ ἰσχυροτέρως, und bis in die Leitung des Staates erstreckt sich die Herrschaft des Logos: τρέφονται γὰρ πάντες οἱ ἀνθρώπινοι νόμοι ὑπὸ ἑνὸς τοῦ θείου, lautet es weiter bei Stobaios. Aber in ihre eigenen Gedanken und in die Besonderheit versenkt leben die meisten dem Logos doch entgegen, wie aus den oben citierten Stellen zu ersehen. Heraklit zeigt eine gründliche Verachtung gegen die Menschen, da sie in der Mehrzahl nichts thun, als geboren werden, Kinder zeugen und sterben[1]), und der Beiname κακκεστὴς ὀχλολοίδορος trifft ihn von Timons Seite nicht mit Unrecht[2]).

Entsprechen auf dem Gebiete des Erkennens und auf dem sittlichen die Menschen den Anforderungen so wenig nach Heraklits Ansicht, so fragt man nach der Erklärung dieser Erscheinung, die nicht leicht zu geben ist. Alles geschieht gemäss dem Logos, alles wirkliche ist also bei Heraklit vernünftig, wie ist es nun möglich, dass dieses oberste Gesetz gerade in den höchsten Erscheinungen der Natur so wenig Erfüllung findet? Alles ist bei Heraklit Physik, die Erkenntnisslehre und die Ethik gehen in ihr auf, woher dieser grelle Widerstreit zwischen den verstandlosen und den mit Verstand begabten Erzeugnissen derselben Natur, oder besser gesagt, zwischen den Umwandlungen desselben Feuers? Was soll die δίκη bestrafen, wenn die εἱμαρμένη und der λόγος alles bestimmen? Es ist von Seiten des Ephesiers keine Antwort zu geben als: Das Sichabwenden vom allgemeinen und Sich-

---

[1]) Clem. Strom. III. 432, A.
[2]) Diog. IX, 6. Vgl. Prokl. z. Plat. Alkib. B. II, 116.

hinneigen zum besonderen Denken und zur eigenen Willkür bringen das Missverhältniss hervor. Man sieht indess leicht, dass dies keine befriedigende Auskunft ist und nur die zweite Frage veranlasst, woher diese Zustände kommen. Auch führt es uns nicht weiter, wenn die Verschiedenheit in den Vorsätzen, Handlungen und im ganzen Leben des Menschen, sowie überhaupt sein ganzes Schicksal bei Heraklit abhängig gemacht wird von dem angeborenen Charakter. Denn so sind seine Worte Alex. Aphrod. De fato 6 S. 16 ed. Orelli zu verstehen: ἦθος γὰρ ἀνθρώπῳ δαίμων[1]), wozu Alexander selbst noch die richtige Erklärung giebt: τουτέστι φύσις, nachdem er vorher schon den Sinn angegeben hat mit den Worten: κατὰ δὲ τὸν αὐτὸν τρόπον καὶ ἐπὶ τῆς ψυχῆς εὕροιτο ἄν παρὰ (nicht mit Orelli in κατά zu verändern) τὴν φυσικὴν κατασκευὴν διαφόρους γινομένας ἑκάστῳ τάς τε προαιρέσεις καὶ τὰς πράξεις καὶ τοὺς βίους. Allerdings wird hiermit das Geschick des einzelnen der Führung höherer Dämonen und Mächte entzogen, und es ist gewisser Maassen das eigene Werk der Menschen, indem das, was in ihnen von vornherein liegt, zur Darstellung gebracht wird. Aber die Verschiedenheit unter den Charakteren, die noch deutlicher hervortritt in einem Fragment bei Origenes: ἦθος γὰρ ἀνθρώπειον μὲν οὐκ ἔχει γνώμας, θεῖον δὲ ἔχει[2]), und das Abgekehrtsein von dem, was wahr ist, lässt sich dadurch noch in keiner Weise erklären. Es müsste zum Verständniss dieser Erscheinungen eine andere Macht eingeführt werden

---

[1]) Vgl. Stob. Floril. 204, 23. Plut. quaest. Plat. I. 1. 999, E. Am letzten Orte wird der Ausspruch Heraklits mit dem menandrischen Verse: ὁ νοῦς γὰρ ἡμῶν ὁ θεός, zusammengestellt; daraus lässt sich aber nicht folgern, wie Lassalle dies thut II, 453, dass ἦθος bei Heraklit Gesinnung heisst.

[2]) C. Cels. VI, 12. Auf die Gottheit den zweiten Theil des Satzes zu beziehen wird nicht gehen, da derselben kein ἦθος beigelegt werden kann. Dass aber den vortrefflichen Menschen ein θεῖον ἦθος zugeschrieben wird, kann bei Heraklit nicht auffallen.

gegen das im ganzen waltende Vernunftgesetz, vielleicht die
Freiheit, aber von dieser lässt sich bei Heraklit keine Spur
finden, wenn sie Lassalle auch für ihn in Anspruch nimmt[1]).
Es steht die εἱμαρμένη über dem Menschen; sie bestimmt
das ἦθος von vornherein nach einer gewissen Richtung, und
hierdurch ist die Abkehr von dem Logos oder das Leben
nach ihm gegeben.

Heraklit zeigt nicht einmal den Weg, auf dem der
Mensch von der Besonderheit abgewendet und zum allgemeinen hingeführt wird, ebenso wenig auf dem Gebiete der
Erkenntniss, wie auf dem der Ethik, ja er kann ihn seiner
Grundanschauung nach gar nicht zeigen. Er giebt eben so
wenig an, in welcher Weise sich das Leben nach dem Logos
gestaltet. Nur in grossen Zügen ist die Ueberschrift gegeben,
von der Ausführung im Detail wenig zu finden. Zwar werden
einzelne ethische Sätze überliefert, so ausser dem bei Stobaios Floril. 3, 84 schon angeführten ebendaselbst: σωφρονεῖν ἀρετὴ μεγίστη, καὶ σοφίη, ἀληθέα λέγειν καὶ ποιέειν
κατὰ φύσιν ἐπαίοντας, worin nichts weiter gesagt ist als
das allgemeine, dass man in der Erkenntniss den Logos des
ganzen ergreifen und im Thun ihm gemäss leben soll. Denn
das σωφρονεῖν heisst: das Eigenleben nicht über das Maass
erhöhen, und das κατὰ φύσιν ist ganz dasselbe, was κατὰ
λόγον. Die gleiche Regel, nur negativ ausgedrückt, findet
sich Diog. IX, 2: ὕβριν χρὴ σβεννύειν μᾶλλον ἢ πυρκαϊήν.
In der Erklärung dieser Worte ist nicht mit Schleiermacher[2]
unter ὕβρις zu verstehen die Anmaassung der früheren Philosophen, die Wahrheit erkannt zu haben, sondern viel
natürlicher mit Lassalle[3]) die Ueberhebung des Individuums
dem allgemeinen Gesetz, dem Logos gegenüber, das Erhalten-

[1]) II, 452 ff.
[2]) A. a. O. 347.
[3]) II, 446.

wollen des Eigenlebens, sofern es zur praktischen Richtung wird.

Etwas specieller lautet ein Ausspruch, den wir an verschiedenen Stellen in abweichenden Recensionen finden, wahrscheinlich am reinsten bei Aristoteles Eth. Eudem. II, 7.
1223, b, 23 [1]): χαλεπὸν γάρ φησι θυμῷ μάχεσθαι· ψυχῆς γὰρ
ὠνεῖται. Der Zusammenhang, in dem die Worte bei Aristoteles angeführt sind, lässt bei dem θυμός weder denken an
Muth, wie Schleiermacher will, noch an Gemüth aus Willkür,
also an subjectives Wünschen und Wollen, wie es Lassalle [2])
fasst, eine Erklärung, bei der allerdings in dem Spruche
Heraklits ethisches Hauptprincip beinahe zum Ausdruck
käme. Die Verbindung mit ἐπιθυμία, in der θυμός an der
aristotelischen Stelle steht, weist auf leidenschaftliche Er-
regung ohne ruhige Ueberlegung, vielleicht sogar specifisch
auf Zorn hin, und so haben wir die Worte bei Heraklit
selbst auch zu fassen. Es liegt immer darin eine besondere
Art von Ueberwuchern des Eigenlebens im Gegensatze zur
Hingabe an das allgemeine, aber es bezeichnet doch nicht
diese Richtung im ganzen.

Nach der glaubwürdigen Angabe des Theodoretos [3]) hat
Heraklit auch das eigenste, was der Mensch hat, was zugleich
die Abkehr vom ganzen am ersten befördert, nämlich die
Lust, wenigstens dem Namen nach aufgehoben und an ihre

---

[1]) Vgl. Polit. V, 11. 1315, a, 30. Eth. Nic. II, 2. 1105, a, 7. Ueber
die andern Stellen, wo sich das Fragment noch findet, vgl. Schleiermacher 505 f.

[2]) II, 446.

[3]) Cur. aff. IV, 984: Δημόκριτος — ἀντὶ τῆς ἡδονῆς τὴν εὐθυμίαν
τέθεικεν — καὶ Ἡράκλειτος δὲ ὁ Ἐφέσιος τὴν μὲν προσηγορίαν μετέβαλε, τὴν δὲ διάνοιαν καταλέλοιπεν. ἀντὶ γὰρ τῆς ἡδονῆς εὐαρέστησιν
τέθεικεν· ἔχει δέ τινα καὶ ἑτέραν ἔμφασιν οὗτος ὁ ὅρος. ἀορίστως γὰρ
τὴν εὐαρέστησιν τέθεικε· τὸ δὲ ταύτης ποιὸν οὐ δεδήλωκε. — τὸ τοίνυν
ἑκάστῳ ἄρεσκον ἡδὺ δὲ καὶ ἀξιέραστον οὗτος ὡρίσατο τέλος ἀντὶ τῆς
ἡδονῆς τὴν εὐαρέστησιν τεθεικώς.

Stelle die εὐαρέστησις gesetzt. Unwahrscheinlich ist, dass
Heraklit dies Wort selbst gebraucht hat, obgleich Theodoretos
dieser Ansicht ist. Es hat wohl erst durch die Stoiker in
die Philosophie Eingang gefunden, namentlich durch M. Aurelius und Epiktet[1]). Im ganzen jedoch hat Theodoretos in
dieser Sache recht, dass nämlich von Heraklit an Stelle der
ἡδονή eine Stimmung gesetzt worden sei, die ungefähr dem
späteren stoischen εὐαρεστεῖν entsprach; nur darin irrt er
sich, dass allein der Name geändert sei, und das Wesen
der ἡδονή geblieben. Diese entsteht aus der Erhöhung des
Einzellebens, das εὐαρεστεῖν aber besteht in dem stillen
Zufriedensein mit allem, und besonders in einem theoretischen Wohlgefallen an allem, was die Gottheit oder das
Schicksal verhängt; es wird in gleichem Maasse stattfinden
bei Herabstimmung der Lebensthätigkeit wie bei Steigerung
derselben. Es ist ein Zeichen des Zusammenhangs mit dem
ganzen, während die ἡδονή eher die Loslösung bezeugt und
deshalb in die Ethik des Heraklit nicht aufgenommen werden
konnte. Ebenso ist es natürlich zurückzuweisen, wenn Theodoretos sagt, Heraklit habe τὸ ἑκάστῳ ἀρέσκον, ἡδὺ δὲ καὶ
ἀξιέραστον als letztes Gut bezeichnet, eine Angabe, die sich
auf die Erklärung des Wortes εὐαρέστησις gründet, aber
eine vollständige Verkennung der ganzen heraklitischen Philosophie documentiert. Das allgemeine ist es ja, was dem verständigen vorschweben muss als zu erstrebendes, und nicht
das ihm speciell gefallende.

Wie nun die Mehrzahl der Menschen, die mit dem Logos
in Zwiespalt steht, zu dem normalen Verhältniss kommen
kann, darüber ist, wie wir sehen, in diesen wenigen ethischen
Sätzen von Heraklit nichts gesagt, kann auch nichts gesagt
sein, weil das ἦθος durch die εἱμαρμένη bestimmt ist.
Der Gegensatz liegt offen zu Tage zwischen Idee und Wirk-

---

[1]) Vgl. Epikt. Diss. I, das ganze Cap. 12.

lichkeit, aber der Weg aus der letzteren zur ersteren muss fehlen.

Noch greller tritt uns freilich der Widerstreit entgegen, der sich findet zwischen der Physik, wonach alles dem Logos entspricht, und der Erfahrung, nach welcher die meisten Menschen von ihm sich abwenden. Wird die physische Theorie Heraklits consequent durchgeführt, so kann die Ethik, das Reich der Freiheit nicht neben der Natur gewahrt werden. Aber in Wirklichkeit giebt es eine *ἰδία φρόνησις*, die von einer Willkür des einzelnen dem allgemeinen Logos gegenüber Zeugniss ablegt. Woher diese kommt, wird durch nichts aufgeklärt. Wahrscheinlich ist sich Heraklit dieser Inconsequenz überhaupt nicht bewusst gewesen, da wir sonst wenigstens den Versuch einer Ausgleichung in seinen Fragmenten finden würden.

Nach seinem vollen Inhalte glauben wir den Begriff des Logos bei Heraklit dargestellt zu haben. Er ist das allgewaltige Naturgesetz, das in der Entwickelung der Welt zur Darstellung kommt, oder der Weltprocess selbst, und greift herrschend über in das Gebiet der Erkenntnisstheorie und der Ethik, so dass von einer Selbständigkeit dieser beiden letzten im Grunde nicht die Rede sein kann.

Fragen wir nun nach der eigentlichen und nächsten Bedeutung des Wortes *λόγος* bei Heraklit, so könnte als solche: Rede, Ausspruch, oder Verhältniss, oder auch Vernunft angenommen werden. Wort allein heisst bekanntlich *λόγος* nicht, sondern Satz, oder die aus Sätzen bestehende Rede. In diesem letzteren Sinne kommt es allerdings bei Heraklit vor, wie wir aus dem Anfange des einen Fragments sehen, wo es heisst: *ὁκόσων λόγους ἤκουσα* —. Aber da, wo es kosmische Bedeutung hat, kann es unmöglich so verstanden werden, wie auch schon oben in Betreff der Worte, welche das heraklitische Buch beginnen, bemerkt ist. Abgesehen davon, dass Rede niemals gleich sein kann dem

Gesetz der Entwickelung, denkt man dabei unmittelbar an
einen aussprechenden. Ein solcher aber findet in der Speculation Heraklits keinen Raum, da in derselben die Natur
ein und alles ist, und es nichts transcendentes über ihr giebt.
Anders verhält es sich mit dem „Honover" der Perser, welches von Ormuzd oder von Hom ausgesprochen wird und
demnach die Stellung des Wortes Gottes im Alten Testamente
einnimmt[1]).

Dass Logos die zweite Bedeutung hat, also Verhältniss
heissen soll, wie es Schleiermacher übersetzt, dafür spricht
die Stelle, in welcher gesagt ist, dass sich das Feuer nach
Maassen entzünde, und dass es nach Maassen erlösche. Es
enthält in sich ein bestimmtes μέτρον, und dieses könnte
der Logos sein, nach dem alles geschicht. Aber nicht überall
wird diese Bedeutung genügen. Schon Schleiermacher[2]) erkennt an, dass sie für die Worte Heraklits bei Sextus: τοῦ
λόγου δὲ ἐόντος ξυνοῦ ζώουσιν οἱ πολλοὶ ὡς ἰδίαν ἔχοντες
φρόνησιν, nicht ausreiche, sondern dass man den Logos hier
fassen müsse als „die Art, wie das Grundwesen die Gesetze
aller Entwickelungen in sich trägt." Freilich ist er nicht
nur die Art und Weise, wie dies geschieht, er ist das
Grundwesen selbst, von einer bestimmten Seite aus betrachtet. Ebenso bemerkt Schleiermacher, von Heraklit sei
der Gebrauch ausgegangen, die Vernunft mit λόγος zu bezeichnen. Ich bezweifle, dass man mit Sicherheit annehmen
kann, Heraklit sei der erste gewesen, der dies gethan; aber
so viel steht fest, dass unter dem Logos bei Heraklit etwas
unserer Vernunft ähnliches wenigstens an dieser erwähnten
Stelle zu verstehen ist. Dem κοινὸς λόγος tritt entgegen
ἰδία φρόνησις. Der Gegensatz liegt in dem κοινός und dem
ἰδία, also muss mit λόγος und φρόνησις etwas gleichartiges

---

[1]) S. Bäumlein, Versuch, die Bedeutung des johanneisch. Log. aus den
Religionssyst. des Orients zu entwickeln, 17 ff.

[2]) A. a. O. 476.

oder analoges bezeichnet werden; denn aus dem allgemeinen
Logos soll sich offenbar bei normalem Hergange die Einsicht im einzelnen ableiten, und an ein Fürsichsein des
Geistes ist noch nicht zu denken. Wir werden demnach an
der betreffenden Stelle am besten thun, λόγος mit Vernunft
wiederzugeben. Auch die andern Stellen, wo der Begriff in
kosmischer Bedeutung vorkommt, widerstreben dieser Fassung nicht. Nur ist dabei festzuhalten, dass diese Vernunft
stets objectiv, nicht subjectiv zu nehmen ist, und man wird
bei der Vieldeutigkeit des Wortes λόγος auch „Vernunftgesetz" oder „vernünftiges Verhältniss" oder geradezu „vernünftiger Weltprocess" dafür brauchen dürfen.

Aber wie kommt nun Heraklit dazu, diesem Wesen der
Dinge den Namen Logos zu geben? Es ist schwierig, die
Frage bestimmt zu beantworten, und doch wirft man sie
unwillkürlich bei Betrachtung der heraklitischen Speculation
auf. Sollen wir mit Lassalle annehmen, dass Logos bei
Heraklit nichts weiter wäre, als eine Uebersetzung des Honover, des weltbildenden Wortes in dem Parsismus, wobei
freilich der Inhalt dieser beiden kosmischen Principien verschieden bleiben würde? Man kann zwar mit dem Resultate
Gladischs[1]) sich einverstanden erklären, dass sich von orientalischen geistigen Elementen Spuren in der griechischen
Religion erhalten haben, und dass aus ihr Heraklit vielleicht
manches morgenländische eingesogen hat. Allein dies im
speciellen mit Sicherheit nachzuweisen, ist bisher noch nicht
gelungen, und so steht es auch mit der Uebertragung des
Honover. Sie ist eine nicht unmögliche Hypothese, aber daran,
dass sie zur Gewissheit geworden wäre, fehlt noch viel. Heraklit selbst hat mit dem Logos, als weltschaffendem Princip,
die Bedeutung Wort nicht verbunden, und schon dies spricht
gegen die Entlehnung des Begriffs aus dem persischen.

---

[1]) Herakleitos und Zoroaster 79.

Reden wir von einer Vernunft in der Welt, so wird sie in der Regel analog der menschlichen Vernunft gedacht, und es wäre das einfachste, auch bei Heraklit eine solche Analogie anzunehmen. Nur wäre keine Intelligenz in der Welt, wie wir gesehen, zu finden, sondern der Weltprocess gienge in der Weise von Statten, dass ihn unsere Vernunft approbierte, und er uns dadurch als vernünftiger offenbar würde. Es findet sich dies allerdings nicht ausgesprochen, aber es liegt Urtheilen, wie dem, dass die verborgene Harmonie besser sei als die offenbare zu Grunde. Es muss, um dies Urtheil zu Stande zu bringen, das innerste Wesen der Dinge von dem Menschen erkannt und dem höchsten, was er in sich hat, entsprechend gefunden worden sein. Ist nun dies höchste der Logos, so ist es natürlich, dass auch das höchste und erste in der Natur der Dinge mit diesem Namen bezeichnet wurde. Und zwar wählte Heraklit nicht die Ausdrücke νοῦς oder φρήν, die sonst für den geistigen Sinn im Menschen bei ihm vorkommen, weil in diesen das subjective Erkennen als erstes entgegentritt, während in λόγος dies Moment gänzlich fehlen kann. Dass aber λόγος schon in den ältesten Zeiten der griechischen Philosophie für die Vernunft im Menschen vorkommt, zeigt deutlich Parmenides; nur ist darunter natürlich das begriffliche Denken nicht verstanden, da dieses erst durch Sokrates gelehrt wurde.

Mit dieser Vermuthung, die keinen Anspruch darauf macht, bewiesen zu sein, aber doch auch nicht unwahrscheinlich ist, bleiben wir wenigstens auf griechischem Boden, und Heraklit wäre dann verständlicher, als wenn wir bei der Erklärung seines Hauptbegriffs in den Parsismus hinübergreifen müssten.

Zweites Capitel.

Von Heraklit bis zur Stoa.

Auf Heraklit folgte ein langer Zeitraum, in welchem die Philosophie den Begriff des Logos als eines kosmischen Princips nicht weiter ausbildete. Anaxagoras trug allmählich den Sieg davon. Es überwog die Anschauung, nach welcher das höchste Princip nicht in der Welt aufgieng und sich nicht mit ihr deckte, sondern ausserhalb derselben stehend mehr oder weniger Einfluss auf sie ausübte. Es wurde nach und nach die eine Seite der heraklitischen Philosophie, der allgemeine Process des Werdens, als besonders fruchtbar anerkannt und aufgenommen; doch konnte sich das speculative Bedürfniss mit diesem reinen Werden nicht befriedigt finden und verlangte nach einem festen Punkt, von dem aus man zum Sein und zum Wissen gelange, und dieser wurde die absolute Intelligenz, nur in verschiedener Weise ausgedrückt.

Es könnte freilich scheinen, als ob sogar Leukippos, oder wohl richtiger Demokrit in seinem Werke περὶ νοῦ den Logos als weltbewegendes Princip annähme, wenn es daselbst heisst: οὐδὲν χρῆμα μάτην γίνεται, ἀλλὰ πάντα ἐκ λόγου καὶ ἐπ᾽ ἀνάγκης[1]. Allein aus der ganzen atomistischen Anschauung und besonders aus der Gegenüberstellung von μάτην geht hervor, dass unter λόγος nicht eine vernünftige Kraft oder ein vernünftiges Gesetz zu verstehen ist, sondern

---

[1] Stob. Ekl. I, 160.

nur ein Grund, ohne den nichts geschieht, im Gegensatz zu
dem Zufall, der von Demokrit geleugnet wurde.

Bei den unmittelbaren Nachfolgern des Heraklit finden
wir ebenfalls in den Ansätzen zu einer Erkenntnisstheorie
den Logos öfter erwähnt. So lehrt Parmenides, der wenigstens die Philosopheme Heraklits kannte und gegen sie pole-
misierte: Um zur Wahrheit zu gelangen solle man nicht „dem
blöden Auge folgen, nicht dem schallenden Gehör oder der
Zunge, sondern mit der Kraft des Denkens müsse man
prüfen"[1], und es hat den Anschein, als käme bei ihm wie bei
Heraklit die allgemeine Vernunft in dem Menschen zum Bewusstsein, wie dies auch Lewes in seiner Geschichte der alten
Philosophie[2] annimmt. Auf die Vernunft als „constitutives
Princip" ist auch die πίστιος ἰσχύς, die nicht zulassen wird,
dass ausser dem seienden noch etwas anderes sei[3], und die
πίστις ἀληθής, durch die Werden und Vergehen verdrängt
sind[4], zurückzuführen, und leicht könnte man versucht sein,
den Satz, dass Denken von dem Sein nicht verschieden ist[5],
in hegelschem Sinne zu deuten. Aber doch kann von einer
Offenbarung der Vernunft in der Welt bei Parmenides nicht
die Rede sein, da die Vielheit aufgehoben, und jede Entwickelung geleugnet wird. Ist auch das parmenideische Sein
keineswegs rein metaphysische Abstraction, da es wenigstens
von dem Raum nicht losgelöst wird, so ist doch andererseits jegliche Physik bei dem στασιώτης τοῦ ὅλου unmöglich

---

[1] V. 35 Stein, 55 Karsten: κρῖναι δὲ λόγῳ πολύδηριν ἔλεγχον. Vgl.
Aristokles b. Euseb. Praep. ev. XIV, 17. 756, b, der von allen vier Eleaten
und den Megarikern sagt: οἴονται γὰρ δεῖν τὰς μὲν αἰσθήσεις καὶ φαν-
τασίας καταβάλλειν, αὐτῷ δὲ μόνον τῷ λόγῳ πιστεύειν.

[2] Deutsche Uebersetzung 182.

[3] V. 73 St. 67. K.

[4] V. 88. St. 82 K. Vgl. auch Schneidewin, Die Keime erkenntniss-
theoretischer und ethischer Philosopheme bei den vorsokratischen Denkern in „Philos. Monatsh." B. II, 264.

[5] V. 50 St. 40 K. Vgl. 96 St. 93 K.

gemacht, und Aristoteles nennt ihn mit Recht ἀφύσικος[1]), da er das Princip für jegliche Physis, die Bewegung aufhebt. Von einem Bewusstwerden des allgemeinen Logos kann demnach auch nicht die Rede sein, und Denken ist blos deshalb nicht von dem Sein verschieden, weil es nichts giebt als das seiende. Zugleich ist das Denken aber selbst, da es nur als Bewegung gelten kann, unmöglich gemacht, und so fallen in dieser Beziehung alle etwaigen Berührungspunkte zwischen dem Ephesier und dem Eleaten wegen der Grundverschiedenheit ihrer Anschauungen weg.

Anders könnte es mit Empedokles stehen, der die Lehre Heraklits, theilweise wenigstens, in seiner Speculation weiter zu führen gesucht hat. Der Streit ist von ihm aufgenommen, aber von dem allwaltenden Logos in der Welt finden wir nichts bei ihm. Es wird alles ersetzt durch seine beiden wirkenden Principien. Allerdings ist bei Sextus[2]) davon die Rede, dass im Gegensatz zu der bekannten materialistischen Erkenntnisstheorie des Empedokles andere sagten, das Kriterium der Wahrheit bestehe nach ihm nicht in den Sinnen, sondern in dem ὀρθὸς λόγος, und zwar sei dieser theils göttlich, theils menschlich. Letzterer lasse sich durch die Sprache mittheilen, ersterer nicht. Es ist richtig, dass Empedokles auf das denkende Erkennen gegenüber den Sinnen mehr Werth legte[3]), ganz in der Art der übrigen älteren Philosophen. Aber Zeller[4]) spricht ihm mit Recht eine Erkenntnisslehre im späteren Sinne ab, die ihm blos aus Missverständniss einiger an die Skepsis anklingender Verse zugelegt worden ist. Es findet sich in den uns erhaltenen Bruchstücken keine Spur, die uns ein Recht gäbe, eine solche an-

---

[1]) Sext. Math. X, 46 S. 641.
[2]) Math. VII, 122 S. 396.
[3]) V. 81 St. 82 Mullach, wo es von der φιλότης heisst:
   τήν σὺ νόῳ δέρκευ, μηδ᾽ ὄμμασιν ἧσο τεθηπώς.
[4]) I, 652.

zunehmen, und so werden wir auf das weitere Verfolgen des angegebenen Unterschiedes in dem ὀρϑὸς λόγος verzichten, wenn uns auch das eine möglich scheint, dass Empedokles den Ausdruck ὀρϑὸς λόγος selbst gebraucht habe, um die Uebereinstimmung des Denkens mit der Wirklichkeit auszudrücken.

Wohl vertraut mit heraklitischen Sätzen war bekanntlich Epicharmos, der Komödiendichter, dem ja sogar Alkimos [1]) die Priorität in der Ideenlehre zuschrieb. Es heisst in einem der erhaltenen Fragmente von den Menschen, sie seien der ewigen Veränderung unterworfen [2]), und es ist gar nicht unwahrscheinlich, dass die letzten Worte in dem Zwiegespräch zwischen dem scheinbaren Eleaten und Herakliteer, wonach der fortwährende Wechsel immer geschieht nach demselben Logos, den heraklitischen Begriff im Auge haben, wenn auch dies nicht mit Bestimmtheit behauptet werden kann, da sich der Logos hier leicht anders erklären lässt. Auch möchten die Verse [3]), worin die Ansicht ausgesprochen, alle lebenden Wesen hätten Vernunft (γνώμαν und τὸ σοφόν), eher folgerichtig aus der heraklitischen Lehre gezogen sein, als auf die Pythagoreer hinweisen, wie Zeller meint [4]). Trotzdem dass Epicharmos also sich bekannt mit Heraklit zeigt und sogar dessen Logos in seinen Dialogen wahrscheinlich erwähnt hat, müssen dem Dichter doch andere Verse, in welchen der Logos ausführlicher behandelt wird, und die ihm Clemens zuschreibt, ab-

---

[1]) Diog. III, 13 ff.

[2]) Diog. III, 11:

ἐν μεταλλαγᾷ δὲ πάντες ἐντὶ πάντα τὸν χρόνον.
ὃ δὲ μεταλλάσσει κατὰ φύσιν κοὔποκ' ἐν ταὐτῷ μένει,
ἕτερον εἴη κα τόδ' ἤδη τῶ παρεξεσταχότος.
καὶ τὺ δὴ κἀγὼ χϑὲς ἄλλοι καὶ νῦν ἄλλοι τελέθομες,
καὖϑις ἄλλοι κοὔποχ' ὡυτοὶ καττὸν αὐτὸν αὖ λόγον.

[3]) Diog. a. a. O. 16.

[4]) A. a. O. 430.

gesprochen werden[1]). Sie sollen aus der Politeia des Epicharmos genommen sein. Dieses Stück selbst aber ist nach
dem Zeugniss des Aristoxenos[2]) von einem Flötenspieler
Chrysogonos untergeschoben, und selbst von diesem verhält-
nissmässig immer noch alten Autor kann wenigstens der
letzte Abschnitt der Verse nicht herstammen, da in ihnen
stoisch-alexandrinische Ansichten ausgesprochen sind. Dieser
wird also das späte Machwerk eines alexandrinischen Juden
oder Christen sein[3]).

In welchem Verhältniss der νοῦς des Anaxagoras zum
heraklitischen Logos steht, ist schon oben angegeben[4]). Nur
ist noch darauf aufmerksam zu machen, dass doch eine Art
Immanenz des νοῦς von dem Klazomenier angenommen wird.
Zwar heisst es, dass in allem Theile von allem sind, ausser
von dem νοῦς, es wird aber hinzugesetzt, dass in einigem
auch der νοῦς sei[5]), und dies wird dann dahin bestimmt,
dass er in allem waltet, was eine Seele hat, sowohl in dem
kleineren als in dem grösseren[6]). Aber über das Verhältniss
des νοῦς zur Seele giebt Anaxagoras nichts näheres an. Dieser
Theil des νοῦς im Menschen wird dann im Gegensatz zu den
Sinnen die wahre Erkenntniss liefern, und so kann es auch

---

[1]) Strom. V. 605, A f. In etwas anderer Recension als in dem syl-
burgschen Clemens bei Euseb. Praep. ev. ed. Dindorf XIII, 13. 632, b ff.
Der erste V. ὁ βίος ἀνθρώποις λογισμοῦ κἀριθμοῦ δεῖται πάντ᾽ und der
nächste scheinen aus der pythagoreischen Schule zu stammen. In den
folgenden ist zunächst nach stoischer Weise aus dem Existieren der menschlichen Vernunft auf die göttliche geschlossen, sodann die Thätigkeit der
göttlichen im Menschen beschrieben, und der letztangeführte lautet: ὁ δέ
γε τἀνθρώπου λόγος πέφυκ᾽ ἀπὸ τοῦ θείου λόγου.
[2]) Athen. XIV, 59. 648, d.
[3]) S. Zeller 431 Anm. 1.
[4]) Vgl. oben S. 37 f.
[5]) Fr. 5 M.
[6]) Fr. 6 M. Eine Stelle, die auch Aristoteles vor Augen gehabt hat,
wenn er De an. I, 2. 404, b, 3 als Ansicht des Anaxagoras angiebt: ἐν
ἅπασι γὰρ αὐτὸν (τὸν νοῦν) ὑπάρχειν τοῖς ζώοις καὶ μεγάλοις καὶ
μικροῖς, καὶ τιμίοις καὶ ἀτιμωτέροις.

mit einem gewissen Recht von Anaxagoras heissen, er habe
im allgemeinen den Logos als Kriterium angegeben[1]), wenn
gleich er dies Wort natürlich nicht gebraucht und auch für
Logos wahrscheinlich geradezu νοῦς gesetzt hat.

An derselben Stelle des Sextus, wo wir diese Notiz über
Anaxagoras finden, heisst es weiter, auch die Pythagoreer
hätten den Logos als Maassstab der Wahrheit angenommen,
aber nicht im allgemeinen, sondern nur den von der Mathematik gewonnenen. Es wird für die Pythagoreer nach ihrer
Lehre von den Zahlen, als eigentlicher Substanz der Welt,
überhaupt keine andere Vernunfterkenntniss geben als eine
mathematische, wie weiter unten bei Sextus auch der Logos
als κριτὴς τῶν πάντων Zahl genannt wird. Aber selbst diese
Bestimmung des Kriteriums wird der späteren Zeit zugeschrieben werden müssen. Wenigstens das, was als Erklärung hinzugefügt wird, dass der Logos die Natur des Alls
zu betrachten im Stande und deshalb gleichen Wesens mit
ihr sei[2]), weist auf die Neu-Pythagoreer hin, die mit der
Stoa in enger Verbindung standen; und dass Philolaos von
Sextus als Gewährsmann genannt wird, kann diese Vermuthung nur noch bestätigen.

Anaxagoras machte bei der Betrachtung der Natur mit
der Zweckthätigkeit des νοῦς keinen Ernst. Er hätte mit
seinen Annahmen zur vollendeten Teleologie kommen müssen,
aber es genügt ihm, da er noch zu fest in dem Materialismus steht, den Anfang der Bewegung durch den νοῦς
hervorbringen zu lassen und das übrige mechanischen Ursachen zuzuschreiben. Der eigentliche Vater der Teleologie

---

[1]) Sext. Math. VII, 91. S. 388. Wenn ebd. 89 es heisst: οἱ ἀπὸ Θάλεω
φυσικοί — τὸν λόγον κριτὴν τῆς ἐν τοῖς οὖσιν ἀληθείας ἐπέστησαν, so
sind darunter überhaupt die älteren Philosophen verstanden, die sich skep-
tisch gegen die Sinneswahrnehmung verhielten. Vgl. Fabricius z. d. St.

[2]) θεωρητικόν τε ὄντα τῆς τῶν ὅλων φύσεως ἔχειν τινὰ συγγένειαν
πρὸς ταύτην.

ist Sokrates. Freilich war die Betrachtung der Welt nach Zwecken bei ihm noch eine höchst einseitige, da alles auf den Nutzen des Menschen berechnet sein soll[1]. Aber sie genügte ihm, um vermittelst einer, von der zweckmässigen Thätigkeit des Menschen genommenen Analogie, den Schluss auf Einsicht und Vernunft der weltschöpferischen Ursache zu machen[2]. Fragen wir weiter nach der Ausführung seiner Theologie, so müssen wir bedenken, dass Sokrates mit seinen Betrachtungen über Gott und göttliche Dinge nur auf die Frömmigkeit wirken wollte und sich nicht durch den metaphysischen Trieb leiten liess. Deshalb lehnt er sich an die polytheistischen Vorstellungen des Volkes an, erhebt sich aber doch mitunter über diese zur Annahme der Einheit in dem göttlichen und stellt auch den vielen Göttern den Ordner und Erhalter der ganzen Welt gegenüber[3], dessen Vernunft sich in der Welt manifestiere wie die menschliche Seele in dem Leibe. Der Verstand des Menschen regiert den Körper nach seinem Willen; in gleicher Weise, so muss man annehmen, leitet auch die göttliche Einsicht in dem Weltganzen alles, wie es ihr gefällt, und sorgt für alles zugleich[4]. Wir finden also geradezu eine Immanenz der göttlichen Weisheit in der Welt. Nur vermittelst einer solchen kann sich Sokrates die zweckmässige Ordnung in dem ganzen erklären. Aber doch hat diese seine Ansicht mehr eine religiöse Färbung, als dass er sie philosophisch zu begründen und zu entwickeln gesucht hätte, da das theoretische Interesse weitaus von dem praktischen übertroffen wurde. Nicht anders verhält es sich,

---

[1] Ausführlich behandelt namentlich Memorab. I, 4 und IV, 3.

[2] Memorab. I, 4, 4: Πρέπει μὲν τὰ ἐπ' ὠφελείᾳ γιγνόμενα γνώμης ἔργα εἶναι.

[3] Ebd. IV, 3, 13: ὁ τὸν ὅλον κόσμον συντάττων τε καὶ συνέχων — τάδε δὲ οἰκονομῶν.

[4] Ebd. I, 4, 17: οἴεσθαι οὖν χρὴ καὶ τὴν ἐν τῷ παντὶ φρόνησιν τὰ πάντα, ὅπως ἂν αὐτῇ ἡδὺ ᾖ, οὕτω τίθεσθαι.

wenn er unserer Seele eine Theilnahme an der Gottheit zuschreibt[1]), oder auch direct unsern Verstand aus dem, der
die Welt geordnet hat, herleiten will[2]). In diesem Sinne ist
auch die bekannte Aeusserung des Aristoteles zu verstehen,
worin er sagt, Sokrates habe auf dem ethischen Gebiete
Untersuchungen angestellt, über die ganze Natur aber nicht[3]);
denn das eben erwähnte würde den Aristoteles schon der
Ungenauigkeit überführen, wenn er gemeint haben sollte,
Sokrates habe über die Natur überhaupt keine Ansichten
vorgetragen.

Man kann im Gegentheil nicht leugnen, dass auch die
kurzen Andeutungen des Sokrates auf dem Felde der Physik
höchst anregend und fruchtbringend für die Folgezeit gewesen sind. Gewisse Grundzüge hatte er gegeben, und an
der wissenschaftlichen Ausführung derselben versuchten sich
die nächsten Generationen. Wie bei ihm war bei seinem
Schüler Platon der teleologische Standpunkt für die Betrachtung der Natur maassgebend, und es ist nicht unwahrscheinlich, dass die häufig erwähnte Kritik gegen Anaxagoras[4]), wonach sich dieser im Widerspruch mit der Einführung des νοῦς
befindet, da er nicht nach der Zweckmässigkeit in der Anordnung des Alls forscht, auf Aeusserungen des Sokrates
zurückzuführen ist. Wie in der Republik die Gestaltung des
guten im Staate dargestellt wird, so soll im Timaios nachgewiesen werden, auf welche Weise die Idee des guten im

---

[1]) Memorab. IV, 3, 14: ἀλλὰ μὴν καὶ ἀνθρώπου γε ψυχή, ἥ εἴπερ τι
καὶ ἄλλο τῶν ἀνθρώπων τοῦ θείου μετέχει κτλ.

[2]) Ebd. I, 4, 8: Der Körper hat von der Erde, von der Feuchtigkeit
und von den andern Elementen kleine Theile, aus denen er zusammengefügt ist. νοῦν δὲ μόνον ἄρα οὐδαμοῦ ὄντα σε εὐτυχῶς πως δοκεῖς
συναρπάσαι καὶ τάδε τὰ ὑπερμεγέθη καὶ πλῆθος ἄπειρα δι' ἀφροσύνην
τινὰ οὕτως οἴει εὐτάκτως ἔχειν; Vgl. Cic. N. D. II, 6, 18. III, 11, 27.

[3]) Metaph. I, 6. 987, b, 1. πραγματεύεσθαι heisst „methodisch eine
Untersuchung treiben." S. den index Aristot.

[4]) Phaid. 97, B ff.

Weltall zur Verwirklichung kommt. Die Welt hat zur Ursache die Güte des Weltbildners, und in Folge dessen ist sie auch auf das trefflichste eingerichtet in ganz zweckentsprechender Weise, wie das des weitern ausgeführt wird[1]. Es versteht sich von selbst, dass diese schönste Anordnung nicht ohne Weisheit und Verstand getroffen sein kann. Demnach ist es der νοῦς, der alles gebildet und geordnet hat[2]. Dasselbe finden wir wenigstens in der pseudoplatonischen Schrift Epinomis von dem Logos gesagt[3]. Anderwärts[4] wird alles erzeugt durch eine αἰτία μετὰ λόγου τε καὶ ἐπιστήμης θείας ἀπὸ θεοῦ γιγνομένη. Der Demiurg, der zugleich als die letzte Ursache und die Idee des guten und somit als die höchste, vielleicht auch als die Einheit der Ideen gedacht werden muss, steht ausser der Welt. Es könnte demnach den Anschein haben, als sei die Vernunft, welche die Welt bildet und leitet, auch blos jenseitig zu denken.

Wie aber Sokrates die φρόνησις schon in die Welt gelegt hatte, ohne das Verhältniss näher anzugeben, so that es Platon noch viel bestimmter mit dem νοῦς. Wo eine Ordnung besteht, wie sie in dem Universum zu sehen ist, da muss auch Weisheit und Verstand immanent walten. Dies beides kann aber nicht ohne Seele existieren, deshalb ist in die Welt eine königliche Seele und ein königlicher Verstand gepflanzt worden[5]. In anderer Weise wird dies so aus-

---

[1] Sie ist geradezu κάλλιστος τῶν γεγονότων Tim. 29, A.

[2] Leg. 966, E. Phileb. 28, E. Tim. 47, E: τὰ διὰ νοῦ δεδημιουργημένα entgegengesetzt den δι᾽ ἀνάγκης γιγνόμενα. Ebd. 48, A, wo der νοῦς über die ἀνάγκη das Uebergewicht bekommt τῷ πείθειν αὐτὴν τῶν γιγνομένων τὰ πλεῖστα ἐπὶ τὸ βέλτιστον ἄγειν. Vgl. ebd. 56, C.

[3] 986, C: κόσμον, ὃν ἔταξε λόγος ὁ πάντων θειότατος, ὁρατόν.

[4] Sophist. 265, C. Vgl. Tim. 38, C: ἐξ οὖν λόγου καὶ διανοίας — ἥλιος καὶ σελήνη καὶ πέντε ἄλλα ἄστρα γέγονε.

[5] Phileb. 30, C f.: αἰτία οὐ φαύλη κοσμοῦσά τε καὶ συντάττουσα ἐνιαυτούς τε καὶ ὥρας καὶ μῆνας, σοφία καὶ νοῦς λεγομένη δικαιότατ᾽ ἄν. — σοφία μὴν καὶ νοῦς ἄνευ ψυχῆς οὐκ ἄν ποτε γενοίσθην. — οἱ-

gedrückt, dass Gott bei seiner Ueberlegung bemerkte, wie
nichts unvernünftiges schöner sein werde als das vernünftige, die Vernunft aber ohne Seele keinem innewohnen könne.
Deshalb setzte (ξυνιστάς) er Vernunft in eine Seele, Seele aber
in einen Leib, und baute so das All, damit er das schönste
und beste Werk vollbracht hätte[1]). Die Weltseele ist das
Mittelglied, vermöge dessen es der Vernunft möglich war, in
die Materie einzugehen, die Verbindung zwischen der Idee
und dem μὴ ὄν. So kann dann die Natur ἔμφρων genannt
werden[2]), und die bestehende Welt ist in Wahrheit ein ζῶον
ἔμψυχον ἔννουν τε, weil sie durch die Vorsehung Gottes entstanden ist[3]). Ja sie wird selbst Gott genannt, und zwar
ein seliger oder sich selbst genügender und vollkommenster,
oder wenigstens ein Bild des intelligibeln Gottes, ein sinnlich wahrnehmbarer Gott[4]). Es hiesse natürlich zu weit gehen,
wenn man mit dem Epikureer bei Cicero[5]) die Welt schlechthin für Gott ausgeben wollte. Sie ist ein Gott im mythi-
schen Sinne und erst dazu geworden durch die höchste Ursache, als ein Abbild dieser, der absoluten Güte, der absoluten Schönheit[6]).

Ueber das Verhältniss dieser innerweltlichen, scheinbar
abgeleiteten Vernunft zu der unendlichen, bedingungslosen,
oder der Idee des guten, spricht sich Platon nicht weiter
aus. Wir erfahren nichts darüber, ob erstere ein Theil, eine

κοῖν ἐν μὲν τῇ τοῦ Διὸς ἐρεῖς φύσει βασιλικὴν μὲν ψυχὴν, βασιλικὸν
δὲ νοῖν ἐγγίγνεσθαι διὰ τὴν τῆς αἰτίας δύναμιν. Ueber die letzten
Worte s. Zeller II, 439, 1. 454, 2.

[1]) Tim. 30, A f.
[2]) Ebd. 46, D.
[3]) Ebd. 30, B.
[4]) Ebd. 34, B. 68, C. 92, B: εἰκὼν τοῦ νοητοῦ θεὸς αἰσθητός, und
noch hinzugesetzt μέγιστος καὶ ἄριστος, κάλλιστός τε καὶ τελεώτατος
γέγονεν εἰς οὐρανὸς ὅδε μονογενὴς ὤν. Es ist dies der Schluss des
Timaios und zugleich die Quintessenz der vorgetragenen Lehre.
[5]) N. D. I, 12, 30.·
[6]) Vgl. Krische, Forschungen 194 f.

Emanation oder eine Schöpfung der höchsten Idee ist. Das oben erwähnte Verbum ξυνιστάναι kann bedeuten: „entstehen lassen, verfertigen", und ist dann beinahe gleich ποιεῖν, wie es öfter im Timaios gebraucht wird [1]), oder: „zugleich hineinsetzen" [2]), so dass man aus ihm nichts sicheres entnehmen kann. Ebenso wenig dient zur näheren Erklärung dieses Verhältnisses die allerdings deutliche aber nicht weiter ausgeführte Unterscheidung zwischen der innerweltlichen Vernunft und der überweltlichen Ursache [3]). Vielleicht würde diese Frage mit der andern zusammenhängen, wie die Dinge an den Ideen, den realen Objecten der allgemeinen Begriffe theilnehmen. Doch ist hier nicht der Ort darauf näher einzugehen. Uns genügt es, nicht nur einen transcendenten νοῦς, der mit Gott identisch, oder als Qualität von ihm gedacht werden kann, sondern auch einen in der Welt immanenten νοῦς gefunden zu haben, verbunden mit der Weltseele, der die Welt ihrer Bestimmung, der Verähnlichung mit den Ideen durch Ueberwinden der Nothwendigkeit, das heisst der Materie, vermittelst Ueberredens [4]) entgegenführen soll, ebenso wie auf ethischem Gebiet das Gleichwerden mit Gott, dem absolut guten und schönen, angestrebt wird. Platon ist entschiedener Dualist, und deshalb lässt er in der Welt die Vernünftigkeit im Kampf mit der Nothwendigkeit auftreten, während wir bei Heraklit das volle Aufgehen des einen Begriffs in dem andern gesehen haben, wie dies bei dem Monismus des Ephesiers nicht anders möglich war.

Derselbe Gegensatz muss sich bei Platon in der Ethik finden. Und allerdings ist es hier auch der Körper, also

---

[1]) Z. B. 29, D. 30, C: ὁ ξυνιστὰς ξυνέστησε und bald darauf in ganz gleichem Sinne 31, B: ἐποίησεν ὁ ποιῶν. Vgl. 91, A.

[2]) Cicero z. B. in seiner Uebersetzung giebt es wieder bald durch *machinari*, bald durch *fingere* und an unserer Stelle durch *concludere*.

[3]) S. vorige Seite.

[4]) S. oben 66, 2.

die Materie, welche die wahre Erkenntniss hindert und der
Verwirklichung der Idee sich hemmend in den Weg stellt.
Der νοῦς in dem einzelnen Menschen, dann auch λόγος oder
λογιστικόν genannt, spielt ganz dieselbe Rolle wie im Universum. Er wird demnach der allgemeinen Vernunft seiner
Substanz nach ähnlich, wenn nicht gleich sein, da ausserdem
gar keine Erkenntniss möglich wäre. Denn Platon nimmt
auch den unter den griechischen Philosophen ziemlich allgemein üblichen Grundsatz γιγνώσκεσθαι τῷ ὁμοίῳ τὸ ὅμοιον
an [1]), wiewohl er ihn nicht geradezu ausspricht. Der sterbliche Theil der Seele wird nach dem Timaios von den gewordenen Göttern gebildet, der unsterbliche hingegen in
demselben Gefässe wie die Weltseele, aus denselben Bestandtheilen und in derselben Mischung, nur etwas unreiner. Die
Einzelseelen sind demnach nicht durch Emanation aus der
Weltseele hervorgegangen, sondern gleich ihr gebildet und
durch Mischung entstanden, aber mit ihr doch gleichen
Wesens [2]). An einer andern Stelle hat es den Anschein, als
wenn die gesammte Einzelseele geradezu ein Stück der Weltseele wäre, in gleicher Weise, wie die Körper aus den Elementen zusammengesetzt sind, und hierin hätte sich denn
Platon dem Sokrates eng angeschlossen [3]). Mag nun die
Vernunft im Menschen aus der Weltseele entnommen, mag
sie von Gott unmittelbar gebildet sein, sie ist doch das gött-
lichste in uns und befähigt uns, dem gesteckten Endziel nahe
zu kommen. Mit dem νοῦς verbunden trifft die Seele stets

---

[1]) Arist. De an. I, 2. 404, b, 17. Vgl. Plat. Tim. 37, B f., wo vermittelst
des τὸ ἕτερον das sinnlich wahrnehmbare erkannt wird, vermittelst des
ταὐτόν das intelligible.

[2]) Tim. 41, D.

[3]) Phileb. 30, A: τὸ παρ' ἡμῖν σῶμα ἆρ' οὐ ψυχὴν φήσομεν ἔχειν;
δῆλον ὅτι φήσομεν. Πόθεν — λαβόν, εἴπερ μὴ τό γε τοῦ παντὸς
σῶμα ἔμψυχον ὂν ἐτύγχανε, ταὐτά γε ἔχον τούτῳ καὶ ἔτι πάντη
καλλίονα.

das rechte, ohne ihn, mit der ἄνοια zusammen, bringt sie nur das Gegentheil zu Stande[1].

Die Vernunft ist, wie wir gesehen, bei Platon ein kosmisches Princip, in der Welt thätig und regierend. Das Verhältniss ist analog dem im Menschen, und dessen bestes Theil ist wenigstens auf das innigste mit ihr verwandt. Die ganze Lehre von diesem νοῦς ist bei Platon nicht ausgeführt, und beim Verfolgen der einzelnen Aeusserungen stösst man auf Widersprüche. Geht man doch nach seiner eigenen Ansicht in der Physik blos einem Vergnügen nach, das man nicht zu bereuen braucht, treibt ein passendes und verständiges Spiel, und kommt darin nicht zur wissenschaftlichen Erkenntnis, sondern nur zur Wahrscheinlichkeit, da die Abbilder Gegenstand der Untersuchung sind, nicht das seiende. Und maasst sich Platon doch auch nicht an, zur Nachforschung über die Götter befähigt zu sein, sondern nur zu Nachforschung über die Ansichten, die sich die Menschen von den Göttern gebildet haben[2]. Trotzdem eröffnet er mit seiner Weltseele und der in ihr wohnenden Vernunft neue Pfade, so dass er sogar von manchen Theologen als Quelle des johanneischen Logos angesehen wurde, — als directe jedenfalls mit Unrecht, als indirecte, insofern er auf die Logoslehre Philons eingewirkt hat, nicht ganz ohne Grund, wenn auch gerade dieser Theil der platonischen Speculation von Philon weniger verarbeitet worden ist als andere. Warum Platon für seine jenseitige und innerweltliche Vernunft dem Worte νοῦς nicht λόγος vorgezogen, lässt sich mit Bestimmtheit nicht sagen. Vielleicht war ihm der Ausdruck zu vieldeutig und schloss nicht von vornherein die Intelligenz und das Denken in sich, das Platon seinem νοῦς entschieden zukommen lässt; vielleicht war er durch den νοῦς des Anaxa-

---

[1] Tim. 73, A. 88, B. Leg. 897, B.
[2] Tim. 59, C f. 29, B f. und öfter. Die letzte Aeusserung Kratyl. 401, A.

goras, als etwas neues, fruchtbringendes, in der Betrachtung
der Dinge so eingenommen, dass er diesem Ausdruck vor
dem älteren, den er schon bei Heraklit in ganz ähnlichem
Sinne fand, den Vorzug gab.

Noch entschiedener als in dem platonischen System ist
bei Aristoteles der Zweck das herrschende in der Natur, und
zwar nicht mehr bezogen auf etwas äusseres, den Dingen
fern stehendes, sondern hier ist er zugleich die Form und
der Begriff des Dinges, liegt in ihm selbst und sucht sich
nur zur Erfüllung herauszuarbeiten, indem ähnlich wie bei
Platon der Stoff überwältigt werden muss. Aristoteles ist
Erfinder der Lehre von der immanenten Zweckthätigkeit, und
damit hat er einen gewaltigen Fortschritt in der denkenden
Betrachtung der Welt gemacht. Der Zweck muss abhängig
sein von einem Denken, ob bewussten oder unbewussten, soll
hier nicht näher untersucht werden, also muss bei Aristoteles
auch die ganze Natur unter der Herrschaft des Gedankens
stehen. Sie thut nichts unvernünftig, nichts zwecklos, strebt
immer nach dem vollkommensten unter dem möglichen, voll-
bringt stets das schönste, ja alles hat von Natur etwas göttliches [1]). Aber doch wird die Ueberlegung, also das Denken
im voraus, von ihr geradezu ausgeschlossen. Denn unge-
reimt wäre es, nicht zu glauben, dass etwas um eines
Zweckes willen geschehe, wenn man das bewegende sich
nicht berathen sieht, da sich ja auch die Kunst nicht be-
rathet und doch ein Zweck ihr innewohnt [2]). Es muss also
wohl der Gedanke oder die Ueberlegung über der Natur
stehen, und doch auf sie wirken, damit sie eine zweckvolle,

---

[1]) De coelo II, 11. 291, b, 13: ἡ δὲ φύσις οὐθὲν ἀλόγως, οὐθὲν μάτην
ποιεῖ. De part. an. IV, 10. 687, a, 15: ἡ δὲ φύσις ἐκ τῶν ἐνδεχομένων
ποιεῖ τὸ βέλτιστον. De vit. et m. 4. 469, a, 28: ὅτι τὴν φύσιν ὁρῶμεν
ἐν πᾶσιν ἐκ τῶν δυνατῶν ποιοῦσαν τὸ κάλλιστον. Eth. Nic. VII, 14.
1153, b, 32: πάντα γὰρ φύσει ἔχει τι θεῖον.

[2]) Phys. II, 8. 199, b, 26.

vernünftige Bewegung habe. So sehen wir denn auch als treibendes Princip, als πρῶτον κινοῦν, den transcendenten Gott, nicht etwa als bewusstlose Kraft, sondern als bewusstes Einzelwesen und zugleich als absolutes Denken. Da Gott aber unbeweglich ist, kann er auch eigentlich den Stoff nicht in Bewegung bringen, und um dies möglich zu machen, wird er als letztes zu erstrebendes Ziel hingestellt, als das, was begehrt und gedacht wird[1]), das gleich dem schönen eine bewegende Kraft ausübt, ohne doch sich selbst zu bewegen.

Hiernach würde — um nicht die sonstigen Schwierigkeiten zu erwähnen, die sich aus dieser Lehre ergeben — Gott vollkommen ausserweltlich sein, damit er in seiner Vollendung nicht gestört werde, und in die Materie würde schliesslich doch das Streben (ὀρέγεσθαι), also die Bewegung gelegt. Zwar hat die Ansicht von Brandis viel ansprechendes, dass Aristoteles alle Bestimmtheiten der Welt und alle Wesenheiten zurückgeführt habe auf Kraft-Thätigkeiten, das heisst Gedanken Gottes, deren Selbstentwickelung den Veränderungen in den Einzelwesen zu Grunde läge, und durch deren gemeinsamen Ausgangspunkt die Harmonie in ihrer Entfaltung gewährleistet sei, so dass diese dann als von Gott ausgegangen wieder zu ihm zurückstreben sollten und ebenso das endliche von ihnen beseelte Sein[2]). Sie kann sich auch gründen auf das bekannte Beispiel von dem Heere und dem Feldherrn[3]), welches zeigen soll, wie das gute von der Welt getrennt und doch zugleich in ihr enthalten sei. Allein es

---

[1]) Metaph. XII, 7. 1072, a, 26: τὸ ὀρεκτὸν καὶ τὸ νοητὸν κινεῖ οὐ κινούμενον.

[2]) Arist. I, 575 ff. und Uebersicht über das aristotel. Lehrgebäude 113 ff. Vgl. dagegen Zeller III, 283 ff. Aehnlich wie Brandis, nur noch weiter gehend, Kym, Die Gotteslehre des Arist. und das Christenthum 19 ff., der geradezu auf Wesenseinheit Gottes und der Welt bei Aristoteles hinaus kommt. Das Sichselbstdenken Gottes soll ein Erzeugen der Gegenstände, sogar dem Stoffe nach, sein.

[3]) Metaph. XII, 10. 1075, a, 11.

widerspricht diese Annahme zu sehr den übrigen Bestimmungen des Aristoteles über die Gottheit, als dass sie für seine feststehende Lehre gelten könnte. Es würde damit, wie Zeller sehr treffend bemerkt, statt des dualistischen Theismus, der dem Aristoteles zweifelsohne zukommt, ein dynamischer Pantheismus bei ihm eingeführt, der erst einer späteren Zeit angehört, wenn auch nicht˙ geleugnet werden kann, dass sich mit dem erwähnten Gleichniss schon eine Hinneigung zu letzterem zu erkennen giebt.

In der Metaphysik hält Aristoteles meist die Lehre von der Transcendenz Gottes streng fest. Der vernünftige Gedanke muss in der Natur walten, aber wie er von dem bedingungslosen Denken in sie hineinkommt, ist nicht klar gemacht. Mehr Raum für eine pantheistische Anschauung ist bei Aristoteles in der Psychologie gegeben. Denn der auf den παϑητικός wirkende νοῦς lässt sich kaum anders denken, als dass er der göttliche Geist selbst ist. Er entwickelt sich nicht wie die übrigen Seelenkräfte aus dem physischen Leben, steht mit dem Leibe in gar keiner Verbindung und muss deshalb von aussen hinzukommen. Er ist absolut einfach, leidenlos, unveränderlich und unzerstörbar. Ihm kommt das göttliche in hohem Grade zu, und auch sein Denken gleicht dem des göttlichen Geistes[1]. Denn er hat es nicht mit dem Stoff der Dinge zu thun, sondern nur mit dem Begriffe von ihnen, so dass das Denken mit dem Gedachtsein identisch wird[2]. Muss man hierdurch auch versucht sein, diesen νοῦς für ganz gleich mit dem göttlichen zu halten, so ist diese Identität bei Aristoteles doch keineswegs geradezu ausgesprochen, und noch weniger durchgeführt, weil dabei Schwierigkeiten nach zwei Seiten hin entstanden wären. Theils

---

[1] De gen. et corr. II, 3. 736, b, 27 ff. De an. III, 5. 430, a, 17. Eth. Nic. X, 7. 1177, a, 15.
[2] De an. III, 4. 430, a, 3.

hätte sich damit die Idee des unbeweglichen Gottes, theils die Einheit des seelischen Lebens nicht vertragen. So müssen wir denn von der Immanenz des göttlichen νοῦς in der Seele des Menschen absehen.

Noch weniger wird in der Ethik bei Aristoteles die Rede sein können von einem Pantheismus, da er den Menschen mit freiem Willen begabt sein lässt, der sich darin bewähren muss, der Vernunft über den unvernünftigen Theil der Seele, die Herrschaft zu sichern, so dass auf diese Weise die den Menschen eigenthümliche Thätigkeit ausgeübt wird, und der in ihn gelegte Zweck zur Erfüllung gelangt[1]. Sobald es nun darauf ankommt, durch Ueberlegung oder durch discursives Denken das Handeln zu bestimmen, heisst das Vermögen des Menschen, welches dies bewirkt, λόγος, bisweilen λογιστικόν. Das unmittelbare Ergreifen der einzelnen Endzwecke kommt aber dem νοῦς zu, wie auch auf dem Gebiete der reinen Theorie das unvermittelte Erkennen der ersten Principien[2]. So kann von einem νοῦς πρακτικός die Rede sein, und er kann sogar als ἕξις ἐπαινετή unter die dianoëtischen Tugenden gerechnet werden, obgleich der Ausdruck διανοεῖσθαι im engeren Sinne, als Bezeichnung des vermittelten Denkens, für diese seine Thätigkeit nicht passt.

---

[1] Polit. VII, 15. 1334, b, 15: ὁ λόγος καὶ ὁ νοῦς τῆς φύσεως τέλος.

[2] Eth. Nic. VI, 12. 1143, a, 36: καὶ γὰρ τῶν πρώτων ὅρων καὶ τῶν ἐσχάτων νοῦς ἐστι καὶ οὐ λόγος. Vgl. die Erklärung Trendelenburgs, Hist. Beitr. z. Ph. II, 375 ff. Nur möchte ich λόγος hier nicht mit Begriff übersetzen. Wenn durch νοῦς ein Seelenvermögen bezeichnet wird, so ist dies wahrscheinlich auch mit λόγος der Fall. Der νοῦς nun ist hier das Vermögen der Intuition auf praktischem Gebiete, wozu die folgende Zusammenstellung mit αἴσθησις trefflich passt. Demnach wird λόγος die Fähigkeit der praktischen Ueberlegung sein, die es natürlich mit Begriffen zu thun hat. S. auch Eth. Nic. VII, 9. 1171, a, 17: οὔτε δὴ ἐκεῖ (in der Mathematik) ὁ λόγος διδασκαλικὸς τῶν ἀρχῶν οὔτε ἐνταῦθα (im sittlichen Handeln). Worauf übrigens als Ausgangspunkt für die richtige Meinung über den Endzweck nicht der νοῦς sondern die ἀρετὴ φυσική oder ἐθιστή angegeben wird.

Sein directes Anschauen (*ϑεωρεῖν*) ist es jedoch, das den
Menschen zur höchsten Glückseligkeit, zu einer Art göttlichen Lebens, zu der reinen Theorie erhebt. Er steht so
über dem Logos, wie er ebenfalls über der *ἐπιστήμη* steht.
Beide sind von ihm abhängig und müssen sich erst die
Basis, auf der sie fussen, durch ihn bereiten lassen. Hat
es der Logos im Menschen nur mit abgeleitetem Denken zu
thun, nicht mit den einfachsten und letzten Principien, so ist
es verständlich, wie für das höchste Princip, für Gott, der
sich selbst stets unmittelbar denkt, diese Bezeichnung nicht
gewählt werden konnte.

Eine so grosse Rolle nun auch der Logos in der Ethik
spielt, da durch ihn, durch die vernünftige Einsicht, und
durch die Ueberlegung erst der sittliche Charakter den
Handlungen verliehen wird, so erhebt ihn doch Aristoteles
nicht zu einem objectiven Princip, sondern er ist nur die
praktische Vernunft, wie sie in den einzelnen sich zeigt, so
dass sie auch bald schwächer bald stärker sein kann [1]. Der
allgemeine Maassstab ist das Urtheil eines verständigen Man-
nes [2], wovon man zugeben wird, dass es auch noch eine sehr
schwankende Bestimmung ist.

Objectiver scheint sich der *ὀρϑὸς λόγος* zu gestalten, den
wir in der Ethik als geläufigen Begriff finden. Es ist dies
ein Ausdruck, der zu den Zeiten des Aristoteles allgemein
üblich gewesen sein muss. Schon bei Herodot begegnen wir
ihm. Von diesem wird er ganz gleich dem *ἀληϑὴς λόγος*
gebraucht, ist also soviel wie wahre Rede, oder auch Wahrheit geradezu [3]. In derselben Bedeutung kommt der Aus-

---

[1] Polit. VI, 13. 1260, a, 10.

[2] Die bekannte Definition der Tugend Eth. Nic. II, 6. 1106, b, 36: *ἕξις
προαιρετικὴ ἐν μεσότητι οὖσα τῇ πρὸς ἡμᾶς ὡρισμένῃ λόγῳ καὶ ὡς ἂν
ὁ φρόνιμος ὁρίσειεν.*

[3] VI, 68: *φράσαι μοι τὴν ἀληϑείην, τίς μεύ ἐστι πατὴρ ὀρϑῷ λόγῳ;*
VI, 53. *ἀληϑὴς λόγος* I, 14. 120. V, 41. 88.

druck bei Platon vor[1]), wird aber von diesem auch schon als Vermögen in die Seele gesetzt und mit der ἐπιστήμη verbunden. Er ist dann die Vernunft, welche das richtige trifft[2]. In dieser Bedeutung geht er auf Aristoteles über, welcher selbst sagt, dass zu seiner Zeit alle diejenigen, welche die Tugend definierten, sie bestimmten als ἕξις κατὰ τὸν ὀρθὸν λόγον[3]). Er bemerkt dazu, es dürfe nicht blos heissen: κατὰ τὸν ὀρθὸν λόγον, sondern μετὰ τοῦ ὀρθοῦ λόγου, so dass also der ὀρθὸς λόγος nicht nur die Norm ist, nach der die tugendhaften handeln, sondern geradezu als Bestandtheil der Tugend angesehen wird[4]). Er erklärt aber ferner, wenn es heisse: τὰ μέσα καὶ ὡς ὁ ὀρθὸς λόγος, das sei zwar wahr, aber nicht deutlich, und nicht besser, als wenn man auf die Frage, was dem Leib dienlich sei, antworte: was die Arzneikunst und der Arzt bestimme, und demnach müsse dies genau untersucht werden[5]). Was ist nun diese richtige Vernunft? Keine allgemeine, objective Norm, sondern die φρόνησις in jedem einzelnen Menschen, welche die richtige Mitte bestimmt, und auf welche demnach alle menschlichen Tugenden zurückzuführen sind[6]). Wie die φρόνησις muss der ὀρθὸς λόγος mit der ethischen Tugend

---

[1]) Krit. 109, B: οὐ γὰρ ἄν ἔχοι ὀρθὸν λόγον θεοὺς ἀγνοεῖν κτλ. Leg. 890, D: εἴπερ νοῦ γέ ἐστι γεννήματα κατὰ λόγον ὀρθόν.

[2]) Phaid. 72, A: εἰ μὴ ἐτύγχανεν αὐτοῖς (in den Menschen) ἐπιστήμη ἐνοῦσα καὶ ὀρθὸς λόγος, οὐκ ἄν οἷοί τ᾽ ἦσαν τοῦτο ποιήσειν, nämlich gefragt, alles zu sagen, wie es sich verhält. Politik. 310, C: πράττουσι — οὐδὲ ἐξ ἑνὸς ὀρθοῦ λόγου.

[3]) Eth. Nic. VI, 13. 1144, b, 22. Vgl. II, 2. 1103, b, 31. M. Mor. I, 35. 1198, a, 14.

[4]) S. d. Commentar des Eustratios bei Zell z. Eth. Nic. II, 248.

[5]) Eth. Nic. VI, 1. 1138, b, 29. — Vgl. M. Mor. I, 35. 1196, b, 6. In der Eudemischen Ethik III, 3. 1231, b, 33 heisst es ganz allgemein λέγω τὸ ὡς δεῖ — τὸ ὡς ὁ λόγος ὁ ὀρθός.

[6]) Eth. Nic. VI, 13. 1144, b, 27: ὀρθὸς δὲ λόγος περὶ τῶν τοιούτων ἡ φρόνησίς ἐστιν. Aus dem περὶ τῶν τοιούτων geht hervor, dass sich der ὀρθὸς λόγος nicht nur auf praktischem Gebiete bewährt, aber auf anderm macht Aristoteles keinen Gebrauch von ihm.

in Wechselwirkung stehen, ja er ist selbst eine Tugend[1]),
mit der zugleich alle ethischen Tugenden da sein werden.
Er entsteht und wächst im Menschen, und der ihn besitzt,
ist der φρόνιμος, von dessen Entscheidung also immer die
richtige Mitte abhängt. In der Grossen Ethik kommt der ὀρθὸς λόγος nicht so
häufig zur Anwendung wie in der Nikomachischen. Doch
heisst es auch hier, dass die Tugenden in dem πράττειν
κατὰ τὸν ὀρθὸν λόγον beständen[2]), und dass es demnach zum
genauen Verständniss nöthig wäre zu erklären, was dieser
eigentlich sei. Später wird wenigstens das πράττειν κατὰ
τὸν ὀρθὸν λόγον dahin bestimmt, dass es stattfinde[3]), ὅταν
τὸ ἄλογον μέρος τῆς ψυχῆς μὴ κωλύῃ τὸ λογιστικὸν ἐνεργεῖν
τὴν αὑτοῦ ἐνέργειαν, oder weiter unten, ὅταν τὰ πάθη μὴ
κωλύωσι τὸν νοῦν τὸ αὑτοῦ ἔργον ἐπιτελεῖν. Anzugeben
aber, wann die Affecte sich in diesem richtigen Verhältniss
befänden, sei schwer; das müsse durch unmittelbare Wahrnehmung erkannt werden.

Wir sehen, dass von einem allgemein gültigen objectiven
Princip auch bei diesem ὀρθὸς λόγος nicht die Rede ist
Es kann demnach auch nicht unsere Aufgabe sein, ihn in
seiner ethischen Geltung und seiner Identität mit der φρόνησις weiter zu verfolgen, ebenso wenig wie den Ausdruck
λόγος in seiner sonstigen vielseitigen Anwendung bei Aristoteles. Denn abgesehen von den gewöhnlichen Bedeutungen,
wird er verbunden oder gleichgesetzt mit οὐσία, τὸ τί ἦν
εἶναι, εἶδος, μορφή, τέλος, οὗ ἔνεκα, den Principien, die auch
αἱ ἐν τῷ λόγῳ ἀρχαί genannt werden; ferner mit ἐντελέχεια

---

[1]) Dies scheint auch geradezu ausgesprochen zu sein Eth. Nic. II, 2.
1103, b, 34, wo es heisst, dass später auseinander gesetzt werden soll, τί
ἐστιν ὁ ὀρθὸς λόγος καὶ πῶς ἔχει πρὸς τὰς ἄλλας ἀρετάς. Freilich lässt
bekanntlich das ἄλλας auch eine andere Erklärung zu.

[2]) I, 35. 1196, b, 5.

[3]) II, 10. 1208, a, 9.

und *ἐνέργεια*[1]). Als formales Princip tritt er der Materie entgegen; in letzterer ist die Nothwendigkeit, in ihm der Zweck[2]. Aber doch wird er auch in die Materie wieder eingeschlossen, wodurch die concrete Wesenheit entsteht[3]. Um diese ganze Verzweigung des Begriffs *λόγος* kennen zu lernen, müssten ausser dem Gebiete der Logik auch noch die der Physik und Metaphysik genau durchmessen werden, wozu wir keine Veranlassung haben, da er auf den letzten nirgends zu selbständiger Geltung kommt, sondern als äusserst dehnbar und unbestimmt sich bald an diesen bald an jenen formellen Begriff anlehnt.

---

[1]) S. die Stellen in dem index Aristot. 434, b, 24 ff.
[2]) Phys. II, 9. 200, a, 15. Vgl. De part. an. III, 2. 663, b, 23.
[3]) Metaph. VI, 15. 1039, b, 22 und sonst. S. index Aristot. 435, a, 1.

Drittes Capitel.

Die Stoiker.

Platon hatte, um das Wissen zu ermöglichen, der Erscheinungswelt die realen Objecte der allgemeinen Begriffe gegenübergestellt. Aristoteles, sich von dem platonischen Standpunkt weit entfernend, hatte die Formen, mit Ausnahme der höchsten, an die Materie gebunden und sie den πρῶται οὐσίαι immanent sein lassen. Es blieb aber auch bei ihm noch die eine grosse Schwierigkeit ungelöst, nämlich das Verhältniss des unbewegten und bewegenden zu dem bewegten zu bestimmen. Die metaphysischen Aporien des Theophrastos knüpfen daran schon an. Sein Schüler und Nachfolger Straton nahm die Transcendenz des höchsten Princips nicht mehr in seine Speculation auf und sah in der Gottheit nichts weiter als die Natur, so dass in der peripatetischen Schule selbst der Abfall vom Meister zu Tage trat. Ebensowenig, oder noch in geringerem Maasse, konnten sich die Stoiker mit dem aristotelischen Dualismus befreunden. Sie stellten diesem gegenüber ein consequentes System des Monismus auf, das erste ausgeführte in der Geschichte der Philosophie.

Zweierlei tritt uns an dieser Lehre als besonders merkwürdig entgegen, einmal dass nach ihr alles materiell sein soll, und sodann dass ebenso alles logisch gefasst wird, dass also in allem auch der vernünftige Gedanke waltet. Es könnte von vornherein scheinen, als habe das System in

diesen seinen Fundamentalsätzen grosse Aehnlichkeit mit dem
spinozistischen, als entspreche die Materialität dem Attribut
der Ausdehnung, und die Logik dem des Denkens, und als
müssten diese beiden sich bei der monistischen Anschauung
auch in einer Substanz finden. Trotzdem aber, dass sich
sonst viele Parallelen zwischen den beiderseitigen Lehren
ziehen lassen, wird sich dies doch nicht auf die grundlegen-
den Principien erstrecken, wie wir leicht bei der Ausführung
des einzelnen sehen können. Ein diametraler Unterschied
liegt schon darin, dass die Stoiker in der Betrachtung der
Natur den Zweck vorwalten lassen, während Spinoza diesen
geradezu leugnet.

Der Zweckbegriff ist es vornehmlich, den die Stoiker zum
Beweis von dem Dasein der Götter anwenden, und eben diese
teleologische Argumentation dient ihnen auch, um zu schliessen,
dass die Welt durch Vernunft gebildet worden ist und geleitet wird. Alles in dem Kosmos sehen sie auf das beste
geordnet; nicht nur am Himmel, an welchem die Gestirne in
der wunderbarsten Weise ihren Kreislauf vollenden, sondern
auch auf der Erde entspricht das kleinste wie das grösste
seiner Bestimmung. Die Dinge harmonieren mit einander, und
keines steht dem andern störend im Wege. Vor allem zeichnet
sich der Mensch aus durch die weise und zweckmässige Ein-
richtung seines ganzen Organismus, vermöge deren er sich
nicht nur helfen, sondern sich auch Genüsse aller Art verschaffen kann. Neben der Zweckmässigkeit ist auf die ausser-
ordentliche Schönheit in der ganzen Natur hingearbeitet; es
kann geradezu nichts besser und schöner sein als die Welt[1].
Ausführlich behandelt finden wir den ganzen Kosmos von
diesem Gesichtspunkte aus im zweiten Buche von Ciceros
De natura deorum.

---

[1] Cic. N. D. II, 7, 18: *certe nihil omnium rerum melius est mundo,
nihil praestabilius, nihil pulchrius, nec solum nihil est, sed ne cogitari
quidem quicquam melius potest.*

Die Stoiker haben hiermit die optimistische Weltansicht für das physische Gebiet in einer Weise ausgesprochen und durchgeführt, wie dies vorher noch nicht geschehen war. Bei Platon finden wir ähnliches, aber doch war der Stoff noch zu überwinden. In der stoischen Weltharmonie giebt es diesen Missklang nicht mehr. So viel sich auch gegen eine solche Anschauung vorbringen lässt, ist sie doch nichts als die Durchführung der einen Seite, die sich bei Betrachtung der Natur einem jeden darbietet, und die Stoiker haben demnach das Verdienst, diese auf das äusserste geltend gemacht zu haben, wie man überhaupt ihrer ganzen Philosophie nachrühmen muss, dass sie ihre Hauptpunkte mit der grössten Consequenz zur Geltung bringt, freilich ihren Gegnern dabei leicht bemerkliche Angriffspunkte bietend. Immerhin ist es aber ein Vortheil in der Geschichte der Philosophie für die Klärung des ganzen, wenn gewisse Principien bis zu den Endpunkten verfolgt werden und sogar auf absurdes hinauskommen, wie dies auch den Stoikern widerfahren ist. Freilich gehört zu einem solchen Unternehmen stets starker moralischer Muth, der also den einzelnen Vertretern der reinen Stoa nicht abzusprechen ist.

Aus dieser unbedingten Zweckmässigkeit wird nun auf eine Vernunft geschlossen, die das ganze gebildet, und es liegt dem der von den Kunstproducten des Menschen genommene Analogieschluss zu Grunde, den wir schon bei Sokrates gefunden haben [1]. Ohne Logos liess sich die berechnete Anordnung der Welt nicht denken. Diese Vernunft wird nun nicht ausser der Welt gesetzt, von ihr getrennt, sondern in ihr selbst soll sie leben, walten und aufgehen. Zwar scheinen die Stoiker nicht besonders gegen die Transcendenz des absoluten Geistes in den übrigen Schulen pole-

---

[1] Cic. a. a. O. 34, 87 ff.: *Si igitur meliora sunt ea, quae natura, quam illa, quae arte perfecta sunt, nec ars efficit quidquam sine ratione, ne natura quidem rationis expers est habenda.*

misiert zu haben; aber es wird doch häufig hervorgehoben, dass die Welt selbst vernünftig sei, nicht dass sie einen vernünftigen Grund habe.

Mit den üblichen Syllogismen suchten sie dies zu beweisen. Schon der Stifter der Schule ist sich hierüber klar. Was Vernunftthätigkeit übt, sagt er, ist besser als was sie nicht übt. Nun giebt es nichts besseres als die Welt. Folglich übt die Welt Vernunftthätigkeit[1]. — Nichts was ohne Seele und Vernunft ist, kann beseeltes und vernünftiges aus sich hervorbringen. Die Welt aber bringt solche Wesen aus sich hervor, folglich hat die Welt Seele und Vernunft[2]. In ähnlicher Weise wurde von andern argumentiert: In allen zusammengesetzten Wesen muss es ein herrschendes ($\dot{\eta}\gamma\epsilon\mu o\nu\iota\varkappa\acute{o}\nu$) geben. In einzelnen Theilen der Welt ist dies die Vernunft, folglich wird auch diese das herrschende für das Weltall sein. Ferner: Erfahrungsmässig folgt auf das niedere und unentwickeltere immer das höhere. Auf die nährende und wachsende Pflanze das mit Bewegung, Empfindung und Trieben begabte Thier, auf dieses wieder der Mensch mit der Vernunft, durch welche die Triebe gezügelt werden sollen. Diese im Menschen angelegte Vernunft kommt aber in ihm nicht zur Vollendung, deshalb muss es etwas höheres geben, worin die höchste Stufe erreicht wird. Dies ist die Welt, in welcher die vollkommene und absolute Vernunft wohnt. Auch wird nach dem Vorgang des Sokrates, analog von den übrigen Theilen des menschlichen Organismus, die aus den vier ihnen entsprechenden Elementen des Weltalls genommen sind, geschlossen, dass auch die menschliche Vernunft aus etwas ihr

---

[1] Cic. N. D. II, 8, 21. Sext. Math. IX, 104 S. 575. Aehnlich Chrysippos Cic. a. a. O. 7, 18.

[2] Cic. a. a. O. 22. Wenig davon unterschieden Sext. Math. IX, 101 S. 575: $\tau\grave{o}$ $\pi\rho o\iota\acute{\epsilon}\mu\epsilon\nu o\nu$ $\sigma\pi\acute{\epsilon}\rho\mu\alpha$ $\lambda o\gamma\iota\varkappa o\tilde{v}$ $\varkappa\alpha\grave{\iota}$ $\alpha\grave{v}\tau\grave{o}$ $\lambda o\gamma\iota\varkappa\acute{o}\nu$ $\dot{\epsilon}\sigma\tau\iota\nu$, $\dot{o}$ $\delta\grave{\epsilon}$ $\varkappa\acute{o}\sigma\mu o\varsigma$ $\pi\rho o\acute{\iota}\epsilon\tau\alpha\iota$ $\sigma\pi\acute{\epsilon}\rho\mu\alpha$ $\lambda o\gamma\iota\varkappa o\tilde{v}$. $\lambda o\gamma\iota\varkappa\grave{o}\nu$ $\check{\alpha}\rho\alpha$ $\dot{\epsilon}\sigma\tau\grave{\iota}\nu$ $\dot{o}$ $\varkappa\acute{o}\sigma\mu o\varsigma$. Vgl. ebd. 77 S. 569.

gleichartigem geflossen sei, und demnach dem All Vernunft zukomme [1].

Mag man von solchen Beweisführungen inductiver Methode wenig oder viel halten, es wird wenigstens, soweit dies überhaupt in solchen Fragen möglich ist, durch die stoischen dargethan, dass ein vernünftiger voraussehender Gedanke das ganze beherrscht, und das einzelne seiner Bestimmung entgegenführt. Dass derselbe freilich seinen Grund in der Welt selbst hat und nicht von aussen abzuleiten ist, das hat die Stoa inductiv darzulegen, soviel wir wissen, nicht unternommen.

Gehen wir nun auf die näheren Bestimmungen über den Logos ein, so finden wir ihn zunächst als wirkendes Princip dem leidenden gegenüber, wie Zenon in seinem Buche Περὶ οὐσίας schon lehrte, und nach ihm die Hauptvertreter der Schule Kleanthes, Chrysippos, Archedemos und auch Poseidonios. Δοκεῖ δ' αὐτοῖς, heisst es bei Diogenes VII, 134, ἀρχὰς εἶναι τῶν ὅλων δύο, τὸ ποιοῦν καὶ τὸ πάσχον. τὸ μὲν οὖν πάσχον εἶναι τὴν ἄποιον οὐσίαν, τὴν ὕλην, τὸ δὲ ποιοῦν τὸν ἐν αὐτῇ λόγον, τὸν θεόν· τοῦτον γὰρ ἀΐδιον ὄντα διὰ πάσης αὐτῆς δημιουργεῖν ἕκαστα [2]. Wir hätten demnach bei den Stoikern ganz die platonisch-aristotelische Lehre von

---

[1] Cic. a. a. O. 11, 29. 13, 34. 6, 18 f. S. noch andere ausführliche Argumentationen bei den Beweisen für das Dasein der Götter Sext. a. a. O. 75 ff. 569 ff.

[2] Plut. Comm. not. 34. 1076, C f. wahrscheinlich die Worte von Chrysippos: ἄποιος γάρ ἐστι (ἡ ὕλη) καὶ πάσας ὅσας δέχεται διαφορὰς ἀπὸ τοῦ κινοῦντος αὐτὴν καὶ σχηματίζοντος ἔσχε, wozu Plutarch noch hinzusetzt: κινεῖ δὲ αὐτὴν ὁ λόγος ἐνυπάρχων καὶ σχηματίζει μήτε κινεῖν ἑαυτὴν μήτε σχηματίζειν πεφυκυῖαν. Aehnlich sagt Seneca Epist. 65, 2: dicunt Stoici nostri: duo esse in rerum natura, ex quibus omnia fiunt, causam et materiam. materia iacet iners, res ad omnia parata, cessatura si nemo moveat. causa autem, id est ratio, materiam format et quocumque vult versat, ex illa varia opera producit. Esse ergo debet, unde fiat aliquid, deinde, a quo fiat. Vgl. den Schluss des Briefs. Lact. Inst. VII, 3, 1 f.

Materie und wirkender Form, nur dass sie den Logos in der
Welt mit Gott identificierend letzteren nicht als höchste
Form und Endursache ausser der Welt hinstellen können.
Die Vernunft in dem Kosmos ist Gott selbst, und Gott ist
nichts als Vernunft: *totus est ratio*, wie Seneca sagt [1]). Diese
beiden Begriffe decken sich, und alle Prädicate, die dem
einen zukommen, eignen demnach auch dem andern. So
wird zunächst Gott oder dem Logos die Bildung des ganzen
Weltalls zugeschrieben: Gott ist die *ratio faciens*[2]), der
Künstler und Ordner des ganzen Weltwerks[3]).

Der träge und für sich selbst unbewegliche Stoff wird
durch göttliche Vernunft oder den vernünftigen Gott zu der
schönsten und besten Welt, die es geben kann, geformt. Aber
nicht etwa nur einmal ist durch den Gedanken der Anstoss
gegeben worden, sondern derselbe erhält auch fortwährend die
Ordnung, er trägt und beherrscht alles unausgesetzt. Es ist
der Logos, nach welchem die Welt fortwährend regiert wird[4]),

---

[1]) Nat. quaest. prolog. 14. Consol. ad. Helv. 8, 3. Philod. *Π. εἰσε*,*β*.
Taf. 11 Z. 18. Cic. N. D. I, 14, 36.

[2]) Sen. Epist. 65, 12.

[3]) Sen. Cons. ad. Helv. 8, 3. Quaest. nat. II, 45. Lact. Inst. IV, 8, 2:
dispositor atque opifex universitatis. Tertull. Apolog. 21 und öfter. Kornut.
N. D. XXVII. 205: *ὁ προεστὼς κόσμου λόγος.*

[4]) Das gewöhnlichste Verbum für dieses Verhältniss ist *διοικεῖν* bei
den Stoikern: M. Aur. V, 32. IV, 46. VI, 1. Philod. a. a. O. Seltener *οἰκο-*
νομεῖν M. Aur. V, 32, oder *διέπειν* M. Aur. V, 21. Sen. Quaest. nat.
a. a. O.: *rector custosque universi.* Auch *διεξάγειν* wird gebraucht, Diog.
VII, 149: *λόγος, καθ᾽ ὃν ὁ κόσμος διεξάγεται.* Dieses Verbum und das
Substantivum *διεξαγωγή* scheinen specifisch stoisch zu sein und zunächst
für das Hinbringen der Zeit oder den Verlauf des Lebens gebraucht zu
werden. S. M. Aurel. VII, 69, viele Stellen bei Epiktet. Vgl. den Index
von Schweighäuser. In Bezug auf die Welt bedeuten sie das Fortführen
der Welt bis zu dem Weltbrand, also bis zu dem Ende einer Weltperiode,
wie besonders aus Numenios bei Euseb. Praep. ev. XV, 19. 821, a hervorgeht. S. auch Kornut. VII. 149. Stob. Ekl. I, 182. M. Aurel. VIII, 20.
Διεξιέναι kommt bei Kleanthes Stob. Ekl. I, 374 vor von der Weltperiode,
die bis zu ihrem Ende kommt. Die *διεξαγωγή* in dem Sinne von *δια-*

und um das Verhältniss als ein innerliches darzustellen, heisst
es, dass der Logos geradezu allgegenwärtig und überall sichtbar ist. Es konnte nicht anders sein. Da alles auf das
zweckmässigste eingerichtet, muss sich auch der vernünftige
Gedanke überall zeigen. Der gewöhnliche Ausdruck für dieses
Sicherstrecken durch die Materie ist διήκειν oder, wiewohl
seltener, διέρχεσθαι und διαθεῖν, lateinisch *pertinere* oder
permeare[1]), sei es nun, dass dieses ausgesagt wird vom Logos
selbst[2]), oder, was dasselbe, von Gott[3]), der durch die Materie
gehe, wie Honig durch die Waben[4]). Besonders wird noch
von letzterem hervorgehoben, dass er gerade so gut wie in
den höchst entwickelten auch in den niedrigsten und ver-
achtetsten Dingen gefunden werde. Nach Tatian hat Zenon

μονή zu fassen, wie Villoison zu der angeführten Stelle des Kornutos
des weiteren ausführt, verbietet schon die ursprüngliche Bedeutung des
Wortes.

[1]) Auch in den Verben, die das Walten des göttlichen Logos in dem
All ausdrücken, haben die Stoiker mit dem διά, das bei den Zusammen-
setzungen namentlich vorkommt, zugleich die Vorstellung des Durch-
dringens erzeugen wollen, so in διοικεῖν, διήκειν, ähnlich διεξάγειν und
διακοσμεῖν. Letzteres ist wahrscheinlich auf Anaxagoras zurückzuführen,
wird auch sonst gebraucht, aber vorzugsweise, ebenso wie das Substantivum διακόσμησις, von den Stoikern: Stob. Ekl. 1, 370. 373. Sext. Math.
IX, 75 ff. S. 569. Plut. De Ei ap. Delph. 9. 390, C. M. Aur. IX, 1. Euseb.
Praep. ev. XV, 18. 820, c. Aristokles ebd. XV, 14. 817, a. Pseudo-Phil.
De incorrupt. m. II, 505. Orig. C. Cels. V, 20. Vgl. IV, 48.

[2]) M. Aur. V, 32: ὁ διὰ τῆς οὐσίας διήκων λόγος, Stob. Ekl. I, 324.
Orig. C. Cels. VI, 71. Sen. De benef. IV, 7, 1. Cic. N. D. öfter. Chalcid. z.
Plat. Tim. 291: *per quam* (die Materie) *ire dicunt rationem solidam atque
universam perinde ut semen per membra genitalia.* Vgl. ebd. 292.

[3]) Clem. Strom. V. 591, A f.: οἱ μὲν (οἱ Στωικοί) διήκειν διὰ πάσης
τῆς οὐσίας τὸν θεόν φασιν. Prokl. z. Plat. Tim. 126, B: ὁ γὰρ αὐτὸς
θεὸς παρ᾽ αὐτῷ (Χρυσίππῳ) πρῶτος ὢν διήκει διὰ τοῦ κόσμου καὶ διὰ
τῆς ὕλης· καὶ ψυχή ἐστι καὶ φύσις ἀχώριστος τῶν διοικουμένων. Philop.
z. Arist. De an. F, 3, a unt. Alex. Aphrod. z. Arist. Metaph. Schol. in Ar.
607, a, 19: τοῖς ἀπὸ τῆς Στοᾶς ἔδοξεν ὁ θεὸς καὶ τὸ ποιητικὸν αἴτιον
ἐν τῇ ὕλῃ εἶναι.

[4]) Tertull. Ad nation. II, 4.

dies schon in seiner ganzen Tragweite ausgesprochen[1]), wenn nicht etwa von dem christlichen Apologeten der Gründer der Schule nur als Repräsentant seiner Anhänger genannt wird.

Nichts weiter als diese stoische Lehre von der Allgegenwart Gottes oder des Logos haben wir in den berühmten Anfangsversen des mit Zenon vertrauten und auch sonst stoisierenden Dichters Aratos:

'— μεσταὶ δὲ Διὸς πᾶσαι μὲν ἀγυιαί,
πᾶσαι δ' ἀνθρώπων ἀγοραὶ, μεστὴ δὲ θάλασσα
καὶ λιμένες. πάντη δὲ Διὸς κεκλήμεθα πάντες.

Es ist interessant zu bemerken, wie diese Ansicht auch in das grosse Publikum vordrang, wie wir zum Beispiel bei Vergil manche gleichbedeutende Aeusserungen finden. *Jovis omnia plena* heisst es da und:

deum namque ire per omnes
terrasque tractusque maris coelumque profundum.

Ebenso wie die Moralphilosophie der Stoiker, die allerdings bei der Lehre von der absoluten Selbstgenügsamkeit des Weisen in dem politischen Elend des letzten Jahrhunderts vor und des ersten nach Christi Geburt grossen Anklang finden musste, erwarb sich auch ihre Physik viele Anhänger, sogar unter Nichtphilosophen, wozu besonders der Umstand mit beitragen mochte, dass sie es auf das beste verstanden, ihre Theologie mit der Volksreligion in Einklang zu bringen. Man findet später die Spuren von der allgemeinen Verbreitung der stoischen Lehre in den mannigfachen Versuchen,

---

[1]) Orat. ad. Graec. 148, D: ὁ θεὸς — ἐν ἁμάραις τε καὶ σκώληξι καὶ ἀῤῥητουργοῖς καταγινόμενος. Clem. Cohort. 44, A: διὰ πάσης ὕλης καὶ διὰ τῆς ἀτιμοτάτης τὸ θεῖον διήκειν. Vgl. Strom. 1, 295, C. Sext. Pyrrh. III, 218 S. 162: Gott sei nach der Ansicht der Stoiker ein πνεῦμα διῆκον καὶ διὰ τῶν εἰδεχθῶν. Lukian. Hermot. 81: ὡς καὶ ὁ θεὸς οὐκ ἐν οὐρανῷ ἐστιν, ἀλλὰ διὰ πάντων πεφοίτηκεν, οἷον ξύλων καὶ λίθων καὶ ζώων ἄχρι καὶ τῶν ἀτιμοτάτων.

sich von der Ausserweltlichkeit Gottes der stoischen Theorie von der Immanenz zu nähern.

Wir haben bis jetzt gesehen, dass ohne den Logos nichts zu denken ist, dass alles, was existiert, auch Vernunft in sich haben muss. Wir kommen jetzt zur Kehrseite davon, dass wir uns nämlich nach der stoischen Lehre diese geistige Macht des Logos materiell vorzustellen haben.

Unter den vielen Vorwürfen, welche in alter und neuer Zeit die Anhänger des Zenon sich machen lassen mussten, ist nicht der geringste, dass sie dem offenbarsten und handgreiflichsten Materialismus gehuldigt hätten. Versteht man unter dieser theoretischen Richtung eine der demokritischen oder epikureischen Atomenlehre ganz gleiche, wonach ohne jeglichen Zweck durch die rein mechanische Wirkung gleichartiger Urbestandtheile alle Bewegung und alles Werden vor sich geht, so geschieht den Stoikern Unrecht; meint man aber damit, dass alles reell existierende, alles wirkliche körperlich und stofflich zu denken sei, so müssen sie sich diesen Tadel gefallen lassen. In diesem Sinne ist der Materialismus bei den Stoikern auf das entschiedenste ausgesprochen und durchgeführt. Zwar wird nicht sowohl das stoffliche von dem, was sonst für rein geistig gehalten zu werden pflegt, ausgesagt, als vielmehr das körperliche. Aber zwischen diesen beiden Prädicaten einen Unterschied zu finden, wird schwer halten, und demnach wird alles, was Körper sein soll, auch der Materie zufallen.

Dass die Stoiker übrigens den Begriff des σῶμα etwas weiter fassten, als es sonst zu geschehen pflegt, ist wahrscheinlich. Wenn auch Apollodoros in seiner Physik[1]) die Körper definiert als das nach drei Seiten hin ausgedehnte, so wird doch nachher die Bemerkung hinzugefügt: τοῦτο δὲ καὶ στερεὸν σῶμα καλεῖται. Die Definition scheint sich also auf

---

[1]) Diog. VII, 135. Vgl. Nemes. Nat. hom. 30.

die festen Körper zu beschränken. Wie die Stoiker freilich
diesen weiteren Begriff formulierten, darüber erfahren wir
nichts. Dagegen findet sich häufig ausgesprochen, dass alles
wirkende und leidende körperlich sei [1], und dass kein Wirken
stattfinden könne, ausser durch Annäherung und Berührung [2];
endlich sogar, dass alles seiende körperlich gedacht werden
müsse [3].

Bei dieser erweiterten Bedeutung von Körper muss vieles
unter den Begriff fallen, von dem dies sonst als absurd erscheinen würde, so besonders alle Eigenschaften und alle
Affecte. Von der Seele suchen es Kleanthes und Chrysippos
noch ausführlich zu beweisen in syllogistischer Form, wobei
freilich die Obersätze schon auf materialistischer Anschauung
beruhen. So bei dem ersteren, dass Aehnlichkeit nur stattfinden könne zwischen Körpern und nicht zwischen zwei unkörperlichen Dingen; ferner, dass nur ein Körper mit einem
Körper mitleiden könne, und nicht etwas unkörperliches mit
einem Körper, und bei Chrysippos, dass etwas unkörperliches von einem Körper nicht getrennt werden könne [4]. Ja
die Seele gilt in der Stoa als ein $\tau\varrho\iota\chi\tilde{\eta}$ $\delta\iota\alpha\sigma\tau\alpha\tau\acute{o}\nu$, weil sie
sich durch die ganzen Körper ausdehnt [5].

Ist alles wirkende ein Körper, so gilt dies von dem absolut wirkenden, von Gott oder dem Logos auch, und selbst

---

[1] Diog. VII, 56: $\pi\tilde{\alpha}\nu$ $\gamma\grave{\alpha}\varrho$ $\tau\grave{o}$ $\pi o\iota o\tilde{v}\nu$ $\sigma\tilde{\omega}\mu\acute{\alpha}$ $\grave{\epsilon}\sigma\tau\iota$. Sext. Pyrrh. III, 38
S. 196: $\sigma\tilde{\omega}\mu\alpha$ — $\ddot{o}$ $o\acute{\iota}\acute{o}\nu$ $\tau\epsilon$ $\pi o\iota\epsilon\tilde{\iota}\nu$ $\mathring{\eta}$ $\pi\acute{\alpha}\sigma\chi\epsilon\iota\nu$. Ebd. Math. VIII, 404 S. 534:
$\tau\grave{\alpha}$ $\grave{\alpha}\sigma\acute{\omega}\mu\alpha\tau\alpha$ $o\mathring{v}\tau\epsilon$ $\pi o\iota\epsilon\tilde{\iota}\nu$ $\tau\iota$ $\pi\acute{\epsilon}\varphi\upsilon\varkappa\epsilon\nu$ $o\mathring{v}\tau\epsilon$ $\pi\acute{\alpha}\sigma\chi\epsilon\iota\nu$. Alex. Aphrod. De
sens. 106, B Mitte. Prokl. z. Plat. Parmen. IV, 74. Cic. Acad. I, 11, 39
(Zenon): *nec vero aut quod efficeret aliquid, aut quod efficeretur, posse
esse non corpus.* Stob. Ekl. I, 336 ff. lehren Zenon, Chrysippos und Posei-
donios, das $\alpha\mathring{\iota}\tau\iota o\nu$ sei $\sigma\tilde{\omega}\mu\alpha$. Plut. Plac. phil. I, 11, 4. 882, F.
[2] Simpl. z. Arist. Categ. O, β, a Mitte: $o\mathring{v}\delta\grave{\epsilon}$ $\tauo\tilde{\iota}\varsigma$ $\Sigma\tau\omega\iota\varkappa o\tilde{\iota}\varsigma$ $\sigma\upsilon\gamma\chi\omega$-
$\varrho\epsilon\tilde{\iota}\nu$ — $\dot{\omega}\varsigma$ $\tau\grave{o}$ $\pi o\iota o\tilde{v}\nu$ $\pi\epsilon\lambda\acute{\alpha}\sigma\epsilon\iota$ $\tau\iota\nu\grave{\iota}$ $\pi o\iota\epsilon\tilde{\iota}$ $\varkappa\alpha\grave{\iota}$ $\ddot{\alpha}\psi\epsilon\iota$. Vgl. Prokl. a. a. O.
[3] Plut. Comm. not. 30. 1074, E: $\ddot{o}\nu\tau\alpha$ $\gamma\grave{\alpha}\varrho$ $\mu\acute{o}\nu\alpha$ $\tau\grave{\alpha}$ $\sigma\acute{\omega}\mu\alpha\tau\alpha$ $\varkappa\alpha\lambda o\tilde{\upsilon}\sigma\iota\nu$.
Dabid. Schol. in Arist. 20, a, 9. Euseb. Praep. ev. XV, 17. 819.
[4] Nemes. Nat. hom. 32 ff.
[5] A. a. O. 30.

ohne die besonderen Angaben der Stoiker müssten wir dies
als ihre Lehre voraussetzen. Analog der menschlichen Seele
wird das thätige Princip in der Welt nach dem Vorgange
Platons schon von Kleanthes und Chrysippos Weltseele genannt, ohne dass diese Bezeichnung weiter in platonischer
Weise ausgeführt würde [1]. Aber soll diese der menschlichen
Seele entsprechen, so folgt schon daraus, dass sie körperlich
zu denken ist. Es ist auch den Stoikern selbst geläufig gewesen, die Körperlichkeit Gottes auszusprechen; wenigstens
thaten es schon Zenon und Chrysippos und nach ihnen ohne
Zweifel die meisten andern [2]. Aber viel zu weit geht der
Alexandriner Clemens, wenn er meint, nach der stoischen
Lehre habe Gott menschliche Gestalt und Sinne, da er sonst
nicht wahrnehmen könne [3]. Zu diesem Missverständniss hatten
die Stoiker nicht einmal Veranlassung gegeben.

Es ist natürlich, dass ihnen diese Ansicht von der
Körperlichkeit des höchsten Princips von ihren Gegnern häufig
vorgeworfen wurde, namentlich von den christlichen. Wir
selbst werden aber darüber milder urtheilen, wenn wir bedenken, dass man sich in der heidnischen Philosophie zu der
Vorstellung von rein geistigen Substanzen sehr schwer empor-
schwang, und dass selbst unter den christlichen Kirchenvätern nicht der wenigst scharfe, sehr consequente Denker
Tertullian sich zu der stoischen Ansicht offen bekannte, wie

[1] Philod. Π. εὐσεβ. Taf. 11 Z. 19: ἡ τοῦ ὅλου ψυχή. Plut. Stoic.
rep. 39, 2. 1052, C. Kornut. II. 141. Stob. Ekl. I, 58: Κλεάνθης — nannte
Gott τὴν τοῦ κόσμου ψυχήν. Cic. N. D. I, 14, 37. 15, 39. Acad. I, 7, 28.
Vgl. Epiph. Adv. haer. 12, A. Hermias 405 ed. Benedict.
[2] Strom. VII. 720, D: οὔκουν ἀνθρωποειδής ὁ θεός — οὐ δὲ αἰσθήσεων αὐτῷ δεῖ, καθάπερ ἤρεσεν τοῖς Στωικοῖς. μάλιστα ἀκοῆς καὶ
ὄψεως· μὴ γὰρ δύνασθαί ποτε ἑτέρως ἀντιλαμβάνεσθαι.
[3] Hippol. I, 21. Plut. Comm. not. 48. 1085. B: σῶμα νοερόν. Euseb.
Praep. ev. III, 6. 102, d. Orig. C. Cels. III, 75: τὴν οὐσίαν αὐτοῦ (θεοῦ)
λεγόντων σῶμα τρεπτὸν δι' ὅλου καὶ ἀλλοιωτὸν καὶ μεταβλητόν. IV, 14.
VI, 71. Clem. Strom. I. 295, C. V. 591, A. Philop. z. Arist. De an. F, 3, a
unten.

wir überhaupt bei diesem viel Reminiscenzen an die Stoa finden.

Es wird von der Gottheit als einem Körper gesprochen und selten von der Vernunft[1]). Da wir aber oben gesehen, dass zwischen $\vartheta\varepsilon\acute{o}\varsigma$ und $\lambda\acute{o}\gamma o\varsigma$ kein Unterschied gemacht wird, so muss dies Prädicat auch dem Logos zukommen. Dagegen scheint eine Stelle bei Seneca zu sprechen. De consol. ad Helv. 8, 3 wird nämlich über den Bildner des Universums gehandelt, und derselbe bestimmt als der allmächtige Gott, oder der allgegenwärtige göttliche Hauch, oder als unveränderliches Fatum, oder auch als *incorporalis ratio ingentium operum artifex*. Für die Lesart *incorporalis* ist entweder *corporalis* zu setzen, oder will man sie beibehalten, so ist Seneca in diesem Punkte einmal von der Schulmeinung abgewichen, obwohl er sonst die stoische Ansicht von den Körpern beibehält. *Quicquid facit corpus est* sagt er Epist. 117, 2 und schliesst daraus, dass alles gute, weil es wirke, Körper sei. Ebenso fasst er unter diesen allgemeinen Begriff die Eigenschaften und Affecte, wie er Epist. 106, 3 ff. weitläufig auseinandersetzt. Dass er dies freilich für Spitzfindigkeiten hielt, auf die es für seine praktische Tendenz nicht besonders ankam, sehen wir in demselben Briefe weiter unten[2]), und in dem Schlusse: *non vitae sed scholae discimus*. Also konnte er sich wohl auch einmal über diese stoische Theorie von den Körpern hinwegsetzen und das formale Princip unkörperlich nennen.

Dass dies die allgemeine Ansicht der Stoa war, könnte man zu schliessen versucht sein aus Diogenes VII, 134, wo die Lehre der hauptsächlichsten Stoiker über die beiden

---

[1]) Ich habe blos eine Stelle gefunden Orig. C. Cels. VI, 71, wo der Logos auch körperlich genannt wird: $\varkappa\alpha\grave{\iota}\ \acute{o}\ \lambda\acute{o}\gamma o\varsigma\ \tau o\tilde{\upsilon}\ \vartheta\varepsilon o\tilde{\upsilon}$ (ein von den Stoikern in früherer Zeit nicht gebrauchter Ausdruck) — $o\dot{\upsilon}\delta\grave{\varepsilon}\nu\ \ddot{\alpha}\lambda\lambda o$ $\dot{\varepsilon}\sigma\tau\grave{\iota}\nu\ \ddot{\eta}\ \pi\nu\varepsilon\tilde{\upsilon}\mu\alpha\ \sigma\omega\mu\alpha\tau\iota\varkappa\acute{o}\nu$.

[2]) 11: *latrunculis ludimus; in supervacuis subtilitas teritur*.

Principien angegeben wird, und es dann weiter heisst nach
der cobetschen Ausgabe: διαφέρειν δέ φασιν ἀρχὰς καὶ στοι-
χεῖα· τὰς μὲν γὰρ εἶναι ἀγενήτους καὶ ἀφθάρτους, τὰ δὲ
στοιχεῖα κατὰ τὴν ἐκπύρωσιν φθείρεσθαι . ἀλλὰ καὶ ἀσωμάτους εἶναι τὰς ἀρχὰς καὶ ἀμόρφους, τὰ δὲ μεμορφῶσθαι.
Obwohl sich das ἀσωμάτους auf die Autorität des Suidas
stützt [1], so muss doch mit den älteren Ausgaben und wahrscheinlich nach den Handschriften σώματα gelesen werden.
Es ist undenkbar, dass die Stoiker bei ihrer Definition von
Körper die Principien, das eine absolut wirkend, das andere
absolut leidend, unkörperlich gefasst hätten, wenn die Unterscheidung zwischen beiden auch blos eine begriffliche Abstraction sein sollte, die sich in der Realität nie findet. Es
wäre dies ein so augenfälliger Widerspruch, dass Plutarch,
der sonst so scharfsichtig ist für alle Blössen, die sich die
Stoiker geben, diese zu erwähnen gewiss nicht vergessen
hätte. Ausserdem finden wir es anderwärts geradezu ausgesprochen, dass die beiden Principien als Körper von den
Stoikern betrachtet worden seien [2]. Namentlich von der Ὕλη
wird es noch besonders gesagt [3], die natürlich trotzdem als

---

[1] Unter dem W. ἀρχή.

[2] Orig. C. Cels. VI, 71: κατὰ μὲν οὖν τοὺς ἀπὸ τῆς στοᾶς σωματι-
κῶς λέγοντας εἶναι ἀρχάς. Aristokles bei Euseb. Praep. ev. XV, 14. 816 d:
στοιχεῖον εἶναί φασι τῶν ὄντων τὸ πῦρ, καθάπερ Ἡράκλειτος, τούτου
δ' ἀρχὰς ὕλην καὶ θεὸν ὡς Πλάτων. ἀλλ' οὗτος ἄμφω σώματά φησιν
εἶναι καὶ τὸ ποιοῦν καὶ τὸ πάσχον, ἐκεῖνον τὸ πρῶτον ποιοῦν αἴτιον
ἀσώματον εἶναι λέγοντος. Statt der gesperrt gedruckten Worte ist zu
lesen: οὗτοι — φασιν, und zwar bezogen auf die Stoiker. οὗτος müsste
Ἡράκλειτος sein. Wenn dies auch grammatisch möglich ist, obwohl man
nicht einsieht, warum gerade Heraklit hier dem sprechenden als der wichtigere vorschweben soll, so ist es doch mit dem Sinne unvereinbar. Es
ist von zwei Principien des Heraklit gar nicht die Rede gewesen — wie es
auch nicht der Fall sein konnte, da sie bei ihm nicht vorkommen —, und
nun soll er auf einmal beide für Körper gehalten haben. Durch die leichte
Aenderung werden alle Schwierigkeiten gehoben.

[3] Stob. Ekl. I, 324: οἱ Στωικοὶ σῶμα τὴν ὕλην ἀποφαίνουσι. Simpl.
Phys. 50, a. Plot. Enn. II, 4, 1: διδόασι δὲ καὶ σῶμα αὐτῇ ἄποιον.

ἄποιος und ἄμορφος hingestellt wird, wie das ohne Verbindung mit dem formgebenden Princip nicht anders denkbar ist. Für uns wäre freilich ein eigenschaftsloser Körper so viel wie ein hölzernes Eisen; aber es geht aus dieser Verbindung bei den Stoikern nebenbei hervor, dass sie den Begriff des Körpers weiter gefasst haben. — Ist nun eins der kosmischen Principien körperlich, so wird es das andere auch sein.

Muss demnach als ganz sicher stehend angenommen werden, dass Gott oder die Weltvernunft von den Stoikern als Stoff und als Körper zu denken ist, so bleibt uns nur die Frage, welcher Art dieser Stoff ist. Wir haben in der Welt die vier Elemente, in der Regel στοιχεῖα im Gegensatz zu den ἀρχαί genannt — eine Unterscheidung, die übrigens bisweilen ganz zurücktritt[1] —, die den eigentlichen Stoff zu allen Gebilden hergeben. Zu welchem dieser vier, die nach der gewöhnlichen Ansicht die ὕλη ausmachen, gehört nun das formende Princip? Und wenn es zu einem derselben gehört, wie kann es ihnen als ein wesentlich verschiedenes entgegengesetzt werden? Ist eins von ihnen selbst das bewegende und bildende, so geht alles aus dem blossen Stoffe hervor, und die Stoiker unterscheiden sich nicht wesentlich von den ionischen Denkern; und auf der andern Seite, ist das formende Princip wesentlich verschieden von dem empfangenden, so geht wiederum der Monismus verloren, den wir oben als charakteristisch für die Stoa angaben. Es sind dies Fragen und Bedenken, über die wir uns klar werden müssen, um in das Wesen des Logos genauere Einsicht zu bekommen.

Häufig wird Gott oder der Logos bezeichnet als πνεῦμα, als Lufthauch, ebenso wie die Seele. Die letztere durch-

---

[1] S. vorige S. Anm. 2. Vgl. das lange Referat des Stobaios über die στοιχεῖα bei Chrysippos, der auch das Urfeuer στοιχεῖον nennt.

dringt den ganzen Körper und regiert ihn, der erstere wirkt in gleicher Weise überall in der Welt. Gott ist ein πνεῖμα διὰ πάντων διεληλυθὸς καὶ πάντ᾽ ἐν ἑαυτῷ περιέχον [1]). Die ganze Welt wird durch diesen in sich zusammenhängenden, ungetheilten Lufthauch geeinigt, zusammengehalten in ihrer Ordnung, und die Harmonie des ganzen und der Theile wird durch ihn hervorgebracht [2]). Durch das grösste, wie durch das kleinste ist er mit sichgleichbleibender Spannung ausgebreitet [3]). Es ist dies der τόνος in den Dingen, lateinisch *tenor*, der sogar geradezu für das formelle Princip gesetzt wird in dem anonymen Fragment bei Censorinus I, 1: *Initia rerum eadem elementa et principia dicuntur, ea Stoici credunt tenorem atque materiam.* Er ist es, der den Dingen Form und Halt giebt, und ohne ihn gäbe es nur eine unbewegliche, formlose und eigenschaftslose Masse; er ist es, der z. B. die Früchte erzeugt und die schwache Saat ebenso wie den von Kraft strotzenden Baum wachsen lässt [4]); er ist es auch, der

---

[1]) Orig. C. Cels. VI, 71. Vgl. oben 85, 3. Clem. Strom. V. 591, A: φασὶ — εἶναι τὸν θεὸν οἱ Στωικοὶ — πνεῦμα κατ᾽ οὐσίαν. Sext. Pyrrh. III, 218 S. 182. Diog. VII, 148 ist nach Antipater die οὐσία θεοῦ ἀερο- τιδής. Tertull. Apolog. 21: *Haec* (d. h. *deum, fatum, necessitatem) Cleanthes in spiritum congerit, quem permeatorem universitatis affirmat.*

[2]) Alex. Aphrod. De mixt. 142, a Mitte: ἡνῶσθαι μὲν ὑποτίθεται τὴν σύμπασαν οὐσίαν πνεύματός τινος διὰ πάσης αὐτῆς διήχοντος, ὑφ᾽ οὗ συνάγεταί τε καὶ συμμένει καὶ συμπαθές ἐστιν αὐτῷ τὸ πᾶν. (Die letzten Worte von Zeller IV, 108, 2 unzweifelhaft richtig hergestellt.) Ebd. 144, a Mitte: πνεύματι ὡς διὰ πάντων διήχοντι ἀνάπτειν τό τε εἶναι ἑκάστου καὶ τὸ σώζεσθαι καὶ συμμένειν. Cic. N. D. II, 7, 19: *Haec ita fieri omnibus inter se concinentibus mundi partibus profecto non possent, nisi ea uno divino et continuato spiritu continerentur.*

[3]) Sen. Cons. ad Helv. 8, 3: *divinus spiritus per omnia maxima ac minima aequali intentione diffusus.* Die *aequalis intentio* wird blos bedeuten sollen, dass die Spannung nirgends nachlässt, gewiss nicht, dass sie überall in gleicher Stärke vorhanden ist.

[4]) Sen. Quaest. nat. II, 6, 6. Das ganze Capitel handelt von der *intentio aeris* in ihren verschiedenen Wirkungen.

die endlosen Weltentfaltungen bewirkt und alles zum schliesslichen Verbrennungsprocess wieder hinleitet [1]).

Die Luftströmungen sind die Eigenschaften der Dinge, und die verschiedene Spannung muss jegliche Unterscheidung und Abgrenzung zwischen den einzelnen und zugleich die Einheit eines jeden hervorbringen, wie man deutlich aus einer Stelle des Chrysippos *Περὶ ἕξεων* sieht [2]). *Οὐδὲν ἄλλο τὰς ἕξεις πλὴν ἀέρας εἶναι,* sagt er, *ὑπὸ τούτων γὰρ συνέχεται* [3]) *τὰ σώματα καὶ τοῦ ποιὸν ἕκαστον εἶναι τῶν ἕξει συνεχομένων αἴτιος ὁ συνέχων ἀήρ ἐστιν, ὃν σκληρότητα μὲν ἐν σιδήρῳ, πυκνότητα δ' ἐν λίθῳ, λευκότητα δ' ἐν ἀργύρῳ καλοῦσι.* Die Stärke des Körpers besteht in nichts anderem, als dem *τόνος ἱκανὸς ἐν νεύροις,* und die der Seele in dem *τόνος ἱκανὸς ἐν τῷ κρίνειν καὶ πράττειν καὶ μή* [4]). Auch die Veränderungen in den geformten Dingen müssen durch Veränderungen der *πνεύματα* hervorgebracht werden. So entsteht

---

[1]) Stob. Ekl. 1, 372: *καὶ τοιαύτην περίοδον ἀεὶ καὶ διακόσμησιν, ποιούμενον τοῦ ἐν τῇ τῶν ὅλων οὐσίᾳ τόνον, μὴ παύεσθαι.* Durch diese Interpunction wird die Stelle wenigstens verständlich, während sie bei der bisherigen keinen Sinn ergab, und auch die von Meineke vorgeschlagenen Verbesserungen nicht genügen. Zellers Erklärung 137. 2 erscheint mir zu gewagt.

[2]) Plut. Stoic. rep. 43. 1053, F. Später 1054, A von Plutarch erläutert: *πανταχοῦ τὴν ὕλην ἀργὸν ἐξ ἑαυτῆς καὶ ἀκίνητον ὑποκεῖσθαι ταῖς ποιότησιν ἀποφαίνουσιν, τὰς δὲ ποιότητας πνεύματα οὔσας καὶ τόνους ἀερώδεις, οἷς ἂν ἐγγένωνται μέρεσι τῆς ὕλης εἰδοποιεῖν ἕκαστα καὶ σχηματίζειν.*

[3]) Das Verbum *συνέχειν* ist von den Stoikern vorzüglich oft gebraucht für das Verhältniss des formenden Princips zu dem Universum oder auch zu den einzelnen Dingen. Der *ἀήρ* ist *συνεχής* oder *continuatus;* von Seneca wird besonders hervorgehoben, dass in ihm *unitas* ist, und in Folge dessen kommt auch die Einheit und das continuierliche in das Universum und in die Einzelgebilde. Vgl. Plut. Comm. not. 49. 1085, C. Def. orac. 28. 425, E. Stoic. rep. 9. 1035, C. Kornut. N. D. II. 141. Diog. VII, 148. Cic. N. D. I, 15, 39. II, 7, 19. 11, 29. 34, 86. Xenophon braucht es schon von der Gottheit Memor. VIII, 3, 13. Cyrop. VIII, 7, 22, und ähnlich kommt es auch bei Platon vor.

[4]) Stob. Ekl. II, 110.

der Schlaf, wenn die Spannung des Wahrnehmens in dem herrschenden Theile der Seele nachlässt, und die Affecte treten ein, wenn die Luftströmungen, welche die Seele des Menschen ausmachen, wechseln [1]. Dies πνεῦμα, woraus die Seele besteht, ist übrigens nicht das gewöhnliche, welches in der ganzen Natur bildendes und erhaltendes Princip ist, sondern es ist dünner und feiner, wie wir von Chrysippos selbst erfahren [2]. Ausserdem ist es auch ein πνεῦμα ἔνθερμον und διάπυρον, oder ein πνεῦμα, das aus Feuer und Luft besteht, und Kornutos sagt geradezu, dass unsere Seelen Feuer seien [3]. Damit ist aber keineswegs gemeint, dass dieses ein von dem πνεῦμα, was sonst das Wesen der Dinge ausmacht, verschiedener Stoff sei.

Wie nämlich Gott ein Lufthauch ist, so ist er auch Feuer, das heisst die Wärme, welche das lebenerzeugende und lebenerhaltende in der ganzen Welt bildet, sehr wohl zu unterscheiden von dem gewöhnlichen Feuer, das zu unserem Gebrauche dient [4]. Alles was lebt, lebt in Folge der von ihm eingeschlossenen Wärme, und so hat dieser Wärmestoff eine Lebenskraft in sich, die sich durch die ganze Welt er-

---

[1] Diog. VII, 158: τὸν δὲ ὕπνον γίνεσθαι ἐκλυομένου τοῦ αἰσθητικοῦ τόνου περὶ τὸ ἡγεμονικόν. αἰτίας δὲ τῶν παθῶν ἀπολείπουσι τὰς περὶ τὸ πνεῦμα τροπάς. Vgl. Plut. Plac. phil. V, 23. 909, D.

[2] Plut. Stoic. rep. 41. 1052, F: τὴν ψυχὴν ἀραιότερον πνεῦμα τῆς φύσεως καὶ λεπτομερέστερον. S. andere Stellen bei Zeller, IV, 180, 3.

[3] II. 142: καὶ γὰρ αἱ ἡμέτεραι ψυχαὶ πῦρ εἰσί. Diog. VII, 157. Stob. Ekl. I, 796. Nemes. Nat. hom. 28. Plut. Plac. phil. IV, 3. 898, D. Alex. Aphr. De an. 127, b unten. Varro De l. Lat. V, 59 f.

[4] Cic. N. D. II, 15, 41. Die Worte des Kleanthes: *Atqui hic noster ignis, quem usus ritue requirit, confector est et consumptor omnium, idemque, quocumque invasit, cuncta disturbat ac dissipat. Contra ille corporeus, vitalis et salutaris omnia conservat, alit, auget, sustinet, sensumque afficit.* Vgl. ebd. 11, 30. Euseb. Praep. ev. III, 6. 102, c f.: κατὰ τοὺς Στωικοὺς τὴν πυρώδη καὶ θερμὴν οὐσίαν τὸ ἡγεμονικὸν φάσκοντας εἶναι τοῦ κόσμου — καὶ τὸν δημιουργὸν αὐτὸν οὐδ' ἕτερον τῆς τοῦ πυρὸς δυνάμεως. Kornut. N. D. XIX. 181: τὸ διαυγὲς καὶ καθαρὸν πῦρ Ζεύς ἐστι.

streckt, da ja die Welt ein lebendiges Wesen ist. Auch in
den sogenannten unorganischen Stoffen sieht man deutlich
die Wärme: Wenn Steine an einander geschlagen werden,
sprüht Feuer heraus, das Wasser gefriert erst nach Verlust
der Wärme, also muss es von vornherein diesen Stoff in sich
haben. Dasselbe wird von der kalten Luft nachzuweisen gesucht [1]). Einerseits wird also Luft als das formende Princip
angesehen, andererseits Wärme oder Feuer. Der Stoff, der
nun hier in Frage kommt, wird in der Mitte zwischen beiden
stehen, ein feuriger oder warmer Lufthauch sein, wie wir
einen solchen bei den Bestimmungen der Seele schon kennen
gelernt haben, so dass wegen dieses scheinbaren Widerspruchs
die Stoiker kein Vorwurf treffen kann.

Beide Qualitäten scheinen sich in der einen Bezeichnung
Aether zusammenzufinden, welche die Stoiker ebenfalls für
die Gottheit gebrauchen, wenn dieser auch meist als feurig
dargestellt und von Cicero „ardor“ übersetzt wird. Es ist
dies vor allem der feurige Luftkreis, der die ganze Welt
umgiebt und sich hier in seiner vollen Reinheit darstellt,
während er sonst nur in Vermischung mit andern Stoffen
vorkommt. Deshalb wird dieser Aether [2]) Gott genannt, und
es heisst · auch, hier im Himmel habe Gott seinen Sitz, hier
sei das ἡγεμονικόν der Welt, ja der Himmel selbst wird als
der herrschende Theil im Kosmos bezeichnet, ist also soviel
wie Gott. Bei Kleanthes nimmt nicht der ganze Himmel
diese Stellung ein, sondern wieder der vorzüglichste Theil
desselben, die Sonne [3]). In der ätherischen Atmosphäre, wo

---

[1]) Nach Kleanthes Cic. N. D. II, 9, 24 f.

[2]) Cic. N. D. I, 14, 36 ff. Zenon, Kleanthes und Chrysippos. Von dem
zweiten noch besonders: *ultimum et altissimum atque undique circum-
fusum et extremum omnia cingentem atque complexum ardorem, qui aether
nominetur, certissimum deum indicat.*

[3]) Diog. VII, 139: τὸν ὅλον κόσμον — ἔχειν ἡγεμονικὸν μὲν τὸν
αἰθέρα, καθά φησιν Ἀντίπατρος — Χρύσιππος δ᾽ ἐν τῷ πρώτῳ περὶ

demnach auch die reinste Vernunft sich zeigt, entstehen die
Gestirne, und diese müssen noch in höherem Grade als die
Menschen vernünftige und bewusste Wesen sein.

Offenbar haben sich die Stoiker in dieser Lehre von
dem Aether an Aristoteles angeschlossen, wie sie in den
specielleren Fragen der Physik diesem meist als ihrem
Führer folgten[1]); auch die kreisförmige Bewegung nahmen
sie, wie er, in dem Aether an. Nur gaben sie nicht zu, dass
dieser reinste Stoff noch ein von den vier Elementen wesentlich verschiedener wäre, ein fünftes, göttlicheres, wie ihn
Aristoteles bestimmt[2]).

Die Untersuchung ergiebt nun, dass von den vier Elementen die zwei leichteren und feineren, die zugleich grosse
Spannkraft haben, nämlich das Feuer und die Luft, durch
die zwei dichteren und schwereren, die keiner Spannkraft
fähig sind, durch Erde und Wasser sich ausdehnen, so dass
nichts ohne Theilnahme an ihnen bleibt, und dass sie so,
durch ihre Spannkraft, die Welt gliedern und formen und
das einzelne binden. Letztere beiden Stoffe geben demnach
das eigentliche Substrat ab, aus welchem etwas geformt wird
und machen von den beiden Principien das leidende aus,
während das bildende, die Eigenschaft, in den beiden ersteren
besteht. Am deutlichsten ausgesprochen findet sich dies bei

προνοίας καὶ Ποσειδώνιος ἐν τῷ περὶ θεῶν τὸν οὐρανὸν φασι τὸ ἡγεμονικὸν τοῦ κόσμου, Κλεάνθης δὲ τὸν ἥλιον. Ar. Did. bei Euseb. Praep.
ev. XV, 15. 818, a f. Vgl. ebd. III, 6. 102, c.

[1]) Sogar die Lehre von dem belebenden Feuer ist bei Aristoteles zu
finden. So heisst es De an. II, 4. 416, a, 12: διὸ καὶ ἐν τοῖς φυτοῖς καὶ
ἐν τοῖς ζώοις ὑπολάβοι τις ἂν τοῦτο εἶναι τὸ ἐργαζόμενον. Natürlich
haben wir das stoische Feuer direct auf Heraklit zurückzuführen.

[2]) Gen. an. II, 3. 736, b, 30. Meteor. I, 3. 339, b, 25. De coelo I, 3.
270, b, 20. Dagegen Zenon bei Cic. Acad. I, 11, 39: *De naturis autem
sie sentiebat, primum ut quatuor initiis rerum illis quintam hanc naturam,
ex qua superiores sensus et mentem effici rebantur, non adhiberet. statue-
bat enim ignem esse ipsam naturam, quae quidque gigneret et mentem atque
sensus.* Vgl. N. D. II, 24, 64.

Nemesios Nat. hom. 72: λέγουσι δὲ οἱ Στωικοὶ τῶν στοιχείων τὰ μὲν εἶναι δραστικά, τὰ δὲ παθητικά· δραστικὰ
μὲν ἀέρα καὶ πῦρ, παθητικὰ δὲ γῆν καὶ ὕδωρ, und bei
Cicero Acad. I, 7, 26: *aer et ignis movendi vim habent et
efficiendi, reliquae partes accipiendi et quasi patiendi, aquam
dico et terram*[1]), und zwar ist auch hier eine Anlehnung an
Aristoteles zu, bemerken, der wenigstens zwei der Eigenschaften, die den Elementen zu Grunde liegen, Wärme und
Kälte als wirkende bezeichnet, während ihm die beiden
andern, Feuchtigkeit und Trockenheit als leidende gelten[2].
Die beiden Principien der Stoiker durchdringen sich gegenseitig völlig, und es kommt ihnen hier ihr Satz zu Hülfe,
wonach zwei und auch mehrere Körper eine innige Verbindung aller ihrer Theile vermöge der ἀντιπαρέκτασις δι'
ὅλων eingehen können, ohne dass die Qualitäten des einzelnen irgend welche Veränderungen erlitten[3]), wie dies an
den Beispielen des Eisens und des Feuers, des Körpers und
der Seele deutlich gemacht wird. Als die eigentliche ὕλη bei
dem Formen der Welt haben wir folglich nicht alle vier
Elemente zu betrachten, sondern blos die beiden niedriger
stehenden, und wenn trotzdem bisweilen die gewöhnlichen
vier Elemente als ἄποιος οὐσία oder ὕλη genannt werden[4]),

---

[1]) Vgl. Alex. Aphrod. De mixt. 142, b, oben: καὶ τῶν στοιχείων δέ
φασι τῶν τεσσάρων τὰ δύο τό τε πῦρ καὶ τὸν ἀέρα λεπτομερῆ τε καὶ
κοῦφα καὶ εὔτονα ὄντα διὰ τῶν δύο γῆς τε καὶ ὕδατος παχυμερῶν καὶ
βαρέων καὶ ἀτόνων ὄντων διαπεφοιτηκέναι ὅλα δι' ὅλων σώζοντα τὴν
οἰκείαν φύσιν καὶ συνέχειαν αὐτά τε καὶ ἐκεῖνα. Plut. Comm. not. 49.
1085, C f.: γῆν μὲν γὰρ ἴσασι καὶ ὕδωρ οὔτε αὐτὰ συνέχειν οὔτε ἕτερα,
πνευματικῆς δὲ μετοχῇ καὶ πυρώδους δυνάμεως τὴν ἑνότητα διαφυ-
λάττειν· ἀέρα δὲ καὶ πῦρ αὐτῶν τε εἶναι δι' εὐτονίαν ἑκτατικὰ καὶ
τοῖς δυσὶν ἐκείνοις ἐγκεκραμένα τόνον παρέχειν καὶ τὸ μόνιμον καὶ
οὐσιῶδες.
[2]) Vgl. Zeller III, 335, 2 und 3.
[3]) Stob. Ekl. I, 376 f. Alex. Aphr. De mixt. 142, a f. Simpl. Phys.
123, b.
[4]) Z. B. Diog. VII, 137.

so kann dies wenigstens nicht geschehen im Gegensatz zu
dem formenden Princip, das ja dann zugleich mit darunter
begriffen ist.

Die Bewegung ist in den beiden oberen enthalten, und
in ihnen muss sie als ursprünglich gedacht werden. Denn
anderwärtsher kann sie in der stoischen Lehre nicht kommen, wie auch Chrysippos dies deutlich ausspricht bei Stobaios Ekl. I, 374: εἶναι τὸ ὂν πνεῦμα κινοῦν ἑαυτὸ πρὸς
ἑαυτὸ καὶ ἐξ αὐτοῦ, ἢ πνεῦμα ἑαυτὸ κινοῦν πρόσω καὶ
ὀπίσω [1]).

Wesentlich verschiedenen Ursprungs sind freilich die vier
Elemente nicht, da sie sich alle aus dem Urfeuer herleiten,
ein Satz, den die Stoiker von Heraklit entlehnt haben, welchem
sie bekanntlich überhaupt die Grundzüge ihrer Physik verdanken. Das ursprüngliche Feuer, ausser dem nichts besteht,
verwandelt sich in Luft, dann in Wasser, und von diesem
verdichtet sich ein Theil zu Erde, der andere bleibt Wasser,
und der dritte verdunstet wiederum zu Luft, die dann ver-
dünnt sich wieder in Feuer umwandelt[2]). Mit der Rück-
verwandlung beginnt nun die διακόσμησις, das Formen der
einzelnen Dinge, bis das Feuer alles wieder aufzehrt, um das
Weltganze von neuem in ganz derselben Weise aus sich entstehen zu lassen; eine Reihe von endlosen Processen, in denen
sich jedesmal alles bis auf das kleinste wiederholt.

Es liegt unserer Aufgabe fern, dieser Entwickelung weiter
nachzugehen, ebenso wie die Annahme von wesentlich verschiedenen Arten des Feuers ausführlich zu widerlegen. Blos
darauf kam es uns an, dass der Logos in der ὕλη nicht

---

[1]) Vgl. Cic. N. D. II, 11, 31: *praesertim, cum is ardor, qui est mundi,
non agitatus ab alio neque externo pulsu, sed per se ipse ac sua sponte
moveatur.* Aehnlich geht in jeder φύσις und jeder ψυχή der Anfang der
Bewegung von dem ἡγεμονικόν aus, Sext. Math. IX, 102 S. 575.

[2]) S. besonders Diog. VII, 136 ff. Stob. Ekl. I, 870 ff. Plut. Stoic. rep.
41. 1053, A.

etwa geistig in unserem Sinne, sondern rein materiell zu denken sei. Gewisse Aehnlichkeit haben demnach allerdings die Stoiker mit den ionischen Physiologen, besonders mit Heraklit, insofern als sie aus dem einen Urstoff alles entstehen lassen und nichts über dieser Materie kennen. Sie entfernen sich aber wiederum weit von jenem, mit der Lehre, dass bei der Entwickelung des Urstoffs zwei von einander in ihrer Qualität ganz verschiedene Principien hervorgehen, wodurch sie dem inzwischen in der Philosophie eingetretenen Fortschritte sich anschlossen. Der Vorwurf des Hylozoismus passt folglich nur halb auf sie, da der eine Theil der Materie ohne alles Leben und alle Bewegung gedacht wird.

So häufig nun die Stoiker auf der einen Seite von dem formenden Princip das körperliche und stoffliche aussagen, so geläufig ist es ihnen andererseits, diesem Princip das Denken und zwar das zweckvolle, voraussehende beizulegen und überhaupt das, was wir geistiges nennen, an ihm zu betonen. Nur ist dabei immer zu berücksichtigen, dass sie es nicht als Eigenschaft dieses Princips hinstellen, sondern dass der besprochene Stoff selbst die Vernunft, das planvolle Denken ist; denn sonst müssten sie in diesem Stoffe wieder einen andern, der diese Eigenschaft ausmacht, annehmen, und dies würde bis ins unendliche fortgehen. Deshalb ist es auch nicht ganz genau, wenn gesagt wird[1]), in dem feinsten Stoffe wohne die höchste Vernunftkraft. Es muss heissen: der feinste Stoff ist die höchste Vernunftkraft.

Abgesehen von den Beweisen und Schlüssen, die schon angeführt worden sind, aus denen sich die Vernunft im allgemeinen in der Welt ergeben, sollte, wird es von den Stoikern häufig noch auf verschiedene Weise einfach als Dogma hingestellt und angewandt, dass in dem Universum alles einen vernünftigen Gang nehme. Der Logos wird häufig vertauscht

---

[1]) Z. B. von Ueberweg, Grundriss I, 196, dritte Aufl.

mit dem νοῦς, so dass der Kosmos κατὰ νοῦν regiert wird,
wie Chrysippos in seinem Werke über die Vorsehung sagte
und Poseidonios in seinem über die Götter[1]. Dieser gehe
dann durch alle Theile, wie es bei uns mit der Seele der
Fall sei, freilich durch die einen mehr, durch die andern
weniger. So gehe er durch einiges wie eine Eigenschaft
(ἕξις), zum Beispiel durch die Knochen und Sehnen, durch
anderes wie reiner νοῦς, zum Beispiel durch das ἡγεμονικόν
in uns, weil diesem speciell keine andere Materie zu Grunde
liegt. Geradeso wie Gott Logos heisst, wird er auch νοῦς
genannt, ohne dass man irgend welche Verschiedenheit zwischen den beiden Prädicaten finden kann. Der Logos wirkt
in dem Substrate, in gleicher Weise auch der νοῦς[2], also
ist er nichts anderes als das formelle Princip. Gott ist ein
σῶμα νοερόν oder ein πνεῦμα νοερόν oder πῦρ νοερόν[3]. Besonders bezeichnend für das planvolle Denken der formenden feinen Stofftheilchen ist es, wenn er genannt wird: πῦρ
τεχνικόν, ὁδῷ βαδίζον ἐπὶ γενέσεις κόσμου, ἐμπεριειληφὸς
ἅπαντας τοὺς σπερματικοὺς λόγους, καθ᾿ οὓς ἕκαστα καθ᾿
εἱμαρμένην γίγνεται[4]. Es wird hier also von dem Feuer
gesagt, dass es als künstlerisch bildendes methodisch zu
Wege geht, eine bestimmte Richtung verfolgt. Es wird eine
zweckmässige Ordnung eingehalten, und dieses ganze Verfahren muss sich auf Ueberlegung, auf Voraussehen gründen,
wie der Künstler bei seinem Schaffen nach einem vorher ge-

---

[1] Diog. VII, 138 f.

[2] Plut. Comm. not. 48. 1085, B. Diog. VII, 135. Sen. Quaest. nat.
prolog. 14. Cic. Acad. 1, 7, 28 und mehrere Stellen in N. D. I. Epiph.
Adv. haer. 12, A: Στωικοὶ — φάσκοντες εἶναι νοῦν τὸν θεόν, ἡ παντὸς
τοῦ ὁρωμένου κίτους, οὐρανοῦ τέ φημι καὶ γῆς καὶ τῶν ἄλλων ὡς ἐν
σώματι ψυχή. Stob. Ekl. I, 60: νοῦς κόσμου πύρινος.

[3] Plut. a. a. O. Stob. Ekl. I, 58. Porphyrios πρὸς Βόηθον περὶ
ψυχῆς bei Euseb. Praep. ev. XV, 16. 818, c.

[4] Athenag. Supplic. p. Chr. C. 6. Stob. Ekl. I, 64 f. Plut. Plac. phil.
I, 7. 881. F, mit geringen und unwesentlichen Abweichungen.

machten Entwurf verfährt. Anderwärts wird als die Lehre des Chrysippos angegeben, dass das Urfeuer alles in sich wieder aufnimmt und alles in derselben Weise wie früher aus sich wieder herstellt τεταγμένως καὶ ὁδῷ, und als die des Kleanthes, dass die Weltperiode bis zu ihrem Schlusse auslaufe ὁδῷ καὶ συμφώνως[1]. Es erinnert das erstere an das Feuer des Heraklit, das sich nach Maassen entzündet und verlöscht; aber während wir bei dem Ephesier nur das objectiv vernünftige fanden, müssen wir hier schon in dem Ausdrucke ὁδῷ das subjective Denken anerkennen, ohne das nichts planmässig vor sich gehen kann.

Die obige Definition Gottes als künstlerisch bildendes Feuer, nur in der Ausführung etwas kürzer, finden wir auch als die der Natur, ohne dass dadurch ein Widerspruch entstünde[2], da Gott selbst oder die göttliche Vernunft auch die Natur bei den Stoikern ist. Es wird der Uebergang hierzu gebildet, wenn von dem λόγος τῆς φύσεως, oder dem κοινὸς τῆς φύσεως λόγος gesprochen wird, also von der Vernunft, die sich in der Natur überall documentiert oder dieselbe beherrscht. Ganz gleich mit dieser wird aber die κοινὴ φύσις von Chrysippos in seinem Werke über die Natur selbst gebraucht und hinzugesetzt, dass sie sich durch alles ausdehne und das Gesetz für alles geschehende bilde[3]. Einen Unterschied zu statuieren zwischen den beiden Ausdrücken, und

---

[1] Stob. Ekl. I, 316. 364. Vgl. Sext. Math. IX, 76 S. 569: ἀΐδιος τοίνυν ἐστὶν ἡ κινοῦσα τὴν ὕλην δύναμις καὶ τεταγμένως αὐτὴν εἰς γενέσεις καὶ μεταβολὰς ἄγουσα. ὥστε θεὸς ἂν εἴη αὕτη.

[2] Diog. VII, 156: τὴν μὲν φύσιν εἶναι πῦρ τεχνικὸν, ὁδῷ βαδίζον εἰς γένεσιν. Clem. Strom. V. 597, A. Cic. N. D. II, 22, 57: *Zeno igitur naturam ita definit, ut eam dicat ignem esse artificiosum ad gignendum progredientem via.* Vgl. ebd. 32, 81, wo die Natur bezeichnet wird als *ris particeps rationis atque ordinis, tanquam via progrediens declaransque, quid cuiusque rei causa efficiat* etc.

[3] Plut. Stoic. rep. 34, 1050, B ff.: τῆς γὰρ κοινῆς φύσεως εἰς πάντα διατεινούσης.

zwar der Art, dass ἡ κοινὴ φύσις das leidende Princip und
ὁ κοινὸς τῆς φύσεως λόγος das wirkende sein soll, wie dies
Villoison[1]) thut, verbietet die einfache Nebeneinanderstellung
der beiden Bezeichnungen und ausserdem der Umstand, dass
der ersteren geradezu Bewegung in eminentem Maasse zugeschrieben wird. Es ist also unter der φύσις nichts anderes
gedacht, als das allen gemeinsame, überall wirkende und
bildende Princip selbst, das lebendige in der Natur, nicht
etwa die äussere Erscheinung, wie sie uns entgegentritt. Denn
finden wir auch in dieser alles vernünftig gebildet und geordnet, so ist sie doch nicht selbst durchaus Vernunft, da
der unvernünftige Stoff mit darin enthalten. Demnach ist
die φύσις auch das Princip, welches das Universum regiert,
immer wieder neues bildend aus dem Stoffe des früher geformten[2]), die Kraft, von der alle Bewegung in der Welt ausgeht, und die fortwährende Veränderungen liebt. In dieser
Eigenschaft wird sie besonders häufig von M. Aurelius ἡ τοῦ
ὅλου oder ἡ τῶν ὅλων φύσις genannt, und der ewige Fluss
der Dinge kommt hier bei dem Begriff der φύσις, die von
einem zum andern eilt[3]), am deutlichsten in der stoischen
Philosophie zu Tage, während sonst dieser Process nicht so
stark hervorgehoben wird, wie bei dem Ephesier[4]). Chrysippos freilich, sich in der Sache und dem Bilde an Heraklit
anschliessend, vergleicht schon die ewige Bewegung einem
Mischtranke, der alles in der werdenden Welt immer anders

---

[1]) Theologia phys. Stoic. 440.

[2]) Kornut. N. D. VI. 147: ἡ τὸν κόσμον διοικοῦσα φύσις. M. Aur.
VII, 25: πάντα ὅσα ὁρᾶς, ὅσον οὔπω μεταβαλεῖ ἡ τὰ ὅλα διοικοῦσα
φύσις καὶ ἄλλα ἐκ τῆς οὐσίας αὐτῶν ποιήσει κτλ. Vgl. Plut. a. a. O.

[3]) Vgl. Plut. a. a. O.

[4]) Z. B. IV, 36: οὐδὲν οὕτως φιλεῖ ἡ τῶν ὅλων φύσις, ὡς τὸ τὰ
ὄντα μεταβάλλειν καὶ ποιεῖν νέα ὅμοια. VI, 9: κατὰ τὴν τῶν ὅλων
φύσιν ἕκαστα περαίνεται. VII, 75: ἡ τοῦ ὅλου φύσις ἐπὶ τὴν κοσμο-
ποιΐαν ὥρμησεν. Vgl. II, 17. Sen. Epist. 58, 22.

drehe und durch einander schüttele[1]). Auch sehen wir in dem Eilen der Erscheinungswelt zu der ἐκπύρωσις und ebenso in der Wiederumwandlung des Urfeuers in die realen Dinge das Werden ohne Rast. Gerade durch den Begriff der φύσις kommt in Gott oder den Logos die Bewegung als nothwendiges Moment hinein, ohne dass freilich von den Stoikern besonderes Gewicht darauf gelegt worden wäre. Uebrigens braucht man nicht nur aus der beiden Begriffen zugelegten gleichen Definition auf die Identität zwischen Gott oder dem Logos und der Natur zu schliessen, sie wird auch mit deutlichen Worten ausgesprochen, wenn es bei Seneca heisst De benef. IV, 7, 1: *quid enim aliud est natura quam deus et divina ratio toti mundo partibusque eius inserta?* Und auch sonst finden wir sie häufiger als eine der Bezeichnungen, mit denen die Gottheit belegt wird[2]).

Nicht minder wird Gott dem Kosmos selbst gleichgesetzt, und es ist auf diesen hiermit deutlich ausgesprochenen Pantheismus kurz einzugehen, der dadurch nicht geschmälert wird, dass spätere von ihm abwichen und Gott und Welt trennten, zum Beispiel Boethos, der ja auch in andern wesentlichen Punkten die Lehre der Schule verliess.

Die ganze Welt mit allen ihren Theilen nennen die Stoiker nach Areios Didymos Gott, und zwar nicht in dem Sinne, wie die gebildete Welt auch bei Platon ein seliger Gott heisst, sondern 'sie ist ihnen der erste und eine Gott[3]).

---

[1]) Plut. a. a. O. 1049 F. Vielleicht auch Philod. *Π. εὐσεβ.* Taf. 14, Z. 18. Der Ausspruch Heraklits Theophr. Fragm. VIII, 9.

[2]) Sen. De benef. IV, 8, 3. Quaest. nat. II, 45. Derselbe bei Lactant. Instit. II, 8, 23. Dass Diog. VII, 86 als τέλος des Menschen hingestellt wird das κατὰ λόγον ζῆν, während sonst κατὰ φύσιν ζῆν als solches feststeht, spräche noch nicht für die Identität von λόγος und φύσις, sondern es könnte blos bedeuten, dass der Logos als specifisches Merkmal der menschlichen Natur anzusehen sei.

[3]) Euseb. Praep. ev. XV, 15. 817, b. Orig. C. Cels. V, 7: σαφῶς δὴ τὸν ὅλον κόσμον λέγουσιν εἶναι θεόν, Στωικοὶ μὲν τὸν πρῶτον, οἱ δ' ἀπὸ Πλάτωνος τὸν δεύτερον.

Und wenn sie die Welt in verschiedenen Bedeutungen nehmen, entweder als Ursubstanz, die freilich schon ihre bestimmten Qualitäten zur Bildung der Welt in sich hat, oder als die Entfaltung dieser Qualitäten in der regelmässigen Ordnung, wenn Chrysippos sie fasst als System des Himmels und der Erde und alles dessen, was in beiden lebt, oder als System der Götter und der Menschen und dessen, was ihretwegen entstanden ist — in allen diesen Definitionen und auch in den andern, die sie noch von ihr aufstellen[1]), muss sie doch gleich Gott sein, da ja alles, was in der Welt ist, sich von Gott herschreibt, und dieser mit seinem Wesen in alles übergegangen ist; ja die ὕλη selbst, der passive Stoff, muss doch göttlich sein, wenn auch erst in zweitem Grade.

Zwar scheint öfter die Bezeichnung „Gott" blos angewandt zu werden auf die Ursubstanz mit ihren Qualitäten[2]), oder auf das formende Princip im Gegensatze zum empfangenden[3]), aber dann ist es den Stoikern wieder geläufig die Welt ohne allen weiteren Zusatz, die Welt wie sie besteht, Gott zu nennen, so dass an ihrem durchgeführten Pantheismus nicht ernstlich zu zweifeln ist[4]). Wenn daher der sonst dem Stoicismus zugethane Varro meint, die Welt werde nur Gott genannt nach der Seele, die in ihr sei, wie

---

[1]) Euseb. Praep. ev. a. a. O. Diog. VII, 137 ff., wo die Definition des Poseidonios, Stob. Ekl. 1, 444, wo die des Chrysippos sich findet. Uebrigens ist Verwirrung in diesen Bestimmungen zu bemerken, vielleicht auch in Folge der zum Theil verdorbenen Texte.

[2]) Areios Did. bei Euseb. a. a. O.: καὶ τὸ μὲν ἐκ τῆς πάσης οὐσίας ποιὸν κόσμον ἀΐδιον εἶναι καὶ θεόν.

[3]) Diog. VII, 134. S. oben 83. 85, 3. Sen. Epist. 65, 23: universa ex materia et ex deo constant. deus ista temperat — potentius autem est ac pretiosius, quod facit, quod est deus, quam materia patiens dei, quem in hoc mundo locum deus obtinet, hunc in homine animus.

[4]) Ausser den schon angeführten Stellen nur noch zwei: Cic. N. D. II, 13: ratio recta constansque — deo tribuenda, id est mundo. Sen. Quaest. nat. II, 45: vis illum (deum) vocare mundum, non falleris. ipse enim est hoc, quod vides totum, partibus suis inditus.

auch dem ganzen Menschen Eigenschaften zugelegt würden,
die blos seinem geistigen Theil zukämen[1]), so giebt er hiermit die Lehre seiner stoischen Meister nicht wieder. Es ist
sogar möglich, dass von Gott gesagt würde, er habe Theil
an der ὕλη, wie aus Plutarch Comm. not. 48. 1085, C hervorzugehen scheint, wenn es da heisst: ὁ θεὸς δὲ εἴπερ οὐκ
ἔστιν ἀσώματος οὐδὲ ἄϋλος, und die ganze sichtbare Welt
könnte als der Leib Gottes bezeichnet werden, wie bei den
menschlichen Organismen. Meint aber Plutarch in demselben Capitel, Gott sei nichts einfaches, sondern etwas zu-
sammengesetztes, da er zu seiner Qualität als Geist aus der
ὕλη die des Körpers hinzugenommen habe, so irrt er sich;
denn Körperlichkeit kommt Gott von vornherein zu. So viel
muss man freilich einräumen, dass, je weiter die Entwickelungen von der ursprünglichen Gottheit sich entfernen, sie
desto weniger die reine Gottheit in sich haben, wie wir dies
in allen Emanationstheorien finden. Demnach wird die blos
leidende Materie am wenigsten göttlich zu nennen sein, mehr
schon die Luft als der Gottheit wieder näher, und die volle
reine Gottheit wird nur dargestellt im Feuer und im Aether,
zumal in dem, der sich mit dem blos passiven Substrat gar
nicht vermischt. Es ist deshalb sehr erklärlich, dass in der
Regel von dem thätigen Theil in der Welt, oder von dem
ἡγεμονικόν als Gott gesprochen wird, obwohl alles göttlich, und dass dieser herrschende Theil bisweilen sogar in
den Himmel verlegt, und er selbst oder die Sonne als Gott
bezeichnet wurde[2]).

Haben wir nun auch anerkannt, dass der ungeschwächte
Pantheismus bei den Stoikern zu finden ist, so muss doch
noch gefragt werden, ob in derselben Weise von einem Panlogismus bei ihnen die Rede sein kann. Will man darunter

---

[1]) August. Civit. D. VII, 6.
[2]) S. oben 96.

blos verstehen, dass die Vernunft überall zu finden, indem sie
alles durchdringt, und jegliche Bewegung durch sie hervorgebracht wird, so haben wir schon gesehen, dass dies die Stoiker
auf das deutlichste lehren. Soll aber alles Vernunft sein, weil
alles Gott, so ist ohne Zweifel zwischen einer subjectiv thätigen
und einer objectiv zur Darstellung gebrachten Vernunft zu
scheiden. Ohne Vernunft kann auch die Materie nicht entstanden sein, da alles vor ihrem Entstehen Vernunft ist; aber
diese macht sich nicht activ geltend in ihr. Sie ist aus der
absolut thätigen Vernunft als etwas hervorgegangen, was von
diesem activen Wesen nichts mehr an sich hat, sondern blos
eine gebundene, objective Vernunft in sich fasst, und in Folge
dessen kann sie auch geradezu ἄλογος genannt werden[1]. Sie
hat ja noch keinen Logos, wie er sich sonst zeigt, keine
Qualität in sich. Die Stoiker übrigens sprechen sich hierüber nicht aus, und im Grunde ist es auch eine müssige
Frage, da ja die beiden Principien in Wirklichkeit nie von
einander getrennt sind, sondern die Activität sogleich mit
der Passivität innig verbunden, und blos begrifflich eine Sonderung vorgenommen wird.

Wie nun die active Vernunft in dem todten Stoffe wirkt,
zeigen die Stoiker deutlich durch ihren λόγος σπερματικός,
einen Begriff, der ihnen eigenthümlich ist, und in dem ihre
materialistische, aber auch zugleich ihre organische Weltanschauung deutlich zu Tage tritt.

Schon von dem einfachen σπέρμα machen sie in ihrer
Physik allgemeineren Gebrauch als die früheren Philosophen.
Sie gehen dabei auf den thierischen und pflanzlichen Samen
zurück, den Chrysippos, sich an Aristoteles anlehnend[2], in
dem zweiten Buche seiner Physik als einen Lufthauch dem
Wesen nach erklärte, was daraus deutlich sei, dass er, alt

---

[1] Plut. Comm. not. 48. 1085, B f.
[2] Vgl. Zeller III, 874, 2.

geworden, seine Kraft verliere, offenbar deshalb, weil er als Lufthauch sich verflüchtigt habe. Zenon hatte schon den menschlichen genauer dahin bestimmt, dass er von Feuchtigkeit, also leblosem Stoffe eingeschlossen, Lufthauch sei, ein losgerissenes Stück der Seele, aber alle Bestandtheile derselben fassend, in gleichem Verhältniss wie sie selbst. In dem Weibe werde nun dieser ergriffen von einem andern Lufthauche, einem Theile der weiblichen Seele, vereinige sich mit diesem und wachse, indem er fortwährend sich der feuchten Materie bemächtige und sie durch eigene Kraft ausdehne [1]). Offenbar gaben die Stoiker eine solche Erklärung des Samens schon mit Rücksicht auf ihre Ansicht von dem formenden Princip in den Dingen, das sie, wie wir gesehen, als πνεῦμα bestimmten. Kleine Samenkörner in Ritzen gefallen, sagt Seneca, wachsen so gewaltig, dass sie ungeheuere Felsen und Bauwerke zerstören. Was ist dies anderes, als die Spannung der Luft (intentio spiritus), ohne die nichts stark und kräftig sein kann? [2]) In dem Samen liegt diese Luft schon, die sich später bei der Entwickelung so ausdehnt, dass sie die Form und die Einheit grosser Gegenstände bildet. Die Gewalt des Samens vermöge der in dem πνεῦμα liegenden Spannkraft wird verschiedentlich von Seneca und Cicero in stoischer Weise geschildert [3]).

Von den Samen der organischen Wesen giengen die Stoiker weiter und sprachen von dem Samen im allgemeinen. Einfältig sei es, bemerkt M. Aurelius, blos von Samen der Thiere und Pflanzen zu sprechen, da alles seiende gewisser Maassen

---

[1]) Areios Did. bei Euseb. Praep. ev. XV, 20. 821, c f. In den letzten Worten προσλαμβάνον ἀεί εἰς τὸ ὑγρὸν καὶ αὐξάνον ἐξ ἑαυτοῦ ist das εἰς hinter ἀεί zu streichen. Vgl. zu dieser Erklärung des Zenon Diog. VII, 158: ἀνθρώπου δὲ σπέρμα — μεθ' ὑγροῦ συγκιρνᾶσθαι τοῖς τῆς ψυχῆς μέρεσι κατὰ μιγμὸν τοῦ τῶν προγόνων λόγου. — Geändert wird nichts, wenn Zenon nach Varro den Samen auch für Feuer gehalten hat.

[2]) Sen. Quaest. nat. II, 6, 5.

[3]) N. D. II, 22, 58. 32, 81. De divinat. I, 56, 128.

der Same von dem sei, das aus ihm sich entwickele[1]). Sogar von einem σπέρμα des Universums spricht er und bezeichnet dies als das Feuer, aus welchem alles entstehe, und
in welches die ganze Weltentfaltung sich wieder auflöse[2].
Meist wird allerdings das Urfeuer nicht geradezu Same genannt, sondern nur mit ihm verglichen. Es sei καθαπερεί
τι σπέρμα, τοὺς ἁπάντων ἔχον τοὺς λόγους καὶ τὰς αἰτίας
τῶν γεγονότων καὶ τῶν γιγνομένων καὶ τῶν ἐσομένων, wie
uns Aristokles sagt[3]). In ähnlicher Weise wird berichtet,
nach der Lehre des Zenon, Kleanthes und Chrysippos ver-
ändere sich die ganze Substanz in Feuer wie in Samen, und
aus diesem gehe wieder eine solche Weltentwickelung hervor,
wie die frühere gewesen sei[4]).

Dieser Vergleich ist beliebt und von den Stoikern auch
in späterer Zeit angewandt worden[5]). Die Commentatoren
trugen die Ansicht schon in die Philosophie Heraklits hinein, so
dass die εἱμαρμένη bei diesem als αἰθέριον σῶμα der Same
des ganzen Werdens und der Weltperiode sein soll[6]). Allerdings ist der Ansatz zu der Lehre schon bei dem Ephesier
zu finden, wenn gleich noch nicht in der stoischen Weise ausgesprochen. Dagegen haben die σπέρματα des Anaxagoras
mit dem σπέρμα der Welt bei den Stoikern nichts gemein, da

---

[1]) IV, 36.

[2]) Plut. Comm. not. 35. 1077, B: τοῦ τε κόσμου — τὸ πῦρ σπέρμα —
εἶναι, καὶ μετὰ τὴν ἐκπύρωσιν εἰς σπέρμα μετέβαλε τὸν κόσμον.
Pseudo-Phil., De incorrupt m. II, 505 f. ed. Mangey: φέρει δὲ οὖν, ὥς
φησι Χρύσιππος, τὸ ἀναστοιχειῶσαν τὴν διακόσμησιν εἰς αὐτὸ πῦρ
τοῦ μέλλοντος ἀποτελεῖσθαι κόσμου σπέρμα εἶναι — πρῶτον μὲν, ὅτι
καὶ ἐκ σπέρματος ἡ γένεσις καὶ εἰς σπέρμα ἡ ἀνάλυσις.

[3]) Euseb. Praep. ev. XV, 14. 817, a.

[4]) A. a. O. 18. 820, d. Stob. Ekl. I, 44, wo mit Heeren zu lesen ist
τὴν οὐσίαν μεταβάλλειν οἷον εἰς σπέρμα εἰς πῦρ statt εἰς σπέρμα τὸ
πῦρ, welches letztere sinnlos ist.

[5]) Sen. Quaest. nat. III, 29, 3. M. Aurel. IV, 36. X, 26. XII, 24, wo
mit Gataker statt στερήματος zu lesen ist σπέρματος.

[6]) S. oben 5, 1.

bei den ersteren in keiner Weise eine Entwickelung von innen heraus stattfindet, sondern die Bewegung rein mechanisch ist, oder von aussen in die Elemente gebracht wird.

Wie die stoische Anschauung allmählich aus dem engen Kreise der Philosophen in den allgemeinen Gebrauch übergieng, sehen wir bei Augustin, welcher meint, Jupiter sei deshalb *progenitor genitrixque* von Valerius Soranus genannt, weil er nach der heidnischen Lehre allen Samen aus sich herauslasse und auch wieder aufnehme, oder wenn bei *Jupiter omnium rationum dominatus* sein soll[1]).

Es ist diese ganze Theorie von der Entfaltung der Welt als einer Entwickelung des Samens der deutlichste Beweis für die organische Weltbetrachtung der Stoiker im Gegensatz zu den Epikureern, und noch mehr entfernen sie sich von diesen, indem sie zu dem Samen noch die Vernunft fügen, wie das in dem λόγος σπερματικός geschieht, der innigsten Vereinigung von organischem und logischem.

Der Uebergang zu diesem Begriff wird gebildet, wenn die σπέρματα mit den λόγοι verbunden werden[2]), oder wenn von λόγοι geredet wird, die in dem Samen enthalten sind, oder sich in diesem wieder aus ihrer Entfaltung concentrieren[3]), um sich dann von neuem zu entwickeln. Es ist da noch zweierlei nebeneinandergestellt, oder es enthält wenigstens blos eines das andere in sich, was wesentlich dasselbe ist. Seiner Natur nach ist der Same Vernunft, und der Logos, sobald er in die empfangende und leidende Materie eingeht, nichts anderes als ein Same, der sich entwickelt. In ihm ruhen die Anfänge, aus denen die einzelnen Dinge entstehen sollen, in ihm liegt der Keim zur ganzen

---

[1]) Civit. D. VII, 13, vgl. 16.
[2]) Plut. Def. orac. 29. 426, A: ἐνδιδόντα (Δία) πᾶσιν ἀρχὰς καὶ σπέρματα καὶ λόγους τῶν περαινομένων.
[3]) Stob. Ekl. I, 372. Sen. a. a. O.

Weltentfaltung, zu deren Verwirklichung es nur des Stoffes bedarf.

In der Kosmologie selbst scheint von den Stoikern dem λόγος σπερματικός eine spätere Rolle zugetheilt. Wenigstens heisst es bei Diogenes VII, 136, dass im Anfange Gott oder das Schicksal, oder Zeus, oder wie auch diese Ursubstanz genannt werde, für sich seiend, ihre ganze Wesenheit verwandelt habe durch Luft in Wasser, und wie nun bei der Zeugung der Entwickelungskeim vom Stoff umhüllt sei, so bleibe auch dieser (Gott) als der λόγος σπερματικός der Welt in der Feuchtigkeit zurück, mache sich die Materie dienstbar zu seinen Zwecken, nämlich zum Hervorbringen der folgenden Erzeugnisse, und zwar bilde er zunächst die vier Elemente[1]. Das Wasser haben wir schon als Stoff, aus dem sich die drei übrigen Urstoffe entwickeln, kennen gelernt. Es ist nach Seneca der Anfang für eine neue Welt, das Feuer der Schluss einer alten[2]. Möglicher Weise ist unter dem Wasser hier eine wässerige Flüssigkeit, wie unter der Luft, welche das Durchgangsstadium für das Feuer zum Wasser bildet, eine luftähnliche Flüssigkeit zu denken. Man muss dies aus der Stelle des Diogenes wenigstens schliessen, da erst von diesem Wasser aus zur Bildung der Elemente überhaupt geschritten wird.

In diesem Urwasser, aus dem sich alles entwickelt, macht sich der λόγος σπερματικός erst geltend und ist folglich nicht ganz gleich dem Urfeuer, in das allerdings auch er wieder zurückkehrt. Der sich bildenden groben Materie wird er

---

[1] καὶ ὥσπερ ἐν τῇ γονῇ τὸ σπέρμα περιέχεται, οὕτω καὶ τοῦτον σπερματικὸν λόγον ὄντα τοῦ κόσμου τοιόνδ' ὑπολείπεσθαι ἐν τῷ ὑγρῷ, εὐεργὸν αὑτῷ ποιοῦντα τὴν ὕλην πρὸς τὴν τῶν ἑξῆς γένεσιν, ἀλλ' ἀπογεννᾶν πρῶτον τὰ τέσσαρα στοιχεῖα κτλ.

[2] Quaest. nat. III, 13: nihil relinqui aliud in rerum natura igne restincto quam humorem; in hoc futuri mundi spem latere. ita ignis exitus mundi, humor primordium.

geradezu entgegengesetzt als das thätige, das die Dinge hervorbringt, und demnach ist er nichts anderes als der δημιουργός, als welchen wir früher Gott oder den Logos überhaupt kennen gelernt haben[1]. Gott wird er in unserer Stelle des Diogenes auch genannt, also werden wir nicht irren, wenn wir ihn geradezu als das formende Princip gegenüber dem rein passiven ansehen, nur schon mit einem bestimmten materiellen Inhalte, dem Keim zu der beginnenden Weltentfaltung. Ist die passive Materie nicht mit darin gefasst zu denken, so wird es nicht ganz zutreffend sein, wenn Ueberweg[2] sagt, der λόγος σπερματικός sei der behufs der Weltbildung von der Gottheit ausgegangene Theil. Unter diesem sind die beiden nachher entstehenden Elemente, Wasser und Erde, mit begriffen, während der Logos im allgemeinen, und auch der λόγος σπερματικός im besonderen, dieses Substrat nicht mit ausmacht.

Wie aus dem letzteren die Formen hervorgehen, so kehren sie auch in ihn, sobald der Stoff verlassen wird, zurück. Zum Beispiel bei dem Tode des menschlichen Organismus wird das gestaltende und belebende Element wieder von dem allgemeinen Logos absorbiert. Wir erfahren dies in mehreren Stellen von M. Aurelius. So heisst es IV, 21: ψυχαὶ μεταβάλλουσι καὶ χέονται καὶ ἐξάπτονται εἰς τὸν τῶν ὅλων σπερματικὸν λόγον ἀναλαμβανόμεναι, und IV, 14: ἐναφανισθῄσῃ τῷ γεννήσαντι, μᾶλλον δὲ ἀναληφθήσῃ εἰς τὸν λόγον αὐτοῦ τὸν σπερματικὸν κατὰ μεταβολήν. Es ist allerdings nicht ganz genau, von einem λόγος σπερματικός

---

[1] S. oben 83. Er heisst auch ὁ σπερματικὸς τῆς διακοσμήσεως λόγος bei Pseudo-Phil. De incorrupt. m. II, 504. Es wird daselbst gesagt: wenn nach der stoischen Lehre die Materie durch das Feuer verzehrt werde, so sei dann kein Stoff mehr für das Feuer selbst da, und dieses müsse auch erlöschen. In Folge dessen gienge auch der λόγος σπερματικός zu Grunde. Für diesen Begriff selbst wird aus der Stelle nichts gewonnen.

[2] I, 197.

τοῦ γεννήσαντος zu sprechen, da der erzeugende eben selbst
der *λόγος σπερματικός* ist; aber man wird dies nicht schlimmer finden, als wenn die Rede ist von einem *λόγος θεοῦ*[1]).
Häufiger als im Singularis begegnet uns der specifisch
stoische Begriff im Pluralis. So braucht diesen der kaiserliche Philosoph in ganz gleicher Bedeutung mit dem Singularis, indem er meint, Alexander der Makedonier und sein
Stallknecht hätten nach ihrem Tode dasselbe Schicksal gehabt, denn sie seien aufgenommen worden *εἰς τοὺς αὐτοὺς
τοῦ κόσμου σπερματικοὺς λόγους*[2]), wobei das *εἰς τοὺς αὐτοὺς* nichts anderes als die völlig gleiche Lage der beiden
bezeichnen soll.

Bisweilen stehen die *λόγοι σπερματικοί* absolut, anderwärts sind sie in dem *πῦρ τεχνικόν* enthalten, das planvoll
zur Weltentwickelung schreitet[3]), und wir werden annehmen
müssen, dass sie den vollen Inhalt desselben ausmachen. Es
entspricht dies der eben erwähnten Lehre, dass Gott als der
λόγος σπερματικός in der Urfeuchtigkeit zurückbleibe. Wenn
Gott ursprünglich und nicht abgeleiteter Natur ist, so sind
die *λόγοι σπερματικοί* es auch, obwohl sie erst, gleich dem
πῦρ τεχνικόν, bei der *διακόσμησις* ihre Kraft entfalten können.
Dem scheint die Erklärung eines Bildes in Samos durch Chrysippos zu widersprechen, wonach die *ὕλη* die *λόγοι σπερματικοί* von Gott erst empfangen hätte, folglich die letzteren
auch von Gott erst ausgegangen wären[4]. · Man wird sich

---

[1]) Plut. Stoic. rep. 34. 1050, C ff.
[2]) VI, 24.
[3]) S. oben 101: *ἐμπεριειληφὸς ἅπαντας τοὺς σπερματικοὺς λόγους*.
[4]) Orig. C. Cels. IV, 48: *ὁ Σολεὺς Χρύσιππος — παρερμηνεύει γραφὴν τὴν ἐν Σάμῳ, ἐν ᾗ ἀρρητοποιοῦσα ἡ Ἥρα τὸν Δία ἐγέγραπτο.
Λέγει γὰρ — ὅτι τοὺς σπερματικοὺς λόγους τοῦ θεοῦ ἡ ὕλη παραδεξαμένη ἔχει ἐν ἑαυτῇ εἰς κατακόσμησιν τῶν ὅλων. ὕλη γὰρ ἡ ἐν τῇ
κατὰ τὴν Σάμον γραφῇ ἡ Ἥρα καὶ ὁ θεὸς ὁ Ζεύς*. Vgl. Theophyl. ad
Autol. III. 267. Clem. Homil. V, 18, wo übrigens Argos statt Samos als
Ort angegeben wird, an dem das Bild sich befand. Diog. VII, 187, wo-

aber auf die mehr als oberflächlichen Berichte, die wir von
dieser Erklärung noch haben, nicht verlassen dürfen. Und
selbst wenn Chrysippos dies gesagt hätte, so ist es eben·nur
bei der Beschreibung eines Bildes vorgekommen, wobei die
Ausdrücke von dem mythologisierenden Philosophen nicht
genau abgewogen worden sein mögen.

Dass übrigens die σπερματιχοὶ λόγοι bisweilen auch eine
engere Bedeutung gehabt haben, nicht nur die kosmische,
sieht man aus Diogenes VII, 157, wo sie als achter Theil der
Seele genannt werden, also dasselbe ausdrücken, was sonst
blos τὸ σπερματιχόν heisst. Unter den λόγοι sind hier die
πνεύματα verstanden, welche, in dem Samen zusammengefasst, die Qualitäten des ihn absondernden Individuums
wiedergeben. Dagegen steht der Ausdruck bei Plutarch
Disput. conviv. II, 3, 3. 637, A in seinem specifisch stoischen
Sinne, wenn er erklärt wird als γόνος ἐνδεὴς γενέσεως, als
Keim, der erst das werden soll, wozu er angelegt ist [1]).

Die Entwickelung der Keimform im Stoffe findet ganz
wie die des Samens statt. Es werden Theile der leblosen
Masse ergriffen, und die bestimmte Form bis ins einzelne
und kleinste nach innerer Gesetzmässigkeit aus- und durchgebildet [2]).

nach Chrysippos eine sehr ausführliche, aber anstössige Erklärung gegeben hatte.

[1]) Wenn bei Simplikios z. Arist. Categ. P, ε, a unt. von noch früheren
λόγοι als den σπερματιχοί die Rede ist, von den τῆς ὕλης χοσμιχῆς φύ
σεως, ἐν ᾗ καὶ ἡ ψυχὴ περιλαμβάνεται, die allerdings nicht unmittelbar
den Stoikern zugeschrieben, aber doch bei Besprechung stoischer Lehren
vorkommen, so hat er den Begriff der λόγοι σπερματιχοί zu eng gefasst,
wahrscheinlich durch das Adjectivum verleitet.

[2]) Simpl. z. Arist. Categ. O, γ, b Mitte: καταβληθὲν γὰρ τὸ σπέρμα
ἀναπληροῖ τοὺς οἰκείους λόγους καὶ ἐπισπᾶται τὴν παρακειμένην ὕλην
καὶ διαμορφοῖ. Aehnlich bei Hieronymus Epist. ad Pammachium adv.
errores Joannis Hieros. II, 172 ed. Bas.: singulis seminibus ratio quaedam
a deo artifice insita — quomodo tanta arboris magnitudo, truncus, rami,
poma, folia non videntur in semine, sunt tamen in ratione seminis — in

Nach der Entstehung der Welt finden wir die *λόγοι*
σπερματικοί in dieser selbst enthalten, wie Sextus Math.
IX, 103 S. 575 sagt: *ὅτι λόγοι σπερματικοὶ λογικῶν ζώων
ἐν αὐτῷ (κόσμῳ) περιέχονται*, und sogleich darauf: *ὁ δέ γε
κόσμος περιέχει σπέρματος λόγους λογικῶν ζώων*. Ferner berichtet Kornutos N. D. XXVII. 203 von Pan, der gleich dem
Weltall ist, er sei *λαγνὸς καὶ ὀχευτὴς διὰ τὸ πλῆθος ὧνπερ
εἴληχε σπερματικῶν λόγων καὶ τῶν κατὰ σύμμιξιν ἐξ αὐτῶν
γινομένων*. Also ausser bei der anfänglichen Bildung der
Welt sind sie auch später während des ganzen Verlaufs der
Weltentwickelung zu finden. Einmal in dem Kosmos, den
sie selbst gebildet, existierend, machen sie fortwährend die
Formen der Dinge aus und geben dem einzelnen Halt, kehren
immer wieder, während die passive Materie sich stets ändert.
Um zu erklären, wie die Form in dem Wechsel der Dinge
stets bleibt, kommt den Stoikern der Begriff des Samens sehr
zu statten, als Ausscheidung der kleinsten, gestaltenden
Theilchen aus einem Organismus, als Lufthauch, der im
Stande ist, durch Vermischung mit dem gröberen Stoffe ein
gleiches Wesen hervorzubringen, wie das war, von dem er
ausgegangen ist [1]. Der *λόγος* ist dieses *σπέρμα* selbst und
setzt sich von einem Individuum in das andere über, gewisser
Maassen der Genius der Gattung, das feststehende und unvergängliche in der Flüchtigkeit der Erscheinung, das sich
ununterbrochen zur Darstellung bringt [2]), ohne dass der Be-

---

*grano frumenti est intrinsecus vel medulla vel renula, quae cum in terra
fuerit dissoluta, trahit ad se ricinas materias et in stipulam etc. consurgit.*
Man sieht hieraus, dass die Theorie von der *ratio*, die in dem sichtbaren
Samen unsichtbar enthalten sei, eine allgemeine geworden war.

[1]) Diog. VII. 158.

[2]) Vgl. Prokl. z. Plat. Parmen B. V, 135 ed. Cous.: *ἵνα δὲ μένῃ τὰ μετέ-
χοντα τῆς ἰδέας ἀεὶ καὶ μηδέποτε ἐκλείπῃ, δεῖ τινὸς ἄλλης αἰτίας —
ταύτῃ γὰρ ἐφιέμενοι πάντες τῆς αἰτίας οἱ μὲν τοὺς σπερματικοὺς λόγους εἶναι τοιούτους οἰηθέντες ἀφθάρτους αὐτοὺς ἐποίησαν, ὡς οἱ
ἀπὸ τῆς στοᾶς.*

8*

griff auf organische Wesen beschränkt bleibt, wie Schopenhauer meint[1]). Die *λόγοι σπερματικοί* arbeiten in der Natur unaufhörlich, das in ihnen angelegte zur Erfüllung zu bringen. Die Naturkraft bewegt sich nach ihnen, wie dies deutlich aus Diogenes VII, 148 hervorgeht, wo die *φύσις* erklärt wird als *ἕξις* (so viel als *ποιότης*) *ἐξ αὑτῆς κινουμένη κατὰ σπερματικοὺς λόγους ἀποτελοῦσα δὲ καὶ συνέχουσα τὰ ἐξ αὑτῆς ἐν ὡρισμένοις χρόνοις καὶ τοιαῦτα δρῶσα ἀφ᾽ οἵων ἀπεκρίθη.* In ähnlicher Weise sprechen die Stoiker davon, dass die Natur die von ihr geöffneten und gelösten *λόγοι* und *ἀριθμοί* aufblähe und ausdehne, das heisst sich entfalte[2]). Der Ausdruck *ἀριθμοί* ist dem platonisch-pythagoreischen Kreise entlehnt, in welchem die Zahlenverhältnisse das Wesen der Dinge ausmachen. Aber unter seiner Verbindung mit *λόγοι* ist nichts verstanden als die Samenformen. Es zeigen dies die beiden Verben „öffnen" und „lösen", die auf einen Samen, Keim oder eine Knospe hinweisen, während das „Aufblähen" an die materiellen *πνεύματα* erinnert. Auch sonst öfter werden die Logoi allein gebraucht im Sinne von *λόγοι σπερματικοί*. M. Aurelius[3]) stellt sie zusammen mit den erzeugenden Kräften; Kornutos sagt von dem Atlas, der für die Welt genommen wird, dass er die Dinge entstehen lasse *κατὰ τοὺς ἐμπεριεχομένους ἐν αὑτῷ λόγους* und spricht auch von *λόγοι τῆς φύσεως*[4]). Aristokles[5]) setzt sie in Verbindung mit den *αἰτίαι* des vergangenen, gegenwärtigen und zukünftigen, so dass sich aus ihnen also alles entwickeln muss.

Das innerste Wesen der Naturkraft, die fortwährend

---

[1]) Parerga u. Paralip. I, 57.
[2]) Plut. Comm. not. 35. 1077, B: *τὴν δὲ φύσιν ἐμφύσησιν οὖσαν καὶ διάχυσιν τῶν ἐπ᾽ αὑτῆς ἀνοιγομένων καὶ λυομένων λόγων καὶ ἀριθμῶν.*
[3]) IX. 1.
[4]) XXVI. 202. V. 145.
[5]) Euseb. Praep. ev. XV, 14. 817, a.

neue Individuen in den alten Formen hervorbringt, sind die
λόγοι σπερματικοί selbst, und deshalb werden sie geradezu
δυνάμεις γόνιμαι genannt oder als σπερματικὴ δύναμις und
τις omnium seminum singula proprie figurans bezeichnet [1]).
Sind die λόγοι σπερματικοί das concrete Gestalten aus
sich heraus bildende Princip, so ist es natürlich, dass sie in
enger Verbindung stehen mit der zweiten stoischen Kategorie,
dem ποιόν, oder wie sie auch genannt wird, dem ποιός (λόγος
zu ergänzen). Die stoische Kategorienlehre ist überhaupt auf
das reale gerichtet [2]), und so werden wir auch sonst Berührungspunkte zwischen den physischen Principien und den
γενικώτατα der Stoa finden. Abgesehen davon, dass das
ὑποκείμενον nach Porphyrios [3]) und Dexippos [4]), von den Stoikern in verschiedener Bedeutung gebraucht wurde, so entspricht es als oberste Kategorie, indem es dann gleich ist
der qualitätslosen Materie, der πρώτη ὕλη oder auch οὐσία,
ganz dem passiven Princip in der Physik. Damit eine ὕλη
ποιά daraus werde, also ein qualitativ bestimmter Stoff, ist
es nöthig, dass die zweite Kategorie dazu trete, geradeso wie
der Logos zu dem formlosen Stoffe hinzukommen muss, um
die διακόσμησις möglich zu machen. Wie sehr diese beiden
Kategorien die Richtung nach der Physik zu nehmen, sieht
man aus der offenbar auf die Reihenfolge derselben bezüg-
lichen Kritik des Plotin und Plutarch, die es tadeln, dass
der Stoff als das primäre erscheine, so dass Gott erst durch
die ὕλη existiere, etwas abgeleitetes und zusammengesetz-
tes sei [5]).

---

[1]) M. Aurel. IX, 1. Kornut. N. D. XXVII. 205. Sen. Epist. 90, 29.
[2]) Vgl. Trendelenburg, Gesch. d. Kategorienl. 217 ff., Prantl, Gesch.
der Logik, den Abschn. über die Stoiker.
[3]) Simpl. z. Arist. Categ. Γ, α, a.
[4]) Z. Arist. Categ. 31, 15.
[5]) Plot. Enn. VI, 1, 27: ὁ γὰρ θεὸς αὐτοῖς εὐπρεπείας ἕνεκεν ἐπεισ-
άγεται παρά τε τῆς ὕλης ἔχων τὸ εἶναι καὶ σύνθετος καὶ ὕστερος,
μᾶλλον δὲ ὕλη πως ἔχουσα. Plut. Comm. not. 48. 1085. B: καὶ μὴν οὗτοι

Summiert man nun die zweite Kategorie mit der ersten, so entsteht das κοινῶς ποιόν oder ἰδίως ποιόν, das heisst das gemeinsam oder individuell bestimmte. Als Beispiel für das erstere giebt Diogenes Babylonios ἄνθρωπος, ἵππος[1], während Porphyrios und Dexippos[2] keinen Gattungsbegriff zur Verdeutlichung anführen, sondern einen speciellen Stoff, nämlich χαλκός, und dasselbe sehen wir bei Cicero Acad. I, 6, 24 ff. Nachdem er überhaupt von den beiden stoischen Principien gesprochen und bemerkt, dass aus der Vereinigung von beiden eine Qualität entstünde, fügt er hinzu: *earum — qualitatum sunt aliae principes, aliae ex iis ortae. principes sunt unius modi et simplices. ex iis autem ortae variae sunt et quasi multiformes. itaque aer quoque, ignis et aqua et terra prima sunt, ex iis autem ortae animantium formae earumque rerum, quae gignuntur e terra.* Diese *principes qualitates* scheinen die κοινῶς ποιά zu sein, die aus ihnen entstandenen die ἰδίως ποιά. Dass dieser Unterschied zwischen dem allgemeinen Substrat und den besonderen Stoffen bei den Stoikern eine Bedeutung hatte, zeigen uns schon Zenon und Chrysippos, die nach Chalcidius mit οὐσία den allen Dingen zu Grunde liegenden Stoff bezeichnen, aber mit ὕλη den besonderen wie Erz, Gold, Eisen[3]. Es ist demnach wahrscheinlich, dass die meisten Stoiker die Gattungsbegriffe gar nicht unter die Kategorien gebracht haben, sondern von dem speciellen Stoff sogleich zum Individuum übergehen. In diesem Sinne wird auch die Bemerkung bei Syrianos zu

τὸν θεὸν — νοῦν ἐν ὕλῃ ποιοῦντες, οὐ καθαρὸν οὐδὲ ἁπλοῦν, οὐδὲ ἀσύνθετον, ἀλλ' ἐξ ἑτέρου καὶ δι' ἑτέρου ἀποφαίνουσι.

[1] Diog. a. a. O.
[2] A. a. O.
[3] Z. Plat. Tim. 288: *silvam quippe dicunt esse id quod est sub his omnibus, quae habent qualitates; essentiam vero primam rerum omnium silvam, vel antiquissimum fundamentum earum, suapte natura sine cultu et informe. Ut puta aes, aurum, ferrum et caetera huiusmodi silva est eorum, quae ex hisce fabrefiunt, non tamen essentia.* Vgl. Diog. VII, 150.

deuten sein [1]): καὶ οἱ Στωικοὶ δὲ τοὺς κοινῶς ποιοὺς πρὸ τῶν ἰδίως ποιῶν ἀποτίθενται. Denn die Gattungs- oder Art-Begriffe können die Stoiker als entschiedene Nominalisten nicht vor das individuell bestimmte gestellt haben.

Die Qualitäten liegen alle in der Grundmaterie als ihrem Substrat und können nicht ohne sie sein, aber doch nicht als Theile von ihr [2]). Zusammengefasst an bestimmten Körpern ist die Qualität die Differenz, die von der Materie factisch nicht zu trennen ist, weder durch Zeit noch durch Gewalt selbständige Gestalt gewinnen kann, sondern losgelöst in einen Gedanken ausläuft und in der realen Welt sich in individueller Begrenztheit zeigt [3]).

Die Eigenschaften sind, wie wir früher schon gesehen, Luftströmungen, folglich ganz materiell gedacht, sie sind aber fertig und geben dem Ding eine bestimmte Form. — Sobald sie gefasst werden als aus einem Keim entstehende, wachsende, abnehmende, aus dem bestimmten Stoff schwindende und in einen neuen übergehende, als sich entwickelnde und sich selbst nach ihrem innersten Wesen, nach Vernunft bewegende, sind sie die λόγοι σπερματικοί. Die ἰδία ποιότης wird immer zusammengesetzter Art sein; mehrere allgemeine

---

[1]) Z. Arist. Metaph. Schol. in Arist. 852, a, 3.

[2]) Simpl. a. a. O.: πᾶν χρῶμα καὶ πᾶν σχῆμα καὶ πᾶσα ποιότης ἐν ὑποκειμένῳ ἐστὶ τῇ πρώτῃ ὕλῃ οὐχ ὡς μέρη αὐτῆς ὄντα καὶ ἀδύνατα χωρὶς αὐτῆς εἶναι. Das οὐχ vor ὡς μέρη ist nicht mit Heine, Stoic. de fato doctr. 22 zu streichen, da sonst die Qualitäten dem Substrat als solchem wesentlich wären, wie die weisse Farbe dem Schnee, die Wärme dem Feuer — diese Eigenschaften werden weiter unten μέρη τῆς οὐσίας genannt —, sie stehen aber ἐν ὑποκειμένῳ zu dem Substrate, in demselben Verhältniss, wie die weisse Farbe zur Wolle, oder die Wärme zum Eisen.

[3]) Simpl. z. Arist. Categ. .l, γ, a: οἱ δὲ Στωικοὶ τὸ κοινὸν τῆς ποιότητος τὸ ἐπὶ τῶν σωμάτων λέγουσι διαφορὰν εἶναι οὐσίας οὐκ ἀποδιαλήπτην καθ' αὑτὴν ἀλλ' εἰς ἐννόημα (für ἓν νόημα nach Petersen, Philosophiae Chrys. fragm. etc. 85) καὶ ἰδιότητα ἀπολήγουσαν. Die οὐσία wird im stoischen Sinne als Materie zu fassen sein.

Eigenschaften sind nöthig, um etwas individuelles hervorzubringen. Deshalb giebt es Eigenschaften von Eigenschaften, indem augenscheinlich die *ἰδία ποιότης* alle übrigen zusammengefasst. Darin aber hat Plutarch Unrecht, dass er den Stoikern vorwirft, sie liessen zwei oder noch mehr *ἰδίως ποιοί* an einer und derselben *οὐσία* haften [1]). Chrysippos selbst weist dieses ausführlich zurück [2]), und Plutarch kann blos dafür anführen, dass Gott und die *πρόνοια* nach der Weltverbrennung an der Substanz des Aethers hafteten, ohne zu bedenken, dass jene beiden Begriffe sich vollständig decken.

Wenn verschiedene Eigenschaften zusammengefasst werden, so müssen wir auch annehmen, dass die verschiedenen Luftströmungen sich durchdringen und sich zu der eigenthümlich bestimmenden vereinigen [3]). Dass jede dieser Luftströmungen einen *λόγος σπερματικός* ausmacht, und also der eines Individuums auch aus verschiedenen *λόγοι σπερματικοί* zusammengesetzt gedacht werden muss, finden wir nicht bestimmt gelehrt, doch spricht dafür die oben angeführte Stelle aus dem allerdings nicht streng philosophischen Kornutos, wonach der das Universum darstellende Pan die *λόγοι σπερματικοί* in sich fasst und *τὰ κατὰ σύμμιξιν ἐξ αὐτῶν γιγνόμενα*. Sollte der Verfasser unter *σύμμιξις* die Mischung der *πνεύματα* mit dem passiven Princip verstanden haben, so wäre dies wenigstens sehr unklar ausgedrückt. Wenn auch die *κοινῶς ποιά*, sogar blos als specieller Stoff gedacht, ihre *λόγοι σπερματικοί* haben, woran nicht zu zweifeln, so

---

[1]) Plut. Comm. not. 36. 1077, D f. Die ersten Zeilen, die daselbst von den Ausgaben als Worte der Stoiker bezeichnet werden, geben nur eine von Plutarch gezogene Folgerung.

[2]) Pseudo-Phil. De incorrupt. m. II, 501 f.

[3]) Simpl. z. Arist. Categ. N, 9, b Mitte: *καὶ οἱ Στωικοὶ δὲ ποιότητας ποιοτήτων ποιοῦσιν*. Hierher gehört auch die Bemerkung des Syrianos z. Arist. Metaph. Schol. in Arist. 881, a, 11: *οἳ (οἱ Στωικοί) καὶ τοῖς ἐνύλοις ὄγκοις χωρεῖν δι' ἀλλήλων οὐκ ἀπέγνωσαν.*

muss eine gegenseitige Durchdringung der Keime und Formen bis zur Bildung einer individuell bestimmenden stattfinden. Nur ist uns über das Wie derselben nichts überliefert. Können deshalb auch verschiedene λόγοι σπερματικοί an einer οὐσία haften, obgleich natürlich nur ein eigenthümlich formender, der die andern alle vereint, so kann umgekehrt ein solcher doch nicht in mehreren οὐσίαι thätig sein, und keiner gleicht dem andern völlig, wie von den Stoikern gelehrt wurde, es komme nie ein und dieselbe Qualität an zwei οὐσίαι vor, und alle Einzeldinge seien von einander verschieden; kein Blatt, kein lebendes Wesen stimme ganz mit seines gleichen überein [1].

Die Verwandtschaft zwischen Physik und Kategorienlehre ist deutlich. Die ersten zwei Kategorien decken sich beinahe mit den beiden Principien. Anders verhält es sich mit den zwei übrigbleibenden. Das πῶς ἔχον, so weit und unbestimmt es auch gefasst ist, muss man im Grunde aus der eigenthümlichen Differenz herleiten, besonders wenn man an die logische Entwickelung der Keimeigenschaft denkt. Es kann demnach keine selbständige Existenz haben und wird von der Körperlichkeit ausgeschlossen sein, wie uns dies auch überliefert ist [2]. Es kann folglich auch als Modification des λόγος σπερματικός angesehen werden, insofern es von der Eigenthümlichkeit desselben abhängt. Als selbständige Kategorie gedacht, ist es aber ein blosses λεκτόν, eines von den unkörperlichen Dingen. Noch entschiedener ist dies der Fall bei dem πρός

---

[1] Plut. Comm. not. 36. 1077, C. Sen. Epist 113, 16. Denselben Gedanken hat Leibnitz in seinem *principium identitatis indiscernibilium* von neuem aufgestellt und angewandt. S. Wyttenbach, Annot. ad Bakii librum de Posidonio 266.

[2] Simpl. z. Arist. Categ. Θ, 9, a unt. und b oben: ὁ δὲ τὴν στάσιν καὶ τὴν κάθισιν μὴ προσποιούμενος ἔοικε στωικῇ τινι συνηθείᾳ συνέπεσθαι, οὐδὲν ἄλλο ἢ τὸ ὑποκείμενον εἶναι νομίζων, τὰς δὲ περὶ αὐτὸ διαφορὰς ἀνυποστάτους ἡγούμενος· καὶ πῶς ἔχοντα αὐτὰ ἀποκαλῶν ὡς ἐν τοῖς ὑποκειμένοις ἔχοντα αὐτὸ τοῦτο τὸ πῶς ἔχειν.

τι πώς ἔχον, das wohl zu trennen ist von dem einfachen
πρός τι, welches letztere in der eigenthümlichen Differenz
noch liegt. Da diese vierte Kategorie von ihr ganz getrennt
sein soll[1]) und demnach blos abhängt von äusseren Verhältnissen, hat sie zu dem λόγος σπερματικός gar keine Beziehung.

Giebt es, wie wir gesehen, unendlich viele λόγοι σπερματικοί, so werden diese zusammengehalten und geeinigt,
damit die Weltharmonie zur Wirklichkeit werde, durch die
eine Vernunft, welche das Band des ganzen Weltalls ist, und
sofern diese materiell gedacht wird, als unendlich viele πνεύματα fassend, welche in ihrer Entwickelung die Welt formen,
ist sie eben der einheitliche λόγος σπερματικός. Ein schöner
Begriff, voll reichen und tiefen Inhalts, in welchem die ganze
stoische Physik mit ihrer absoluten Vernunft, ihrer immanenten Zweckmässigkeit, aber auch ihrem durchgeführten
Materialismus eingeschlossen liegt.

Leider sind uns nur spärliche Notizen über ihn erhalten.
Trotzdem ist es möglich gewesen, uns ziemlich vollständige
Kenntniss von ihm zu verschaffen. Einige Punkte unter-
geordneter Art bleiben unklar. So das Verhältniss der
λόγοι σπερματικοί zu den κοινῶς ποιά. Ferner die Art und
Weise, wie sich neue unorganische Dinge entwickeln, da auf
sie der Begriff des Samens nicht angewandt werden kann.

Einige Stellen[2]) sind uns vorgekommen, in denen es heisst,
dass die Welt κατὰ τοὺς λόγους σπερματικούς gebildet werde.
Man könnte daraus schliessen, dass die λόγοι σπερματικοί
gleich oder wenigstens ähnlich wären den platonischen Ideen,
und Stein[3]) meint auch, dieser Begriff sei nichts anderes als
„die Uebersetzung der platonischen Idee in die Sprache des

---

[1]) Ebd. η, b Mitte: οἱ Στωικοὶ νομίζουσι πάσης τῆς κατὰ διαφορὰν
ἰδιότητος ἀπηλλάχθαι τὰ πρός τι πῶς ἔχοντα.
[2]) S. oben 101. 116.
[3]) Gesch. des Platonismus II, 222 f.

stoischen Princips." Will man dies auch zugeben, so ist damit doch sehr wenig gewonnen; denn die Ausgangspunkte der beiden Schulen sind sich vollkommen entgegengesetzt. Dort die Ideen das allein wirkliche, hier allein das körperliche[1]; dort alles auf das allgemeine gerichtet, hier alles auf das einzelne; dort das transcendente weitaus das erste, hier nichts über der Welt. So kam es, dass die platonische Ideenlehre von Zenon und seinen Anhängern hart bestritten wurde[2]. Sie sahen als ächte Schüler des Antisthenes das Pferd aber nicht die ἱππότης, und die platonischen Ideen waren für sie blos ἐννοήματα, Gedanken, denen keine Wirklichkeit zukommt. Der λόγος σπερματικός hat aber volle Wirklichkeit und läuft stets in das individuelle aus, ganz im Gegensatz zu den Ideen. Und wenn auch durch ihn das bleibende, das heisst das Fortleben der Geschlechter und Arten hervorgebracht wird, er also in gewisser Beziehung den platonischen Ideen entspricht, so sind die vielen gleichen Entwickelungen, die aus einander hervorgehen, schon von vornherein materiell in den ersten Samenkeimen angelegt, und das gleichbleibende selbst ist in der fortwährenden neuen Erzeugung gewisser Maassen in Bewegung und Entwickelung gesetzt, so dass sich die Aehnlichkeit mit den Ideen auf ein Minimum reduciert. Dass die λόγοι σπερματικοί als Vorbilder dienen, braucht nicht besonders widerlegt zu werden, da durch ihre ganze organische Entfaltung dies von vornherein ausgeschlossen ist, und das κατὰ λόγους σπερματικούς findet leicht eine andere Erklärung. — Die Stoiker haben es übrigens ausdrücklich hervorgehoben, dass dieser ihr Begriff jedes Vorbild unnöthig mache[3].

---

[1] Syr. z. Arist. Metaph. Schol. in Arist. 892, a, 1 ff.: τῶν καθ' ἕκαστα — εἴ τε καὶ μόνα εἶναι λέγοι, ὡς οἱ Στωικοί φασιν.

[2] Am deutlichsten bei Stob. Ekl. I, 332. Vgl. Diog. VII, 61. Plut. Plac. phil. I, 10. 882, E. Syr. a. a. O. 892, a, 14 ff.

[3] Chalcid. a. a. O. 292: *Non enim opus ullo exemplo fuisse, quando*

Schon von Proklos[1]) wurden die λόγοι σπερματικοί mit
den platonischen Ideen zusammengestellt, aber zugleich die
Grundverschiedenheit zwischen den beiden Begriffen hervorgehoben. Proklos meint, damit die Dinge der Erscheinungswelt nie aufhörten, bedürfe es einer andern Ursache, die
nicht in ihnen, sondern vor den bewegten Dingen unbewegt
sei. Zu diesem Zwecke hätten die Stoiker die unvergänglichen λόγοι σπερματικοί gefunden, die Peripatetiker die
ἀκίνητα ὀρεκτά, und Platon die Ideen; die Stoiker hätten
aber ihren Zweck verfehlt. Denn die λόγοι σπερματικοί könnten
die Erscheinungswelt nicht erhalten, da sie selbst, von der
Materie nie getrennt, nicht im Stande seien, sich zusammen-
zuhalten. Auch könnten sie die Dinge nicht zu ihrer Vollendung bringen, da sie selbst unvollendet seien, stets nur in
der Entwickelung begriffen[2]). — Man sieht aus dem Vergleich
mit dem platonischen und aristotelischen Begriff, wie die
λόγοι σπερματικοί den Mittelpunkt in der stoischen Physik
bildeten. Der Gegensatz zu den platonischen Ideen ist richtig
angegeben, aber die fortwährende Entwickelung, die mit den
λόγοι σπερματικοί gesetzt ist und das bleibende hervorbringt,
nicht berücksichtigt.

Viel mehr Verwandtschaft als mit den platonischen Ideen
haben die λόγοι σπερματικοί mit den aristotelischen λόγοι

---

seminum ratio incurrens aliquam concipientem comprehendentemque naturam totum mundum quaeque in eo sunt, enixa sit.

[1]) Z. Plat. Parmen. V, 135. S. oben 115, 2.

[2]) οὔτε γὰρ οἱ σπερματικοὶ λόγοι σώζειν ἦσαν ἱκανοὶ τὰ γιγνόμενα,
πρὸς ἑαυτοὺς οὐ δυνάμενοι συννεύειν καὶ ἑαυτοὺς συνέχειν, οὐδ' ὅλως
τελειοῖν· ἀλλ' ἀτελεῖς ὄντες· δυνάμει γάρ εἰσι καὶ ἐν ὑποκειμένῳ.
Das ἀλλ' ἀτελεῖς ὄντες muss den Grund angeben für οὐδ' ὅλως τελειοῦν.
Da ἀλλά in dieser Verbindung keinen Sinn giebt, liest man am besten
αὐτοί dafür. Durch das erste Glied des letzten Sätzchens wird angegeben,
inwiefern die λόγοι σπερματικοί unvollendet sind, durch das andere,
warum sie sich selbst nicht zusammenhalten können. Ebd. IV. 152 werden
die λ. σπ. im Gegensatz zu den Ideen noch ἄμοιροι γνώσεως genannt, dies
aber mit Unrecht.

ἔνυλοι, die wir De an. I, 1. 403, a, 25 finden, und die von Philoponos[1]) erklärt werden als εἴδη ἐν ὕλῃ τὸ εἶναι ἔχοντα καὶ οὐ χωριστά. Es ist hier wenigstens die Gebundenheit an den Stoff deutlich ausgedrückt, wenn auch der ganze Begriff des Samens fehlt, in welchem die organische Entwickelung und die immanente eigene Kraft liegt. Die λόγοι ἔνυλοι entsprechen mehr der zweiten Kategorie, der reinen Qualität ohne selbständige Kraft, und für diese stehen sie auch geradezu bei Plotin[2]).

Ist in der Welt von vornherein der Same zu allen Entwickelungen gelegt, der sich nach eigenem Gesetze entfaltet und kein äusseres Hinderniss findet, so versteht es sich von selbst und bedürfte keines besonderen Beweises, obschon die Stoiker sich abmühen, auf verschiedenem Wege davon zu überzeugen, dass der ganze Verlauf der Welt nach einer inneren und absoluten Nothwendigkeit vor sich geht, von der ersten Entfaltung des Samens bis zu dem Wiederaufgehen der Dinge in den Samen, worauf von neuem, wie bekannt, dieselbe Ordnung der Dinge in ganz derselben Weise beginnt. Es waltet die εἱμαρμένη in der Welt. Darunter verstanden die Stoiker die strenge Verknüpfung von Ursache und Wirkung[3]), so dass nichts ohne erstere geschieht[4]), ein Satz, den sie zwar nicht gefunden[5]), aber doch zuerst in solcher

---

[1]) Z. Arist. De an. B, 4, b.

[2]) Enn. VI, 1, 29: εἰ δὲ τὰ ποιὰ ὕλην ποιὰν λέγοιεν, πρῶτον μὲν οἱ λόγοι αὐτοῖς ἔνυλοι, ἀλλ' οὐκ ἐν ὕλῃ γενόμενοι.

[3]) S. besonders die Definition der εἱμαρμένη aus dem Werke des Chrysippos über die Vorsehung bei Gellius VI, 2, 3: φυσική τις σύνταξις τῶν ὅλων ἐξ ἀϊδίου τῶν ἑτέρων τοῖς ἑτέροις ἐπακολουθούντων κτλ. Boeth. z. Cic. Top. V. 153, 2, a, ed. Ven.: *fatum dicunt esse praecedentium causarum subsequentiumque rerum perplexionem quandam et catenae more continentiam.* Alex. Aphrod. De fato C. 22.

[4]) Alex. Aphr. ebd.: μηδὲν ἀναιτίως μήτε εἶναι μήτε γίνεσθαι τῶν ἐν τῷ κόσμῳ. Vgl. C. 24. Chrysippos bei Plut. Stoic. rep. 23. 1045, C: τὸ γὰρ ἀναίτιον ὅλως ἀνύπαρκτον εἶναι καὶ τὸ αὐτόματον. Cic. De fato 18, 41.

[5]) Er ist auf Demokrit zurückzuführen. Vgl. oben S. 58 f.

Bestimmtheit ausgesprochen haben. Die Wirkung ist nun zugleich wieder eine Ursache; so reiht eines sich an das andere an, und der Name der εἱμαρμένη wird von Chrysippos, der solche Etymologien liebte, hierauf gedeutet, wenn er und wahrscheinlich auch die andern Stoiker sie erklären als αἰτία τῶν ὄντων εἱρομένη, oder was beinahe dasselbe, εἱρμὸς αἰτιῶν, τουτέστι τάξις καὶ ἐπισύνδεσις ἀπαράβατος[1]).

Das Gesetz der Causalität hat unbedingte Geltung. Von vornherein ist aber die Anlage der Dinge vernünftig und beherrscht vom Gedanken, ebenso die Entwickelung im einzelnen, also muss diese Verkettung von Ursache und Wirkung in ihrer ganzen Reihe auch Theil haben an der Vernunft, das heisst das Verhängniss kann nicht für ein blindes gelten, sondern muss in dem vernünftigen Gedanken begründet sein. Und nicht nur dies sagen die Stoiker, sondern sie nennen das Verhängniss auch, und zwar blos consequent in ihrer Lehre, selbst die Weltvernunft. Chrysippos sagt, die εἱμαρμένη sei der λόγος Διός, oder ὁ τοῦ κόσμου λόγος, oder τῶν ἐν τῷ κόσμῳ προνοίᾳ διοικουμένων ὁ λόγος, καθ᾽ ὃν τὰ μὲν γεγονότα γέγονε, τὰ δὲ γιγνόμενα γίγνεται, τὰ δὲ γενησόμενα γενήσεται[2]), so dass sie völlig mit dem allgemeinen

---

[1]) Diogenianos bei Euseb. Praep. ev. VI, 8. 263, c. Diog. VII, 149. Plut. Plac. phil. I, 28. 885, B. Aehnlich Nemes. Nat. hom. 143: εἱρμὸς αἰτιῶν ἀπαράβατος; und τάξις καὶ ἐπισύνδεσις ἀπαράλλακτος. Zeus wird nach Areios Didymos Euseb. Praep. ev. XV, 15. 818, a εἱμαρμένη genannt, καθ᾽ ὅσον εἱρομένῳ λόγῳ πάντα διοικεῖ ἀπαραβάτως, und auch Plutarch schliesst sich De fato 4. 570, b, einer Schrift, in der überhaupt viel stoisches vorkommt, dieser Etymologie an. Vgl. Cic. De divinat. I, 55, 125, wo sie erklärt wird als ordo seriesque causarum, cum causa causae nexu rem ex se gignat.

[2]) Plut. Stoic. rep. 47. 1056, C. Stob. Ekl. I, 180. Vgl. Diog. a. a. O.: λόγος, καθ᾽ ὃν ὁ κόσμος διεξάγεται. Alex. Aphrod. De fato C. 22: τὴν δὲ εἱμαρμένην αὐτὴν καὶ τὴν φύσιν καὶ τὸν λόγον, καθ᾽ ὃν διοικεῖται τὸ πᾶν, θεὸν εἶναί φασι. Stob. Ekl. I, 322, wo es allerdings heisst, dass blos einige den λόγος des Alls εἱμαρμένη genannt hätten. Plut. a. a. O. 34. 1050, B heisst die εἱμαρμένη κοινὴ φύσις und κοινὸς τῆς φύσεως λόγος.

λόγος identificiert ist. Auch die materielle Seite hebt Chrysippos an der είμαρμένη hervor, indem er sie δύναμις :πιε-
ματική nennt [1]).

Setzt Poseidonios sie einmal als das dritte von Zeus aus,
während das zweite die Natur sein soll [2]), so ist unter diesen
drei Vorstellungen doch nur dasselbe Wesen nach drei Seiten
hin betrachtet, vielleicht bei der ausgesprochenen Vorliebe
des Poseidonios für Platon mit Rücksicht auf einen, wenigstens später in dessen Schriften hineingelegten, Unterschied
zwischen dem höchsten Gott, der Vorsehung und dem Fatum [3]).

Rein physisch betrachtet als Verkettung von Ursachen
und Wirkungen heisst der Logos είμαρμένη. Tritt der Zweckbegriff mehr in den Vordergrund, und macht sich das religiöse
Bedürfniss geltend, so ist er die πρόνοια [4]), der sich der
Mensch auf das rückhaltloseste hingeben kann, da der ganze
Kosmos auf sein Wohl berechnet und gerichtet ist. Das absolut nothwendige wird so zugleich das absolut zweckmässige,
und beides ist verbunden in dem absolut logischen. Es gab
in der Stoa selbst einige Hauptvertreter der Schule, die von
einem wahren und tiefen religiösen Gefühl belebt waren,
und deren Aussprüche einer rein theistischen Anschauung
sich nähern; so unter den alten Kleanthes, unter den neueren
Epiktetos. Diese mochten aus tieferem Interesse die Seite
der Vorsehung an dem allgemeinen Logos vor allem ins
Auge fassen. Ausserdem wurde durch diese Drehung des
Begriffs, die auf berechnende göttliche Fürsorge für den

Stob. Ekl. I, 178 δύναμις κινητική τῆς ὕλης κατὰ ταῦτὰ καὶ ὡσαὑτως.
Tertull. Apolog. 21. Lactant. Instit. IV, 9. Chalcid. z. Plat. Tim. 291: ratio,
in qua sit fixum, quo quid tempore tam nascatur quam occidat.

[1]) Stob. Ekl. I, 180.
[2]) Stob. Ekl. I, 178.
[3]) Chalc. z. Plat. Tim. 174 ff. 186, vgl. 141.
[4]) Stob. Ekl. I, 178. Vgl. Theodor. Affect. cur. IV, 851. Pseudo-Phil.
De incorrupt. m. II, 501, wo die πρόνοια genannt wird εὐχὴ τοῦ κόσμου.

einzelnen hinauslief, der populär-religiösen Anschauung mehr
Genüge geleistet, als durch die physischen Speculationen,
und wir wissen ja, dass die Stoiker sich mit den üblichen
und gemeinen Ansichten auszugleichen suchten. Demnach
schrieb Chrysippos mehrere Bücher über die Vorsehung und
handelt auch sonst von ihr[1].

Alle Seiten des Logos wurden hervorgehoben. ˙ In der
εἱμαρμένη, als dem unverbrüchlichen Causalnexus, lag die
Nothwendigkeit, der Zwang, noch nicht genug. Demnach
wurde es ausdrücklich bemerkt, dass für Logos auch ἀνάγκη
stehen könne, so wie noch viele andere Bezeichnungen[2].
Dass die εἱμαρμένη mit der ἀνάγκη wesenseins sei, finden
wir bezeugt[3]. Chrysippos macht keinen Unterschied zwischen
den beiden Begriffen, wie Philodemos und Theodoretos ausdrücklich berichten[4]. Ferner werden der εἱμαρμένη Prädicate beigelegt, welche den Zwang deutlich genug bezeugen.
Sie wird von Chrysippos selbst ἀνίκητος, ἀκώλυτος, ἄτρεπτος,
ἀνεκβίαστος καὶ περιγενητικὴ ἁπάντων genannt[5], Ausdrücke
die kaum stärker gewählt sein könnten. Hierin liegt nichts

---

[1] Chalcid. z. Plat. Tim. 142: *fieri, ut quae secundum fatum sunt,
etiam ex providentia sint. eodemque modo, quae secundum providentiam,
ex fato, ut putat Chrysippus.* Wenn es darauf heisst *alii vero, quae quidem ex providentiae auctoritate, fataliter quoque provenire, nec tamen
quae fataliter, ex providentia, ut Cleanthes* — eine Nachricht, die man bei
der Bestimmtheit des Namens kaum anfechten kann —, so ist dies so zu
verstehen, dass die Vorstellung der *providentia* als des berechnenden
Willens Gottes zugleich die des Fatums, als der Reihe von Ursachen, in
sich schliesst, aber nicht umgekehrt.

[2] Stob. Ekl. I, 180 von Chrysippos: μεταλαμβάνει δὲ ἀντὶ τοῦ λόγου τὴν ἀλήθειαν, τὴν αἰτίαν, τὴν φύσιν, τὴν ἀνάγκην προστιθεὶς καὶ
ἑτέρας ὀνομασίας, ὡς ἐπὶ τῆς αὐτῆς οὐσίας τασσομένας καθ' ἑτέρας
καὶ ἑτέρας ἐπιβολάς.

[3] Ebd. 176: οἱ Στωικοὶ μὴ διαφέρειν τοῦ εἱμαρμένου τὸ κατη-
ναγκασμένον.

[4] Philod. Π. εὐσεβ. Taf. 12 Z. 1 f. Theodor. Affect. cur. IV, 871.

[5] Plut. Stoic. rep. 45 f. 1055, E ff.

blindes, unvernünftiges, wie man aus Kornutos sieht, der den
Herakles den Logos im All nennt, in Folge dessen die Natur
Kraft und Gewalt habe, unbesiegbar und unüberwindlich sei[1].

Dennoch berichtet der Compilator der Placita philoso-
phorum, ein allerdings nicht sicherer Gewährsmann, die
Stoiker hätten einen Unterschied zwischen der εἱμαρμένη
und der ἀνάγκη angenommen, und zwar der Art, dass letztere
eine zwingende und unüberwindbare Ursache wäre, erstere
dagegen eine geordnete Verkettung von Ursachen, in welche
auch das, was in unserer Macht stände, mit aufgenommen
wäre, so dass einiges von dieser abhängig sei, anderes nicht[2].
Gegenüber den oben angeführten Zeugnissen wird aber diese
Nachricht so zu verstehen sein, dass die verschiedenen Seiten
an dem Logos hervorgehoben werden, das eine Mal die Verkettung der Ursachen, das andere Mal die Unvermeidlichkeit,
ohne dass eine Wesensverschiedenheit stattfände. In den
letzten Worten würde dann freilich eine grosse Ungenauigkeit liegen, die wahrscheinlich auf einer selbständigen Folgerung des in die einzelnen Systeme nicht tief eingeweihten
Verfassers beruht. Wenn Chrysippos, um der *necessitas* zu
entgehen[3]), zwischen verschiedenen Ursachen unterscheidet,
so kann er unter jener nur den ohne Zusammenhang der Ursachen eintretenden unlogischen Zwang verstanden haben,
wie von der gewöhnlichen Meinung die *necessitas* gefasst
wurde, und wenn er anderwärts sagt, dass der Welt viel
Zwang (ἀνάγκη) beigemischt sei[4]), so hat er eben die unüberwindliche Logik darunter verstanden. Die ἀνάγκη überhaupt
philosophisch anzuwenden, mögen die Stoiker vermocht worden sein dadurch, dass sie den Begriff als allgemein üblich

---

[1]) XXXI. 221: Ἡρακλῆς δέ ἐστιν ὁ ἐν τοῖς ὅλοις λόγος, καθ' ὃν ἡ
φύσις ἰσχυρὰ καὶ κραταιά ἐστιν, ἀνίκητος καὶ ἀπεριγένητος οὖσα.

[2]) I, 27. 885, A: ὥστε τὰ μὲν εἱμάρθαι, τα δὲ ἀνειμάρθαι.

[3]) Cic. De fato 18, 41.

[4]) Plut. Stoic. rep. 37. 1051, C.

vorfanden und sich von der Volksmeinung nicht losmachen
wollten.

Ob neben dieser Nothwendigkeit die älteren Stoiker auch
die Freiheit als Moment in dem thätigen Princip der Welt
annahmen, darüber finden wir keine Nachrichten. Das Problem
mochte noch nicht in ihren Gedankenkreis getreten sein.
Dagegen wird von Seneca ausdrücklich hervorgehoben, dass
Gott frei sei, indem nur das von ihm selbst gegebene Gesetz
ihn zwinge[1]). Denkt man aber an das allgemein gültige Gesetz der Causalität, so kann von einer ernstlichen Behauptung
dessen, was wir Freiheit nennen, in Gott nicht die Rede sein.
Das innerste Wesen des Weltprincips zwingt dieses, sich in
bestimmter, vernünftiger Weise zu entwickeln. Wie aber das
Weltprincip dieses Wesen sich selbst gegeben haben soll, ist
nicht abzusehen. Der Same ist vorhanden in einer bestimmten
Qualität; was in ihm angelegt ist, muss zur Entfaltung kommen, und es fliessen hier die Umwandlungen des materiell
gedachten Urgrundes mit der absoluten Logik, die nicht frei
sein kann, in eins zusammen.

Gerade so wenig, wie der Freiheit in Gott, konnte dem
Zufall in der stoischen Physik eine Stelle eingeräumt werden. Trotzdem finden wir diesen bei den Stoikern — wahrscheinlich, um die Anschauungen der Menge in ihre Philosophie
aufzunehmen —, freilich nur für den menschlichen Verstand.
Sie sprachen dann von ihm, wenn die Ursachen für die
menschliche Erkenntniss nicht zu ergründen waren[2]), so dass

---

[1]) Sen. De provid. 5, 8: *ille ipse omnium conditor et rector scripsit
quidem fata, sed sequitur. semper paret, semel iussit.* Quaest. nat. prol. 3:
nec ob hoc minus liber et potens est: ipse enim est necessitas sua. Vgl. zu
dieser Frage Trendelenburg, Nothwendigkeit u. Freibeit in d. gr. Ph. Hist.
Beitr. z. Phil. II, 134.

[2]) Simpl. Phys. 74, b unten, wo sie θεῖόν τι καὶ δαιμόνιον genannt
wird. Dies ist zu erklären aus dem folgenden τὴν ἀνθρωπίνην γνῶσιν
ὑπερβαῖνον. Als göttliches Wesen wie die εἱμαρμένη u. a. können sie die
τύχη nicht angesehen haben. Vgl. auch M. Aurel. II, 3. Alex. Aphrod.

nichts ausgenommen wurde von dem eisernen Causalitäts-
gesetze. Die τύχη konnte keine Realität haben und noch
viel weniger identisch mit dem Logos sein, da sie ja eben
unlogisch, wenn auch nur im subjectiven Sinne war.

Gäbe es nach Ansicht der Stoiker eine ἀνάγκη ohne
Logos, eine τύχη ohne Logos, mit denen die Gottheit, die ja
durch und durch Vernunft ist, nichts zu thun haben könnte,
so brauchte von den Stoikern nicht eine besondere Ver-
theidigung der Gottheit versucht zu werden wegen des in
der Welt zu Tage tretenden bösen; denn dann wäre sie dafür
nicht verantwortlich. Aber, weil im Gegentheil Gott oder die
Vernunft durch alles dringt und überall in den Erscheinungen
zu finden ist, kann das physische und moralische Uebel, das
nun einmal als factisch in der Welt bestehend nicht wegzu-
leugnen ist, also das scheinbar zweckwidrige und unlogische,
auch nicht von der göttlichen Vernunft abgesondert werden
und bedarf für den denkenden Menschen einer besonderen
Erklärung, die in eine Rechtfertigung des höchsten Princips
auslaufen wird. Denn dass dieses nicht die Ursache von wirklich schlechtem sein kann, versteht sich von selbst[1]. Deshalb
haben die Stoiker zuerst in der Geschichte der Philosophie
es ernstlich nehmen müssen mit einer Theodicee. Ohne eine
solche wäre ihre ganze Lehre von dem allwaltenden Logos
preisgegeben worden.

In dieser Beziehung machen sie, und unter ihnen na-

De fato C. 8 S. 24 ed. Orelli: die τύχη und das αὐτόματον erklärt als αἰτία
ἄδηλος ἀνθρωπίνῳ λογισμῷ. Plut. Plac. phil. I, 29. 885, C. Boeth. z.
Arist. De interpret. ed. sec. 83, 1, b: *Stoici — id quod ex casu fit, non
secundum ipsius naturam fortunae sed secundum nostram ignorantiam
mentiuntur: id enim casu fieri putant, quod cum necessitate sit, tamen ab
hominibus ignoretur.*

[1] M. Aur. VI, 1: ὁ δὲ ταύτην (τὴν τῶν ὅλων οὐσίαν) διοικῶν λόγος
οὐδεμίαν ἐν ἑαυτῷ αἰτίαν ἔχει τοῦ κακοποιεῖν· κακίαν γὰρ οὐκ ἔχει,
οὐδέ τι κακῶς ποιεῖ, οὐδὲ βλάπτεταί τι ὑπ' ἐκείνου. πάντα δὲ κατ'
ἐκεῖνον γίνεται καὶ περαίνεται.

9.

mentlich Chrysippos, geltend, die Welt, als ganzes betrachtet, sei vollkommen, nicht aber ihre einzelnen Theile, die wegen des ganzen da seien und nicht um ihrer selbst willen. Demnach seien sie stets auf das ganze zu beziehen, dem ganzen unterzuordnen, auch in Rücksicht auf dieses und nicht für sich zu betrachten, so dass im Hinblick auf den Endzweck es nichts schlechtes gäbe. Kämen ja auch in den Komödien lächerliche Stellen vor, die für sich angesehen ohne allen Werth seien, aber zu der Anmuth des ganzen Stückes doch beitrügen[1]. Die verborgene Harmonie hatte schon für Heraklit den Vorzug vor der sichtbaren, und so sagt auch Kleanthes, dass schliesslich von Gott alles in eins verwoben würde, und die scheinbaren Unebenheiten sich ausglichen. Der ewig seiende Logos fasst alles in sich zusammen[2].

Ihre Theodicee weiter ins einzelne auszuführen, waren die Stoiker gar nicht gezwungen, da sie sagen konnten, der menschliche Verstand reiche nicht aus, 'den göttlichen Gedanken in der Entfaltung der Welt zu verfolgen, und es auch wirklich 'sagten. ·Lehrten sie doch auch der Verstand sei nicht scharfsichtig genug, um überall den Causalnexus zu erkennen, und nahmen deshalb für ihn den Zufall an. Das richtige wäre gewesen, sich auf eine Rechtfertigung im einzelnen nicht einzulassen. Hingegen stiegen sie, wahrscheinlich um ihre Lehre populär zu machen, vom allgemeinen

---

[1] Plut. Stoic. rep. 44. 1054, F. Chrysippos in dem zweiten Buche über die Bewegung: τέλεον μὲν ὁ κόσμος σῶμά ἐστιν, οὐ τέλεα δὲ τὰ τοῦ κόσμου μέρη τῷ πρὸς τὸ ὅλον πως ἔχειν καὶ μὴ καθ' αὑτὰ εἶναι. Ebd. 47. 1056, E derselbe: ταῖς μὲν κατὰ μέρος φύσεσι καὶ κινήσεσιν ἐνστήματα πολλὰ γίγνεσθαι καὶ κωλίματα, τῇ δὲ τῶν ὅλων μηδέν. Comm. not. 14. 1065, C.

[2] Hymn. auf Zeus, V. 18 ff.:

ἀλλὰ σὺ καὶ τὰ περισσὰ ἐπίστασαι ἄρτια θεῖναι,
καὶ κοσμεῖς τὰ ἄκοσμα καὶ οὐ φίλα σοὶ φίλα ἐστίν.
ὧδε γὰρ εἰς ἓν ἅπαντα συνήρμοκας ἐσθλὰ κακοῖσιν,
ὥσθ' ἕνα γίγνεσθαι πάντων λόγον αἰὲν ἐόντα.

zum besonderen hinab und verfielen dabei zum Theil in Lächerlichkeiten.

Erleichtert wurde ihnen die Theodicee im einzelnen dadurch, dass sie die äusseren Uebel gar nicht als solche gelten liessen, also ihretwegen Gott nicht zu rechtfertigen brauchten[1]. Häufig jedoch lassen sie diesen Vortheil aus dem Auge.

Der allgemeine Gesichtspunkt wird noch beibehalten, wenn Chrysippos von den Uebeln, durch welche die guten betroffen werden, sagt, dass sie nicht etwa der Bestrafung wegen geschähen, wie bei den schlechten, sondern gemäss einer Anordnung, die das ganze betreffe[2]. Auch die κακία habe ihre eigene Bestimmung, wie er in seinem Werke über die Natur lehrt; denn sie geschehe gewisser Maassen nach dem Logos der Natur, und um so zu sagen, nicht unnütz für das ganze. Denn ohne sie würde auch das gute nicht bestehen[3]. Hier bekommt die Beziehung auf das ganze schon eine bestimmtere Wendung: das schlechte ist nöthig, weil ohne diesen Gegensatz das gute nicht existieren könnte. Denn kein Gegensatz kann ohne den andern sein. Da das gute nun dem schlechten entgegengesetzt ist, so muss sich dies beides gegenseitig stützen und halten. Wie könnte der Sinn für Gerechtigkeit da sein — führt Chrysippos dies weiter aus — wenn kein Unrecht existierte? Oder was ist die Gerechtigkeit anderes, als Negation der Ungerechtigkeit? Wie kann man Kenntniss der Tapferkeit haben, ausser durch den Gegensatz, die Feigheit? Wie Kenntniss der Enthaltsamkeit, ausser

[1] S. besonders Senecas Buch De providentia.

[2] Plut. Stoic. rep. 35. 1050, E aus den Büchern über die Götter: κατ' αλλην οἰκονομίαν ὥσπερ ἐν ταῖς πόλεσιν, und ebendaher sogleich darauf: ὅτι ταῦτα (τὰ κακά) ἀπονέμεται κατὰ τὸν Διὸς λόγον, ἤτοι ἐπὶ κολάσει ἢ κατ' ἄλλην ἔχουσάν πως πρὸς τὰ ὅλα οἰκονομίαν.

[3] Ebd. 1050, F. das Citat ist theilweise verderbt und muss corrigiert werden nach Comm. not. 13. 1065, B, wo namentlich die letzten Worte richtig erhalten sind: οὐδὲ γὰρ ἄν τἀγαθὸν ἦν für οντε γὰρ τἀγαθὰ ἦν.

durch den Gegensatz der Unenthaltsamkeit? Wie könnte
die Klugheit existieren, wenn nicht die Unklugheit das Gegen-
stück bildete? Wahrheit kann nicht ohne Lüge, Glück nicht
ohne Unglück, Vergnügen nicht ohne Schmerz bestehen. Hat
man das eine, so ist das andere mit eingeschlossen[1]. Offenbar knüpfen die Stoiker hier an die heraklitische Lehre von
der Einheit der Gegensätze an, verflachen aber den tiefen
Gehalt jener, der in der ununterbrochenen Bewegung besteht,
und suchen aus der Unmöglichkeit, den Begriff des einen
äussersten Gliedes einer Reihe ohne den des andern zu
fassen, auf die Unmöglichkeit der Existenz des einen Gegensatzes ohne den andern zu schliessen. Die Logik in der
realen Welt wird allerdings auf diese Weise von Chrysippos
gerettet, und es ist dies immerhin ein anerkennenswerther
Versuch, das böse als nothwendig darzuthun.

Eng hängt hiermit zusammen, wenn die Uebel nicht gerade
aus der Nothwendigkeit des Gegensatzes erklärt werden, aber
doch für unmittelbare Folge des guten gelten. Vermöge incon-
sequenten Denkens nämlich kamen die Stoiker dazu, anzunehmen, dass gewisse Dinge als nächste und Hauptzwecke
oder als allgemeine von dem Fatum oder der Vorsehung
ins Auge gefasst wären, und anderes die unausbleibliche
Folge von diesem ersten sei; dass dies letztere aber von
vornherein nicht sogleich mit beabsichtigt wäre. Die hauptsächlichen und allgemeinen Zwecke werden durch den προ-
ηγούμενος λόγος oder προηγουμένως bestimmt, das heisst
durch den vorangehenden hauptsächlichen Grund, und diese
allgemeinen Zwecke selbst sind die προηγούμενα, die voraus-

---

[1] Gell. VI, 1, 2 ff. aus dem vierten Buche des Chrysippos περὶ προνοίας. Plut. Comm. not. 16. 1066, D: ὡς δὲ ἀληθῶν ὄντων ἀδύνατον
μὴ καὶ ψευδῆ τινα εἶναι παραπλησίως, οὕτως προσήκει ἀγαθῶν
ὑπαρχόντων καὶ κακὰ ὑπάρχειν. Auch die φρόνησις als τέλος wird ohne
das schlechte unmöglich gemacht, da sie bestimmt wird als ἐπιστήμη ἀγαθῶν καὶ κακῶν.

gehen und anderes in ihrem Gefolge haben. Es sind dies specifisch stoische Ausdrücke, die später allgemeiner angewandt wurden [1]), wie ja überhaupt die Stoa für den Sprachgebrauch von grosser Bedeutung war.

Nicht zugleich vorausgesehenes und beabsichtigtes ergiebt sich aus dem allgemeinen, es springt hinzu und ist ein ἐπιγιγνόμενον τέλος. Wie die Stoiker an Aristoteles anknüpfend die Lust ein ἐπιγέννημα nannten, so wurden mit diesem Ausdrucke auch bezeichnet die Schattenseiten in der Natur, die nicht zu vermeiden sind, ebenso wenig wie die Schnitzel und Abfälle bei grossen Bauten [2]). Die gewöhnliche Bezeichnung dafür war, dies geschehe ἑπομένως oder κατ' ἐπακολούθησιν, nach Chrysippos κατὰ παρακολούθησιν [3]), Ausdrücke, die sich an den aristotelischen Sprachgebrauch anschliessen, der letzte wenigstens an den der Magna Moralia [4]). Wie die Stoiker dies gemeint haben, wird deutlich aus der Erklärung der Krankheiten durch Chrysippos [5]) in seinem vierten Buch über die Vorsehung. Er untersucht hier, ob diese κατὰ φύσιν, das heisst κατὰ λόγον, seien und ist der Ansicht, dass von vornherein die Natur nicht den Plan gehabt habe, die Menschen den Krankheiten zu unterwerfen. Aber, während sie so vieles und grosses geschaffen und alles auf das passendste und nützlichste eingerichtet, hafteten doch gewisse Unvollkommenheiten und Schäden den Dingen an, die nicht unmittelbar durch die Natur hervorgebracht seien, jedoch

---

[1]) S. dazu Wyttenbach Annotat. in Consol. ad Apoll. 117, D. B. VI, Th. 2, 778 ff.

[2]) M. Aur. VI, 36: καὶ τὸ χάσμα οὖν τοῦ λέοντος καὶ τὸ δηλητήριον καὶ πᾶσα κακουργία, ὡς ἄκανθα, ὡς βόρβορος, ἐκείνων ἐπιγεννήματα τῶν σεμνῶν καὶ καλῶν. Vgl. VIII, 50.

[3]) Gell. VI, 1, 9. Der Ausdruck wird sonst von den Stoikern, besonders von Epiktetos, für das Verständniss einer Sache gebraucht.

[4]) II, 2. 1200, a, 10 ist das Verbum gebraucht für das Verhältniss der Tugenden zur φρόνησις.

[5]) Gell. VI, 1, 7 ff.

in nothwendiger Folge dessen, was sie geschaffen. Als der Körper des Menschen gebildet worden, habe der Kopf aus zarten und kleinen Knochen zusammengefügt werden müssen; daraus folge aber, dass er nicht genug geschützt und leicht Verletzungen ausgesetzt sei. Ebenso verhalte es sich überhaupt mit den Krankheiten des Körpers und der Seele.

Ganz nach dieser stoischen Anschauung wird von dem sonst auch vielfach stoisierenden Philon darauf hingewiesen, dass Einschlagen von Blitzen, Pest, Erdbeben und dergleichen in Wahrheit nicht von Gott kämen, da dieser nie Urheber von schlechtem sei, sondern die Umwandlungen der Elemente brächten dies mit sich und diese Erscheinungen seien οὐ προηγούμενα ἔργα φύσεως, ἀλλ᾽ ἐπόμενα τοῖς ἀναγκαίοις καὶ τοῖς προηγουμένοις ἐπακολουθοῦντα[1]. Kurz vorher sagt derselbe Philon, der Rauch sei ein ἐπακολούθημα des Feuers, und kurz nachher, die giftigen Schlangen seien οὐ κατὰ πρόνοιαν, ἀλλὰ κατ᾽ ἐπακολούθησιν entstanden. Es kann das gute nicht hervorgebracht werden ohne gewisse kleine Mängel, die entweder daran selbst haften oder doch unmittelbare Wirkung davon sind, aber nicht in dem ursprünglichen Plan liegen.

Nicht blos das unbrauchbare und schädliche wird unter diesen Gesichtspunkt gestellt, auch das nützliche, das nicht seiner selbst wegen da zu sein scheint, sondern um eines höheren Zweckes willen. So sind die Menschen nach Epiktetos

---

[1] De provid. bei Euseb. Praep. ev. VIII, 14. 396, a. Etwas ähnliches ist es, wenn bei Pseudo-Phil. De incorrupt. m. II, 489 als Lehre der Stoiker angegeben wird, φθορᾶς (τοῦ κόσμου) δὲ μηκέτι θεόν αἴτιον εἶναι, ἀλλὰ τὴν ὑπάρχουσαν ἐν τοῖς οὖσι πρὸς ἀκάματον δύναμιν, χρόνων μακραῖς περιόδοις ἀναλύουσαν τὰ πάντα εἰς ἑαυτήν, ἐξ ἧς πάλιν αὖ ἀναγέννησιν κόσμον συνίστασθαι προμηθείᾳ τοῦ τεχνίτου. Es ist hier eine von Gott zwar abgeleitete, aber doch losgetrennte Ursache erkennbar, die an die alexandrinischen Mittelursachen erinnert. Wir können daher die Lehre nicht als eine rein stoische annehmen; sie ist mit späteren Elementen vermischt.

als primärer Zweck geschaffen, der Esel aber nicht; dieser
ist hervorgebracht, weil die Menschen eines Rückens bedurften,
der Lasten tragen konnte[1]. Das eine ist in dem andern als
höherem Zweck eingeschlossen, und consequent hätten bei
der äusserlich gefassten Teleologie die ganzen Naturproducte
blos als secundäre Zwecke, als Mittel für das erste und beste
Wesen dienen müssen.

Wie auch diese Art der Rechtfertigung des höchsten
Princips gewendet werden mag, es tritt dabei entweder die
volle Aeusserlichkeit der stoischen Lehre vom Zweck zu
Tage, oder es schwebt über dem ganzen noch eine $\dot{\alpha}\nu\dot{\alpha}\gamma\varkappa\eta$,
an die auch die Vorsehung gebunden ist, und es zeigt sich
dann ein Beschränktsein der letzteren in intellectueller und
physischer Hinsicht. In der menschlichen Ethik kann ein
solches $\dot{\epsilon}\pi\iota\gamma\iota\gamma\nu\acuteo\mu\epsilon\nu o\nu$ $\tau\dot{\epsilon}\lambda o\varsigma$ hervortreten, an welches bei
Erstrebung des eigentlichen Zieles nicht gedacht wird, aber
in einem durchgeführt pantheistischen und panlogistischen
System kann die Natur nicht an irgend einer Stelle Halt
machen. — Populär drücken die Stoiker diese ihre Lehre so
aus, dass sich die Götter um das grosse kümmerten, aber
das kleine und einzelne vernachlässigten[2], wobei die Inconsequenz auf das deutlichste ins Auge fällt.

Geradezu lächerlich wird Chrysippos, wenn er seinen
Scharfsinn übt, um die Zweckmässigkeit, also die Logik von
manchen sogenannten Uebeln nachzuweisen. Die Kriege werden von den Göttern geschickt, um vor Ueberfüllung mit
Menschen zu schützen[3]; die Wanzen sind da, um uns aus
dem Schlafe zu wecken, und die Mäuse uns an Ordnung zu

[1] Dissert. I, 3, 1. II, 8, 7.
[2] Plut. Stoic. rep. 36. 1051, C. 47. 1056, E. M. Aur. VI, 44. Epikt.
Dissert. I, 12, 2. Sen. De provid. 3. 1. Cic. N. D. II, 66, 167: *magna Di
curant, parva negligunt.*
[3] Plut. Stoic. rep. 22. 1049, B.

gewöhnen[1]). Es erinnert dies an die rationalistische Zweck-
mässigkeitstheorie neuerer Zeiten, die mit Recht dem Spotte
verfallen ist.

Für den Pantheismus wird es immer unmöglich sein,
eine genügende ins einzelne ausgeführte Theodicee zu geben.
Dies fühlte auch Seneca, wenn er in dieser Beziehung dem
platonischen Dualismus sich näherte und geradezu sagte,
Gott habe diese Uebel nicht vermeiden können, weil die Materie
dem Künstler hindernd in den Weg getreten sei[2]), und es
nicht in seiner Macht gelegen habe, sie zu ändern. Wir müssen
wohl annehmen, dass er die von ihm aufgeworfene Frage,
ob vieles von dem Künstler schlecht gebildet sei, nicht weil
die Kunst mangele, sondern weil der Stoff, in dem sie sich
üben solle, nicht genug sich füge, bejaht hat, im vollen Wider-
spruche mit dem, was er unmittelbar vorher sagt, dass nämlich Gott, das heisst bei ihm so viel wie Welt, ganz und gar
Vernunft sei[3]).

Es kann uns dieser Abfall von der reinen stoischen
Lehre bei Seneca, der öfter dem Platonismus Einfluss auf
seine Anschauungen einräumte, nicht wundern, um so weniger,
da wir wissen, dass Chrysippos selbst sich häufig in Widersprüche verwickelte und inconsequent war.

Trotz der nicht genügenden Lösung dieser Aufgabe einer
Theodicee, die sich die Stoiker gestellt hatten, bleibt der
Anlauf, den sie in dem schwer zu lösenden Problem genom-
men, doch immer beachtenswerth. Sie scheuten es überhaupt

---

[1]) Ebd. 21. 1044, D.

[2]) De provid. 5, 9: *Non potest artifex mutare materiam.* 6, 6: Gott
sagt: *quia non poteram vos istis* (den Uebeln) *subducere, animos vestros
adversus omnia armavi.* Dagegen sagt Chrysippos bestimmt Plut. Comm.
not. 33. 1076, C: οὐ γὰρ ἥ γε ὕλη τὸ κακὸν ἐξ ἑαυτῆς παρέσχηκεν.
Ausführlicher Chalcidius z. Plat. Tim. 294 f., wo auseinandergesetzt wird,
dass nach den Stoikern die ὕλη *nec bonum, nec malum.*

[3]) Quaest. nat. Prolog. 14 ff.

nicht, voller Vertrauen in ihre Denkkraft, die schwierigsten Punkte in der Philosophie zu berühren und zur Sprache zu bringen, an denen vor ihnen viel bedeutendere Denker, vielleicht mit richtigerem Gefühl, vorübergegangen waren. Zu diesen Problemen gehört auch der bis jetzt noch nicht überwundene Gegensatz von Nothwendigkeit und Freiheit. Ehe wir aber hierzu kommen und damit nach der Möglichkeit der Ethik in dem stoischen System gegenüber der objectiven Logik fragen, ist es nöthig, das Gebiet der Psychologie, soweit es den Logos berührt, zu beleuchten.

Eigentlich könnte man von der ganzen Natur sagen, dass sie κατὰ λόγον sich bewege, da sie von der Vernunft durchdrungen ist, und diese als das formelle Princip in ihr alles bildet und eint. Allein dies scheinen die Stoiker nicht ausgesprochen zu haben; im Gegentheil wird geradezu gesagt, bei den Thieren sei das καϑ' ὁρμήν schon das κατὰ φύσιν. Den höher stehenden Wesen ist aus grösserer Fürsorge noch die Vernunft gegeben und zwar in eminentem Maasse, nicht in der Weise wie sie allgemein durch den ganzen Kosmos geht. Demnach muss das naturgemässe Leben bei dem Menschen das vernunftgemässe sein. Denn den Trieb muss die Vernunft zügeln[1].

Hier ist offenbar der Punkt, wo der Uebergang aus der Physik in die Ethik stattfindet, ob mit Erfolg, das ist jetzt nicht zu entscheiden; aber ohne diesen besonderen Logos im Menschen wäre gar keine Ethik möglich. Ohne ihn würde der Mensch dem natürlichen Processe folgen, und von einem freien Handeln könnte nicht die Rede sein. Die Natur würde den Menschen seiner Bestimmung entgegenführen, wie die Stoiker auch wirklich sagten[2], und eine Selbstentscheidung könnte nicht stattfinden.

---

[1] Diog. VII, 86: τεχνίτης γὰρ οὗτος (ὁ λόγος) ἐπιγίνεται τῆς ὁρμῆς.
[2] Diog. VII, 87.

Es wird dieser Logos in dem Menschen der *ἐνδιάθετος* genannt, der zum *προφορικός* wird, sobald das gedachte zum Ausdrucke kommt. Zeller sagt, derselbe Logos, welcher Gedanke sei, so lange er in der Brust bleibe, werde zum Worte, wenn er aus ihr hervortrete, und dies sei die Bedeutung der stoischen Unterscheidung zwischen *λόγος ἐνδιάθετος* und *προφορικός* [1]. Allerdings scheint die Definition des Hesychios von dem *λόγος ἐνδιάθετος*, wonach er bestimmt wird als *πᾶς λόγος ἐν νῷ λαμβανόμενος*, dafür zu sprechen, dass er den Gedanken bedeutet, so lange dieser im inneren des Menschen verschlossen ist. Ebenso wird er von Nemesios als einzelne Bewegung der Seele bezeichnet [2]. Sehen wir uns aber die Stellen näher an, welche die stoische Auffassung selbst behandeln, so werden wir finden, dass er nichts anderes ist, als ein Theil der allgemeinen Vernunft, welcher in dem einzelnen Menschen wohnt. Dieser *λόγος ἐνδιάθετος* soll sich nämlich bewähren in der Wahl dessen, was zuträglich ist, und in der Vermeidung dessen, was schädlich, in der Erkenntniss der Mittel, die hierzu führen, und in der Erwerbung der Tugenden, welche der eigenen Natur entsprechen und sich auf die Affecte beziehen [3]. Er bezweckt ferner die

---

[1] IV, 61 und ebd. Anm. 1. Man sehe auch daselbst die Hauptstellen, in denen erwähnt wird, dass die beiden Bezeichnungen von den Stoikern herrühren. Vgl. ausserdem Porphyr. De abstin. III, 2: *διττοῦ δὴ λόγου κατὰ τοὺς ἀπὸ τῆς στοᾶς ὄντος τοῦ μὲν ἐνδιαθέτου, τοῦ δὲ προφορικοῦ*. Der erstere darauf auch *ὁ ἔσω* und *ὁ ἐν τῇ διαθέσει*, der letztere *ὁ ἔξω προιών* und *ὁ ἐν τῇ προφορῇ* genannt.

[2] Nat. hom. 14: *ἔστι δὲ ἐνδιάθετος μὲν λόγος τὸ κίνημα τῆς ψυχῆς τὸ ἐν τῷ διαλογιστικῷ γινόμενον ἄνευ τινὸς ἐκφωνήσεως*.

[3] Sext. Pyrrh. I, 65 ff. S. 18: *οὗτος τοίνυν (ὁ ἐνδιάθετος;) κατὰ τοὺς μάλιστα ἀντιδοξοῦντας νῦν δογματικούς, τοὺς ἀπὸ τῆς στοᾶς, ἐν τούτοις ἔοικε σαλεύειν, τῇ αἱρέσει τῶν οἰκείων καὶ φυγῇ τῶν ἀλλοτρίων, τῇ γνώσει τῶν κατὰ τὴν οἰκείαν φύσιν ἀρετῶν τῶν περὶ τὰ πάθη*. Vgl. I, 72 S. 20. Aehnlich Musonios bei Nieuwland Dissert. de Mus. R. 89: *λόγος — ὥτε χρώμεθα πρὸς ἀλλήλους καὶ καθ' ὃν δια-*

Freundschaft des Menschen mit sich selbst, wie der προφορικός die mit andern. Er erzielt durch Philosophie Tugend
und bringt so den Menschen in eine harmonische Verfassung,
in welcher er sich selbst nicht zu tadeln braucht, sondern
voll Friede und Freudigkeit ist, und kein Affect die Vernunft
zu überwinden strebt, kein Trieb gegen den andern kämpft,
kein Streit der Ueberlegungen stattfindet, nicht bald durch
Begehren, bald durch Reue Unruhe und Freude wechselseitig
herrscht, und wo der Mensch die meisten Güter erlangt[1].

Das zenonische ὁμολογουμένως ζῆν wird durch den λόγος
ἐνδιάθετος erreicht; er führt den Menschen seinem Zwecke
entgegen und kann demnach nicht nur ein Gedanke sein,
sondern er ist eine Qualität des inneren, von der die einzelnen Gedanken nur einzelne Thätigkeiten sind, was Ammo-
nios auch klar ausspricht[2]), wenngleich nicht direct von der
stoischen Lehre: ὁ γὰρ ἐνδιάθετος — δῆλον ὅτι ποιότης
ἐστὶ τῆς ψυχῆς, εἴπερ διάθεσίς ἐστι τῆς ψυχῆς ἢ ἕξις.

Aeussert sich nun diese im Menschen vorhandene Vernunft durch Worte, wird die διάνοια eine ἐκλαλητική, wie
sie Diokles im Referat über die stoische Philosophie bezeichnet[3]), so ist sie der λόγος προφορικός, ein Ausdruck,
der allerdings geradezu für Rede gebraucht worden sein
mag, so dass die Vernunft dann mehr in den Hintergrund
trat, vielleicht mit Rücksicht auf die spitzfindige Distinction
der Stoiker, wonach sich προφέρεσθαι von λέγειν so unterscheidet, dass ersteres von den φωναί, also von den tönenden
Lauten gebraucht wird, letzteres von den πράγματα, das

νοούμεθα περὶ ἑκάστου πράγματος, εἰ ἀγαθὸν ἢ κακόν ἐστι καὶ καλὸν
ἢ αἰσχρόν.
[1]) Plut. Cum. princip. philos. 2. 777, B f. Es wird dies nicht besonders
als Lehre der Stoiker angegeben. Da aber der ganze Unterschied zwischen λόγος ἐνδιάθετος und προφορικός auf die Stoiker zurückgeht,
werden auch diese Bestimmungen von ihnen herrühren.
[2]) Z. Arist. Categ. 72, a. Schol. in Arist. 56, b, 1.
[3]) Diog. VII, 49.

heisst von dem, was den Lauten als geistiger Inhalt zu Grunde
liegt [1]). Freilich kann der λόγος προφορικός, ebenso wie der
einfache λόγος, nicht unvernünftiges Reden oder sinnlose
Worte bezeichnen. Von letzterem werden diese geradezu
ausgeschlossen, wenn wir ihn erklärt finden als φωνὴ σημαντικὴ ἀπὸ διανοίας ἐκπεμπομένη, οἷον Ἡμέρα ἐστι, er
also nur für einen Satz gebraucht werden kann, während
ein sinnloses Wort wie βλίτυρι nicht ein λόγος, sondern eine
λέξις ist. Und wenn der λόγος προφορικός von den Stoikern
definiert wird als ἐξάγγελος τῶν ἔνδον λογισμῶν [2]), oder als
φωνὴ διὰ γλώττης σημαντικὴ τῶν ἔνδον καὶ κατὰ ψυχὴν
παθῶν [3]), so wird er allerdings nicht mehr als Vernunft bestimmt, aber diese ist doch die Voraussetzung für ihn, und
er lässt sich nicht denken ohne den λόγος ἐνδιάθετος, sei
dieser nun κατωρθωμένος oder ἡμαρτημένος. Ja sogar die
einfache Stimme hatte die Vernunft zur ersten Bedingung,
da φωνή etymologisch erklärt wurde als φῶς νοῦ, so viel
als τὰ ἐν τῷ νῷ φωτίζουσα [4]). Wie eng die Stimme mit der
Vernunft zusammenhängt, geht auch daraus hervor, dass die
Stoiker erstere als einen Theil der Seele ansahen und behaupteten, die Vernunft müsse eben da ihren Sitz haben,
woher die Stimme käme, also in dem oberen Theile der
Brust, nicht im Kopfe [5]).

Es ist daher eine Inconsequenz von den Stoikern, wenn
sie wirklich nach dem Bericht des Sextus als die specifische
Differenz des Menschen von den unvernünftigen Thieren den
λόγος ἐνδιάθετος angeben und nicht zugleich den λόγος

---

[1]) Diog. VII, 57. Vgl. über die πράγματα Steinthal, Gesch. d. Sprach-
wissensch. b. d. Gr. u. Röm. 282 f.

[2]) Herakl. Alleg. Hom. 72.

[3]) Porphyr. a. a. O. III, 8. Es wird freilich hinzugefügt, dass diese
Erklärung ganz allgemein sei und nicht den Stoikern mehr eigenthümlich.

[4]) Theodos. 16. S. Schmidt, Stoicorum Gramm. 18, Anm. 31.

[5]) Galen. Dogm. Plat. et Hippocr. II, 5. B. V, 241 ff. ed. Kühn.

προφορικός, da ja auch Raben, Papageien, Elstern articulierte Töne hervorbrächten[1]. Wahrscheinlich hat uns Porphyrios die stoische Lehre richtiger überliefert, wenn er sagt, sie habe den Thieren jeglichen Logos abgesprochen, sowohl den ἐνδιάθετος als den προφορικός[2].

Beide λόγοι finden wir besonders zugeeignet dem Hermes, der sogar selbst λόγος genannt wird. Ihn haben die Götter zu uns vom Himmel gesandt, indem sie allein den Menschen unter den lebenden Wesen theilhaftig des λόγος machten, der ihr eigener wesentlicher Vorzug ist[3]), und die häufige Bezeichnung des Hermes als λόγιος ist wahrscheinlich nicht nur auf die Beredsamkeit zu beziehen. Wenigstens ist er gerade so gut der Geber des λόγος ἐνδιάθετος, also der Vernunft bei den mythologisierenden Philosophen[4]. Als solcher, heisst es bei Heraklit, werde er von Homer χθόνιος genannt[5]), weil er unsichtbar in den Tiefen der Seele ruht, und Plutarch giebt ihm das Prädicat ἡγεμών, welches hier so viel ist wie ψυχοπομπός, weil Hermes in dieser Eigenschaft mancherlei Wirkung auf die Seele ausübt[6].

Allgemeiner freilich ist die Verehrung des Hermes als

---

[1] Math. VIII, 275 S. 510. Aehnlich schreibt Plutarch den Thieren den λόγος προφορικός zu De solert. anim. 19. 973, A. Der Skeptiker zieht Sext. ebd. 287. 512 viel richtiger aus dem Dasein des λόγος προφορικός; den Schluss auf das Vorhandensein auch des ἐνδιάθετος. S. auch den Vortrag des Alexander bei Philon De animal. 10 ff. I, 126 ff. Auch.

[2] De abstin. a. a. O. Vgl. den Hymnus des Kleanthes V. 4 f.:

ἐκ σοῦ γὰρ γένος ἐσμὲν, ἤχου μίμημα λαχόντες
μοῦνοι, ὅσα ζώει τε καὶ ἕρπει θνήτ᾽ ἐπὶ γαῖαν.

Freilich ist ἤχου zu corrigieren. Wegen des Zusammenhanges muss aber etwas gleichbedeutendes, etwa mit Brunck ἰῆς, substituiert werden.

[3] Kornut. N. D. XVI. 164. Vgl. Sen. Benef. IV, 8: Hunc (Jovem) nostri putant Mercurium, quia ratio penes illum est numerusque et ordo et scientia.

[4] Plut. Cum princip. philos. 2. 777, C: ὁ μὲν ἐνδιάθετος ἡγεμόνος Ἑρμοῦ δῶρον.

[5] Alleg. Hom. 72.

[6] Vgl. Preller, Mythol. d. Griech. I, 255. 1. Aufl.

ἑρμηνεύς, als Vermittler des Gedankens, das heisst als Vertreter des *λόγος προφορικός.* Als solcher ist er der geschäftige und als Werkzeug dienende *διάκτορος* und *ὀργανικός*[1]. Er ist aus der Ferne [bemerkbar und wohnt im Himmel; ihm werden Zungen geopfert, und ihm bringt man vor dem Schlafengehen Weihgüsse, weil der Schlaf jegliche Stimme zur Ruhe bringt, und an die Hermensäulen werfen die vorübergehenden Steine aus manchen andern Gründen, oder auch zum Zeichen dafür, dass der *λόγος προφορικός* aus vielen kleinen Theilen besteht[2].

Die Unterscheidung selbst zwischen diesen beiden Seiten des sonst einheitlich gedachten *λόγος,* zwischen der *ratio* und der *oratio* ist auf Aristoteles zurückzuführen, der schon von dem *ἔξω λόγος* und dem *λόγος ἐν τῇ ψυχῇ* spricht und ersteren auch noch deutlicher bezeichnet als *ὁ μετὰ φωνῆς γιγνόμενος*[3]. Nur sprachen die Stoiker diese Distinction öfter und bestimmter aus ganz ihrer Gewohnheit gemäss, möglichst zu gliedern, und fanden die besonderen Bezeichnungen dafür, die von den andern angenommen, später allgemein üblich wurden. So schreibt Jamblichos die Unterscheidung schon dem Pythagoras zu und braucht wenigstens den Ausdruck *ἐνδιάθετος,* während er für *προφορικός* setzt *ἔξω προιών*[4]. Bei den aristotelischen Commentatoren finden wir die Aus-

---

[1] Plut. a. a. O. Kornut. N. D. XVI. 164.
[2] Herakl. a. a. O. Kornut. N. D. XVI. 169.
[3] Analyt. post. I, 10. 76, b, 24. Categ. 6. 4, b, 34. Vgl. Metaph. III, 5. 1009, a, 20: *οὐ γὰρ πρὸς τὸν λόγον, ἀλλὰ πρὸς τὴν διάνοιαν ἡ ἀπάντησις αὐτῶν.*
[4] Vita Pythag. 218. Ausser den schon berührten Stellen sehe man noch Galen. Protrept. I, 1. Simpl. z. Arist. Categ. *B, β, a,* wo die verschiedenen Bedeutungen des *λόγος* angegeben sind: *ὁ δὲ λόγος σημαίνει μὲν καὶ τὸν ἐν ταῖς ψήφοις λογισμόν, σημαίνει δὲ καὶ τὸν ἐνδιάθετον κατὰ τὴν ἔννοιαν, σημαίνει δὲ καὶ τὸν προφορικὸν καὶ τὸν σπερματικόν, σημαίνει δὲ καὶ τὸν ἑκάστου περιηγητικὸν καὶ ὁριστικόν.* Philop. z. Arist. Analyt. post. 29, b f.

drücke als allgemein üblich, zu den Kirchenvätern und christlichen Theologen giengen sie über[1]), und wurden von diesen auf den göttlichen Logos übertragen, während bei den Stoikern von einer solchen Theilung des $\lambda \acute{o} \gamma o \varsigma$ $\varkappa o \iota \nu \acute{o} \varsigma$ oder des Welt-Logos natürlich nicht die Rede ist[2]).

Kehren wir nach dieser nothwendigen Unterbrechung zu dem Gange unserer Untersuchung zurück! Dieser $\lambda \acute{o} \gamma o \varsigma$ $\dot{\epsilon} \nu \delta \iota \acute{a} \vartheta \epsilon \tau o \varsigma$ im Menschen ist ein Theil des allgemeinen, wie Seneca dies deutlich sagt mit den Worten Epist. 41, 2: *ratio autem nihil aliud est, quam in corpus humanum pars divini spiritus mersa*, und ebenso M. Aurelius, wenn er den $\lambda \acute{o} \gamma o \varsigma$ oder den $\nu o \tilde{\upsilon} \varsigma$ jedes einzelnen ein $\dot{a} \pi \acute{o} \sigma \pi a \sigma \mu a$ des Zeus nennt[3]). In ähnlicher Weise werden die Seelen $\dot{a} \pi o \sigma \pi \acute{a} - \sigma \mu a \tau a$ oder $\mu \acute{o} \varrho \iota a$, $\mu \acute{\epsilon} \varrho \eta$ oder $\dot{a} \pi \acute{o} \varrho \varrho o \iota a \iota$ Gottes von Epiktetos und M. Aurelius genannt[4]), und auf dasselbe läuft es hinaus wenn die Stoiker den Logos als Menschen und Göttern gemeinsam bezeichnen[5]). Nur muss man hierbei festhalten,

---

[1]) Besonders häufig bei Joannes Damaskenos.

[2]) Spiess in seinem vor kurzem erschienenen „Logos Spermaticos" 132 Anm. 1 u. 2 trägt auf Platon die Unterscheidung zwischen $\vartheta \epsilon \grave{o} \varsigma$ $\dot{\epsilon} \nu \delta \iota \acute{a} \vartheta \epsilon \tau o \varsigma$ und $\pi \varrho o \varphi o \varrho \iota \varkappa \acute{o} \varsigma$ über und spricht ebenso von der platonischen Lehre des $\lambda \acute{o} \gamma o \varsigma$ $\dot{\epsilon} \nu \delta \iota \acute{a} \vartheta$. u. $\pi \varrho o \varphi$., aber ohne jeglichen Beleg durch Stellen und ohne alles Eingehen auf die platonische Philosophie, so dass eine besondere Widerlegung hier überflüssig erscheint. — Die Unterscheidung, freilich mit andern Bezeichnungen, wird schon von Sextus Math. VII, 122 S. 396 dem Empedokles (Vgl. oben S. 60 f.) zugeschrieben: $\tau o \tilde{\upsilon}$ $\delta \grave{\epsilon}$ $\dot{o} \varrho \vartheta o \tilde{\upsilon}$ $\lambda \acute{o} \gamma o \upsilon$ $\tau \grave{o} \nu$ $\mu \acute{\epsilon} \nu$ $\tau \iota \nu a$ $\vartheta \epsilon \tilde{\iota} o \nu$ $\dot{\upsilon} \pi \acute{a} \varrho \chi \epsilon \iota \nu$ $\tau \grave{o} \nu$ $\delta \grave{\epsilon}$ $\dot{a} \nu \vartheta \varrho \acute{\omega} \pi \iota \nu o \nu$, $\tilde{\omega} \nu$ $\tau \grave{o} \nu$ $\mu \grave{\epsilon} \nu$ $\vartheta \epsilon \tilde{\iota} o \nu$ $\dot{a} \nu \acute{\epsilon} \xi o \iota \sigma \tau o \nu$ $\epsilon \tilde{\iota} \nu a \iota$, $\tau \grave{o} \nu$ $\delta \grave{\epsilon}$ $\dot{a} \nu \vartheta \varrho \acute{\omega} \pi \iota \nu o \nu$ $\dot{\epsilon} \xi o \iota \sigma \tau \acute{o} \nu$. Es ist aber zweifellos, dass Sextus hier die Lehre des Empedokles nicht richtig wiedergegeben hat.

[3]) V, 27. Vgl. XII, 26: $\ddot{o} \tau \iota$ $\dot{o}$ $\dot{\epsilon} \varkappa \acute{a} \sigma \tau o \upsilon$ $\nu o \tilde{\upsilon} \varsigma$ $\vartheta \epsilon \grave{o} \varsigma$ $\varkappa a \grave{\iota}$ $\dot{\epsilon} \varkappa \epsilon \tilde{\iota} \vartheta \epsilon \nu$ $\dot{\epsilon} \varrho \varrho \acute{\upsilon} \eta \varkappa \epsilon$.

[4]) Epikt. Diss. I, 14, 6. II, 8, 11 f. M. Aur. II, 4: $\delta \epsilon \tilde{\iota}$ $\delta \grave{\epsilon}$ $\ddot{\eta} \delta \eta$ $\pi o \tau \grave{\epsilon}$ $a \dot{\iota} \sigma \vartheta \acute{\epsilon} \sigma \vartheta a \iota$, $\tau \acute{\iota} \nu o \varsigma$ $\varkappa \acute{o} \sigma \mu o \upsilon$ $\mu \acute{\epsilon} \varrho o \varsigma$ $\epsilon \tilde{\iota}$ $\varkappa a \grave{\iota}$ $\tau \acute{\iota} \nu o \varsigma$ $\delta \iota o \iota \varkappa o \tilde{\upsilon} \nu \tau o \varsigma$ $\tau \grave{o} \nu$ $\varkappa \acute{o} \sigma \mu o \nu$ $\dot{a} \pi \acute{o} \varrho \varrho o \iota a$ $\dot{\upsilon} \pi \acute{\epsilon} \sigma \tau \eta \varsigma$.

[5]) Epikt. Diss. III, 3: $\dot{o}$ $\lambda \acute{o} \gamma o \varsigma$ $\varkappa a \grave{\iota}$ $\dot{\eta}$ $\gamma \nu \acute{\omega} \mu \eta$ $\varkappa o \iota \nu \grave{o} \nu$ $\pi \varrho \grave{o} \varsigma$ $\vartheta \epsilon o \acute{\upsilon} \varsigma$. M. Aur. VII, 53: $\varkappa a \tau \grave{a}$ $\tau \grave{o} \nu$ $\varkappa o \iota \nu \grave{o} \nu$ $\vartheta \epsilon o \tilde{\iota} \varsigma$ $\varkappa a \grave{\iota}$ $\dot{a} \nu \vartheta \varrho \acute{\omega} \pi o \iota \varsigma$ $\lambda \acute{o} \gamma o \nu$. Vgl. VI,

dass es das alles bildende Princip, der materiell gedachte Feuerhauch ist, von dem die Seelen der Menschen losgelöste oder emanierte Stücke sind, und dass sie nicht nur in dem allgemeinen Sinne, wie alles andere auch, zur Gottheit gehören.

Nicht ganz genau entspricht es daher der stoischen Lehre was wir bei Diogenes[1]) als die Ansicht des Poseidonios finden, dass nämlich der allgemeine νοῦς durch einiges mehr, durch anderes weniger dränge; durch die Knochen und Sehnen als ἕξις, das heisst als zusammenhaltende Qualität, durch den herrschenden Theil der Seele als νοῦς. Es sieht dies so aus, als läge dem durchdringenden νοῦς auch in der Seele des Menschen noch ein anderes Substrat zu Grunde, wie in den Knochen und Sehnen die beiden gröberen Elemente. Dies ist aber nicht der Fall, sondern das ἡγεμονικόν ist selbst die reine ätherische Substanz ohne alle Vermischung mit gröberen Stoffen, freilich nicht für sich existierend, sondern ein πνεῦμα, das mit unserem Körper von vornherein verbunden[2]) und für ihn auch das einende und zusammenhaltende Princip ist.

Die einzelnen Theile der Seele sind nicht selbständig, sondern πνεύματα, die von dem herrschenden Theil der Seele wie Polypenarme sich bis zu den entsprechenden Organen ausdehnen, die also stets von dem Centrum abhängig, ja gewisser Maassen nur Kräfte oder Thätigkeiten des einen Seelensubstrats sind[3]).

35. Korn. N. D. XVI. 168: διὰ δὲ τὸ κοινὸν αὐτὸν εἶναι καὶ τὸν αὐτον ἔν τε ἀνθρώποις πᾶσι καὶ τοῖς θεοῖς. Sen. Epist. 92, 27: *ratio vero dis hominibusque communis est: haec in illis consummata est, in nobis consummabilis.*

   [1]) VII, 138 f. Vgl. oben S. 101.
   [2]) Galen. Dogm. Plat. et Hippocr. V, 287: ψυχὴ πνεῦμά ἐστι σύμφυτον ἡμῖν συνεχὲς παντὶ τῷ σώματι διῆχον. S. viele andere Stellen bei Zeller IV, 180, 3.
   [3]) S. besonders Plut. Plac. phil. IV, 4, 2. 898, E u. ebd. IV, 21. 903, A. Jamblichos bei Stob. Ekl. I, 874 f.

Ist nun die Vernunft im Menschen gleich dem ἡγεμονικόν, oder ist sie ein Theil von ihm? Wenn letzteres λογισμός
genannt wird oder λογιστικόν und διανοητικόν, wie dies öfter
geschieht [1]), so muss man die volle Identität zwischen ihm
und dem Logos annehmen. Wenn es aber dann wieder
heisst [2]), das ἡγεμονικόν fasse in sich die φαντασία, συγκα-
τάϑεσις, die ὁρμή und den λόγος wie der Apfel die Süssig-
keit und den Wohlgeruch, so scheint die Vernunft blos eine
Qualität, oder ein Theil, oder eine Fähigkeit des ganzen zu
sein. Das richtige hat der Verfasser der Placita philoso-
phorum [3]), der sagt, das ἡγεμονικόν, welches so viel sei wie
der λογισμός, erzeuge (ποιεῖν) die φαντασίαι, συγκαταϑέσεις,
αἰσϑήσεις und ὁρμαί. Diese seelischen Bewegungen sind
also Producte des λόγος, aber nicht mit ihm auf gleiche
Stufe zu setzen und nicht mit ihm in einem andern enthalten. Wenn dies letztere als Lehre der Stoiker uns berichtet wird, wie wir gesehen, so kann unter dem Logos nur
eine einzelne vernünftige und naturgemässe Bewegung der
Seele verstanden werden, aber nicht die Fähigkeit des Menschen, vernünftig zu denken, welche ein Theil des allgemeinen
Logos in der Welt ist. Es geht dies auch schon aus der
Zusammenstellung mit der Phantasie, der Beistimmung und
dem Trieb hervor.

Wie kommt nun diese Vernunft in den Menschen hinein?
Es ist klar, dass die Stoiker dem Traducianismus huldigen
müssen. Dieser ergab sich von selbst bei ihrer Theorie von
dem Samen. Panaitios beweist auch aus der geistigen Aehnlichkeit zwischen Kindern und Eltern, dass die Seelen durch
Zeugung entstehen [4]), obgleich nach Chrysippos die animali-
schen Seelen erst nach der Geburt durch Berührung mit der

---

[1]) Plut. Plac. phil. IV, 4, 2. 898, E. Diog. VII, 157. 110.
[2]) Jamblichos a. a. O. Vgl. auch 878.
[3]) IV, 21. 903, A.
[4]) Cic. Disput. Tusc. I, 82, 79.

Luft aus der pflanzlichen sich entwickeln [1]). Die Anlage
dazu muss aber schon vorher da sein und liegt im Samen.
Das ἡγεμονικόν wird verglichen mit einer leeren Tafel, auf
welche eingeschrieben werden muss, und von angeborenen
Ideen ist nicht die Rede. Durch die Sinneswahrnehmungen,
Eindrücke und erzeugten Vorstellungen, aus welchen die
Erinnerung, dann die Erfahrung und die allgemeinen Begriffe
entstehen, wird der Inhalt für die ursprüngliche Anlage gewonnen, und diese entwickelt sich im Verhältniss zu dem
von aussen aufgenommenen. Also ist der Logos, die Fähigkeit,
vernünftig zu denken und mit Begriffen zu operieren, allerdings dem Keime nach vorhanden, aber er kommt erst mit
der Zeit durch die Eindrücke und die aus ihnen sich entwickelnden Begriffe zur Entfaltung und Vollendung, und
zwar nach divergierenden Angaben entweder in den sieben
ersten Lebensjahren, oder erst in dem Alter von vierzehn
Jahren [2]).

Alle über das mit den Sinnen greifbare hinausgehenden
Wahrheiten werden durch diesen Logos mittelst Schlüssen
gewonnen, die sich namentlich auf Analogie gründen, wie wir
schon öfter bemerkt haben. Hierzu gehört auch das Dasein
der Götter, von dem wir gesehen, dass es auf die verschiedenste Weise bewiesen werden sollte [3]). Von intuitiver Erkenntniss wissen die Stoiker demnach ebenso wenig etwas

---

[1]) Plut. Stoic. rep. 41. 1052, F. Andere Stellen sehe man bei Zeller
IV, 161, 4.

[2]) Plut. Plac. phil. IV, 11. 900, A f.: ὁ δὲ λόγος, καθ᾽ ὃν προσαγο-
ρευόμεθα λογικοί, ἐκ τῶν προλήψεων συμπληροῦσθαι λέγεται κατὰ
τὴν πρώτην ἑβδομάδα. Jamblichos bei Stob. Ekl. I, 792: περὶ τοῦ νοῦ
καὶ πασῶν τῶν κρειττόνων δυνάμεων τῆς ψυχῆς οἱ μὲν Στωικοὶ λέγουσι, μὴ εὐθὺς ἐμφύεσθαι τὸν λόγον, ὕστερον δὲ συναθροίζεσθαι ἀπὸ
τῶν αἰσθήσεων καὶ φαντασιῶν περὶ δεκατέσσαρα ἔτη.

[3]) Diog. VII, 52: ἡ δὲ κατάληψις γίνεται κατ᾽ αὐτοὺς αἰσθήσει μὲν
— λόγῳ δὲ τῶν δι᾽ ἀποδείξεως συναγομένων ὥσπερ τὸ θεοὺς εἶναι καὶ
προνοεῖν τούτους.

wie von angeborenen Ideen, sondern alles, auch die tiefste
und unmittelbarste soll discursiv zur Gewissheit werden.

Das was wahr ist, wird bei allen vernünftig denkenden
zur Erkenntniss kommen, da durch alle vernünftigen Wesen
eine vernünftige Seele zertheilt ist[1]), und umgekehrt wird
man aus der Uebereinstimmung der Menschen, aus dem *con-
sensus gentium*, auf die Wahrheit einer Annahme schliessen
können. Deshalb wurde auf die κοιναὶ ἔννοιαι, auf die allgemein gültigen Begriffe, so viel Gewicht gelegt, und nicht ohne
tieferen Grund, auch nicht etwa zum Schmuck seiner Rede,
führt Chrysippos so viele Citate aus Dichtern an; diese dienen ebenso gut wie die Schlussfolgerung als Beweise für
seine philosophischen Sätze. Unumwunden spricht dies Seneca später aus mit den Worten Epist. 117, 6: *multum dare
solemus praesumptioni* (προλήψει) *omnium hominum, et apud
nos veritatis argumentum est aliquid omnibus videri.* Was bei
allen gilt, das ist der Ausdruck der Offenbarung des allgemeinen Logos, und so kommen wir darauf wieder zurück,
dass die Vernunft im Menschen, wenn sie sich auch in ihm
erst allmählich entwickelt, ein Theil der allgemeinen Weltvernunft ist. *Εἷς τέ ἐστιν ὁ λόγος καὶ ἡ αὐτὴ πάντως διανόησις καὶ τὰ καταρθώματα ἴσα καὶ αἱ αὐταὶ ἀρεταὶ τῶν
τε μεριστῶν καὶ τῶν ὅλων* (nämlich *τῶν ψυχῶν*), lehrten nach
dem Bericht des Jamblichos die Stoiker[2]). Ohne diese Theilnahme des einzelnen Logos am ganzen, oder ohne die Gleich-
artigkeit mit ihm könnte der Mensch die Natur überhaupt
nicht begreifen, nach dem üblichen Satze, dass gleiches nur
durch gleiches erkannt werde[3]).

---

[1]) M. Aur. IX, 8: *Εἰς μὲν τὰ ἄλογα ζῶα μία ψυχὴ διῄρηται· εἰς δὲ
τὰ λογικὰ μία λογικὴ ψυχὴ μεμέρισται.* Vgl. XII, 30: *μία ψυχή, κᾶν
διακεκρίσθαι δοκῇ.*

[2]) Stob. Ekl. I, 886.

[3]) Poseidonios bei Sext. Math. VII, 93 S. 889: *οὕτω καὶ ἡ τῶν ὅλων
φύσις ὑπὸ συγγενοῦς ὀφείλει καταλαμβάνεσθαι τοῦ λόγου.*

Ist der Logos im Menschen nun recht beschaffen, so muss auch der einzelne die Wahrheit finden, und demnach wird der ὀρϑὶς λόγος von einigen der älteren Stoiker, auch von Poseidonios, geradezu als Kriterium der Wahrheit bezeichnet, wobei aber natürlich wieder gefragt werden konnte, woran man erkenne, dass sich der Logos hier in der richtigen Weise verhalte[1]. Die Antwort konnte nichts thun als hinweisen auf die Zustimmung der übrigen Menschen.

In dem Menschen kommt die allgemeine Vernunft dazu, für sich selbst offenbar zu werden, sich selbst zu erfassen. Darauf muss die stoische Lehre consequenter Weise hinauslaufen, wenn dies auch nicht geradezu ausgesprochen wird, und sie hat hierin Aehnlichkeit mit Hegels Lehre von der absoluten Idee, so verschieden sich auch die Art des Begreifens in den beiden Systemen gestaltet.

So lange die Vernunft in dem einzelnen noch nicht erwacht ist, leitet ihn die Natur blos an, das ihm nützliche zu suchen, das ihm schädliche zu meiden, geradeso wie die Thiere. Sobald er aber zur denkenden Betrachtung der Dinge gelangt, sieht er sich auf einmal als ein Glied in dem ganzen stehen; seine Sache ist es dann, das ganze zu begreifen, ebenso sein Verhältniss zu dem Universum und sich richtig, das heisst naturgemäss, einzuordnen. Deshalb legen die Stoiker so grossen Werth auf die παρακολούϑησις, auf das Begreifen des Hergangs in der Natur, damit der einzelne dann die entsprechende Stellung in derselben einnehmen könne[2]. Bei dem Handeln kommt es nun speciell

---

[1] Diog. VII, 54. Vgl. ebd. 47 und Stob. Ekl. II, 128, wo als Merkmal der Wissenschaft angegeben wird, dass sie ἀμετάπτωτος ὑπὸ λόγου ist, also der Logos auch als Kriterium der Wahrheit auftritt. Allgemeiner wurde als Kriterium die καταληπτικὴ φαντασία angenommen, die aber um nichts genauer bestimmt ist als der ὀρϑὸς λόγος. Sen. Epist. 31, 11 heisst der *animus rectus, bonus, magnus* ein *deus in corpore humano hospitans*.

[2] Besonders Epikt. Diss. I, 6 und sonst. Vgl. auch M. Aur. III, 1 und öfter.

darauf an, die gemeinsamen Begriffe, die man sich bei der
Beobachtung der Welt durch den angegebenen Process gebildet hat, richtig auf den einzelnen Fall, der vorliegt, anzuwenden, also auf richtige Subsumierung des besonderen unter
das allgemeine. Das richtige Urtheil ist die Voraussetzung
des richtigen Handelns[1]), wie auf die denkende Seite des
Menschen in der Ethik überhaupt alles ankommt.

Selbst bei dieser Beurtheilung des einzelnen ist der
Mensch von dem Logos, der in ihm lebt, nicht verlassen.
Die richtige Vernunft, welche durch alles geht und ganz
gleich ist dem Zeus, dem Lenker des ganzen Weltalls, ist
auch das gemeinsame Gesetz, welches verbietet, was zu unter-
lassen ist, wahrscheinlich nach Chrysippos[2]), und das Gesetz
wird öfter der λόγος ὀρϑός genannt προστακτικὸς μὲν τῶν
ποιητέων, ἀπαγορευτικὸς δὲ τῶν οὐ ποητέων[3]). Dasselbe
wird ausgesprochen bei Cicero nach Zenon, wenn es da
heisst, Gott sei das natürliche Gesetz, welches das richtige
gebiete und das Gegentheil untersage[4]). Zwar wird dies
nicht unmittelbar von der Vernunft behauptet, aber Gott
wird doch sogleich darauf als Vernunft, die durch die ganze

---

[1]) Epikt. Diss. IV, 1, 42: τοῦτο γάρ ἐστιν αἴτιον τοῖς ἀνϑρώποις πάντων τῶν κακῶν τὸ τὰς προλήψεις τὰς κοινὰς μὴ δύνασϑαι ἐφαρμόζειν
τοῖς ἐπὶ μέρους. Vgl. II, 17.

[2]) Diog. VII, 88: τέλος γίνεται τὸ ἀκολούϑως τῇ φύσει ζῆν, ὕπερ
ἐστὶ κατά τε τὴν αὑτοῦ καὶ κατὰ τὴν τῶν ὅλων, οὐδὲν ἐνεργοῦντας ὧν
ἀπαγορεύειν εἴωϑεν ὁ νόμος ὁ κοινός, ὅσπερ ἐστὶν ὁ ὀρϑὸς λόγος διὰ
πάντων ἐρχόμενος, ὁ αὑτὸς ὢν τῷ Διὶ καϑηγεμόνι τούτῳ τῆς τῶν ὅλων
διοικήσεως ὄντι. Vgl. M. Aur. IV, 4: εἰ τοῦτο, καὶ ὁ προςτακτικὸς
τῶν ποιητέων ἢ μή, λόγος κοινός· εἰ τοῦτο καὶ ὁ νόμος κοινός.

[3]) Stob. Ekl. II, 190. 204. Floril. 44, 12. Vgl. auch Alex. Aphr. De fato
C. 35, wo in einer Schlussreihe dargelegt wird, dass es kein Gesetz geben
könne ohne den λόγος ὀρϑός. Aehnlich ein Fragment aus dem Werke
des Chrysippos περὶ νόμου bei einem Anonymus z. Hermogenes, Spengel,
Συναγ. τεχν. 177 u. bei Marcian z. Dig. I, 3, 2 (S. Krische, Forsch. 475 f.),
wo allerdings nur von dem νόμος und nicht von dem λόγος die Rede ist.

[4]) N. D. I, 14, 36.

Natur der Dinge geht, bezeichnet, also ist die Identität zwischen dem allgemeinen Gesetz und der Weltvernunft auch äusserlich gewährleistet. Aehnliche Aeusserungen finden wir viele in Ciceros Büchern De legibus, einer Schrift, die ganz und gar auf stoischen Principien beruht. Hier wird die *lex* als die *rcra* und *princeps* und *summa* bezeichnet, und es heisst von ihr geradezu, dass sie die *ratio summa insita in natura, quae iubet ea, quae facienda sunt prohibetque contraria,* ist [1].

Diese Vernunft besitzen nun alle Menschen, so dass sie auch alle Theil haben an dem gemeinsamen Gesetz, wie uns Areios Didymos berichtet: κοινωνίαν δ᾽ ὑπάρχειν πρὸς ἀλλήλους (zwischen Menschen und Göttern) διὰ τὸ λόγου μετέχειν, ὅς ἐστι φύσει νόμος [2]), und das sittliche und Rechtsgefühl muss sich in einem jeden vorfinden [3]) und geltend machen, da alle Bürger einer Stadt mit einem und demselben Gesetze sind. Dies ist der Dämon, welchen Zeus als ein Stück von sich einem jeden zum Führer und Leiter gegeben hat [4]). Was gerecht ist, hat die Natur bestimmt, nicht menschliche Satzung, und demnach kommt auch die ethische Forderung, der Natur gemäss zu leben, sei es die allgemeine, sei es die specifisch menschliche, wie die blos dem Ausdruck nach verschiedenen Formeln lauten, zum Bewusstsein, wenn auch erst durch die Betrachtung des Weltlaufs, weshalb

---

[1]) I, 6, 13. Vgl. Lactant. Instit. VI, 8 aus Cicero De republ. III: *est quidem vera lex recta ratio, naturae congruens, diffusa in omnes, constans, sempiterna, quae vocet ad officium iubendo, vetando a fraude deterreat.*

[2]) Euseb. Praep. ev. XV, 15. 817, d.

[3]) Cic. De leg. I, 12, 33, wo bewiesen werden soll, dass mit der *ratio* zugleich *ius* verbunden ist. *at omnibus ratio, ius igitur datum est omnibus.* M. Aur. II, 4: ὁ κόσμος ὡσανεὶ πόλις ἐστί. — ἐκεῖθεν δὲ ἐκ τῆς κοινῆς ταύτης πόλεως καὶ αὐτὸ τὸ νοερὸν καὶ λογικὸν καὶ νομικὸν ἡμῖν.

[4]) M. Aur. V, 27: (ψυχήν) ποιοῦσαν δὲ ὅσα βούλεται ὁ δαίμων, ὃν ἑκάστῳ προστάτην καὶ ἡγεμόνα ὁ Ζεὺς ἔδωκεν ἀπόσπασμα ἑαυτοῦ. S. oben 145.

Chrysippos das Leben nach der Tugend näher bestimmte
als das nach der Erfahrung dessen, was in der Natur vor
sich geht[1].

Ob der Mensch dieser sittlichen Forderung, dem allgemeinen Gesetz, das in ihm zum Bewusstsein gelangt, nach-
kommen will, oder nicht, ob er die Glückseligkeit, als ethisches Ziel, erreicht oder nicht, das hängt nach stoischer
Lehre von ihm selbst ab, und damit wäre der Boden für die
Ethik gewonnen, freilich vermittelst eines grossen Sprunges.
Gerade auf diesen Theil der Philosophie legten die Stoiker
den grössten Werth, wie man ja allgemein in den späteren
Jahrhunderten von der physischen Speculation mehr und
mehr abkam und der praktischen Philosophie das ganze
Feld einräumte. Es scheint bei vielen der Stoiker, als würde
die Physik nur wegen der Ethik getrieben, und der Logos,
welcher in der Physik der tiefste Begriff ist und zugleich
der bestimmende, ist es auch in der Ethik und vermittelt,
wie wir schon gesehen, die engste Verbindung zwischen
beiden Disciplinen.

Dennoch kann nach den physischen Prämissen eine
stoische Ethik nicht für möglich gelten, sofern sie es zu
thun hat mit der freien That des Menschen und nicht reine
Beschreibung des Naturgesetzes im menschlichen Denken und
Handeln sein soll. Der Logos ist zwingend, er wirkt mit
unerbittlicher Nothwendigkeit überall in gleicher Weise, so
dass alles nach ihm als ewigem Gesetz geschieht. Er muss
also auch in dem Menschen, dem höchsten Organismus, mit
absoluter Nothwendigkeit walten, wobei es nichts ausmachen
kann, dass er in diesem zum Bewusstsein kommt, und von
einer Selbstentscheidung kann nach dieser physischen Lehre
gar nicht die Rede sein.

So lange die Stoiker Physiker sein wollen, wird auch

---

[1] Diog. VII, 87. Vgl. Cic. De fin. III, 9, 31.

diese starre Consequenz beibehalten und vertreten, wie Chrysippos in seinem Buche Περὶ φύσεως es ausspricht[1]), dass
wir immer nur in der Oekonomie des ganzen stehen, sei es
nun, dass wir das rein körperliche berücksichtigen, oder die
geistigen Fertigkeiten. Dann fährt er fort: κατὰ τοῦτον δὲ
τὸν λόγον τὰ παραπλήσια ἐροῦμεν καὶ περὶ τῆς ἀρετῆς
ἡμῶν καὶ κακίας, und um alle Zweifel zu heben, sagt er
ebendaselbst, dass im einzelnen auch nicht der kleinste Theil
anders geschehen kann als κατὰ τὴν κοινὴν φύσιν καὶ κατὰ
τὸν ἐκείνης λόγον[2]). Aber dass die κοινὴ φύσις identisch
ist mit dem Fatum, führt Plutarch als ganz bekannt an, und
haben wir auch schon oben gesehen.

Dies die Lehre, so lange sich die Stoiker im physischen
halten. Sobald sie aber das ethische Gebiet betreten, lautet
die Sache gleich ganz anders. Da geben die Götter allerdings Reichthum, Gesundheit, überhaupt die Adiaphora; die
Tugend aber ist αὐθαίρετος, durch eigene Mühe zu er-
werben[3]). Also ihr Besitz oder Nichtbesitz hängt allein von
dem Menschen ab. Es wird dies auch nach der andern Seite
hin so gewandt: Es sei nicht denkbar, dass die Götter, die
sonst für die Menschen so grosse Fürsorge zeigten, das sittliche Uebel hervorriefen, ebenso wie das Gesetz nicht die Ursache der Uebertretung sei[4]).

---

[1]) Plut. Stoic. rep. 34, 1050, A.

[2]) Vgl. Plut. Comm. not. 34. 1076. E, wo Chrysippos sagt: οὐδὲ τοὐ-
λάχιστόν ἐστι τῶν μερῶν ἔχειν ἄλλως ἢ κατὰ τὴν τοῦ Διὸς βούλησιν.
Chalcid. z. Plat. Tim. 292: *omnium quae nascuntur tam originem quam
etiam causam esse (deum), non malorum modo, sed turpitudinis quoque et
obscoenitatis.*

[3]) Plut. Stoic. rep. 31. 1048, D f. Comm. not. 32. 1075, E f. Chrysippos bei Gellius VI, 2: διὸ καὶ ὑπὸ τῶν Πυθαγορείων εἴρηται·

γνώσει δ' ἀνθρώπους αὐθαίρετα πήματ' ἔχοντας,

ὡς τῶν βλαβῶν ἑκάστοις παρ' αὐτοῖς γινομένων καὶ καθ' ὁρμὴν αὐτῶν ἁμαρτανόντων τε καὶ βλαπτομένων καὶ κατὰ τὴν αὐτῶν διάνοιαν
καὶ θέσιν.

[4]) Plut. Stoic. rep. 33. 1049, E.

Es sind demnach in der stoischen Philosophie die beiden sich entgegengesetzten Lehren von der Nothwendigkeit und der Freiheit unmittelbar neben einander gestellt, und es geschieht hier zum ersten Male in der Geschichte des Geistes, dass diese sich widersprechenden Begriffe als gefordert, der eine von dem Verstande, der andere von dem sittlichen Bewusstsein, einander gegenüber treten. Die Stoiker sind sich zuerst über diese Forderungen klar geworden, aber auch über ihren Gegensatz, den zu überwinden sie verschiedene Versuche gemacht haben, wobei sie den beiden Seiten ihr volles Recht widerfahren [1]) lassen wollten; freilich erfolglose Versuche, wie alle späteren es auch sein mussten.

Bei Platon wird der Anfang gemacht, die Verantwortlichkeit, also die sittliche Freiheit, einer intelligibeln That zuzuschreiben, und neuerdings finden wir diese Lehre auch, zum Beispiel von Kant und Schopenhauer, vertreten. Dass mit dieser Lösung aber nichts anderes erreicht wird, als die ganze Frage auf ein mystisches Terrain zu schieben, wohin zu folgen wenigen möglich ist, oder wenigstens nicht allgemein verlangt werden kann, muss jeder unbefangene sehen. Bei Aristoteles werden die Gebiete des nothwendigen und unveränderlichen, auf welche sich allein die Wissenschaft beziehen kann, und des veränderlichen und freien, wo von dem Wollen und dem Handeln die Rede ist, streng geschieden, und es führt kein Weg von dem einen in das andere. So war es dem Aristoteles nicht möglich, eine Vereinigung anzubahnen.

Von den Stoikern wird der eigentliche Act der Freiheit in die Beistimmung zur Vorstellung gesetzt, welche erfolgen muss, ehe das Handeln möglich ist. Die Vorstellung selbst bringt diese Zustimmung noch nicht hervor; sie ist nicht die

---

[1]) Vgl. Trendelenburg, Nothwendigkeit und Freiheit in der griech. Ph. a. a. O. 162 ff.

αὐτοτελὴς αἰτία der συγκατάθεσις, wie Chrysippos sagt[1]. Sie wird allerdings durch die εἱμαρμένη uns zugeführt, aber nun beruht es auf uns, sie als richtige anzuerkennen, oder sie abzuweisen, so dass es also auch auf uns ankommt, ob wir gut oder schlecht handeln wollen, und die εἱμαρμένη auch nur als προκαταρκτικὴ αἰτία gelten kann. Sogar wenn ein Weiser oder Gott selbst falsche Vorstellungen in uns erregte, und wir stimmten ihnen bei, so würde die Schuld doch uns treffen[2]. Von uns abhängig und freiwillig ist diese Zustimmung[3]), und in Folge dessen auch alles, was durch sie hervorgebracht wird. Bekanntlich gehen die Stoiker so weit, dass sie alle Affecte als freiwillige Bewegungen ansehen, weil sie sich dieselben nicht ohne die assensio denken können.

Wird unter dieser Freiheit nun verstanden, dass in dem betreffenden Falle wirklich den Menschen die Wahl frei stände, beizustimmen oder nicht, ohne dass die Entscheidung noch von etwas anderem abhienge, so wäre allerdings das, was man in der Regel unter Willensfreiheit versteht, behauptet. Aber wenn die Stoiker diese auch praktisch und dem Ausdrucke nach annehmen, so haben sie dieselbe bei der speculativen Behandlung der Frage, scheint es, nie beweisen wollen, weil sie sonst einen ihrer Hauptsätze, das μηδὲν ἀναιτίως γίγνεσθαι hätten aufgeben müssen, und weil sie sonst von dem Logos, ihrem ersten physischen Begriff, abgefallen wären. Deshalb werden auch von Chrysippos die Philosophen scharf getadelt, welche in Fällen der Wahl unter ganz gleichen und gleichgiltigen Gegenständen eine rasch hinzukommende Bewegung, eine κίνησις ἐπελευστικὴ in dem ἡγεμονικόν annehmen, so dass die Entscheidung ohne Ur-

---

[1] Plut. Stoic. rep. 47. 1055, F.
[2] Ebd. 1056, A f.
[3] Cic. Acad. I. 11, 41: *assensionem — quam esse vult in nobis positam et voluntariam.* De fato 19, 43: *assensio nostra erit in potestate* und öfter.

sache herbeigeführt werde. Der Stoiker meint, es wirkten
zu diesem Endresultate doch Ursachen, die uns nur un-
bekannt blieben [1]), während er selbst freilich in den Büchern
Περὶ τοῦ δικάζειν und Περὶ τοῦ καϑήκοντος eine ἐπίκλισις
τῆς διανοίας ὡς ἔτυχεν annahm. In ähnlicher Weise spricht
er einmal aus, die unvernünftigen Bewegungen der Seele geschähen εἰκῇ [2]), wobei ihm seine Gegner mit Recht vorwerfen,
diese Annahme verstosse gegen sein erstes philosophisches Gesetz, nämlich das der Causalität. Aber Chrysippos wird hierbei
unbekannte Ursachen, ebenso wie bei der τύχη, im Sinne gehabt und den Ausdruck nur, um sich allgemeiner verständlich zu machen, gewählt haben.

Noch weniger kann an eine Wahlfreiheit gedacht werden, wenn es heisst, dass die Vorstellungen überwältigend
wirken, also die Zustimmung erzwingen, wie die Wagschaale
sich senken muss, wenn die nöthigen Gewichte aufgelegt
werden, oder wenn durch Unterricht die Verkehrtheit in die
Menschen hineinkommen soll.

Wo bleibt nun aber die Freiheit, wenn überall Ursachen
auch im ethischen wirken? Die Entscheidung soll bei uns
liegen. Sehen wir freilich genauer zu, so finden wir der
Sache eine solche Wendung gegeben, dass die Wahlfreiheit
nicht bestehen bleibt. Allerdings wird in einem bestimmten
Falle der eine Mensch so, der andere anders handeln, so
dass es scheint, als wäre es jedem anheimgegeben, das eine
oder das andere zu wählen. Aber im Grunde hängt die
Entscheidung einzig und allein von der verschiedenen Natur,

---

[1]) Plut. Stoic. rep. 23. 1045, C: ἐν δὲ ταῖς πλαττομέναις ὑπ᾽ ἐνίων
καὶ λεγομέναις ταύταις ἐπελεύσεσιν αἰτίας ἀδήλους ὑποτρέχειν καὶ λαν-
ϑάνειν ἡμᾶς ἐπὶ ϑάτερα τὴν ὁρμὴν ἀγούσας.

[2]) Gal. De dogm. Plat. et Hippocr. V, 392.

[3]) Cic. Acad. II, 12, 38: ut enim necesse est, lancem in libra ponderibus
impositis deprimi, sic animum perspicuis cedere. Diog. VII, 89: διαστρέ-
φεσϑαι δὲ τὸ λογικὸν ζῶόν ποτε μὲν διὰ τὰς τῶν ἔξωϑεν πραγματειῶν
πιϑανότητας, ποτὲ δὲ διὰ τὴν κατήχησιν τῶν συνόντων.

dem verschiedenen Charakter ab. Die einen sind zur Tugend geneigt und werden sich gemäss ihrer Qualität, sobald sich Gelegenheit zeigt, verhalten, die andern zum Gegentheil, und deren Anlage wird durch die That offenbar. Diese Beschaffenheit ist aber nicht von dem Menschen selbst erworben, sondern ihm gegeben, angeboren, und so sind wir in dieser Beziehung vom Fatum abhängig[1]), wobei es nichts ausmacht, dass die Causalität ihre Bestimmungsgründe in uns selbst hat. Der Wille hat seine Richtung von vornherein, und kann sich nicht ändern. *Velle non discitur* sagt Seneca, und darauf scheint es auch hinzuzielen, wenn als Grund der Uebel einfach die Verkehrtheit angegeben wird[2]). Chrysippos sprach von einer rein materiell gedachten $εὐτονία$ und $ἀτονία$[3]), von einer $ἰσχύς$ und $ἀσθένεια$, also von einer starken und schwachen Constitution der menschlichen Seele, und diese Verschiedenheit ist von den verschiedenen $λόγοι$ $σπερματικοί$ abhängig, die sich ungehemmt entwickeln müssen[4]). Hier ist der Punkt, wo in andern Systemen die intelligible Freiheit einspringt, um die Verantwortlichkeit für das, was man ist, und was man in Folge dessen thut, zu retten.

Chrysippos braucht zur Verdeutlichung seiner Ansicht häufig das Beispiel vom Cylinder, der allerdings des Anstosses bedarf, um fortzurollen. Hat aber die Bewegung, von aussen veranlasst, begonnen, so dreht er sich fort vermöge seiner Qualität, die er nun einmal hat. Gerade so ist es

---

[1]) Chrysippos bei Gellius VI, 2, 7: *ingenia tamen ipsa mentium nostrarum proinde sunt fato obnoxia, ut proprietas eorum est ipsa et qualitas etc.*

[2]) S. oben 94. 95, 1.

[3]) Chalcid. z. Plat. Tim. 295: *perversitatem seminarium malorum esse causati sunt, nec expediunt adhuc, unde ipsa perversitas.*

[4]) Plot. Enn. III, 1, 7, wo Plotin treffend sagt, dass die $λόγοι$ $σπερ$-$ματικοί$ der strengen Causalitätskette gleich kommen, $εἰ$ $καὶ$ $βούλεται$ ($αὕτη$ $ἡ$ $δόξα$) $τι$ $ἡμῖν$ $καὶ$ $ἑκάστοις$ $χαρίζεσθαι$ $εἰς$ $τὸ$ $παρ'$ $ἡμῶν$ $ποιεῖν$ $τι$.

mit uns. Das Motiv von aussen muss wirken, aber dann liegt die darauf folgende Bewegung an unserer Beschaffenheit[1]. Der Vergleich führt freilich dahin, dass auch den leblosen Dingen dieselbe Art von Willen oder Selbstbestimmung zugeschrieben werden muss wie den Menschen, und Philopator, ein Stoiker der Kaiserzeit, soll wirklich so weit gegangen sein, in die Gewalt des Feuers das Brennen zu setzen, wie in unserer Gewalt die ὁρμαί lägen, beides von der Natur gegeben[2]. So ist jede Bewegung des Menschen, jede That desselben das Product der äusseren Umstände und des angeborenen Charakters, ähnlich wie bei Kant und Schopenhauer, und an eine wirkliche Wahlfreiheit ist nicht mehr zu denken. Nemesios hat dies schon deutlich erkannt, indem er sagt[3]: Freiheit existiere dann nur, wenn bei ganz denselben Ursachen wir bald dies bald jenes wollen könnten. Da aber die Stoiker behaupteten bei ganz denselben Umständen werde immer dasselbe von uns gethan, so sei klar, dass unsere scheinbare Selbstentscheidung doch nicht in unserer Macht liege. Es ist diese nach den Stoikern in Wahrheit nichts anderes als die Offenbarung dessen, was in unserer Natur von vornherein angelegt war und nicht geändert werden kann. Insofern beruhen allerdings die Ent-

---

[1] Am deutlichsten bei Gell. VI, 2, 11: *Sicut, inquit (Chrysippus), lapidem cylindrum si per spatia terrae prona atque derupta iacias, causa quidem ei et initium praecipitantiae fueris, mox tamen ille praeceps volvitur, non quia tu id iam facis, sed quoniam ita sese modus eius et formae volubilitas habet: sic ordo et ratio et necessitas fati genera ipsa et principia causarum movet, impetus vero consiliorum mentiumque nostrarum actionesque ipsas voluntas cuiusque propria et animorum ingenia moderantur.* Cic. De fato 18, 42 und öfter.

[2] Nemes. De nat. hom. 139 f.: εἰ γὰρ τὴν ὁρμὴν ἐφ᾽ ἡμῖν τάττουσιν, ὅτι φύσει ταύτην ἔχομεν, τί κωλύει, καὶ ἐπὶ τῷ πυρὶ λέγειν εἶναι τὸ καίειν, ἐπειδὴ φύσει καίει τὸ πῦρ; ὥς που καὶ παρεμφαίνειν ἔοικεν ὁ Φιλοπάτωρ ἐν τῷ περὶ εἱμαρμένης. Vgl. Plot. Enn. III, 1, 7, wo dieselbe Consequenz aus der stoischen Lehre gezogen wird.

[3] De nat. hom. 139. Vgl. Alex. Aphr. De fato C. 13 u. 34.

scheidungen auf uns, als sie nach der verschiedenen Disposition verschieden ausfallen, aber von einer Willkür unsererseits dabei kann nicht die Rede sein.

Ebenso wenig wird dieselbe gewonnen durch die Unterscheidung zwischen Ursachen, welche die Wirkung selbständig hervorbringen (*causae perfectae et principales*), und solchen, welche blos mitwirken (*causae adiuvantes*). Zu den ersten gehören nach stoischer Lehre die äusseren Veranlassungen der Zustimmungen und Begehrungen nicht, so dass die Freiheit der Entschliessung durch die zusammenhängende Kette von Ursachen und Wirkungen nicht gehemmt würde, dagegen zu letzteren, wobei ebenso die Zustimmung und Begehrung nicht ausschliesslich durch diese äussere Ursache bestimmt wird, sondern die Qualität des Menschen noch hinzukommen muss[1]. So haben wir denn in den sogenannten Willensacten nur die beiden schon angegebenen Factoren, den einen ausserhalb des Individuums, den andern innerhalb desselben, und es wird nur so viel gewonnen, dass die Persönlichkeit des Menschen als selbständige Ursache mitwirkt zu dem Resultate. Sie ist aber von dem allgemeinen Causalnexus nicht ausgenommen, sondern steht als nothwendige Wirkung von andern Ursachen fest und kann sich auch nur nach ihrer gegebenen Beschaffenheit bewegen.

Nicht überzeugender wird eine Ausnahme von dem bindenden und zwingenden Logos, der in der Welt herrscht,

---

[1] Cic. De fato 18, 41 ff. S. d. griechisch. Ausdrücke b. Plutarch Stoic. rep. 47. 1055, F f. Sext. Pyrrh. III, 15 f. S. 132. Alex. Aphr. De fato C. 22. Vgl. Heine a. a. O. 41 f. Weder unter den *causae adiuvantes* noch unter den *perfectae* oder *principales*, wie Heine will, ist die eigene Entscheidung des Menschen zu verstehen. Diese wird überhaupt unter keine von beiden Arten bei Cicero gebracht. Will man sie aber zu einer rechnen, so muss sie ebenso wie der äussere Anlass eine *causa adiuvans* sein, so dass sie dann mit dem äusseren Anlass zusammen die Wirkung hervorbringt, wie das συναίτιον bei Sextus erklärt wird: ὁ τὴν ἴσην εἰσφέρεται δύναμιν ἑτέρῳ συναιτίῳ πρὸς τὸ εἶναι τὸ ἀποτέλεσμα.

statuiert, wenn die Stoiker unseren Willen zwar bestehen
lassen, aber ihn dem allgemeinen gänzlich unterordnen, so
dass er allerdings etwas will und sich für etwas entscheidet,
diese besondere Entscheidung aber durch das Fatum immer
gesichert ist. Ohne das Wollen des einzelnen wird etwas
bestimmtes zwar nicht erreicht, aber dies Wollen ist nothwendig, und der einzelne Mensch nur das Werkzeug, dessen
sich das Fatum bedient, um seine Zwecke durchzusetzen.
Das was ἐφ' ἡμῖν sein soll, wird zu einem γινόμενον δι' ἡμῶν,
das allerdings nicht gegen unsere besondere Natur sein
kann[1]. Aber Nemesios bemerkt schon mit vollem Rechte,
das δι' ἡμῶν ἐφ' εἱμαρμένης γινόμενον liege nicht in unserer
Gewalt[2]. In gleicher Weise müsse es sonst auch in der Gewalt der Lyra oder der Flöte liegen, Musik zu machen, da
sie gerade so gut wie wir Werkzeuge seien. Ebenso wirft
Alexander aus Aphrodisias[3] den Stoikern vor, sie höben mit
dieser Lehre im Menschen die ἐξουσία τῆς αἱρέσεως καὶ
πράξεως τῶν ἀντικειμένων auf, und Chalcidius meint, nach

---

[1] Alex. Aphr. De fato, das ganze Cap. 13. Boeth. z. Arist. De interpret.
ed. sec. 83, 1, b: *Stoici autem omnia necessitatibus dantes converso quodam
ordine liberum voluntatis arbitrium custodire conantur. Dicunt enim naturaliter quidem animam habere quandam voluntatem, ad quam propria
natura ipsius voluntatis impellitur. Et sicut in corporibus inanimatis
quaedam naturaliter gravia feruntur ad terram, levia sursum meant et
haec natura fieri nullus dubitat, ita quoque in nobis et in ceteris animalibus voluntatem quidem naturalem esse cunctis et quicquid fit a nobis secundum voluntatem, quae naturalis nobis est, putant fieri. illud tamen
addunt, quod ea volumus, quae providentiae illius necessitas imperavit,
ut sit quidem nobis voluntas concessa naturaliter, et id quod facimus vo-
luntate facimus —: ipsam tamen voluntatem illius providentiae necessitate
constringi. Ita fieri quidem omnia ex necessitate, quod voluntas ipsa naturalis necessitatem sequatur, fieri etiam quod facimus ex nobis, quod ipsa
voluntas ex nobis est et secundum animalis naturam.*

[2] Nat. hom. 140.

[3] A. a. O.

den Stoikern seien die Bewegungen unserer Seele nichts als Dienstleistungen bei den Beschlüssen des Fatums[1]).

Soll die Freiheit darauf sich beschränken, dass man mit dem Vorgange in der Natur der Dinge, mit dem κοινὸς λόγος, wie er sich auch im Leben des einzelnen zeigt, zufrieden ist und sich willig in das allgemeine Geschick einfügt, so dass die Sittlichkeit und mit ihr die εὐδαιμονία blos auf die εὐαρέστησις hinauskäme, und die κακία nur in der Unzufriedenheit mit dem, was der Zusammenhang des ganzen für uns mit sich bringt, so ist für das Handeln eben nichts von Freiheit gewahrt. Kleanthes sagt in den bekannten Versen bei Epiktetos: Wenn ich mich nicht fügen will, so werde ich unsittlich und muss trotzdem folgen[2]), und das diesem nachgebildete Wort des Seneca lautet: *Ducunt volentem fata, nolentem trahunt.* Nichts als eine unglückliche Ausflucht des letzteren ist es, von Freiheit zu sprechen, wenn man geduldig trägt was man nicht vermeiden kann[3]). Und wollte man sogar noch einen Rest von Freiheit dann finden, wenn es sich darum handelt, willig zu folgen dem Geschick, oder sich wider Willen ziehen zu lassen, so muss doch auch hier wieder die Stärke oder Schwäche des λόγος ἐνδιάθετος im Menschen, also die in den allgemeinen Causalnexus eingefügte Naturanlage das entscheidende sein.

Auf dieselbe Unterordnung des speciellen Willens unter den allgemeinen Zweck kommt es auch bei der Widerlegung

---

[1]) Z. Plat. Tim. 159: *animorum vero nostrorum motus nihil aliud esse quam ministeria decretorum fatalium. Siquidem necesse sit, agi per nos agente fato. Ita homines vicem obtinere eorum, quae dicuntur, sine quibus agi non potest: sicut sine loco esse non potest motus aut statio.*

[2]) Epikt. Ench. 52. Vgl. Hippol. I, 21, wo der Mensch verglichen wird mit einem Hund, der hinter einen Wagen gespannt, folgen muss, entweder freiwillig oder unfreiwillig.

[3]) De vita b. 15, 7: *quicquid ex universi constitutione patiendum est, mag..... suscipiatur animo, ad hoc sacramentum adacti sumus, ferre mort... nec perturbari iis, quae vitare non est nostrae potestatis. In regno nati sumus; deo parere libertas est.*

des *ἀργὸς λόγος* hinaus. Wurde nämlich gegen die Stoiker vorgebracht, nach ihrer Lehre sei eine Thätigkeit des Menschen gar nicht nöthig, da was einmal bestimmt sei, doch in Erfüllung gehen müsse, so antworteten sie: Bei vielen Vorherbestimmungen sei unsere Thätigkeit mit eingeschlossen, und ohne dieselbe seien diese nicht denkbar, könnten also auch nicht zur Ausführung kommen[1]. Der eigene Antheil ist damit aufgehoben oder zum reinen Scheine geworden, die *προαίρεσις* ist unter die *πεπρωμένα* aufgenommen, wie Nemesios bemerkt.

So finden wir nirgends eine Ausnahme von dem Causalitätsgesetz. Der Logos oder die *εἱμαρμένη* bindet alles in das allgemeine; der einzelne kommt neben dem ganzen zu keiner Bedeutung, keiner Freiheit, dient als untergeordnetes Mittel dem Hauptzweck. Von ethischer Zurechnung kann demnach bei den Stoikern nicht die Rede sein, und wenn dieser Begriff verbunden werden soll mit der widerstreitenden Vorherbestimmung durch verschiedene Schlussreihen, die uns noch aufbewahrt sind, so lassen sich die Lücken in den sich an einander reihenden Gliedern leicht nachweisen[2].

Sollten die Stoiker in den angeführten Darlegungen ernstliche Versuche gemacht haben, die Freiheit philosophisch zu retten, was freilich kaum glaublich ist, so sind diese als gescheitert anzusehen, und wenn sie sich mit den Beweisen, die

---

[1] Chrysippos nach Diogenianos bei Euseb. Praep. ev. VI, 8. 266, b: *πολλὰ γὰρ μὴ δύνασθαι γενέσθαι χωρὶς τοῦ καὶ ἡμᾶς βούλεσθαι καὶ ἐκτενεστάτην γε περὶ αὐτὰ προθυμίαν τε καὶ σπουδὴν εἰσφέρεσθαι, ἐπειδὴ μετὰ τούτου, φησίν, αὐτὰ γενέσθαι καθείμαρτο.* Nemes. Nat. hom. 144: *ἀλλὰ καὶ τούτῳ συγκαθείμαρται μὴ μόνον πρᾶξαι ἀλλὰ καὶ τοιῶσδε πρᾶξαι, τί δ' ἄλλο φησὶν ὁ τοῦτο λέγων, ἢ ὅτι καὶ ἡ προαίρεσις τῶν πεπρωμένων ἐστίν*; Cicero nennt dies zugleich mitbestimmte *res confatalis*, De fato 13, 30.

[2] Alex. Aphr. De fato C. 35. 37. Beide Male soll die *εἱμαρμένη* nicht bestehen können ohne Unterschied der sittlichen Handlungen, der den Menschen anzurechnen ist. Vgl. Trendelenburg a. a. O. 174.

sie für dieselbe aufbrachten zufrieden stellten, so waren sie befangen durch das starke Bedürfniss nach Freiheit; die schwächsten Stützen aus dem Apparate des Denkens genügten ihnen.

Obgleich das Causalitätsgesetz und der Logos in der Psychologie von Seiten der Physik her auf unbedingten Determinismus hinarbeiten, so wirkt die Ethik als Zweck doch dahin, als Dogma aufzustellen, dass sämmtliche Bewegungen der Seele frei sind, so dass unsere Glückseligkeit und unser Unglück von uns allein abhängt. Man braucht nur das erste Capitel von Epiktets Encheiridion zu lesen, wie hier das Urtheil, der Trieb, das Begehren und Vermeiden in unserer Macht stehen soll, um zu sehen, dass wir Herren über Glück und Unglück sind, in dieser Beziehung auf uns selbst gegründet[1]. Tugenden und Fehler, wie Affecte, welche das Leben entweder dem Zwecke entsprechend gestalten, oder das gesteckte Ziel nicht erreichen lassen, sind auf Urtheile und Schlüsse zurückzuführen. Sie sind selbst $\varkappa\varrho i\sigma\varepsilon\iota\varsigma$, $\delta\acute{o}\gamma\mu\alpha\tau\alpha$, sogar $\lambda\acute{o}\gamma o\iota$ genannt[2]. Dem $\lambda o\gamma\iota\sigma\tau\iota\varkappa\acute{o}\nu$ tritt kein $\ddot{\alpha}\lambda o\gamma o\nu$ $\mu\acute{\varepsilon}\varrho o\varsigma$ in der Seele entgegen, das nach der Lehre der Akademiker und Peripatetiker, wie in der Physik die $\ddot{v}\lambda\eta$ durch das $\varepsilon\ddot{\iota}\delta o\varsigma$, erst durch den $\lambda\acute{o}\gamma o\varsigma$ überwunden werden musste, so dass auch nach dieser Seite nichts den Willen des Menschen hinderte.

Durch einen doppelten Grund mochten die Stoiker bewogen werden, von ihrem höchsten Princip, dem Logos abzufallen und die absolute Selbstbestimmung anzunehmen. Sie wollten den Menschen vor allen Dingen ausgenommen wissen von den Zufälligkeiten des Lebens, von allem Elend auf politischem und socialem Gebiete und erhoben ihn demnach sogar über das sonst unverbrüchliche Causalitätsgesetz, so dass er rein auf sich selbst gegründet sein sollte.

---

[1] Ausdrücklich wird noch hinzugesetzt: $\varkappa\alpha i$ $\tau\grave{\alpha}$ $\mu\grave{\varepsilon}\nu$ $\dot{\varepsilon}\varphi'$ $\dot{\eta}\mu\tilde{\iota}\nu$ $\dot{\varepsilon}\sigma\tau\iota$ $\varphi\acute{v}\sigma\varepsilon\iota$ $\dot{\varepsilon}\lambda\varepsilon\acute{v}\vartheta\varepsilon\varrho\alpha$, $\dot{\alpha}\varkappa\acute{\omega}\lambda v\tau\alpha$, $\dot{\alpha}\pi\alpha\varrho\varepsilon\mu\pi\acute{o}\delta\iota\sigma\tau\alpha$.

[2] Vgl. des Verf.'s Abhandlung: *Stoicorum de affectibus doctrina*, 8 ff.

Sodann sehen sie in der Welt der Erfahrung bei dem sittlichen Leben des Menschen die zweckvolle Logik, welche in der Physik überall zur Geltung kommt, nicht verwirklicht, und deshalb musste hier dem allgemeinen die Besonderheit entgegentreten. Von vornherein ist alles auf die Erreichung des ethischen Zieles im Menschen angelegt, die physische Grundlage der Seele ist auf die καλοκάγαθία berechnet, der Same der Tugend liegt in jedem von uns. Es kommt nur darauf an, dass er sich regelmässig entwickelt[1].

Aber fast nie kommt dieser Keim, bei dem man die Materialität im Auge behalten muss, zur vollen Entfaltung. Es wurde zugegeben, dass in einer langen Reihe von Jahren das in der Natur angelegte nicht erfüllt worden sei. Als einzige Beispiele des Weisen leuchten bekanntlich hervor Sokrates, dessen sittliche Stärke sprichwörtlich wurde, Antisthenes, Diogenes, Heraklit[2]), aber selbst diese werden noch προκόπτοντες genannt. Ausser diesen erlauchten Männern waltet überall Schlechtigkeit und Verderbniss. So schildert schon Kleanthes die sittliche Welt[3]). Chrysippos folgt ihm nach und vergleicht alle Menschen mit rasenden. Das ganze

---

[1]) Musonios bei V. Peerlkamp, Muson. reliqu. et apophth. 143: σπέρμα ἀρετῆς ἑκάστῳ ἡμῶν ἐνεῖναι. Sen. Epist. 108, 8: *omnibus enim natura fundamenta dedit semenque virtutum. omnes ad omnia ista nati sumus.* 41, 9: *consummatur hominis bonum, si id implevit, cui nascitur.* Stob. Ekl. II, 116: πάντας γὰρ ἀνθρώπους ἀφορμὰς ἔχειν ἐκ φύσεως πρὸς ἀρετήν. Diog. VII, 89: ἐν αὐτῇ (τῇ ψυχῇ) τ' εἶναι τὴν εὐδαιμονίαν, ὅτ' οὔσῃ ψυχῇ πεποιημένῃ πρὸς τὴν ὁμολογίαν παντὸς τοῦ βίου. — ἡ φύσις ἀφορμὰς δίδωσιν ἀδιαστρόφους. S. andere Stellen b. Zeller IV, 202, 6. 207, 1 und 3.

[2]) Diog. VII, 91. Epikt. Ench. 15.

[3]) Hymnus auf Zeus V. 26 ff.:
αὐτοὶ δ' αὖθ' ὁρμῶσιν ἄνευ καλοῦ ἄλλος ἐπ' ἄλλα,
οἱ μὲν ὑπὲρ δόξης σπουδὴν δυσέριστον ἔχοντες,
οἱ δ' ἐπὶ κερδοσύνας τετραμμένοι οὐδενὶ κόσμῳ,
ἄλλοι δ' εἰς ἄνεσιν καὶ σώματος ἡδέα ἔργα.
Sext. Math. IX, 90 S. 572: οἷον εὐθέως ὅτι διὰ κακίας πορεύεται (ὁ ἄνθρωπος) πάντα τὸν χρόνον, εἰ δὲ μή γε τὸν πλεῖστον.

Leben ist nach ihm von Anfang bis zu Ende voll Irrthümer und Fehler, nichts in ihm rein und tadellos, so dass es als das schmählichste und unerfreulichste aller Dramen angesehen werden kann[1]). Und wenn man die Klage über das moralische Elend bei Seneca liest, bekommt man den Eindruck als habe Schopenhauer für seine Weltansicht unmittelbar aus diesem geschöpft. Setzt die stoische Physik mit der Schilderung der besten Welt in den hellsten Farben ein, so fasst die Ethik das düsterste Gemälde der schlechtesten Welt in sich. Optimismus und Pessimismus stehen sich bei den Stoikern schroff gegenüber — keine von den beiden Weltansichten ist allein aufrecht erhalten, wenn auch auf ihrem Gebiete mit Consequenz durchgeführt. Das Princip der absoluten Zweckmässigkeit und Logik scheiterte an der Gewalt der sittlichen Thatsachen und konnte sich demnach nicht in die Ethik übersetzen. Hier ist das Gebiet des absolut unlogischen; denn anders lässt sich das Rasen des Menschen nicht bezeichnen.

Die Antwort, welche genügte, um Gott in der Physik zu rechtfertigen, dass nämlich das einzelne zur Harmonie des ganzen diene, das scheinbar unlogische, das es doch in Wahrheit nicht ist, dem allgemeinen Logos eingefügt sei, konnte hier nicht ausreichen, da das ganze Weltall für den Menschen als seinen Hauptzweck angelegt ist. Wenn dieser nun das ihm gesteckte Ziel nicht erreicht, so herrscht offenbar die grösste Unvernunft da, wo Vernunft sich zeigen soll. So müsste sich der Logos selbst negieren in seiner höchsten Entwickelung. Stücke von ihm sind die Seelen der Menschen, aber diese biegen sich gegen ihn um, oder reissen sich los von dem allgemeinen und widerstreben ihm. Das-

---

[1]) Diogenianos b. Euseb. Praep. ev. VI, 8. 264, b: πῶς οὖν (ὦ Χρύσιππε) οὐδένα φῆς ἄνθρωπον, ὃς οὐχὶ μαίνεσθαι σοι δοκεῖ κατ' ἴσον Ὀρέστῃ τε καὶ Ἀλκμαίωνι πλὴν τοῦ σοφοῦ; ἕνα δὲ ἢ δύο μόνους φῆς σοφοὺς γεγονέναι, τοὺς δὲ ἄλλους δι' ἀφροσύνην ἐπ' ἴσης τοῖς προειρημένοις μεμηνέναι; κτλ. Plut. Comm. not. 14. 1066, B f.

selbe ἡγεμονικόν, das nichts unvernünftiges in sich hat, ist
es, welches sich im richtigen Urtheil zeigt und ebenso in
dem unvernünftigen, dessen unmittelbare Folge das πάθος
ist, so dass es dann doch auch ἄλογον genannt wird [1]. Ein
Sichselbstaufheben des Logos ist aber nicht denkbar. Deshalb muss nach einer andern Ursache gesucht werden. Es
ist glaubhaft, dass die Stoiker von Galenos nach dem Grunde
der unvernünftigen Bewegungen der Vernunft gefragt, sich
vergebens nach einer rettenden Ursache umsahen. Chrysippos sagt in seinen Büchern über die Affecte, das vernünftige Wesen (λογικὸν ζῶον) folge von Natur dem λόγος und
handle nach dem λόγος wie nach seinem Führer, oft jedoch
werde es auch in anderer Weise zu gewissen Dingen hingeführt und von andern abgestossen, indem es so dem Logos
nicht gehorche [1]), und Kleanthes lehrt in seinem Hymnus,
nichts geschehe auf der Erde oder im Himmel oder im Meer
ohne die Gottheit,

$$\pi\lambda\dot{\eta}\nu\ \dot{o}\pi\acute{o}\sigma\alpha\ \dot{\varrho}\acute{\varepsilon}\zeta\omicron\nu\sigma\iota\ \varkappa\alpha\varkappa\omicron\grave{\iota}\ \sigma\varphi\varepsilon\tau\acute{\varepsilon}\varrho\eta\sigma\iota\nu\ \dot{\alpha}\nuo\acute{\iota}\alpha\iota\varsigma.$$

Bei letzterem ist die Selbstbestimmung für das sittlich
schlechte geradezu ausgesprochen, ersterer arbeitet darauf
hin. Ohne diese kann das unlogische in dem ethischen nicht
begriffen werden, und dies hat hauptsächlich mitgewirkt, die
Stoiker zum Aufgeben ihres sonst allgewaltigen Princips zu
bringen.

Die Stoiker liebten die Gegensätze neben einander zu
stellen: Gedanke und Materie, Optimismus und Pessimismus,
Freiheit und Nothwendigkeit — der Widerstreit dieser Begriffe und der Versuch seiner Lösung zieht sich durch ihre

---

[1]) Plut. De virt. mor. 7. 446, F: ἔνιοι δέ φασιν οὐχ ἕτερον εἶναι τοῦ
λόγου τὸ πάθος, οὐ δὲ δυοῖν διαφορὰν καὶ στάσιν, ἀλλὰ ἑνὸς λόγου
τροπὴν ἐπ' ἀμφότερα. 3. 441, C: λέγεσθαι δὲ ἄλογον (τὸ ἡγεμονικόν)
ὅταν τῷ πλεονάζοντι τῆς ὁρμῆς — παρὰ τὸν αἱροῦντα λόγον ἐκφέρηται
[2]) Galen. De dogm. Plat. et Hippocr. V, 368.

ganze Speculation. Vermöge ihrer monistischen Anschauung
hätte es ihnen leicht sein müssen, eine im allgemeinen befriedigende Verbindung zu finden, und in dem λόγος σπερματικός
ist auch ein glücklicher Versuch gemacht, organisch sich entwickelnde Materie mit dem zweckvollen Gedanken zu vereinigen. Weniger gelang es ihnen, die allgemein zwingende
Vernunft mit der individuellen Freiheit zu verbinden. Giengen
sie von der Seite der Physik aus, so mussten sie die letztere
aufgeben, nahmen sie den ethischen Standpunkt ein, so wurde
die erstere beschränkt. Der allwaltende Logos wurde dann in
sein Gegentheil verkehrt.

Es ist hier derselbe grelle Widerspruch zu bemerken,
den wir bei Heraklit wahrgenommen haben, wenn dieser sagt,
die Menschen seien fortwährend mit der allgemeinen Vernunft im Streite, obgleich sie in fortwährender Verbindung
mit ihr stehen. Heraklit war ja für die Stoiker überhaupt
maassgebend, natürlich vor allem für ihre Physik. Hegel
sagt, es gebe keinen Satz des Heraklit, den er nicht in seine
Logik aufgenommen habe. In derselben Weise konnten die
Stoiker von sich sagen, dass sie alle heraklitischen Lehren in
ihre Physik herübergenommen hätten, wenn sie auch auf die
eine mehr, auf die andere weniger Gewicht legten. Schon im
Alterthume wurde den Stoikern vorgeworfen, sie hätten nicht
sowohl neues gefunden, als das Eigenthum anderer mit neuem
Namen benannt[1]), und sie werden geradezu mit Dieben verglichen[2]). Diese Beschuldigungen sind nicht unbegründet,
doch müssen sie auf das richtige Maass zurückgeführt werden.
Nicht besonders schöpferisch, was Gedanken betrifft, haben
die Stoiker viel von den früheren entlehnt, aber es nach
ihren Zwecken ausgebildet und mannigfach umgebildet, um
es mit ihren Grundansichten in Einklang zu bringen. In Be-

---

[1]) Vgl. des Verf.'s Abhandl. *Stoicorum ethica ad origines suas re-
lata*, 1 ff.
[2]) Cic. De fin. V, 25, 74.

treff Heraklits machten sie selbst aus den Entlehnungen kein
Hehl, wie sie auch eigene Schriften über ihn verfassten[1]. Sie
scheuten sich sogar nicht, dieselben Bezeichnungen, wie der
grosse Ephesier zu brauchen, und es kann sie nicht der Vorwurf treffen, als hätten sie hierbei für Erfinder von neuem
gelten wollen.

Es braucht nicht besonders bewiesen zu werden, dass
der Begriff des Logos von Heraklit unmittelbar in die stoische
Philosophie übergegangen ist. Vor der Stoa hatte ausser
Heraklit niemand diesen Begriff selbständig in der Physik
behandelt. Die Bedeutung, die er bei den Stoikern hat, ist
ganz gleich derjenigen bei Heraklit, aber dennoch hat er bei
ihnen eine grosse Umwandlung erfahren. Schon die Art,
in der beide Philosophien den Logos gewinnen, ist begreif-
licher Weise eine sehr verschiedene. Während Heraklit intuitiv ihn ergriff, wenn auch dabei unbewusst auf einem Analogieschluss fussend, und als feststehendes Dogma seine Allgewalt aufstellte, fanden die Stoiker nach sokratischer Weise
etwas der menschlichen Vernunft ähnliches in dem Weltlaufe
und suchten dann das Dasein des Logos und seine Geltung
in der Welt rationell zu beweisen. Sie knüpfen dabei an die
menschliche Vernunft an, so dass man die Analogie zwischen
der allgemeinen und der individuellen Vernunft nicht blos
wie bei Heraklit zu vermuthen braucht, aber natürlich nicht
bis zu den Thätigkeiten derselben, wie sie sich im Individuum
äussern, verfolgen darf. Der Logos ist bei den Stoikern entschieden als Vernunft zu fassen, und da eine andere Bedeutung hier gar nicht möglich ist, dient dies sogar dazu, den
nämlichen Sinn auch für Heraklit zu sichern, wenn man nicht
annehmen will, dass die Stoiker ihren grossen Meister in
einem seiner Hauptbegriffe missverstanden hätten.

Bei Heraklit ist der Logos ganz gleich dem sich ver-

---

[1] S. Zeller IV, 881, 1.

wandelnden Feuer, er ist der ganze Weltprocess, der nach immanenten Gesetzen vor sich geht. Von den Stoikern ist er auch materiell gedacht, aber doch, in Gegensatz gestellt zu den gröberen Elementen, gleich den beiden feineren, die für die zwei andern das formende, gewisser Maassen das geistige Princip bilden, so dass ein Unterschied zwischen Form und Stoff festgestellt wird, und Einfluss von Platon und Aristoteles zu bemerken ist. Wird der λόγος gleich dem Feuer gesetzt, so ist dies doch schon das künstlerisch bildende Feuer, das also nach Zwecken arbeitet. Die Keime finden sich bei Heraklit in dem Gesetz und dem Maasse, nach welchem sich das Feuer verwandelt, aber in der stoischen Ausführung ist wieder die Einwirkung der sokratischen Schule sichtbar, welche den Zweck in den Vordergrund stellte. Diesen Begriff nahmen die Stoiker in ihren Logos mit auf, wenn sie ihn auch häufig zu äusserlich fassten, und liessen die Vernunft sich zweckvoll bewegen.

Zwar ist die εἱμαρμένη ebenso gültig in der Stoa, als bei Heraklit, und gleich dem λόγος. Sie wird sogar näher bestimmt als das unüberschreitbare Causalitätsgesetz, auf welches die Stoiker zuerst so grossen Werth legten. Aber mit dem eingeführten Zwecke ist zugleich die πρόνοια aufgenommen, welche Heraklit geradezu leugnete. In dem ursächlichen Anfange ist zugleich das beabsichtigte Ende enthalten, in dem λόγος σπερματικός die ganze Reihe der berechneten Entwickelungen, die aus dem materiellen Keime hervorgehen müssen. Es wird mit dieser glücklichen Vereinigung von Ursächlichkeit und bewusster Zweckmässigkeit ein bedeutender Fortschritt auf philosophischem und religiösem Gebiete gemacht.

Während nämlich ohne die Vorsehung der Logos sich bei dem Ephesier nur objectiv herausbildete, zur Erscheinung kam und von der menschlichen Vernunft erkannt wurde, tritt hier das subjective Moment mit hinzu, ohne welches die πρόνοια nicht zu denken ist. Intelligenz, Bewusstsein, Berechnung sind mit dieser nothwendig verbunden, und die objective Logik des Heraklit bei weitem überholt. Der Mensch ist bei dem Zwecke in den Vordergrund gestellt, und hierdurch fand das religiöse Bedürfniss besonders Befriedigung, während bei Heraklit davon nicht die Rede sein konnte.

Wenn auch Intelligenz und subjective Logik des formalen Princips bei den Stoikern angenommen werden muss, so ist doch die Frage, ob dasselbe persönlich und selbstbewusst gedacht worden sei, einfach abzuweisen, da der Begriff der Persönlichkeit überhaupt noch nicht aufgekommen war.

So weit man bei Heraklit Ansätze zur Psychologie und Ethik anerkennt, sind diese auch von den Stoikern herübergenommen und weiter ausgeführt worden. Das allgemeine, der Logos, schiesst über in das scheinbar besondere, so dass dieses consequenter Weise aufgehoben ist. Nur wird der Process des Erkennens bei den Stoikern nicht in der materiellen Weise Heraklits geschildert, wie überhaupt das geistige, freilich immer noch materiell gefasst, im Gegensatz zu der zu bildenden Materie bei ihnen viel mehr hervortritt. Der allgemeine Logos, in das menschliche Bewusstsein getreten, ist in der Stoa das Gesetz des Handelns, wie bei Heraklit alle menschlichen Gesetze von dem einen göttlichen sich herleiten. Aber derselbe Widerstreit ist in beiden Philosophien bei dem Handeln zu bemerken, da hier die Erfahrung gegen die allgemein durchgeführte Logik spricht. Auf praktischem Gebiete wenigstens führen die Stoiker deshalb die Freiheit als nothwendiges Postulat ein, während sie speculativ dieselbe nicht gewinnen können. Heraklit in seinen kurzen Sprüchen hat noch keine deutliche Spur von ihr, aber zu einem befriedigenden Abschluss ist das Problem bei den Stoikern auch nicht gediehen.

Nach der ganzen Breite, die Heraklit, meist nur ahnungsvoll und dunkel andeutend, seinem Logos gegeben hatte, haben denselben die Stoiker ausgeführt, indem sie nur das Moment des ewigen Wechsels nicht so in den Vordergrund stellten. Was seit dem Ephesier in der Philosophie von bleibender Geltung gefunden war, haben sie damit vereinigt, soweit es in ihre monistische Weltanschauung passte. So finden wir in ihrem Logos die drei Hauptbegriffe, welche in der Philosophie die leitenden sind, Materie, Ursache und Zweck, verbunden.

Es ist richtig, dass die Ueberwindung der Gegensätze keine befriedigende ist. Die eine Seite, der Stoff tritt zurück gegen die Vernunft, welche in der Physik und in der Ethik, soweit diese letztere von der ersteren abhängig ist, dominiert. Aber doch bleibt den Stoikern trotz ihres Materialismus das Verdienst, den ernstlichen Versuch gemacht zu haben, die Physis in den Logos aufzunehmen.

Viertes Capitel.

Von den Stoikern bis zu Philon.

Es ist nicht zu erwarten, dass von den oberflächlichen Eklektikern der verschiedensten Art in dem letzten Jahrhundert vor Christi Geburt, der von den Stoikern nach allen Seiten consequent ausgebildete, tiefe Begriff der Weltvernunft besonders fruchtbar behandelt, oder dass er auch nur viel in Anwendung gebracht worden wäre. So viel wir bei Antiochos und ähnlichen und ebenso bei den Neupythagoreern, die keinen andern Namen als den der Eklektiker oder vielmehr der Syncretisten verdienen, auch stoische Elemente finden, so wenig sind dieselben doch verstanden und gewürdigt und in der Regel blos in der confusesten Weise mit platonischen und aristotelischen Lehren vermischt worden, so dass eine allgemeine Verwirrung stattfand in den philosophischen Begriffen. Wir sehen das am deutlichsten bei dem Lehrer des Cicero, dem Antiochos, nach dessen Ansicht die drei Schulen, denen er zum Theil folgt, ganz dasselbe gelehrt haben. So stellt er als gemeinschaftliche Ansicht der Akademiker und Peripatetiker hin, dass die zwei Principien der Natur ein wirkendes und ein leidendes seien, also vindiciert ihnen die stoische Lehre[1]), für die es allerdings schon Anklänge bei Platon und Aristoteles gab, und lässt sie beide sogleich darauf auch in stoischem Sinne Materialisten sein.

---

[1]) Cic. Acad. I, 6, 24.

Es kann uns nicht wundern, wenn von eben demselben Antiochos behauptet wird, ohne dass die Stoiker dabei auch nur genannt sind, jene beiden Schulen hätten auch die immanente Weltvernunft angenommen, und dass sogar dabei ganz stoische Ausdrücke gebraucht werden. Die *ratio* ist danach ewig, die vollendete Weisheit, die Weltseele und der *νοῦς*, Gott; bisweilen werde dieselbe aber auch Nothwendigkeit, ja sogar Zufall wegen der Unerforschlichkeit der betreffenden Ursachen genannt [1].

Es ist also der stoische Pantheismus zu bemerken, mit der Lehre vom Logos bereits verbunden, ohne dass wir aber irgend eine weitere Anwendung der letzteren fänden [2].

Den bewussten Versuch einer Vermischung der peripatetischen und der stoischen Lehre hat der, von dem Zeitalter des Antiochos wohl nicht gar weit entfernte, Verfasser der unter dem Namen des Aristoteles uns überlieferten Schrift *Περὶ κόσμου* gemacht.

Besonders ist es von diesem unternommen worden, den transcendenten *νοῦς* des Aristoteles zu verschmelzen mit dem immanenten Gott der Stoiker, und dieses Experiment hat für uns hauptsächlich Interesse wegen der dabei zuerst auftretenden eigenthümlichen Modification des stoischen Pantheismus, der wir später, nur dann viel entwickelter und ausgeführter, begegnen. Es wird nämlich hier in einer Weise, wie es früher, so viel mir bekannt, noch nicht vorgekommen, die göttliche Kraft von dem göttlichen Wesen getrennt, so dass man beinahe an eine Hypostase der ersteren denken könnte. Während Gott selbst an dem äussersten Ende der

---

[1] Cic. ebd. 7, 28 f.

[2] Die Hinneigung des Antiochos zur Stoa ist auch von seinem Schüler deutlich bemerkt worden. Acad. II, 43, 132 heisst es: *per ipsum Antiochum, qui appellabatur Academicus: erat quidem, si perpauca mutavisset, germanissimus Stoicus.*

Welt seinen Sitz hat, weit über alles irdische erhaben, so
dass er ähnlich wie der Perserkönig sich um das einzelne
gar nicht kümmert, zu hoch und zu hehr, als dass er in die
Welt eingehen könnte, durchdringt seine Kraft, ganz in der
Weise des stoischen Logos, das All und führt die einzelnen
Bewegungen in der Welt aus, wie es 5. 396, b, 27 ff. heisst:
γῆν τε πᾶσαν — καὶ τὸν ὅλον οὐρανὸν διεκόσμησε μία ἡ
διὰ πάντων διήκουσα δύναμις — τὸν σύμπαντα κόσμον δη-
μιουργήσασα. Wir finden sogar an einigen Stellen, dass
geradezu die Kraft Gottes in Gegensatz tritt zu seinem
Wesen, zu Gott selbst[1]), während freilich nicht durchgehend
dieser Unterschied festgehalten wird, also augenscheinlich
damals erst im Entstehen begriffen war. An einer andern
Stelle[2]) heisst es nämlich, das θεῖον gehe durch alles
hindurch, und später wird sogar Gott selbst in ganz
stoischer Weise[3]) identificiert mit der ἀνάγκη, der εἱμαρμένη,
der πεπρωμένη, Adrasteia, Nemesis und andern Bezeichnungen des Verhängnisses.

Von der Weltvernunft entdecken wir allerdings in der
Schrift nichts, wenn wir nicht eine Bezeichnung, die beinahe
dasselbe sagt, darauf deuten wollen. Gott wird nämlich von
dem Verfasser 6. 400, b, 28 der νόμος ἰσοκλινής genannt,
und wenigstens Anklänge an den λόγος σπερματικός finden
wir, wenn da gelehrt wird, dass die ganze Welt von Gott
geleitet, sich theilt in die verschiedenen Wesen der Natur,

---

[1]) 6. 397, b, 16: διὸ τῶν παλαιῶν εἰπεῖν τινες προήχθησαν, ὅτι
πάντα ταῦτά ἐστι θεῶν πλέα τὰ καὶ δι᾽ ὀφθαλμῶν ἰνδαλλόμενα ἡμῖν
καὶ δι᾽ ἀκοῆς καὶ πάσης αἰσθήσεως, τῇ μὲν θείᾳ δυνάμει πρέποντα
καταβαλλόμενοι λόγον, οὐ μὴν τῇ γε οὐσίᾳ. 6. 398, b, 6: σεμνότερον
δὲ καὶ πρεπωδέστερον αὐτὸν μὲν ἐπὶ τῆς ἀνωτάτω χώρας ἱδρῦσθαι,
τὴν δὲ δύναμιν διὰ τοῦ σύμπαντος κόσμου διήκουσαν. ἥλιόν τε κινεῖν καὶ σελήνην καὶ τὸν πάντα οὐρανὸν περιάγειν, αἴτιόν τε γίνεσθαι
τοῖς ἐπὶ τῆς γῆς σωτηρίας.

[2]) Ebd. b, 33.

[3]) 7. 401, b, 8 ff.

Pflanzen, Thiere nach einzelnen Gattungen und Arten vermittelst der eigenthümlichen Samen [1]).   ·

Es sind an dieser Stelle offenbar die σπέρματα in ganz
ähnlicher Weise gebraucht, wie bei den Stoikern die λόγοι
σπερματικοί, die Urkeime, die den Zweck in sich bergen
und ihre Entwickelung gemäss demselben nehmen.

Es ist hier der Platz, in Anknüpfung an die ihrem
Wesen nach trotz aller stoischen Beziehungen doch peripatetischen Schrift Περὶ κόσμου sogleich eine ähnliche Vermischung des stoischen Pantheismus und aristotelischen Theismus, wie wir sie in jener gefunden haben, zu berühren, obgleich sie erst einige Jahrhunderte später versucht wird, und
zwar von dem Lehrer des ziemlich reinen Peripatetikers
Alexander von Aphrodisias, von Hierokles. Denn auf diesen
und nicht, wie im Text steht, auf einen unbekannten Aristoteles
haben wir offenbar mit Zeller [2]) die Angaben bei Alexander [3]
zu deuten, wonach dieser von ihm als Lehre gehört hat:
Der göttliche Verstand sei in allem irdischen, auch in der
Materie, und wirke stets in seiner besonderen Weise; er sei
allgegenwärtig und durchdringe alles, und wenn er ein passendes Organ ergreife und in diesem thätig sei, so entstehe
die menschliche Denkthätigkeit, und zwar scheint der Stoff,
je näher er dem Feuer steht, desto geeigneter zu seiner
Aufnahme [4]).

---

[1]) Ebd. 6. 400, b, 32: μεμερισμένος κατὰ τὰς φύσεις πάσας διὰ τῶν
οἰκείων σπερμάτων εἴς τε τὰ φυτὰ καὶ ζῶα, κατὰ γένη τε καὶ εἴδη. Eine
Reminiscenz an die λόγοι σπερματικοί liegt auch in der ganz nach der
stoischen Definition von der Gottheit gebildeten Erklärung des πνεῦμα,
das 4. 394, b, 9 heisst: ἥτε ἐν φυτοῖς καὶ ζώοις καὶ διὰ πάντων διήκουσα ἔμψυχός τε καὶ γόνιμος οὐσία, ähnlich wie Dionysos bei Plutarch
De Is. et Os. 40. 367, C πνεῦμα γόνιμον καὶ τρόφιμον genannt wird.

[2]) IV, 703 ff.

[3]) Z. Arist. De an. 144, a bis 145, a.

[4]) A. a. O.: κατ' ἰδίαν ἐπίνοιαν ἔλεγε τοιαῦτα περὶ τοῦ νοῦ ἐν παντὶ
εἶναι τῷ θνητῷ λεγομένῳ σώματι. καὶ δὴ ἔφασκε τὸν νοῦν καὶ ἐν τῇ

Alexander merkt deutlich die Verwandtschaft dieser Lehre mit der stoischen heraus und rügt sie, indem er das Referat schliesst, mit den Worten: ἀντιπίπτειν ἐῴκει μοι τότε τού-τοις, τὸν νοῦν καὶ ἐν τοῖς φαυλοτάτοις εἶναι θεῖον ὄντα, ὡς τοῖς ἀπὸ τῆς στοᾶς ἔδοξεν, καὶ τὸ ὅλως εἶναι καὶ ἐν τοῖς ἐνταῦθα νοῦν καὶ προηγουμένην τινὰ πρόνοιαν, und man könnte in Wahrheit dreist an die Stelle des aristotelischen νοῦς hier den stoischen Logos setzen, ohne dass der Sinn wesentlich verändert würde. Es wird nichts dadurch für unseren Begriff gewonnen, wir sehen aber doch, wie selbst Peripatetiker, wahrscheinlich durch die Aufnahme der stoischen Lehre in das allgemeine Bewusstsein, bewogen wurden, sie auch in ihre Philosopheme hineinzuziehen.

Durch das gleiche Motiv werden wohl auch die Neupythagoreer — über die wir hier sogleich, so weit wir sie berücksichtigen müssen, sprechen wollen — vermocht worden sein, den Logos in ihrer Lehre wenigstens hie und da zur Anwendung zu bringen, wenn es auch beinahe auf nichts als auf das Nennen des Begriffs hinausläuft. Möglich ist es auch, dass sie ihn unmittelbar aus der stoischen Philosophie entlehnt haben, wie so vieles andere. Denn wenn sie auch nominell sich zunächst an Pythagoras, in der That mehr an Platon, besonders an dessen spätere Ansichten angeschlossen, so haben sie doch auch vieles von Aristoteles und den Stoikern entlehnt. Es sei hier in letzterer Beziehung blos an einiges wichtigere erinnert: Die Pythagoreer lehrten nach der Darstellung des Alexander Polyhistor, dass die Monas das Princip aller Dinge sei, aus ihr entwickele sich die unbestimmte Dyas und liege, gleichwie der Stoff, der Monas als wirkender Ursache vor[1]. Es ist dies nichts anderes, als die Lehre der

---

ὕλῃ ὡς οὐσίαν ἐν οὐσίᾳ. — διὰ πάντων γε κεχωρηκὼς καὶ ὢν ἐνερ-γείᾳ — πανταχοῦ ὤν —. οὗτος δὲ ὁ νοῦς ἤτοι μόνος αὐτὸς τὰ ἐνθάδε διοικεῖ πρὸς τὴν τῶν θείων ἀναφοράν κτλ.

[1] Diog. VIII, 25: ἐκ δὲ τῆς μονάδος ἀόριστον δυάδα ὡς ἂν ὕλην

Stoiker von dem wirkenden und leidenden Princip, wie wir sie noch deutlicher ausgesprochen finden mit den stoischen Ausdrücken *ποιοῦν* und *πάσχον* bei dem angeblichen Archytas in seiner Schrift *Περὶ τοῦ παντός*[1]), und ähnlich in der dem Okellos untergeschobenen Abhandlung *Περὶ τῆς τοῦ παντὸς φύσεως*[2]).

· Ebenso war bei den Pythagoreern wie bei den Stoikern die Wärme die belebende Kraft in allen Wesen. Was Theil habe an dem warmen Stoffe, sei auch lebendig, lehrten sie[3]). Ferner hatte das Verhängniss für sie dieselbe Geltung wie für die Stoa; alles wurde durch dasselbe gewirkt, sowohl das ganze als das einzelne. Wie nach dem stoischen Pantheismus die Seele ein Ausfluss aus der Gottheit war, das heisst aus dem feurigen Aether, so war sie auch nach ihrer Lehre in ganz ähnlicher Weise ein losgelöster Theil des warmen und kalten Aethers, d. h. des Feuers und der Luft[4]).

Man wird es schon nach diesen kurzen Hinweisungen nicht für unwahrscheinlich halten, dass sie auch in der eigentlichen Theologie dem Stoicismus sich näherten. Von der platonisch-aristotelischen Lehre eines transcendenten Gottes ausgehend, suchten sie doch die Verbindung mit der stoischen Immanenz desselben, und in den Bestimmungen über ihre Gottheit wissen sie häufig nichts mehr von deren Ausserweltlichkeit. So wenn wir sie erklärt finden als ein Hauch, welcher durch die ganze Welt geht nach Art der Seele[5]),

---

τῇ μονάδι αἰτίῳ ὄντι ὑποστῆναι. Sext. Math. X, 277 S. 679: *ὅθεν φασὶν ἐν ταῖς ἀρχαῖς ταύταις τὸν μὲν τοῦ δρῶντος αἴτιον λόγον ἐπέχειν τὴν μονάδα, τὸν δὲ τῆς πασχούσης ὕλης τὴν δυάδα*. Vgl. Plut. Plac. philos. I, 3. 876, F.

[1]) Simpl. z. Arist. Categ. Mullach, Fragm. ph. Gr. II, 125: *τὸ μὲν ἐντι ποιέον τὸ δὲ πάσχον· οἷον ἐν τοῖς φυσικοῖς ποιέον μὲν ὁ θεός, πάσχον δὲ ἁ ὕλα, καὶ ποιέον δὲ καὶ πάσχον τὰ στοιχεῖα*.

[2]) II, 1.

[3]) Diog. a. a. O. 27 u. 28.

[4]) A. a. O.

[5]) Sext. Math. IX, 127 S. 680: *ἓν γὰρ ὑπάρχειν πνεῦμα τὸ διὰ*

und sogar ausdrücklich dagegen protestiert wird, dass sie ausserhalb der Weltentfaltung zu denken sei, wie wir in einem pythagoreischen Fragment bei Clemens lesen Cohort. 47, C, wo es heisst: οὐκ ἀποκρυπτέον οὐδὲ τοὺς ἀμφὶ τὸν Πυθαγόραν, οἵ φασιν· Ὁ μὲν θεὸς εἷς, χ᾽ οὗτος δὲ οὐχ, ὥς τινες ὑπονοοῦσιν, ἐκτὸς τᾶς διακοσμήσιος, ἀλλ᾽ ἐν αὐτᾷ, ὅλος ἐν ὅλῳ τῷ κύκλῳ, ἐπίσκοπος πάσας γενέσιος, κρᾶσις τῶν ὅλων[1]). Die Gottheit entwickelt sich in der Welt, sie ist die Monas, die aus sich die Zahlen, so fern sie die Träger des ganzen Organismus sind, heraustreten lässt, und in Folge dessen wird auch die Monas λόγος σπερματίτης genannt von Nikomachos Gerasenos[2]), da sie die Keime der ganzen Weltentwickelung in sich trägt. Wie der λόγος σπερματικός der Stoiker als Gesammtheit die einzelnen, dann sich mit Vernunft weiter entwickelnden, Keime in sich zusammenfasst, so die Monas bei den Pythagoreern. Ueber Pythagoras selbst wird sogar berichtet[3]): ὅταν μὲν γὰρ ἔκτασιν καὶ ἐνέργειαν τῶν ἐν μονάδι σπερματικῶν λόγων εἶναι φῇ τὸν ἀριθμόν κτλ., und gerade so wird es zu deuten sein, wenn Nikomachos sagt[4]), Gott gleiche der Monas σπερματικῶς ὑπάρχοντα πάντα τὰ ἐν τῇ φύσει ὄντα, da auch diese ja schon alle Zahlen in sich trage. Und dass auch in der Bildung der einzelnen Organismen die Lehre von diesen Keimformen berücksichtigt wurde, ist wenigstens wahrscheinlich, da Alexander Polyhistor[5]) berichtet, nach

παντὸς τοῦ κόσμου διῆκον ψυχῆς τρόπον. Cic. N. D. I, 11, 27: *Pythagoras, qui censuit animum esse per naturam rerum omnem intentum et commeantem, ex quo nostri animi carperentur*, in welcher letzten Bemerkung wir deutlich die Seele als ἀπόσπασμα sehen. Vgl. Lact. Inst. I, 5, 17. De ira 11, 14. Minuc. Fel. 21.

[1]) Vgl. Justin. Cohort. C. 19.
[2]) Phot. Cod. 187. 143, a, 81.
[3]) Syrianos z. Arist. Metaph. XIII, 6. Arist. et Theophr. Metaph. ed. Brandis II, 812. S. Zeller V, 105, 3.
[4]) Theolog. Arithm. S. 6.
[5]) Diog. VIII, 29.

den Pythagoreern trage der Fötus in sich *πάντας τοὺς λόγους τῆς ζωῆς*. Das ganze Leben entwickele sich also nach diesen von vornherein angelegten Bestimmungen.

In der Regel werden diese, das Wesen der Dinge feststellenden und ausmachenden Formen *ἀριϑμοί* genannt, der ursprünglichen Lehre der Schule entsprechend. Freilich haben diese Zahlen nicht mehr die Bedeutung wie bei den von Aristoteles behandelten Pythagoreern, sondern stehen den Ideen des Platon ziemlich nahe, wie letztere ja auch schon von der alten Akademie geradezu in Zahlen umgewandelt wurden. Ja sie werden blos die ewigen Formen, die Qualitäten der Dinge [1]), die verschiedenen Verhältnisse, und als solche, vielleicht der grösseren Deutlichkeit wegen, wahrscheinlich in Anknüpfung an die stoische Ausdrucksweise, öfter *λόγοι* genannt, die dann in der Materie vorhanden und thätig, gleich sind den Ursachen des seienden als seienden, unkörperlich, ewig, wie die Hyle selbst, aber doch nicht in dieser aufgehen, sondern eigene Wesenheit haben, gleich den bestimmenden Formen in dem Samen [2]).

---

[1]) Nikom. Introd. arithm. I, 1.

[2]) Simpl. z. Arist. Categ. Schol. in Ar. 67, a, 38 ff.: *ἀριϑμοὶς μὲν οἱ Πυϑαγόρειοι καὶ λόγους ἐν τῇ ὕλῃ ὠνόμαζον τὰ αἴτια ταῦτα τῶν οντων ἢ ὄντα —. οἱ δὲ καὶ λόγους ἀσωμάτους ὑποτίϑενται ταῦτα παρ' οὓς ἑτέρους ἀεὶ τοὺς δὲ ἑτέρους ὄντας καὶ ποικιλία τῶν ὄντων αἴτιαι διαφοραὶ καὶ τῶν πρώτων στοιχείων καὶ τῶν ἐκ τούτων συγκριμάτων ὑφίστανται. ἀΐδιοι δέ εἰσιν οἱ ἀριϑμοὶ ουτοι καὶ λόγοι ὥσπερ καὶ ἡ ὕλη. αἱ μέντοι κινήσεις αὐτῶν καὶ ἐν ἀλλήλοις ϑέσεις καὶ τάξεις μετάπτωτοί τε καὶ οὐκ ἀΐδιοι· ὥσπερ δὲ ἀφεστῶτες ἐνυπάρχουσιν οἱ λόγοι, οὐδέπω ῥυϑμίζοντες τὸ ὑποκείμενον καὶ σχηματίζοντες, ἀλλ' ὡς οἱ ἐν τῷ σπέρματι λόγοι κατὰ συμβεβηκὸς οἱονεὶ ἐνυπάρχουσιν ἀκρατήτως ἐνόντες.* Wenn wir in den neuplatonischen Commentaren öfter von verschiedenen *λόγοι* und *ἀριϑμοί* bei den Pythagoreern lesen, namentlich neben den *ψυχικοί* und *μαϑηματικοὶ ἀριϑμοί* die *φυσικοὶ λόγοι* und *ἀριϑμοί* erwähnt finden z. B. Syr. Schol. in Ar. 902, b, 34. 934, b, 20, vgl. 933, a, 3. 912, b, 20, welche die Formen in der Natur selbst hervorbringen, so haben wir dies als spätere neuplatonische Lehren anzusehen, die auf die früheren Pythagoreer übertragen sind.

Auch wird die Zahl ganz im Sinne der platonischen Idee als Vorbild der sinnlichen Welt angesehen und hier ebenfalls mit dem Logos wenigstens verglichen. Nur stehen diese Vorbilder nicht neben Gott, sondern sind seine Gedanken. So lehrt Nikomachos[1]), von den vier mathematischen Wissenschaften sei die Arithmetik die erste, sie existiere vor allem in dem Denken des künstlerisch schaffenden Gottes τῶν ἄλλων ὡσανεὶ λόγον τινὰ κοσμικὸν ἢ παραδειγματικόν, πρὸς ὃν ἀπερειδόμενος ὁ τῶν ὅλων δημιουργὸς — τὰ ἐκ τῆς ὕλης ἀποτελέσματα κοσμεῖ, und an einer andern Stelle: Alles in der Welt geordnete scheine nach einer Zahl von der Vorsehung und dem alles bildenden Verstande gesichtet, weil die Zahl vorher schon ihren Platz habe in dem Denken des weltbildenden Gottes, indem sie selbst nur durch das Denken zu erfassen und durchaus stofflos, aber doch die wahrhaftige, ewige Wesenheit sei, damit nach ihr, wie nach einem künstlerisch bildenden Logos alles vollendet werde[2]). Das Wesen des λόγος σπερματικός ist hier ganz verloren gegangen, und dennoch scheinen die beiden Attribute κοσμικός und τεχνικός noch etwas an ihn zu erinnern, da in ihnen versteckt eine Thätigkeit liegt. Jedenfalls ist aber für das platonische Vorbild damals öfter das Wort λόγος im Gebrauche gewesen; sonst würde Nikomachos zur Verdeutlichung der besonderen Bedeutung der Zahl sich desselben nicht bedient haben; denn der Vergleich muss ja etwas bekannteres bringen.

Von der stoischen Geltung des Logos als Weltvernunft, von welcher der ganze Kosmos durchdrungen und getragen ist, habe ich nur vereinzelte Spuren, aber ohne alle weitere Ausführung und besondere Färbung gefunden, so z. B. bei

---

[1]) Introd. arithm. I, 4.
[2]) Ebd. I, 6: ἵνα πρὸς αὐτὸν ὡς λόγον τεχνικὸν ἀποτελεσθῇ τὰ σύμπαντα ταῦτα.

der sogenannten Periktyone[1]), nach deren Ansicht der Mensch geschaffen ist, um den Logos der Natur des Alls und der Weisheit zu betrachten, und es als seine Aufgabe ansehen muss, die Vernünftigkeit des seienden nicht allein zu schauen, sondern sie sich anzueignen. Ein Fragment, das deshalb allerdings besondere Erwähnung verdient, weil wir sehen, wie doch ein loser Zusammenhang hier zwischen Physik und Ethik stattfindet, indem wenigstens die praktische Richtung des einzelnen auf das erkannte allgemeine, auf die in der Welt sich manifestierende Vernunft gefordert ist. — Finden wir an andern Orten z. B. bei Nikomachos[2]) den $\vartheta\epsilon\tilde{\iota}o\varsigma$ $\lambda\acute{o}\gamma o\varsigma$ dem $\dot{\alpha}\nu\vartheta\varrho\acute{\omega}\pi\iota\nu o\varsigma$ entgegengesetzt, so ist darunter blos die subjective göttliche Ueberlegung, und nicht die in den Kosmos ausströmende Vernunft Gottes zu verstehen.

Ebenso wenig ist von dem allgemeinen Logos die Rede in dem spät angefertigten Auszug des platonischen Timaios, in dem Schriftchen über die Weltseele, fälschlicher Weise dem lokrischen Timaios zugeschrieben. Man könnte sich durch den Anfang des Buches zu der Meinung veranlasst sehen, dass der Verfasser desselben dem Logos eine besondere Stellung eingeräumt habe. Denn da heisst es, dass es zwei Ursachen von allem gäbe, nämlich der Verstand von dem, was $\varkappa\alpha\tau\grave{\alpha}$ $\lambda\acute{o}\gamma o\nu$ geschähe, und die Nothwendigkeit von dem, was durch Zwang $\varkappa\alpha\tau\tau\alpha\varsigma$ $\delta\upsilon\nu\acute{\alpha}\mu\epsilon\iota\varsigma$ $\tau\tilde{\omega}\nu$ $\sigma\omega\mu\acute{\alpha}\tau\omega\nu$. Es giebt also neben den zwei Ursachen auch noch zwei Normen, nach denen der Weltlauf vor sich geht.

Sehen wir aber im Timaios des Platon nach, so finden

---

[1]) Stob. Florileg. 1, 62. Die objective Vernunft in der Welt muss dem Verfasser oder der Verfasserin des Fragments als etwas ausserordentlich wichtiges erschienen sein, da er ihr in drei Zeilen auch drei verschiedene Bezeichnungen giebt: $\lambda\acute{o}\gamma o\varsigma$ $\tau\tilde{\alpha}\varsigma$ $\tau\tilde{\omega}\nu$ $\H{o}\lambda\omega\nu$ $\varphi\acute{\upsilon}\sigma\iota o\varsigma$, $\lambda\acute{o}\gamma o\varsigma$ $\tau\tilde{\alpha}\varsigma$ $\sigma o\varphi\acute{\iota}\alpha\varsigma$ und $\varphi\varrho\acute{o}\nu\alpha\sigma\iota\varsigma$ $\tau\tilde{\omega}\nu$ $\dot{\epsilon}\acute{o}\nu\tau\omega\nu$. Der Logos der Weisheit wird nichts anderes sein als die Weisheit selbst, aber doch vielleicht hinüberspielend in die jüdische Doctrin.

[2]) Introd. arithm. I, 27, 7.

wir, dass alles, was durch Gott geschieht, ebenso *ἀνὰ λόγον*
vollendet wird[1]), und dass neben dem *νοῦς* auch die Nothwendigkeit steht, dass sie freilich meist überredet ihm nach-
giebt[2]), und wir werden demnach unter dem *κατὰ λόγον* bei
dem falschen Timaios nichts weiter zu verstehen haben, als
was Platon mit demselben Ausdrucke sagen wollte, wenn
auch die Norm des andern, der Nothwendigkeit bei ersterem
etwas bestimmter formuliert ist, als bei Platon und auf die
an den vier Elementen haftenden Kräfte zurückgeführt wird[3]).
Wenn ferner derselbe Verfasser[4]) an einer bekannten Stelle den
Kosmos, neben andern, von Platon entlehnten, auch das Prädicat
λογικός giebt, so ist das nicht auf die stoische Immanenz des
Logos, der gleich Gott ist, zu deuten, wiewohl einige Hinneigung
zum Stoicismus auch in diesem Werkchen zu bemerken ist[5]),
und es wird über das nicht hinausgehen, was Platon hat
sagen wollen, wenn er die Natur als *ἔμφρων* bezeichnet[6])
und den Kosmos als ein *ζῶον ἔμψυχον ἔννουν τε*[7]), worüber
wir uns oben bei der Behandlung Platons schon verständigt
haben.

Verdient also der falsche Timaios bei einer Darstellung
der Lehre vom Logos keine Berücksichtigung, wie sie ihm
noch bisweilen zu Theil wird[8]), so haben wir doch im ganzen
bei den Neupythagoreern gesehen, dass sie den in Rede

---

[1]) 56, C.
[2]) 48, A.
[3]) Vgl. zu diesen Kräften Okellos, De univ. nat. II, 6.
[4]) 94, D.
[5]) So, wenn der Verfasser 100, E das warme neben *λεπτομερές* auch
διαστατικὸν τῶν σωμάτων nennt. Auch scheint er 102, E ff. bei der
Behandlung der Affecte stoischen Einflüssen Raum gegeben zu haben.
[6]) Tim. 46, D.
[7]) Ebd. 80, B.
[8]) Vgl. Bucher, Des Ap. Johannes Lehre vom Logos 140 ff. Dieser
Gelehrte lässt auch Platon von dem angeblichen Werke des Timaios abhängig sein.

stehenden Begriff, sowohl im Singularis als im Pluralis, kennen und angewandt haben, meist abgeschwächt freilich und bisweilen nach verschiedenen Seiten gedreht, in einer Weise, wie ihn die Stoiker nicht brauchten. Das in der Stoa eigentlich wesentliche an ihm, die absolute Innerweltlichkeit ist gewichen, wie wir auch schon bei den früher behandelten Philosophen sahen, und es ist ein Compromiss geschlossen mit dem transcendenten Theismus. Etwas entschiedenes und consequentes ist nicht zu finden, die Originalität hatte vollständig aufgehört, und deshalb hinterlässt auch dieser ganze Eklekticismus einen sehr unbefriedigenden Eindruck.

In ein ganz neues Stadium tritt die Lehre vom Logos bei den Alexandrinern, die ohne die besondere Ausbildung dieses Begriffes schwerlich die Bedeutung für uns erlangt haben würden, die sie factisch haben. Freilich sind sie vielmehr Theosophen zu nennen als Philosophen und ihre ganze Speculation leidet deshalb an grosser Unklarheit, Unbestimmtheit und Ungenauigkeit, so dass es gerade bei den Hauptbegriffen kaum möglich ist, sie rein und abgegrenzt darzulegen. Bei dem Logos ist dies nicht am wenigsten der Fall, wie wir später bei der Ausführung sehen werden.

Eine höchst eigenthümliche Erscheinung bildet diese alexandrinische Speculation, und sie hat eine gewisse Aehnlichkeit mit der mittelalterlichen Scholastik. Kam es der letzteren darauf an, die religiösen Dogmen der christlichen Kirche mit dem Denken aufzufassen, und wurde deshalb von ihr das dialektische Verfahren auf die Glaubenssätze angewandt, freilich so, dass die Philosophie keine selbständige Stellung bekam, sondern sich im Dienste der Theologie ihres Mägdestandpunktes stets bewusst blieb, so finden wir in der alexandrinischen Schule den Versuch gemacht, die alttestamentliche Theologie zu vereinigen mit den Sätzen der griechischen Denker oder auch mit der populären Philosophie, wie sie wenigstens in den gebildeten Theil des Volkes ge-

drungen war. Aber wir sehen zugleich, wie die reale Acco-
modation in ihr viel weiter gieng als später im Mittelalter,
so dass häufig von dem ursprünglichen Inhalte des Alten
Testaments wenig mehr übrig blieb. Die Methode, dies zu
erreichen, ohne scheinbar etwas aufzugeben, und sich so
selbst auf das angenehmste zu täuschen, war eine besondere,
freilich von der griechischen Philosophie entlehnte.

Als den Hauptvertreter der alexandrinischen Schule sehen
wir bekanntlich Philon an, vielleicht weil er wirklich der
bedeutendste unter seinen dasselbe Ziel verfolgenden Stammes-
genossen war, vielleicht auch nur deshalb, weil durch die
Gunst des Schicksals von ihm zahlreiche Schriften erhalten,
während die der andern bis auf kleine Reste zu Grunde
gegangen sind. Jedenfalls ist er es nicht gewesen, der diesen
Weg eröffnet hat, sondern er hat den schon betretenen
Pfad nur weiter geführt, und wir werden später sehen, wie
er sich auch in einzelnen Partieen seiner Speculation auf
Vorgänger stützen konnte.

Der erste, von dem sichere Beweise vorliegen, dass er den
Versuch gemacht hat, griechische Philosophie in Uebereinstimmung mit der mosaischen Lehre zu bringen, ist der
vielgenannte Aristobulos. Wenn auch vor ihm schon Spuren
von griechischer Speculation in den LXX zu finden sein
sollen[1]), so sind diese doch zu undeutlich, um daraus Fol-
gerungen zu ziehen, und liessen sich wirklich einzelne philosophische Ausdrücke darin entdecken, so können diese leicht
aus der damals allgemein üblichen Redeweise erklärt werden[2]).
Ganz anders steht die Sache mit Aristobulos, der als Peripatetiker öfter im Alterthum bezeichnet wird und sich
selbst deutlich für einen solchen erklärt[3]), aber auch wahr-

---

[1]) Vgl. Daehne, Geschichtl. Darst. der jüdisch-alexandrinischen Re-
ligionsphilosophie II, 11 ff.
[2]) Vgl. Zeller V, 216 ff.
[3]) Euseb. Praep. ev. VII, 14. 324, a.

scheinlich nicht mit Unrecht von den Kirchenvätern als Stifter
der alexandrinischen Schule angesehen wird. Er ist es, der
schon die Methode, Moses und die griechischen Philosophen
in Einklang mit einander zu setzen, in seiner Erklärung der
mosaischen Bücher in vollem Maasse ausgeübt haben muss,
wenn wir wenigstens aus den einleitenden Worten, mit denen
er dies Werk dem König Ptolemaios überreichte, auf den
Inhalt des Buches einen Schluss machen dürfen. Hier[1])
bittet er nämlich den König, er möge sich an Ausdrücke,
wie: Arme, Hände, Füsse, Herumgehen Gottes nicht stossen,
sondern diese φυσικῶς nehmen, und sehen wir uns die darauf folgenden Erklärungen an, so bemerken wir, dass φυσικῶς
nicht anders als mit allegorisch zu übersetzen ist. Das heisst,
die äusseren, sichtbaren Vorgänge und Erscheinungen sollen
in tiefer Weise, zunächst als Ereignisse und Entwickelungen
in der Natur erklärt werden, wie die Stoiker schon ihren
φυσικὸς λόγος in ganz derselben Art auf die mythologischen
Götter, deren Handlungen und Zustände anwandten. Diese
allegorische Methode hat auch ohne Zweifel Aristobulos
aus der griechischen Philosophie, vielleicht direct von den
Stoikern entlehnt[2]), und sie ist von seinen Nachfolgern in
der umfassendsten Weise angewandt worden.

---

[1]) Euseb. Praep. ev. VIII, 10. 376, b.

[2]) Das φυσικῶς λαμβάνειν wird von Aristobulos bei Eusebios a. a. O.
noch weiter erklärt: πολλαχῶς γὰρ ὃ βούλεται λέγειν ὁ νομοθέτης
ἡμῶν Μωσῆς, ἐφ᾽ ἑτέρων πραγμάτων λόγους ποιούμενος, λέγω δὲ
τῶν κατὰ τὴν ἐπιφάνειαν, φυσικὰς διαθέσεις ἀπαγγέλλει καὶ μεγάλων
πραγμάτων κατασκευάς. Wenn Daehne a. a. O. 102 f. meint, die sichtbaren Bestimmungen der Formen des göttlichen, die in der Materie aus-
geprägt seien, führten bei Aristobulos die Bezeichnungen φυσικαὶ διαθέσεις, ἐπιφάνεια und schliesslich auch θεία στάσις, so ist dies ein wunder-
bares Missverständniss. τὰ κατὰ τὴν ἐπιφάνειαν sind die sichtbaren
Bilder; die φυσικαὶ διαθέσεις ganz gleich den κατασκευαὶ μεγάλων
πραγμάτων sind die tiefen Naturvorgänge, die darunter vorgestellt sein
sollen, und die θεία στάσις nichts weiter als das göttliche Stillstehen oder
Ruhen, wie deutlich aus dem, was darunter verstanden werden soll, hervorgeht. Euseb. a. a. O. 377, a ff.

Durch sie war es natürlich möglich, alles in den Urkunden des jüdischen Volkes zu finden, was man darin suchte, weil man es für Wahrheit hielt, und schliesslich wurde sogar bekanntlich die Priorität in allen den gesuchten und gefundenen philosophischen Lehren für die jüdischen Gesetzgeber in Anspruch genommen, so dass dann die griechischen Weisen aus diesen geschöpft hatten. Um letzteres klar darzuthun, verschmähte Aristobulos das Mittel nicht, den alten griechischen Dichtern Verse von jüdischem Inhalt unterzuschieben und auch sonst Aenderungen an dem überlieferten Text in seinem Sinne vorzunehmen.

Von seinen philosophischen Ansichten ist uns wenig bekannt, aber doch so viel, dass wir sehen können, wie er eine Vermischung der peripatetischen mit den stoischen Lehren anstrebte, ähnlich darin, wie Zeller sehr richtig bemerkt[1], dem Verfasser des Buches Περὶ κόσμου. Gleich diesem hat auch er eine sehr starke Neigung zu der Stoa, wie dies nicht blos seine allegorische Methode zeigt, sondern auch manches andere. So braucht er das Wort συνέχειν in stoischer Weise von dem Zusammenhalten der Welt durch Gott[2], ferner die allerdings sehr übliche Definition der Weisheit γνῶσις ἀνθρωπίνων καὶ θείων πραγμάτων[3]), und mit dem stoischen Pantheismus befreundete er sich in einem für den Peripatetiker bedenklichen Grade.

So ändert er in dem von ihm angeführten orphischen Verse[4]), wo es heisst von Gott: ἐν δ'αὐτοῖς (den erschaffenen Dingen) αὐτὸς περιγίγνεται, das letzte Wort, das ihm nicht stark genug scheint, in περινίσσεται[5]). Da er aber doch im ganzen

---

[1]) V, 223.

[2]) Euseb. Praep. ev. XIII, 12. 664, c. 667, c.

[3]) Euseb. a. a. O.

[4]) Euseb. a. a. O. 665, a. V. 11.

[5]) Clemens Cohort. 48, D hat freilich περινίσσεται, also wäre es möglich, dass dies eine anderwärts herrührende Variante wäre.

noch zu sehr an der Transcendenz Gottes festhält, schreibt er die Innerweltlichkeit häufiger nicht Gott selbst, sondern dessen Kraft zu, die also ähnlich wie in der Schrift Περὶ κόσμου eine Mittelstellung zwischen Gott und Welt einnimmt. Nachdem er die Anfangsworte des Aratos citiert hat, in denen die Immanenz Gottes deutlich gelehrt wird, schliesst er damit, dass er sagt[1]): σαφῶς οἶμαι δεδεῖχϑαι, ὅτι διὰ πάντων ἐστὶν ἡ δύναμις τοῦ ϑεοῦ. Ebenso leitet er die orphischen Verse, die er citiert, mit den Worten ein[2]): Orpheus äussere sich darin περὶ τοῦ διακρατεῖσϑαι ϑείᾳ δυνάμει τὰ πάντα καὶ γενητὰ ὑπάρχειν καὶ ἐπὶ πάντων εἶναι τὸν ϑεόν, und an einer andern Stelle[3]) spricht er von dem παρὰ τοῖ ϑεοῖ δυναμικόν, welches bei dem Feuer sei, wenn es seine eigentliche Thätigkeit, alles zu verzehren, nicht ausübe.

Am auffallendsten tritt uns aber diese Scheidung Gottes selbst von seiner Kraft oder seinen Kräften entgegen in einer Aenderung, die Aristobulos mit einigen orphischen Versen vornimmt. Während nämlich in der Recension Justins[4]) von Gott ausgesagt wird:

οὗτος δ' ἐξ ἀγαϑοῖο κακὸν ϑνητοῖσι δίδωσι
καὶ πόλεμον κρυόεντα καὶ ἄλγεα δακρυόεντα,

also ihm gutes und böses, Freud und Leid unmittelbar zugeschrieben wird, sind diese beiden Verse von Aristobulos umgeändert in folgende drei[5]):

αὐτὸς δ' ἐξ ἀγαϑῶν ϑνητοῖς κακὸν οὐκ ἐπιτέλλει
ἀνϑρώποις· αὐτῷ δὲ χάρις καὶ μῖσος ὀπηδεῖ,
καὶ πόλεμος καὶ λοιμὸς ἰδ' ἄλγεα δακρυόεντα.

Es ist also das gerade Gegentheil von dem gelehrt, was in den angeführten Versen eigentlich stand, und es werden zwi-

---

[1]) Euseb. Praep. ev. XIII, 12. 666, d.
[2]) Ebd. 664, c.
[3]) Ebd. VIII, 10. 377, d.
[4]) Cohort. ad Gr. 15, E.
[5]) Euseb. a. a. O. 665, a. V. 13 ff.

schen Gott und die Welt Kräfte, nicht blos schädliche, sondern auch gütige, wie eine Art Mittelstufen eingeschoben, die hier sogar dem Wesen 'nach von Gott getrennt sind, da er ihnen als *αὐτός* geradezu entgegengesetzt wird, und sie Wirkungen herbeiführen sollen, die von Gott nicht unmittelbar ausgehen.

Nicht das gleiche ist der Fall, wenn es später heisst[1]):

πρὶν δή ποτε δεῦρ' ἐπὶ γαῖαν,
τέκνον ἐμόν, δείξω σοι, ὁπηνίκα δέρχομαι αὐτοῦ
ἴχνια καὶ χεῖρα στιβαρὴν κρατεροῖο θεοῖο.
αὐτὸν δ' οὐχ ὁρόω· περὶ γὰρ νέφος ἐστήρικται
λοιπὸν ἐμοί· στᾶσιν δὲ δέκα πτυχαὶ ἀνθρώποισιν.

Es tritt hier Gott selbst nicht in Gegensatz zu seinen Kräften, sondern zu seinen vorher genannten Spuren und Gliedern, die in allegorischem Sinne natürlich auf seine Machtäusserungen in der Natur zu beziehen sind[2]). Der Gegensatz zu dem *αὐτός* liegt nicht, wie Daehne[3]) will, in dem folgenden *στᾶσιν* und dem *κραίνων*. Auch ist das erstere Wort nicht zu erklären als das Stillstehen Gottes, das heisst als die Unveränderlichkeit der Weltordnung, was *στᾶσις θεοῦ* heisst, oder wie Daehne meint: als Gott in seinen Aeusserungen. Denn dann müsste aus der vorhergehenden Negation *οὐχ ὁρόω* ein positives Verbum — *δεικνῦσιν* will Daehne[4]) — ergänzt werden, was mir sprachlich nicht möglich scheint. Auch passt *στᾶσιν* nicht in den Vers. Das *δέ* hinter *στᾶσιν* ist blos ein weiterführendes. Ich lese nach der dindorfschen Ausgabe mit Gessner *στᾶσιν*, das heisst *ἱστᾶσιν*, so dass dann

---

[1]) A. a. O. V. 17 ff.
[2]) Die folgenden Verse lauten:
οὐ γὰρ κέν τις ἴδοι θνητῶν μερόπων κραίνοντα,
εἰ μὴ μουνογενής τις ἀπορρὼξ φύλου ἄνωθεν
Χαλδαίων.
D. h. Abraham.
[3]) A. a. O. 101 Anm. 72. Vgl. 103 Anm. 74.
[4]) A. a. O. 90 Anm. 48.

der Sinn des ganzen ist: Die Aeusserungen Gottes in der Natur kann man wahrnehmen. Er selbst ist nicht zu sehen, weil Nebel rings ihn umgiebt. Für die Menschen stehen die zehn Gebote als seine Manifestationen fest.

Die Stelle, die wir bei Aristobulos über die Weisheit finden, giebt keinen weiteren Aufschluss über die Mittelkräfte. Sie geht nach meiner Ansicht nicht einmal so weit, wie die oben angeführten Verse. Es heisst daselbst nämlich[1]), dass uns Gott den siebenten Tag zur Ruhe gegeben habe, der allegorisch gedeutet auch der erste genannt werden könne als φωτὸς γένεσις, ἐν ᾧ τὰ πάντα συνθεωρεῖται (weil an ihm nach der Vollendung des Sechstagewerks erst das Licht, das heisst der Ueberblick über alles geschaffene ermöglicht wurde). μεταφέροιτο δ᾿ ἂν τὸ αὐτὸ καὶ ἐπὶ τῆς σοφίας· τὸ γὰρ πᾶν φῶς ἐστιν ἐξ αὐτῆς· καί τινες εἰρήκασι τῶν ἐκ τῆς αἱρέσεως ὄντες τῆς ἐκ τοῦ Περιπάτου λαμπτῆρος αὐτὴν ἔχειν τάξιν· ἀκολουθοῦντες γὰρ αὐτῇ συνεχῶς ἀτάραχοι καταστήσονται δι᾿ ὅλου τοῦ βίου. σαφέστερον δὲ καὶ κάλλιον τῶν ἡμετέρων προγόνων τις εἶπε Σολομῶν αὐτὴν πρὸ οὐρανοῦ καὶ γῆς ὑπάρχειν. τὸ δὲ σύμφωνόν ἐστι τῷ προειρημένῳ. Es geht aus diesen Worten für die Weisheit nichts weiter hervor, als dass sie die Quelle alles Lichts ist, wahrscheinlich sowohl des Lichts im Menschen als des Lichts in der Welt, demnach auch den Anfang zur Entstehung der Welt gelegt hat, wie Eusebios dies schon als den Sinn angiebt[2]), indem er die σοφία mit dem philonischen Logos zusammenstellt. Aristobulos will damit nicht mehr sagen nach seiner eigenen Angabe, als was in den Proverbien schon enthalten war, dass die Weisheit vor der Welt existierte — und darauf scheint es ihm besonders angekommen zu sein —, ob aber als göttliche Eigenschaft gedacht, oder als Hypostase, darüber sagt

---

[1]) Euseb. Praep. ev. XIII, 12. 667, a f.
[2]) Ebd. VII, 14. 824, b.

er nichts. Wir haben also keinen Grund, das letztere anzunehmen und unter der Weisheit hier mit Daehne[1]) eine selbst-
wesentliche, göttliche Kraft zu verstehen.

Ist es demnach nicht möglich, nach diesem Fragment
bei Aristobulos der σοφία eine Selbständigkeit zuzuschreiben,
so ist es andererseits doch nicht unwahrscheinlich, dass sie
von ihm, ebenso gut wie die χάρις, unter die Kräfte, die er
offenbar annimmt zwischen Gott und der Welt, gezählt worden ist; nur lässt sich dies nicht anders als in Form einer
Hypothese aussprechen. Ob er diese Kräfte wirklich von
Gott getrennt hat, lässt sich kaum sicher entscheiden. Den
oben angeführten Worten nach müsste man es schliessen,
aber wir haben auch zu berücksichtigen, dass diese dichte-
risch sind und leicht den eigentlichen Gedanken blos durch
ein Bild wiedergeben können.

Von dem Logos im griechischen Sinne ist bei Aristobulos
nicht die Rede. Denn legt er auch auf das „Wort" grossen
Werth, wie hervorgeht aus einer Stelle[2]), in der er sagt:
δεῖ γὰρ λαμβάνειν τὴν θείαν φωνὴν οὐ ῥητὸν λόγον ἀλλ'
ἔργων κατασκευάς, καθὼς καὶ διὰ τῆς νομοθεσίας ἡμῖν
ὅλην τὴν γένεσιν τοῦ κόσμου θεοῦ λόγους εἴρηκεν ὁ Μωσῆς,
so ist dies blos die allegorisch gefärbte alttestamentliche
Auffassung von dem schöpferischen Worte Gottes, das ja
eine grosse Rolle spielte[3]), und später auch in die ausge-
führtere alexandrinische Speculation übergieng, für uns aber
in dieser Form noch ohne besonderen Werth.

So können wir denn von Aristobulos feststellen, dass er,
mit der griechischen Philosophie wohl vertraut, viel von derselben herübernahm, besonders durch die allegorische Methode
seinen rechtgläubigen Landsleuten die Möglichkeit zeigte, sich
auch die Speculationen der griechischen Weisen zu eigen zu

---

[1]) A. a. O. 107.
[2]) Euseb. Praep. ev. XIII, 12. 664, c.
[3]) Vgl. Jes. Sir. 42, 15: ἐν λόγοις κυρίου τὰ ἔργα αὐτοῦ.

machen, und — was uns hier zunächst angeht — dass er Mittelkräfte zwischen Gott und Welt annahm, über deren Stellung
aber bei der Kärglichkeit der Notizen nichts mit Sicherheit
bestimmt werden kann.

Die Weisheit, die auch bei ihm schon von Wichtigkeit
ist, hat bekanntlich viel grössere Bedeutung in dem pseudosalomonischen Buche, das nach ihr den Namen führt. Dass
der Verfasser dieser Schrift ein alexandrinischer Jude gewesen ist, daran wird kaum mehr gezweifelt, und zwar hat
er wahrscheinlich längere Zeit vor Philon gelebt und nicht
zu lange nach Aristobulos, mit dem er übrigens sicher nicht
identisch ist[1], wenn er auch ungefähr auf gleicher Bildungs-
stufe mit ihm stand. Mit ihm theilt er die Kenntniss der
griechischen Philosophie, und wie viele platonische Elemente
wir auch bei ihm finden, z. B. die Praeexistenz der Seelen[2],
so ist es doch wiederum die Stoa, von der er sich mehr als
von den übrigen Schulen angeeignet hat, sogar in der Ausdrucksweise. Die Verba συνέχειν[3], διοικεῖν[4], διήκειν, χωρεῖν διὰ
πάντων[5], auch διέπειν[6]), die wir bei ihm finden, als das
Verhältniss Gottes oder der göttlichen Kraft zur Welt bezeichnend, sind, wenn auch nicht blos stoisch, so doch am
meisten in dieser Schule gebraucht. Im sachlichen geht, abgesehen von dem, was nachher bei Behandlung der σοφία
vorkommen wird, offenbar die Art und Weise, wie die vier
Cardinaltugenden erwähnt werden, auf Chrysippos zurück[7].
Denn mag auch die Aufstellung von diesen allmählich in
den Schatz der allgemeinen damals üblichen Bildung über-

---

[1] Vgl. Grimm, Exeget. Handb. zu den Apokryphen d. A. T. Lief.
VI, 21 ff.
[2] 8, 19 f.
[3] 1, 7.
[4] 8, 2. 12, 18. 15, 1.
[5] 7, 24. Vgl. ebd. 23.
[6] 12, 15.
[7] Vgl. Zeller a. a. O. 230, 1.

gegangen sein, so gehört die Ableitung derselben von der Weisheit als Wurzel, wie wir sie 8, 7 finden: σωφροσύνην γὰρ καὶ φρόνησιν ἐκδιδάσκει (ἡ σοφία), δικαιοσύνην καὶ ἀνδρείαν, entschieden den Stoikern an; denn nach diesen ist die Weisheit *princeps omnium virtutum*[1]. Ferner scheint die Anerkennung der allgemeinen Menschenwürde in den sittlich gefallenen[2]), die πρόνοια[3]) und vielleicht auch die ἀνάγκη, welche die Aegypter ins Unglück zieht, stoischem Einfluss zuzuschreiben.

Treffen wir hiernach verschiedentlich Einwirkungen von dieser Seite auf das Buch der Weisheit, so wird es uns nicht befremden, wenn wir dasselbe finden bei dem Hauptgegenstand, den es behandelt. Bekanntlich gab es bei den Juden eine ganze sogenannte Weisheitslehre und Weisheitslitteratur, die ihren Ursprung von König Salomo genommen zu haben scheint, und dann in mannigfacher Weise gepflegt wurde. Wir finden Spuren davon im Buche Job, den Proverbien, in dem Koheleth und, womit wir der alexandrinischen Epoche schon näher kommen, bei Baruch und dem Siraciden. Soweit auch bisweilen, z. B. bei dem letzten[4]), die poetische Personification der Weisheit geht, so haben wir uns doch hier mit diesen Werken nicht zu beschäftigen, da eine Beeinflussung durch die griechische Philosophie nicht nachgewiesen werden kann.

Anders stellt sich die Sache, wie wir schon gesehen, bei dem Pseudo-Salomo, von dem wir eine begeisterte Lobrede auf die Weisheit besitzen, wie sie vorher noch nicht gefunden worden.

Wenn wir nun zunächst fragen, was die Weisheit ist, so lautet die Antwort darauf: ein πνεῦμα[5]). An einigen Stellen

---

[1]) Cic. Offic. I, 43, 153. Vgl. Zeller a. a. O. IV, 210, 2.
[2]) 12, 8.
[3]) 14, 3. 17, 2.
[4]) 24, 3 ff.
[5]) 1, 6.

scheint allerdings das *πνεῦμα* nur ein Theil oder eine Eigenschaft der *σοφία* zu sein, so wenn 7, 7 von einem *πνεῦμα*
σοφίας gesprochen wird. Aber dieses ist hier der *φρόνησις*
ganz gleich gestellt, so dass an eine Unterscheidung zwischen
ihm und der *σοφία* nicht gedacht werden [kann. Und wenn
es 7, 22 heisst: *ἔστι, γὰρ ἐν αὐτῇ* (nämlich *τῇ σοφίᾳ*)
πνεῦμα, und nun dessen 21 Prädicate folgen[1]), so ist zunächst
zu bemerken, dass die Lesart *ἐν αὐτῇ* nicht die einzige ist.
Die Varianten lauten *αὐτή* und *αὐτή*, so dass dann die Identität zwischen dem *πνεῦμα* und der *σοφία* hergestellt wäre.
Aber wenn auch das besser beglaubigte und schwierigere *ἐν
αὐτῇ* beizubehalten ist, so werden sie doch nicht als verschiedene Subjecte betrachtet werden müssen, wie schon oben
aus der Gleichstellung des *πνεῦμα* der *σοφία* und der *φρό
νησις* zu ersehen. Ausserdem ist auch eins der Prädicate
φιλάνθρωπον, und 1, 6 wird die Weisheit geradezu *πνεῦμα
φιλάνθρωπον* genannt, so dass hierdurch die Identität noch
fester gestellt wird[2]).

Eine Verschiedenheit zwischen diesem *πνεῦμα*, welches
die Weisheit ist, und dem *πνεῦμα κυρίου* oder dem *ἅγιον
πνεῦμα*[3]), dem alttestamentlichen Geist Gottes, kann in diesem
Buche nicht entdeckt werden. Im Gegentheil sind beiden
dieselben Thätigkeiten zugeschrieben, so dass der Pseudo-
Salomo sie allem Anscheine nach nicht von einander hat scheiden wollen, wie die Identificierung schon früher von Jesus
Sirach factisch, wenn auch nicht dem Namen nach, ausgeführt
worden ist[4]).

---

[1]) 7, 22. *νοερόν, ἅγιον, μονογενές, πολυμερές, λεπτόν, εὐκίνητον,
τρανόν, ἀμόλυντον, σαφές, ἀπήμαντον, φιλάγαθον, ὀξύ, ἀκώλυτον εὐερ
γετικόν, φιλάνθρωπον, βέβαιον, ἀσφαλές, ἀμέριμνον, παντοδύναμον,
πανεπίσκοπον καὶ διὰ πάντων χωροῦν πνευμάτων.*

[2]) Vgl. noch Grimm a. a. O. zu der Stelle.

[3]) 1, 5. 7. 12, 1.

[4]) Bei diesem geht 24, 3 die Weisheit schon vor der Weltschöpfung
aus dem Munde Gottes und bedeckt nach Gen. 1, 1 wie ein Nebel die Erde.

Wenn nun auch die Bezeichnung der Weisheit als πνεῦμα selbst unmittelbar in der jüdischen Litteratur vorbereitet war, und wir die besondere Hervorhebung desselben in unserem Buche nicht schon auf die Stoiker mit zurückführen wollen, so spricht doch mancherlei dafür, dass eine Verschmelzung der σοφία mit dem stoischen Begriff der Gottheit, als eines die Welt durchdringenden πνεῦμα, vor sich gegangen ist. Das Prädicat νοερόν wird vom Pseudo-Salomo dem πνεῦμα in der Weisheit beigelegt, wie die Stoiker ihren Gott als πνεῦμα νοερόν bezeichneten und auch das Feuer als Weltprincip ein verständiges nannten. Ferner erstreckt die Weisheit oder ihr πνεῦμα sich bei dem Alexandriner durch alles, wie es 8, 1 heisst: διατείνει δὲ ἀπὸ πέρατος εἰς πέρας εὐρώστως καὶ διοικεῖ τὰ πάντα χρηστῶς, und 7, 24: διήκει δὲ καὶ χωρεῖ διὰ πάντων διὰ τὴν καθαρότητα. Es wird hier also der modificierte stoische Pantheismus, wie wir ihn schon bei Aristobulos und dem Verfasser des Buches Περὶ κόσμου kennen gelernt haben, gelehrt, und die Ausdrücke machen es unzweifelhaft, dass hier eine Anlehnung an den Stoicismus stattgefunden hat. Das Durchdringen der ganzen Welt seitens der Weisheit ist ganz analog der Allgegenwart des stoischen Logos. Sie sind beide objectiv gedacht, und alles in der Welt ist auf der einen Seite „weislich", auf der andern „logisch" geordnet. Besonders erinnert noch die zweite der angeführten Stellen in ihren letzten Worten an Hippolytos Refutat. I, 21, wonach Zenon und Chrysippos lehrten: ἀρχὴν μὲν θεὸν τῶν πάντων, σῶμα ὄντα τὸ καθαρώτατον, διὰ πάντων δὲ διήκειν τὴν πρόνοιαν αὐτοῦ. Auch den Alten ist diese Uebereinstimmung bekanntlich nicht entgangen. Clemens spricht[1]) von dem Satze der Stoiker, dass Gott sich durch die ganze Welt ausdehne, und meint, dies zu behaupten seien sie verführt worden durch die oben erwähnte Stelle der

---

[1]) Strom. V. 591, B.

13*

Weisheit Salomonis, indem sie nicht gemerkt hätten, dass dies von der Weisheit, dem erstgeschaffenen Wesen, ausgesagt wäre.

Dass bei dem angeblichen Salomo die Vorstellung des Stoffes mit der des πνεῦμα bestimmt verbunden gewesen wäre, kann nicht behauptet werden; aber doch sind Anzeichen da, die wenigstens eine Annäherung an den stoischen Materialismus erkennen lassen. So weist es schon nach dieser Richtung hin, wenn im obigen das διὰ τὴν καθαρότητα hinzugesetzt wird, um das Durchdringen durch alles zu erklären. Für etwas rein geistig gedachtes wäre dies nicht nöthig gewesen. Ferner wird das πνεῦμα genannt πολυμερές, λεπτόν, εὐκίνητον, drei Prädicate, die alle eher von etwas körperlichem als geistigem ausgesagt werden können. Besonders das mittlere, das nicht, wie es bisweilen bei νοῦς oder φροντίς gebraucht wird, in der Bedeutung scharf, fein denkend hier genommen werden kann — denn diese Bezeichnungen folgen noch später in den Ausdrücken ὀξύ, τρανόν —, sondern im eigentlichen Sinne fein, leicht, hier stehen muss, wodurch zugleich das nächste Adjectivum εὐκίνητον auf das beste erklärt wird, wie oben das Durchdringen vermittelst der καθαρότης. Hätte der Verfasser Veranlassung gehabt, sich klar zu werden über die Frage, ob das πνεῦμα körperlich und stofflich, oder unkörperlich und nichtstofflich zu denken sei, so würde er sich wohl für die Bejahung des ersteren haben entscheiden müssen, aber da diese Nothwendigkeit nicht an ihn herantrat, ist die Frage gar nicht behandelt, und wir müssen uns begnügen mit den Andeutungen, die gegeben sind.

Was die Anhäufung der Prädicate auf das πνεῦμα betrifft, so scheinen auch hier stoische Muster gewirkt zu haben. Wenigstens finden wir etwas ganz ähnliches bei Clemens[1], der uns einige Verse, als von Kleanthes herrührend, auf-

---

[1] Cohort. 47, A f.

bewahrt hat, in denen dem $\dot{\alpha}\gamma\alpha\vartheta\acute{o}\nu$ sogar sechs und zwanzig Adjectiva beigelegt werden [1]).

Das Verhältniss der $\sigma o\varphi \acute{\iota}\alpha$ zur Welt wird zunächst dadurch bestimmt, dass sie geradezu als weltbildende, weltregierende Kraft auftritt, sie also auch eine vermittelnde Stellung einnimmt, offenbar aus dem Bedürfniss, den Begriff Gottes möglichst zu entsinnlichen, also ihn mit dem irdischen nicht zusammen zu bringen. So wird sie $\pi\acute{\alpha}\nu\tau\omega\nu$ $\tau\varepsilon\chi\nu\~\iota\tau\iota\varsigma$ [2]) genannt, und $\tau\grave{\alpha}$ $\pi\acute{\alpha}\nu\tau\alpha$ $\dot{\varepsilon}\varrho\gamma\alpha\zeta o\mu\acute{\varepsilon}\nu\eta$ [3]), es wird von ihr gesagt, dass sie allwissend ist, alles kann, alles auf das beste verwaltet, für sich beharrend alles erneuert [4]) und die Schicksale der Menschen, besonders der frommen, leitet [5]). Doch scheut sich andererseits der Verfasser auch nicht, Gott selbst die Weltbildung zuzuschreiben, und die Weisheit ist dann blos gegenwärtig, als er den Kosmos schafft [6]), eine Ungenauigkeit, welche zeigt, dass der Unterschied zwischen der $\sigma o\varphi \acute{\iota}\alpha$ und Gott ein noch fliessender ist.

Aber nicht allein als kosmisches Princip tritt die Weisheit auf, sondern auch als ethisches und intellectuelles, wenn gleich nicht zu leugnen ist, dass sie als solches in ihrer objectiven Bedeutung häufig nicht festgehalten werden kann,

---

[1]) Vgl. Nitzsch, System der christlichen Lehre, 5. Auflage, 154.

[2]) 7, 21. Vgl. 8, 6: $\tau\acute{\iota}\varsigma$ $\alpha\dot{v}\tau\~\eta\varsigma$ $\tau\~\omega\nu$ $\ddot{o}\nu\tau\omega\nu$ $\mu\~\alpha\lambda\lambda\acute{o}\nu$ $\dot{\varepsilon}\sigma\tau\iota$ $\tau\varepsilon\chi\nu\acute{\iota}\tau\eta\varsigma$; Daehne a. a. O. 164 nennt sie Erzeugerin des Alls nach 7, 12, wo er $\gamma\varepsilon$-$\nu\acute{\varepsilon}\tau\iota\varsigma$ $\pi\acute{\alpha}\nu\tau\omega\nu$ zu lesen scheint. Es heisst aber da blos $\gamma\varepsilon\nu\acute{\varepsilon}\tau\iota\varsigma$ $\tauο\acute{\upsilon}\tau\omega\nu$, und unter den $\tau\alpha\~\upsilon\tau\alpha$ sind die äusseren Güter zu verstehen, die im Gefolge der Weisheit sich einstellen.

[3]) 8, 5.

[4]) 7, 27: $\mu\acute{\iota}\alpha$ $o\~\upsilon\sigma\alpha$ $\pi\acute{\alpha}\nu\tau\alpha$ $\delta\acute{\upsilon}\nu\alpha\tau\alpha\iota$ $\varkappa\alpha\grave{\iota}$ $\mu\acute{\varepsilon}\nu o\upsilon\sigma\alpha$ $\dot{\varepsilon}\nu$ $\alpha\dot{\upsilon}\tau\~\eta$ $\tau\grave{\alpha}$ $\pi\acute{\alpha}\nu\tau\alpha$ $\varkappa\alpha\iota\nu\acute{\iota}\zeta\varepsilon\iota$. 7, 23 ist sie das $\pi\nu\varepsilon\~\upsilon\mu\alpha$ $\pi\alpha\nu\tauο\delta\acute{\upsilon}\nu\alpha\mu o\nu$ und $\pi\alpha\nu\varepsilon\pi\acute{\iota}\sigma\varkappaο\pi o\nu$. Vgl. oben 195 das $\delta\iotaο\iota\varkappa\varepsilon\~\iota$ $\tau\grave{\alpha}$ $\pi\acute{\alpha}\nu\tau\alpha$ $\chi\varrho\eta\sigma\tau\~\omega\varsigma$.

[5]) C. 10.

[6]) 9, 9: $\varkappa\alpha\grave{\iota}$ $\pi\alpha\varrhoο\~\upsilon\sigma\alpha$ $\ddot{o}\tau\varepsilon$ $\dot{\varepsilon}\piο\acute{\iota}\varepsilon\iota\varsigma$ $\tau\grave{o}\nu$ $\varkappa\acute{o}\sigma\muο\nu$. Wenn wir auch das $\pi\alpha\varrho\varepsilon\~\iota\nu\alpha\iota$ in dem Sinn von „helfen“, „zur Seite stehen“ nehmen wollen, so fällt die Haupttthätigkeit doch Gott zu, und der Widerspruch mit den Stellen, wo die Weisheit als Bildnerin von allem bezeichnet wird, ist klar. Vgl. 1, 14. 9, 1. 2. 13, 3.

sondern mit der subjectiven Qualität des einzelnen zusammen-
fliesst. Sie leitet den Menschen zu aller Tugend und Einsicht[1])
und steigt besonders zu denen herab, die sich ihrer durch
Lauterkeit der Gesinnung und des Lebens würdig machen,
deren Seelen sie dann ganz erfüllt[2]), und in diesem Sinne
ist es zu verstehen, wenn es von ihrem *πνεῦμα* heisst 7, 23:
καὶ διὰ πάντων χωροῦν πνευμάτων νοερῶν, καθαρῶν, λεπτο-
τάτων, während unmittelbar darauf V. 24 von der Weisheit
gesagt wird, sie dringe durch alles, in welcher letzten Stelle
sie in kosmisch-physischem Sinne steht. Fasst man diese
ihre doppelte Bedeutung ins Auge, so kann es nicht·auf-
fallen, wenn sie geradezu von den unreinen Seelen und Lei-
bern sich ausschliesst, wie es 1, 4 lautet: *ὅτι εἰς κακότεχνον*
ψυχὴν οὐκ εἰσελεύσεται σοφία, οὐδὲ κατοικήσει ἐν σώματι
κατάχρεῳ ἁμαρτίας.

Wir haben uns also die Weisheit vorzustellen als Kraft
Gottes auf physischem und auf sittlich-intellectuellem Gebiete mit derselben ausgedehnten Thätigkeit, wie sie dem
stoischen Logos zugeschrieben wird. Ist sie nun wesentlich
von Gott getrennt oder als eine seiner Eigenschaften zu
denken? Für das erstere spricht vielerlei.

Vor allem wird sie für eine Emanation von Gott häufig
angesehen wegen der Bezeichnungen, die sie 9, 25 f. erhält.
Hier ist sie nämlich Hauch der Macht Gottes, reiner Ausfluss der allgewaltigen Herrlichkeit, Abglanz ewigen Lichtes,
ein fleckenloser Spiegel der Thätigkeit Gottes und ein Abbild seiner Güte[3]); poetische Ausdrücke, die eine speculativ
gedachte Emanation noch nicht beweisen. Bei ihnen mag

---

[1]) 9, 9 ff. 8, 7 f.

[2]) 7, 27: *καὶ κατὰ γενεὰς εἰς ψυχὰς ὁσίας μεταβαίνουσα φίλους*
θεοῦ καὶ προφήτας κατασκευάζει.

[3]) *ἀτμὶς τῆς τοῦ θεοῦ δυνάμεως καὶ ἀπόρροια τῆς τοῦ παντοκρά-*
τορος δόξης εἰλικρινής, ἀπαύγασμα φωτὸς ἀϊδίου καὶ ἔσοπτρον ἀκηλί-
δωτον τῆς τοῦ θεοῦ ἐνεργείας καὶ εἰκὼν τῆς ἀγαθότητος αὐτοῦ.

theils die stoische Lehre, wonach die Seele eine ἀπόῤῥοια des Alls war, theils die Stelle des Siraciden[1]), nach welcher Gott seine Weisheit über alle seine Werke ausgegossen hat, mitgewirkt haben. Von der letzten Ansicht aus war es kein grosser Schritt mehr, zu sagen, die Weisheit sei ein Ausfluss Gottes, wobei der stoische Ausdruck benutzt wurde, ohne dass dabei an das Ausströmen eines selbständigen Wesens gedacht zu werden braucht. Die übrigen Prädicate sind dann in analoger Weise zu erklären.

Wäre der Verfasser des Buches ein reiner Philosoph, so hätte er es allerdings mit seiner Redeweise etwas genauer nehmen müssen, aber da er mehr dichterisches als speculatives Interesse hat, und es ihm in den fraglichen Capiteln nicht darauf ankommt, die Weisheit philosophisch abzuleiten und begrifflich genau zu bestimmen, sondern derselben einen begeisterten Hymnus zu singen, so war es ihm wohl erlaubt, poetische Personificationen anzuwenden, ohne daraus die vollen Consequenzen zu ziehen.

Dasselbe ist zu sagen, wenn die Weisheit in ihren verschiedenen Thätigkeiten selbständig auftritt, wozu aber noch kommt, dass diese auch Gott zugelegt werden, so dass er mit der Weisheit auf gleicher Stufe steht. Sogar wenn sie Beisitzerin auf dem Throne Gottes genannt wird[2]) und dadurch von Gott getrennt zu werden scheint, spricht dies nicht für eine factische Trennung, sondern kann geradezu auf sie als Eigenschaft gedeutet werden. Wir finden in unserem Buche nicht einmal ein deutliches Gegenüberstellen der Weisheit und Gottes, wie uns ein solches schon bei Aristobulos und in dem Buche Περὶ κόσμου vorgekommen ist von Gott und seiner Kraft. Noch weniger sehen wir, dass der Weisheit Gottes eine Thätigkeit zugeschrieben wird, die

---

[1]) 1, 9.
[2]) 9, 4.

von ihm selbst fern gehalten werden soll', wie wir bei Aristobulos derartiges gehabt haben. Wenn die Weisheit sich durch alles ausdehnt, ohne dass von Gott dasselbe gesagt würde, so geht dies nicht weiter, als wenn in dem Buche *Περὶ κόσμου* die Macht Gottes alles durchdringt, ohne dass diese deshalb hypostasiert werden müsste.

Unser Urtheil geht also dahin: der pseudonyme Verfasser hat allerdings das lebhafte religiöse Bedürfniss gehabt, den Begriff Gottes möglichst rein und erhaben zu halten, hat demnach eine seiner hervorragendsten Eigenschaften gleichsam von ihm abgelöst und zwischen ihn und die Welt gestellt, wobei er häufig daran streift, dem Sinne nach dieser eine Selbständigkeit zu verleihen neben Gott, während er in poetischem Ausdrucke sie vielfach personificiert. In Wahrheit aber ist er nicht dahin gekommen, ihr philosophisch eine Selbstwesentlichkeit zuzuschreiben, und kaum so weit darin gegangen, als sein muthmaasslicher Vorgänger Aristobulos.

Wäre die Weisheit als hypostasiert anzusehen, so würde dies mit fast eben so viel Recht bei dem Logos Gottes der Fall sein, der allerdings lange nicht so ausführlich behandelt ist wie die Weisheit, aber doch unsere Beachtung verdient. Er wird im ganzen drei Mal erwähnt, das erste Mal heisst es, dass Gott alles in ihm geschaffen und durch die Weisheit den Menschen gebildet habe[1]. Ferner tritt der Logos auf als Heiland bei der Verwundung der Kinder Israel durch die Schlangen in der Wüste[2], und endlich erscheint er allmächtig, schwingt sich vom höchsten Himmel herab auf die dem Verderben geweihte Erde, als grausamer Krieger, führt den Befehl Gottes aus und bringt

---

[1] 9, 1: Θεὲ πατέρων καὶ κύριε τοῦ ἐλέους, ὁ ποιήσας τὰ πάντα ἐν λόγῳ σου καὶ τῇ σοφίᾳ σου κατασκευάσας ἄνθρωπον.

[2] 16, 12: καὶ γὰρ οὔτε βοτάνη οὔτε μάλαγμα ἐθεράπευσεν αὐτούς, ἀλλὰ ὁ σός, κύριε, λόγος ὁ πάντα ἰώμενος.

überallhin den Tod, indem er die Erstgeburt der Aegypter schlägt[1]).

Alle diese drei Stellen lassen sich herleiten aus ähnlichen in dem Alten Testament, so dass man zu ihrer Erklärung nicht in die griechische Philosophie zu greifen braucht. In der zuerst angeführten ist der Logos nichts als das schöpferische Wort Gottes, d. h. der ausgesprochene Schöpferwille, der sofort zur That wird, wie wir gleiches auch schon finden bei Aristobulos und ebenso bei Jesus Sirach. Und wenn wir dann von dem Logos hören, dass er alles heilen kann, so haben wir dazu manche Parallelen in den Psalmen und den Propheten[2]). Endlich bei der Personification des Logos als strafenden Kriegers hat offenbar die Schilderung des Pestengels aus I Chron. 21, 16 vorgeschwebt, die verschmolzen worden ist mit der Vorstellung, die sich sonst im Alten Testament findet, von dem Worte Gottes als Vollstrecker der göttlichen Gerichte[3]). Oefter stehen auch schon im Alten Testamente die Ausdrücke λόγος κυρίου und ἄγγελος scheinbar für einander[4]), und man könnte deshalb versucht sein, anknüpfend an die eben erwähnte Stelle aus dem ersten Buche der Chronika. den Logos in dieser Personification für einen Engel zu halten und hierin ein Vorspiel für die spätere

---

[1]) 18, 15 f.: ὁ παντοδύναμός σου λόγος ἀπ’ οὐρανῶν ἐκ θρόνων βασιλείων, ἀπότομος πολεμιστὴς εἰς μέσον τῆς ὀλεθρίας ἥλατο γῆς, ξίφος ὀξὺ τὴν ἀνυπόκριτον ἐπιταγήν σου φέρων καὶ στὰς ἐπλήρωσε τὰ πάντα θανάτου· καὶ οὐρανοῦ μὲν ἥπτετο βεβήκει δ’ ἐπὶ γῆς. Es ist schon verschiedentlich darauf aufmerksam gemacht, dass die letzten Worte an Homer Il. IV, 443 erinnern, wo es von der Eris heisst:

οὐρανῷ ἐστήριξε κάρη καὶ ἐπὶ χθονὶ βαίνει,

und vielleicht danach gebildet sind.

[2]) Z. B. Ps. 107, 20. Siehe andere Stellen b. Grimm a. a. O. Etwas ähnliches findet sich 16, 26 wo es von dem ῥῆμα θεοῦ heisst: διατηρεῖ τοὺς πιστεύοντας, offenbar nach Anleitung von Deuteron. 8, 3.

[3]) So namentlich Jerem. 23, 29. Hos. 6, 5. Jes. 55, 11. Weiteres bei Grimm a. a. O.

[4]) Z. B. Sachar. 6, 5. 9.

Lehre des Philon zu sehen. Aber dagegen wird mit Recht eingewendet, dass ein einzelner Engel nicht παντοδύναμος genannt werden könnte, und dass sich sonst keine Spuren von diesem Sprachgebrauch in unserem Buche finden.

Man wird sich also auch hier mit der Bedeutung „Wort" zufrieden geben können, freilich zugestehen müssen, dass im allgemeinen dieses in unserem Buche eine grössere Wichtigkeit erlangt hat als früher in der jüdischen Litteratur. Es wird mit der Weisheit auf ganz gleiche Linie gestellt, und wenn es auch nicht synonym mit dieser gebraucht wird, so doch parallel. Es muss ihm dieselbe Geltung zukommen, wie dieser, was auch daraus noch hervorgeht, dass es wie die Weisheit selbst allmächtig genannt wird. Ebenso beweist die Personification und die Art ihrer Ausführung, dass dem Worte eine wichtigere Rolle eingeräumt, und dass die Vorstellung der Selbständigkeit wenigstens mit ihm in Verbindung gebracht wird, während dies früher noch nicht der Fall war. Es hat also dem Verfasser vielleicht nicht so fern gelegen, auch dem Worte eine Art Mittelstellung zwischen Gott und der Welt einzuräumen, ebenso wie der Weisheit, wenn diese Vorstellung sich auch nicht bis zur Klarheit des Gedankens bei ihm erhoben hat, sondern im Bilde stehen geblieben ist.

Griechischer Einfluss kann bei diesen, in dem Buche selbst sehr kurz gehaltenen Angaben über den Logos nicht constatiert werden. Höchstens wäre ein indirecter durch die σοφία, der das Wort zur Seite gestellt wurde, anzunehmen. Dies zu behaupten haben wir aber keinen sicheren Anhalt.

Dass ausser diesen beiden bis jetzt behandelten auch noch andere jüdische Schriftsteller dieses Zeitalters von Seiten der griechischen Speculation und vor allem von dem Stoicismus nicht blos Anregung, sondern auch Gedanken empfangen, beweist der Verfasser des vierten Buches der Makkabäer, wer es auch sei, dessen ganze Tendenz bekannt-

lich darauf hinausgeht, einen stoischen Satz aus der Ethik
darzulegen und an historischen Beispielen zu erläutern. Wir
finden in diesem Werke allerdings den λόγος oder λογισμός
im Menschen nach einer Seite sehr hervorgehoben, von der
kosmischen Bedeutung desselben aber nichts, so dass hier
nicht der Platz ist, darauf näher einzugehen, so interessant
auch die ganze Erscheinung ist[1]).

Näher berührt werden wir schon durch eine Angabe, die
wir bei dem fabelhaften Aristeas finden. So wenig uns philosophisches bei ihm vorkommt, sehen wir doch, dass er den
öfter erwähnten dynamischen Pantheismus angenommen hat.
Es klingt ganz nach der Art, die wir kennen gelernt haben,
wenn es bei ihm heisst, dass e i n Gott ist, und dass
dessen Kraft durch alles geht[2]), so dass eine Unterscheidung
der letzteren von dem höchsten Wesen wenigstens angestrebt wird.

Deutlich ausgesprochen finden wir eine solche in dem
zweiten Buche der Makkabäer, in dessen zweiter Hälfte uns
ein Auszug aus der von Jason von Kyrene verfassten Geschichte des Syrerkriegs gegeben ist. Es wird hier die in
dem Tempel zu Jerusalem waltende Kraft getrennt von Gott
selbst, der in der himmlischen Wohnung thront, so dass
höchst wahrscheinlich der sonst unbekannte Kyrenaiker mit
dem alexandrinischen Dogma einer Zwischenkraft vertraut
gewesen ist[3]).

---

[1]) Vgl. hierüber Freudenthal, Die Flav. Josephus beigelegte Schrift über
die Herrschaft der Vernunft.

[2]) In der Ausgabe des Josephus von Haverkamp II, 116 oben: ἐπί-
δειξε γὰρ πάντων πρῶτον, ὅτι μόνος ὁ θεός ἐστι καὶ διὰ πάντων ἡ
δύναμις τοῦ αὐτοῦ ἐστι· φανερὰ γίνεται, πεπληρωμένον παντὸς τόπου
τῆς δυναστείας. Aehnliches ebd. unten: τὰ γὰρ καθόλου πάντα — ὑπὸ
μιᾶς δυνάμεως οἰκονουμένα.

[3]) 3, 38 f.: διὰ τὸ περὶ τὸν τόπον ἀληθῶς εἶναί τινα θεοῦ δύναμιν·
αὐτὸς γὰρ ὁ τὴν κατοικίαν ἐπουράνιον ἔχων ἐπόπτης ἐστὶ καὶ βοηθὸς
ἐκείνου τοῦ τόπου.

Fünftes Capitel.

Philon.

Wir haben das Bedürfniss nach einer zwischen Welt und Gott eingeschobenen Macht kennen gelernt, das in der heidnischen Philosophie, so weit wir sie bisher behandelt, blos angedeutet wurde, aber nirgends in ausgeführterer Weise befriedigt ist. In der heidnisch-jüdischen gelangt es dagegen deutlich zum Ausdruck, und es wird hier auch schon diese Zwischenkraft genauer bestimmt, so dass sie beinahe eigene Gestalt gewinnt. Hervorgerufen wird das Bedürfniss auf der einen Seite durch den allgemeinen Zug des Menschen nach oben, durch den stoischen Pantheismus, und auf der andern durch die Anschauung, die man von dem überirdischen Wesen Gottes hatte, oder durch den akademisch-peripatetischen und jüdischen Theismus.

Niemand hat diesem Drange in ausführlicherer Weise entsprochen als der Alexandriner Philon, dessen ganze Speculation ihren Mittelpunkt gerade in der Lehre von diesem Zwischenwesen findet. Seine Richtung im allgemeinen ist durch das charakterisiert, was wir über die Vermischung des orthodoxen Judenthums mit den heidnischen Philosophemen früher bemerkt haben. Es musste das, was man als Inhalt des Denkens aufgenommen hatte, gefunden werden in der Quelle aller Wahrheit, den alttestamentlichen Schriften, damit es auch wirkliche Gültigkeit habe, und dazu diente in trefflicher Weise die allegorische Methode, die wir denn auch im ausschweifendsten Maasse bei Philon angewandt finden. Die heiligen Schriften der Juden, besonders die mosaischen, werden erklärt, und wenn gleich häufig der eigentliche Sinn beibehalten wurde, so fand er neben diesem doch noch alles das in den interpretierten Stellen, was das speculative Interesse erheischte. So trug er in die alten religiösen Urkunden ein seltsames Gemisch von griechischen Lehrsätzen und Anschauungen hinein. Besonders ist dabei Platon und die Stoa vertreten, aber auch die andern Schulen haben ihr Theil dazu hergeben müssen. Denn Philon war bewandert in der ganzen heidnischen Weltweisheit, giebt dies deutlich zu erkennen, indem er diese Seite der Bildung hoch anschlägt, und citiert häufig die Namen der Hauptvertreter, von denen er sogar mit der grösstmöglichen Hochachtung spricht. So ist ihm Platon der heiligste und der grosse, Heraklit der grosse und berühmte, Parmenides, Empedokles, Zenon, Kleanthes sind ihm göttliche Männer und bilden einen eigentlich heiligen Verein[1]. Zu berücksichtigen ist freilich dabei, dass er ihnen in den betreffenden Lehrsätzen nicht die Ursprünglichkeit einräumte, sondern ihre Philosopheme aus den mosaischen Schriften geschöpft sein liess, so dass in der Beistimmung der heidnischen Weisheit noch eine schwache Bestätigung für die unumstössliche Wahrheit der heiligen Urkunden gefunden wurde.

Auch für seine Lehre vom Logos gebraucht Philon, wie wir finden werden, als echter Syncretist, alle Elemente, die in der griechischen Philosophie dafür verwendbar vorlagen, aber schliesst sich darin zugleich möglichst an die Anschauungen des Alten Testaments und der philosophischen Vorgänger unter seinen Landsleuten an. Was ihn zur Festhaltung und Weiterbildung dieser Lehre trieb, war vor allem der sub-

---

[1] Qu. omn. prob. lib. II, 447 ed. Mang. De provid. II, 42. I, 77 Auch. Qu. rer. div. her. I, 503. De provid. II, 48. I, 79 Auch.

limierte Begriff, den er von der Gottheit aufstellte, worin er die Ansichten der alten Akademie und der Peripatetiker noch um ein bedeutendes überbot. Es kam ihm darauf an, Gott fern von allen Anthropomorphismen zu halten. Deshalb schreibt er ihm am liebsten gar keine Qualitäten zu[1]) und bezeichnet ihn als den scienden, oder als das seiende schlecthin. Es wird häufig mit Nachdruck hervorgehoben, dass Gott ganz unbegreiflich, ganz unnennbar sei; dass ihn zu fassen nicht einmal die ganze Welt im Stande wäre, geschweige denn die menschliche Natur[2]).

Aber mit diesem so gut wie negativen Resultate konnte sich das religiöse Bedürfniss doch nicht befriedigen. So schroff jenes hingestellt wurde, so viel Concessionen werden doch andererseits gemacht. Wenn Philon auch zunächst blos die irdischen Schwachheiten von Gott fern hält, so nähert er sich doch gerade dadurch schon positiven Bestimmungen. Vor allem legt er Nachdruck darauf, dass die Gottheit, im Gegensatz zu der veränderlichen, dem Wechsel unterworfenen menschlichen Natur, unveränderlich, bleibend ist,

---

[1]) Wenn Philon Gott ἄποιος nennt Leg. alleg. I. I, 50, so will er freilich blos alle endlichen Qualitäten fern halten, wie deutlich aus eben dieser Stelle hervorgeht, wo es heisst: ἄποιος γὰρ ὁ θεὸς οὐ μόνον, ἀλλ' οὐδ' ἀνθρωπόμορφος. Aehnlich Qu. D. s. immutab. I, 281.

[2]) Gott sagt selbst De monarch. II, 281: τὴν δὲ ἐμὴν κατάληψιν οὐχ οἷον ἀνθρώπου φύσις, ἀλλ' οὐδ' ὁ σύμπας κόσμος δυνήσεται χωρῆσαι. De somn. I. I, 630 ist Gott: ἀκατονόμαστος καὶ ἄρρητος καὶ κατὰ πάσας ἰδέας ἀκατάληπτος. Fragm. II, 656. Joan. Dam. Sacr. parall. 748, E: Θεὸν γενέσθαι δεῖ πρότερον — ὅπερ οὐδ' οἶόντε — ἵνα θεὸν ἰσχύσῃ τις καταλαβεῖν. De mutat. nom. I, 579: μὴ μέντοι νομίσῃς τὸ ὄν, ὅ ἐστι πρὸς ἀλήθειαν ὄν, ὑπ' ἀνθρώπου τινὸς καταλαμβάνεσθαι. Ebd. 580 ist das alttestamentliche ἐγώ εἰμι ὁ ὤν dem Philon soviel wie εἶναι πέφυκα οὐ λέγεσθαι. Durch wissenschaftliche Beweisführung, λόγων ἀπόδειξις, und Begriffe lässt er sich nicht erfassen. Man kommt damit nicht weiter als zu der Erkenntniss, dass er existirt und die Ursache von allem ist. Nach dem Wesen seines Seins und nach seinen Qualitäten zu forschen, wäre unermessliche Thorheit. Qu. D. s. immutab. I, 282. De poster. C. I, 258: περὶ οὐσίας ἢ ποιότητος ζητεῖν, ὠγύγιός τις ἠλιθιότης.

und wie er der Ausführung dieses Dogmas ein ganzes Buch gewidmet hat, so werden eine grosse Anzahl Bezeichnungen für Gott den unveränderlichen von ihm gefunden[1]. Mit dieser Unveränderlichkeit hängt eng zusammen die Einfachheit des göttlichen Wesens gegenüber der zusammengesetzten Natur des Menschen, da alles, was aus Theilen besteht, der Auflösung wieder ausgesetzt ist[2]; ebenso die Erhabenheit über Zeit und Raum[3], Formen, die von Gott selbst erst geschaffen sind[4], so dass ihm allein wahres Sein zukommt, während die übrigen Dinge sämmtlich blos dem Scheine nach existieren[5]. Alles ausser Gott steht in einer Relation, ist ein πρός τι, er allein ist davon ausgenommen, er steht in keinem Verhältniss zu irgend etwas anderem, bedarf keiner Sache und ist im höchsten Sinne sich selbst genug[6].

Gott wird die absolute Vollkommenheit zugesprochen, und dies näher dahin ausgeführt, dass er in sich alle Güter hat, frei von allen Uebeln ist, ganz allein das wahre Glück, die wahre Seligkeit geniesst, dass höchste gute und schöne, das höchste selige und glückliche selbst ist, ja, wenn man der Wahrheit noch näher kommen will, besser als das gute, schöner als das schöne, glücklicher als das glückliche, seliger

---

[1] Namentlich wird er genannt: ἄτρεπτος, ἀμετάβλητος, ἀκλινής, βέβαιος ἰσαίτατος.

[2] De mutat. nom. I, 606: ὁ θεὸς οὐ σύγκριμα, φύσις ὢν ἁπλῆ. Vgl. Daehne a. a. O. I, 119 ff.

[3] De poster. C. I, 229: οὐ γὰρ ἐν χρόνῳ τὸ αἴτιον, οὐδὲ σννόλως ἐν τόπῳ, ἀλλ' ὑπεράνω καὶ τόπου καὶ χρόνου.

[4] Die Zeit steht zu Gott in dem Verhältniss eines νἱωνός, da die Welt der Vater der Zeit, und Gott der Vater der Welt, Qu. D. s. immut. I, 277. De confus. ling. I, 425.

[5] Qu. det. pot. ins. I, 222.

[6] De mutat. nom. I, 582: τὸ γὰρ ὂν ᾗ ὄν ἐστιν οὐχὶ τῶν πρός τι· αὐτὸ γὰρ ἑαυτοῦ πλῆρες καὶ αὐτὸ ἑαυτῷ ἱκανόν — χρῇζον ἑτέρου τὸ παράπαν οὐδενός. De fortit. II, 377: ἔστι γὰρ ὁ μὲν θεὸς ἀνεπιδεής, οὐδενὸς χρῄζων, ἀλλ' αὐτὸς αὐταρκέστατος ἑαυτῷ. Vgl. Leg. alleg. III. I, 128. Ebd. I. I, 52.

als die Seligkeit[1]). Man sieht, es werden schon menschliche
Prädicate angewandt, um [uns näher zu bringen, was das
göttliche Sein eigentlich ist. Noch genauer wird dies bestimmt, wenn Gott als der νοῦς τῶν ὅλων bezeichnet wird[2]),
wenn er als das δραστήριον, als das absolut wirkende, das
ohne Thätigkeit gar nicht gedacht werden kann, dem παθη-
τικόν, der seelenlosen und bewegungslosen Materie gegenüber steht[3]), diese belebt und formt und sie zu dem voll-
endetsten Werke, nämlich zu der bestehenden Welt um-
schafft.

Die stoische Lehre, sogar der stoische Ausdruck sind
hier leicht zu erkennen; es ist aber damit ein Schritt aus
der absoluten Transcendenz Gottes gethan nach seiner Berührung mit der Welt zu, und wir wollen an dieser Stelle
sogleich darauf aufmerksam machen, wie Philon sogar von
dem stoischen Pantheismus sich nicht ganz hat losmachen
können, so fern seinen Vorstellungen von Gott diese Anschauungsweise auch liegen müsste. Es ist dies eine von den
vielen Inconsequenzen, denen wir in der philonischen Speculation begegnen, und die dem syncretistischen Zusammen-
raffen aller möglichen Elemente, ohne dass dieselben in eine
höhere Einheit vollkommen zusammengefasst würden und sich
durchdrungen hätten, entsprungen ist. Die Welt war auf das
trefflichste eingerichtet, wie dies Platon und die Stoiker lehrten.
Dies konnte ohne göttliche Thätigkeit nicht geschehen sein[4]),

---

[1]) Legat. ad Gai. II, 546. De septen. II, 280. De m. opific. I, 2.
[2]) De m. opific. I, 2. De migrat. Abr. I, 466.
[3]) De m. opific. a. a. O. Leg. alleg. III. I, 88.
[4]) Der physiko-theologische Beweis für das Dasein Gottes und für
die Vernunft desselben wird von Philon in Anlehnung an die früheren
Philosophen vielfach gebraucht, wenn auch keine besondere Sorgfalt angewandt, ihn auszuführen. Man s. das ganze Buch De providentia. Von
vielen andern Stellen will ich nur einige anführen: De monarch. II, 217:
τεχνικώτατος δὲ ὁ κόσμος, ὡς ὑπό τινος τὴν ἐπιστήμην ἀγαθοῦ καὶ τε-
λειοτάτου πάντως δεδημιουργῖσθαι. Τοῦτον τὸν τρόπον ἔννοιαν ἐλά-

aber ohne fortwährende Wirkung Gottes kann auch die Erhaltung nicht gedacht werden, und deshalb ist eine Erfüllung der
Welt mit dem göttlichen Wesen angenommen, beinahe in der
Weise der Stoa, auch mit ähnlichen Ausdrücken. Sehr häufig
wird erwähnt, dass Gott alles umfasse, aber selbst nicht umfasst werde (περιέχων οὐ περιεχόμενος), dass er überall sei
aber zugleich auch nirgends, weil er den Raum erst mit den
Dingen zugleich geschaffen[1]). Dann wird das Verhältniss
auch innerlicher gedacht, so wenn es Leg. alleg. III. I, 88
heisst: πάντα γὰρ πεπλήρωκεν ὁ θεὸς καὶ διὰ πάντων διε-
λήλυθεν καὶ κενὸν οὐδὲν οὐδὲ ἔρημον ἀπολέλοιπεν ἑαυτοῦ,
und De sacrif. Ab. et C. I, 176: πεπληρωκὼς πάντα διὰ
πάντων καὶ οὐδὲν ἔρημον ἑαυτοῦ καταλελοιπὼς ὑπάρχει.
An einer Stelle wird Gott sogar mit dem All identificiert
Leg. alleg. I. I, 52: τὰ μὲν ἄλλα πληρῶν καὶ περιέχων, αὐτὸς δὲ ὑπ᾽ οὐδενὸς ἄλλου περιεχόμενος, ἅτε εἰς καὶ τὸ πᾶν
αὐτὸς ὤν, obgleich unmittelbar vorher gesagt ist, dass die
ganze Welt kein genügender Raum für ihn sei. Wir sehen
hier die Innerweltlichkeit Gottes in ganz reiner Weise, ohne
alle Modificationen gelehrt, und wenn auch dabei gleich zu
erwähnen ist, dass Philon bei solchen Aussprüchen wohl eine
reservatio mentalis gemacht haben mag, so sind sie doch
immerhin ein ausserordentliches Zugeständniss, das er der
stoischen Lehre machte, und stehen sichtlich mit ihr in enger
Verbindung.

Meist freilich wird eine derartige unmittelbare Berührung, ein solches Durchdringen der Welt von Seiten Gottes
nicht gelehrt, sondern eine Vermittelung durch Zwischenwesen angenommen, und diese sogar als nothwendig hingestellt, zunächst schon bei Erschaffung der Welt. Denn der

---

βομεν ὑπάρξεως θεοῦ. De Abrah. II, 12: ὁ δὲ κόσμος, τὸ κάλλιστον
καὶ μέγιστον καὶ τελειότατον ἔργον — βασιλέως ἀμοιρεῖ τοῦ συνέξον-
τος καὶ ἐνδίκως ἐπιτροπεύσοντος; De praem. et poen. II, 414 f.
[1]) De confus. ling. I, 425.

selige und klar schauende Gott durfte die unbestimmte und
verwirrte Materie nicht berühren, sondern musste ihr die
Form geben lassen durch die unkörperlichen Kräfte[1]). Die
Gegensätze sind zu gross und schroff, als dass eine Einwirkung von dem einen auf das andere unmittelbar hätte
stattfinden können; es wäre eine Befleckung eingetreten, und
um diese zu vermeiden sehen wir besondere Kräfte angewandt, welche die Wirkung, von der Ursache des Alls ausgehend, übertragen auf das der Form bedürftige.

Konnte nicht einmal ein directer Einfluss von Gott auf
die Materie ausgeübt werden bei der Erschaffung der Dinge,
so durfte man noch weniger das böse von Gott ohne Vermittelung herleiten. Denn wie sollte von dem Urbild des
guten irgend etwas schlechtes ausgehen? Namentlich weist
Philon darauf hin, dass das böse im Menschen nicht von
Gott herstammen könne. Pflanzen und Thiere haben nicht
Theil an Tugend und Schlechtigkeit, sondern die besondere
Wohnung für diese ist der Verstand und die Vernunft. Einige
von den Wesen, die diese Gaben haben, sind blos für die
Tugend empfänglich, ohne alle Berührung mit dem bösen, wie
die Sterne, die durch und durch rein sind. Andere sind ge-
mischter Natur, wie der Mensch, der das gute und das böse

---

[1]) De vict. off. II, 261: οὐ γὰρ ἦν θέμις ἀπείρου καὶ πεφυρμένης
ὕλης ψαύειν τὸν ὅμοια καὶ μακάριον, ἀλλὰ τοῖς ἀσωμάτοις δυνάμεσιν
— κατεχρήσατο πρὸς τὸ γένος ἕκαστον τὴν ἁρμόττουσαν λαβεῖν μορφήν.
Es steht hier und auch sonst meist dem höchsten Wesen die Materie
gegenüber, als nicht von ihm erschaffen, während Gott an einigen Stellen
auch als Schöpfer derselben aufzutreten scheint. So De somn. 1. I, 632,
wo er genannt wird οὐ δημιουργὸς μόνον ἀλλὰ καὶ κτιστής und De
monarch. I. II, 216: καὶ κτιστὴς καὶ ποιητὴς τῶν ὅλων. Es muss also
der κτιστής eine von der des ποιητής und des δημιουργός verschiedene
Thätigkeit haben, und ich wüsste nicht, welche andere dies sein sollte,
als die dem Worte selbst entsprechende eines Schöpfers. Philon wird sich
nicht ganz klar in seiner Ansicht über die Materie gewesen sein, und daher
sind die Verschiedenheiten in seiner Lehre gekommen. Mit Zeller V, 333
diese sich widersprechenden Angaben zu vereinigen, halte ich nicht für
möglich.

in sich aufnehmen kann. Der Natur Gottes des Vaters nun
war es durchaus entsprechend, das gute zu schaffen, auch
das, was weder gut noch böse ist. Die Wesen gemischter
Natur aber zu schaffen, war ihm theils entsprechend, theils
nicht. Entsprechend nämlich, weil auch das bessere ihnen
beigemischt ist, nicht entsprechend aber, weil auch das entgegengesetzte, das schlechtere in ihnen zu finden. Deshalb
heisst es allein bei der Erschaffung des Menschen: Gott sprach
„Lasset uns Menschen machen", und dies zeigt deutlich das
Hinzunehmen anderer Wesen als Gehülfen, damit für die
tadellosen Entschlüsse und Handlungen des Menschen Gott,
der Herrscher über alles, als Urheber angesehen werden
könne, für das entgegengesetzte aber untergebene von ihm.
Denn der Vater selbst durfte für seine Kinder nicht Ursache
des bösen sein [1].

Eng hängt damit zusammen, wenn anderwärts die Gehülfen bei der Schöpfung des Menschen in der Weise erklärt
werden, dass Gott wohl, als Herr über alles, das herrschende
Vermögen in unserer Seele, das λογικόν, hätte schaffen können, aber nicht die dienenden Fähigkeiten, die von seinen
Dienern hätten gebildet werden müssen [2]. Zunächst scheint
freilich Philon durch eine Spielerei mit Worten, eine bei ihm
häufig zu findende Art der Interpretation, zu dieser Lehre vermocht worden zu sein; aber der tiefere Sinn ist doch wohl darin
zu suchen, dass zwar die niederen Fähigkeiten in der Seele von

---

[1] De m. opific. I, 17 die Hauptstelle: ὅπερ ἐμφαίνει συμπαράληψιν
ἑτέρων ὡς ἂν συνεργῶν. ἵνα ταῖς μὲν ἀνεπιλήπτοις βουλαῖς τε καὶ
πράξεσιν ἀνθρώπου κατορθοῦντος ἐπιγράφηται θεὸς ὁ πάντων ἡγεμών, ταῖς δὲ ἐναντίαις ἕτεροι τῶν ὑπηκόων. ἔδει γὰρ ἀναίτιον εἶναι
κακοῦ τὸν πατέρα τοῖς ἐκγόνοις. Aehnlich De profug. I, 556, wo geschlossen wird: ἀναγχαῖον οὖν ἡγήσατο τὴν κακῶν γίνεσιν ἑτέροις
ἀπονεῖμαι δημιουργοῖς, τὴν δὲ τῶν ἀγαθῶν ἑαυτῷ μόνῳ. Vgl. De
mutat. nom. I, 583.

[2] De profug. a. a. O.

14*

vornherein nicht schlecht seien, aber doch Veranlassung geben
zu dem Abfall vom guten, wie dies auch deutlich hervorgeht
aus einer andern Stelle, De confus. ling. I, 432, wo es heisst,
dass es Gott nicht für passend gehalten hätte, den Weg zum
bösen in der vernünftigen Seele selbst zu schaffen, sondern
die Bildung dieses Theils den unter ihm stehenden überlassen habe. — Der ganze Hergang übrigens, wie er von
Philon, namentlich in der Schrift De profugis, geschildert
wird, erinnert stark an die Erzählung Platons Tim. 41, B f.,
wonach von dem höchsten Gott auch die übrigen Götter gebraucht werden zur Bildung des sterblichen, eine Aehnlichkeit, die sich sogar bis auf einzelne Ausdrücke erstreckt.

Wird in der erwähnten Beziehung die Vermittelung durch
Zwischenwesen motiviert durch die Güte Gottes in metaphysi-
schem Sinne, so finden wir eine weitere Begründung in seiner
Güte und Liebe, wie sie sich den Menschen gegenüber zeigt.
Es ist ihm nämlich wegen dieser Eigenschaften nicht möglich, Strafen selbst zu verhängen, sondern diese müssen durch
seine Diener ausgeführt werden. Dagegen liegt es ganz in
seiner Natur, Gnaden und Wohlthaten auszuströmen, wie es
auch nach der Meinung des Philon die Könige der Erde
thäten, die, das göttliche Wesen nachahmend, Gnadengaben
selbst mitzutheilen pflegten, die Strafen aber durch andere
vollstrecken liessen[1]). Er ist der $\pi\varrho\acute{v}\tau\alpha\nu\iota\varsigma$ $\varepsilon\grave{\iota}\varrho\acute{\eta}\nu\eta\varsigma$, während
seine Diener die $\dot{\eta}\gamma\varepsilon\mu\acute{o}\nu\varepsilon\varsigma$ $\pi o\lambda\acute{\varepsilon}\mu\omega\nu$ sind, und er der gütige
Herr hält es für das seiner Natur angemessenste, die Gebote
ohne besondere Strafbestimmung zu geben, so dass seine
Beisitzerin, das Recht, die von Natur das schlechte hasst,

---

[1]) De profug. I, 556: $\tau\grave{\alpha}\varsigma$ $\mu\grave{\varepsilon}\nu$ $\gamma\grave{\alpha}\varrho$ $\chi\acute{\alpha}\varrho\iota\tau\alpha\varsigma$ $\varkappa\alpha\grave{\iota}$ $\delta\omega\varrho\varepsilon\grave{\alpha}\varsigma$ $\varkappa\alpha\grave{\iota}$ $\varepsilon\grave{v}\varepsilon\varrho\gamma\varepsilon$-
$\sigma\acute{\iota}\alpha\varsigma$ $\alpha\grave{v}\tau\grave{o}\nu$ $\dot{\alpha}\varrho\mu\acute{o}\tau\tau\varepsilon\iota$ $\pi\varrho\sigma\tau\varepsilon\acute{\iota}\nu\varepsilon\iota\nu$, $\ddot{\alpha}\tau\varepsilon$ $\dot{\alpha}\gamma\alpha\vartheta\grave{o}\nu$ $\varkappa\alpha\grave{\iota}$ $\varphi\iota\lambda\acute{o}\delta\omega\varrho o\nu$ $\ddot{o}\nu\tau\alpha$ $\varphi\acute{v}\sigma\varepsilon\iota$,
$\tau\grave{\alpha}\varsigma$ $\delta\grave{\varepsilon}$ $\tau\iota\mu\omega\varrho\acute{\iota}\alpha\varsigma$ $o\grave{v}\varkappa$ $\ddot{\alpha}\nu\varepsilon\nu$ $\mu\grave{\varepsilon}\nu$ $\dot{\varepsilon}\pi\iota\varkappa\varepsilon\lambda\varepsilon\acute{v}\sigma\varepsilon\omega\varsigma$ $\tau\tilde{\eta}\varsigma$ $\dot{\varepsilon}\alpha\upsilon\tauο\tilde{v}$ $\beta\alpha\sigma\iota\lambda\acute{\varepsilon}\omega\varsigma$ $\ddot{\alpha}\tau\varepsilon$
$\dot{v}\pi\acute{\alpha}\varrho\chi o\nu\tau o\varsigma$, $\delta\iota'$ $\ddot{\alpha}\lambda\lambda\omega\nu$ $\delta\acute{\varepsilon}$, $o\ddot{\iota}$ $\pi\varrho\grave{o}\varsigma$ $\tau\grave{\alpha}\varsigma$ $\tau o\iota\alpha\acute{v}\tau\alpha\varsigma$ $\chi\varrho\varepsilon\acute{\iota}\alpha\varsigma$ $\varepsilon\grave{v}\pi\varrho\varepsilon\pi\varepsilon\tilde{\iota}\varsigma$ $\varepsilon\grave{\iota}\sigma\iota\nu$.
De Abrah. II, 22. De somn. II. I, 690.

als ihr eigenstes Werk die Bestrafung des fehlenden übernimmt[1].

Zum Theil liegt es auch schon in der Majestät und Erhabenheit Gottes, dass er sich mit den Strafen direct nicht befassen will, wie aus dem Vergleich mit den Königen hervorzugehen scheint, und eben diesen Eigenschaften ist es zuzuschreiben, wenn er mit den geringen Gütern nicht unmittelbar selbst die Menschen beschenkt, sondern diese durch seine Boten vertheilen lässt, und zwar wird unter den Gütern zweiten Ranges verstanden, sowohl in psychischer als in physischer Hinsicht, die Abwendung und Vermeidung von Uebeln. So gewährt Gott der Seele zwar die Güter, durch welche sie positiv gefördert wird, das Vermeiden von Sünden wird aber seinem Diener zugeschrieben[2]. Ebenso giebt er die positive Gesundheit ohne Vermittelung, die Heilung von Krankheit wird aber durch Zwischenwesen bewirkt. Gott selbst ist der $\tau\varrho o\varphi\epsilon\acute{v}\varsigma$, sein dienender $\lambda\acute{o}\gamma o\varsigma$ aber der $\iota\alpha\tau\varrho\grave{o}\varsigma$ $\varkappa\alpha\varkappa\tilde{\omega}\nu$[3]. Die nähere Bestimmung dieser Güter niederen Grades scheint auch darauf hinzudeuten, dass sie Gott wegen der dadurch entstehenden Berührung mit dem Uebel nicht verleihen kann.

Bisher haben wir in der absoluten Reinheit, Erhabenheit und in der Güte Gottes die Gründe zu der Aufnahme von Mittelwesen gefunden, abgesehen von der Ungeeignetheit der Materie, Gott direct auf sich wirken zu lassen. Es wäre wunderbar, wenn diese Motive so einseitig blos bei Gott und nicht auch bei den Geschöpfen, auf die es zunächst ankommt, bei den Menschen, gefunden würden. Da sehen wir denn auch wirklich, dass wegen unserer Schwäche solche Vermittler haben eingeführt werden müssen. Sie verkünden nämlich die Befehle des Vaters den Kindern und die Bedürfnisse der

---

[1] De decalog. II, 208.
[2] De profug. I, 556.
[3] Leg. alleg. III. I, 122.

Kinder dem Vater. Deshalb werden sie auch als herauf- und
hinabsteigend dargestellt, nicht als ob der alles wissende
Gott ihrer zur Anzeige bedürfte, sondern uns den sterblichen war es zuträglich, Logoi zum Vermitteln und Inter-
venieren zu haben, weil wir sonst uns fürchten und schau-
dern vor dem Allherrscher und vor seiner gewaltigen Macht.
Denn nicht allein die Strafen, sondern auch die überschweng-
lichen und reinen Wohlthaten könnten wir nicht ertragen,
wenn er sie uns allein durch sich selbst verliche ohne andere
als Diener[1]. Wir sehen bei dieser Gelegenheit zugleich,.
wie wenig treu sich Philon in seinen Ansichten bleibt, da
hier auch die höchsten Güter durch die Zwischenwesen vermittelt werden sollen, während vorher blos von denen niederen
Grades die Rede war.

Fassen wir nun die einzelnen Motive, die Philon vor-
bringt, um die Nothwendigkeit der Mittelwesen zu erweisen,
zusammen, so ist es die grosse Kluft zwischen Gott und
Welt, zwischen dem unendlichen und dem endlichen, anders
ausgedrückt, zwischen dem Sein und zwischen dem Werden,
welche die unmittelbare Verbindung unmöglich macht. Da
aber eine solche hergestellt werden muss, einmal um die

---

[1]) De somn. I. I, 642: ἀλλ' ὅτι τοῖς ἐπικήροις ἡμῖν συνέφερε μεσί-
ταις καὶ διαιτηταῖς λόγοις χρῆσθαι διὰ τὸ τεθηπέναι καὶ πεφρικέναι
τὸν παμπρύτανιν καὶ τὸ μέγιστον ἀρχῆς αὐτοῦ κράτος. Die Bezeichnung
der Mittelwesen als διαιτηταί deutlicher gemacht Quaest. in Exod. II, 68.
II, 514 f. Auch., wo es heisst: *Dei verbum, eo quod in medio est conve-
niente, nihil omnino in natura relinquit vacuum, omnia implens atque fit
mediator arbiterque utriusque partis a se invicem, ut putatur, disiunctae,
amore et concordia facta: semper enim communionis est caussa et paci-
ficum.* Auch De plantat. N. I, 331 wird das μεσιτεύειν und διαιτᾶν als
Thätigkeit des νόμος ἀΐδιος θεοῦ hervorgehoben. Z. vgl. ist darüber
Schol. in Il. I, 222, wo die Bezeichnung der Götter als δαίμονες dadurch
erklärt wird, dass sie entweder δαήμονες seien oder διαιτηταὶ καὶ διοικη-
ταὶ τῶν ἀνθρώπων. S. Bergk, Poet. lyr. z. Alkman fr. 63. An unserer
Stelle steht der Ausdruck wahrscheinlich auch in Verbindung mit den
Strafen, die durch die Logoi verhängt werden.

Welt der Erscheinungen hervorzubringen, zweitens um sie
zu erhalten, und drittens um den Zug des Menschen nach
oben zu befriedigen, so mussten vermittelnde Kräfte eingeführt werden. Wenn Philon an verschiedenen Stellen[1])
sagt, es sei nicht denkbar, dass Gott, während er die übrigen
Elemente mit lebenden Wesen bevölkert, dies bei der Luft
nicht gethan habe, gerade bei dem Element, durch welches
das Leben entstünde, und demnach annimmt, dass die Luft
bewohnt sei von unkörperlichen Seelen, so sind allerdings
unter diesen auch Mittelwesen zu verstehen, aber eben so
gut die Seelen der Menschen; also durch diese Annahme
wird nicht besonders auf die vermittelnden Kräfte hingewiesen[2]).

Zur näheren Bestimmung dieser Wesen bietet Philon
einen grossen Apparat auf, ohne doch in seinen letzten Re-
sultaten zur vollen Klarheit zu gelangen. Es ist eine ganze
Stufenleiter verschiedener Vorstellungen, die er von ihnen
hat, in ihren letzten Enden mit einander gar nicht zu vereinigen, eine ganze Reihe von Namen, die er ihnen beilegt,
um die verschiedenen Seiten und Thätigkeiten zu bezeichnen,
aber schliesslich gipfelt doch alles in der Lehre von dem
Logos, der wir uns nun specieller zuzuwenden haben.

Wodurch Philon vermocht wurde, gerade den Begriff
und den Namen des Logos in seine Philosophie einzuführen,
lässt sich direct aus seinen Schriften nicht herauslesen. Er
bedient sich des Begriffs als eines schon bereit vorliegenden,
ohne seinen Gebrauch besonders zu rechtfertigen, und wir
sehen schon daraus, dass er ihn bei der alexandrinischen
Philosophie vorgefunden haben muss. Doch haben wir dafür noch fernere Anzeichen. Denn, wollen wir auch nicht

---

[1]) De somn. I. I, 641. De gigant. I, 263.
[2]) Vgl. zu dem ganzen Abschnitt Keferstein, Philo's Lehre von den
göttlichen Mittelwesen 1 f.

recurrieren auf das Vorkommen des Logos bei Aristobulos,
auf seine Stellung in der Weisheit Salomonis, weil er
bei diesen beiden in der speciellen Bedeutung Wort nur gebraucht ist, so sagt uns doch Philon selbst De somn. I. I, 638,
dass vor ihm einige bei der Erklärung der Stelle Genes.
28, 11: ὑπήντησε τόπῳ· ἔδυ γὰρ ὁ ἥλιος, unter der Sonne
verstanden hätten unsere sinnlichen Wahrnehmungen und
unser geistiges Vermögen, unter dem τόπος aber den θεῖος
λόγος, der unseren Geist erleuchte. Letzterer kann nicht wohl
die göttliche Vernunft in rein stoischem Sinne sein, die von
Gott dann nicht getrennt wäre[1]), weil er in diesem Falle
von dem philonischen Logos, der unmittelbar vorher erwähnt
ist, hätte unterschieden werden müssen, was aber mit keinem
Worte geschieht. Ebenso ist ein früherer Ausspruch über
den Logos in derselben Schrift II, 69 erwähnt, wenn es
heisst: μᾶλλον δέ, ὡς εἶπέ τις (τὸν θεῖον λόγον) ὅλον δι᾽
ὅλων ἀναχεόμενον καὶ αἰρόμενον εἰς ὕψος. Mangey ver-
muthet allerdings, dass für ὡς εἶπέ τις zu schreiben wäre:
ὡς ἂν εἴποι τις, aber ohne triftigen Grund. So müssen wir
denn annehmen, dass Philon den Begriff allerdings in der
alexandrinischen Philosophie vorgefunden, wie weit ausgebildet aber, darüber haben wir ausser den beiden erwähnten Notizen keine Nachrichten, und wir können deshalb Philon nicht in den unmittelbaren Zusammenhang mit
seinen Vorgängern bringen, in welchem er vielleicht ge-
standen hat.

Zunächst ist der philonische Logos zu betrachten als
kosmisches Princip, und zwar hier in seiner doppelten Eigenschaft, als Bildner der Welt und als Erhalter derselben.
Wir haben gesehen, dass Gott die Materie nicht selbst berühren durfte. Es war deshalb zur Bildung der Welt, zu
der Gott durch seine Güte bewogen wurde, ein Werkzeug

---

[1]) Zeller V, 226, 3.

nöthig, und dies ist der göttliche Logos, der an den verschiedensten Stellen als ὄργανον, durch welches der Kosmos gebildet wurde, genannt wird[1]. Das ist freilich ein sehr unbestimmter Ausdruck, bei dem sich vielerlei denken lässt, und wenn der Logos auch einmal mit einem Steuerruder verglichen wird, dessen sich der Lenker des Alls zum Leiten des Schiffes bedient[2]), so ist mit diesem Bild uns noch wenig geholfen. Wir müssen deshalb näher nach dem Hergang bei der Entstehung der Welt fragen.

Indem Gott voraussah, wird in der Schrift *De mundi opificio*[3]) gelehrt, dass nichts in der Welt der Erscheinung tadellos sein werde, was nicht nach einer urbildlichen und intelligibeln Idee geformt sei, so prägte er, als er diese sichtbare Welt bilden wollte, zuerst die intelligible aus, um nach einem unkörperlichen und ganz göttlichen Musterbilde diese körperliche zu formen, als ein jüngeres Abbild jener älteren, das so viele sinnlich wahrnehmbare Gattungen enthalten sollte, als intelligible in jener sind. Die Welt der Ideen kann man sich an einem bestimmten Orte nicht denken, deshalb wird ein Gleichniss hergenommen von dem Bau einer irdischen Stadt. Ehe der Meister an das Werk der Ausführung geht, entwirft er in sich erst genau einen Plan der zu bauenden Stadt in allen Einzelheiten, trägt dann in seiner Seele, wie in Wachs ausgedrückt, die Vorbilder mit sich herum und sieht bei dem Bau aus Steinen und Holz immer auf das Musterbild, indem er das Material ganz treu formt nach einer jeden der unkörperlichen Ideen. In gleicher Weise dachte nun Gott bei dem Bau der grossen Stadt, des Kosmos, zuerst sich ihre Vorbilder aus, bildete nach diesen die intelligible Welt und vollendete darauf die sichtbare,

---

[1]) De Cherub. I, 162. Leg. alleg. III. I, 106.
[2]) De migrat. Abr. I, 437.
[3]) I, 4.

indem er sich nach jener als Musterbild richtete. Wie nun die in dem Baumeister vorher entworfene Stadt nicht ausser ihm ihren Platz hatte, sondern in der Seele des Künstlers eingeprägt war, so ist es auch mit der aus Ideen bestehenden Welt: Sie kann keinen andern Ort für sich haben als den göttlichen Logos[1]. In diesem Sinne heisst der Logos auch das Buch, in welchem die Wesenheiten aller andern Dinge eingeschrieben sind[2].

Aber diese Urbilder sind nicht blos in dem göttlichen Logos niedergelegt und in ihm gewisser Maassen als ihrem Wohnsitz enthalten, sondern er selbst ist auch schon das Werkzeug zu ihrer Bildung, wie Philon deutlich lehrt, wenn er sagt, dass Gott durch seinen glänzendsten und strahlendsten Logos die Ideen des Verstandes, welche er symbolisch Himmel, und die Ideen der Sinnlichkeit, welche er bildlich Erde genannt, geschaffen habe[3]. Ja diese intelligible Welt ist sogar geradezu selbst der Logos des an die Bildung der Welt gehenden Gottes, wie die intelligible Stadt nichts anderes ist, als die überlegende Kraft des Baumeisters, der schon darauf denkt, die sichtbare Stadt nach der intelligibeln in Ausführung zu bringen[4]. Die Vorbilder werden zusammengefasst als ἀρχέτυπον παράδειγμα, der göttliche Logos·begreift sie in sich, ist ihre Einheit und als solche ἰδέα ἰδεῶν[5]. Während also vorher unter dem göttlichen Logos nichts anderes zu verstehen war, als die göttliche Kraft der Ueberlegung und Be-

---

[1] Vgl. a. a. O. 7 f.

[2] Leg. alleg. I. I, 47: ᾧ συμβέβηκεν ἐγγράφεσθαι καὶ ἐγχαράττεσθαι τὰς τῶν ἄλλων συστάσεις.

[3] Ebd.: τῷ γὰρ περιφανεστάτῳ καὶ τηλαυγεστάτῳ ἑαυτοῦ λόγῳ, ῥήματι, ὁ θεὸς ἀμφότερα ποιεῖ.

[4] De m. opific. I, 5: εἰ δέ τις ἐθελήσειε γυμνοτέροις χρήσεσθαι τοῖς ὀνόμασιν, οὐδὲν ἂν ἕτερον εἴποι τὸν νοητὸν εἶναι κόσμον ἢ θεοῦ λόγον ἤδη κοσμοποιοῦντος· οὐδὲ γὰρ ἡ νοητὴ πόλις ἕτερόν τι ἐστὶν ἢ ὁ τοῦ ἀρχιτέκτονος λογισμός, ἤδη τὴν αἰσθητὴν πόλιν τῇ νοητῇ κτίζειν διανοουμένου.

[5] A. a. O.

rechnung, die im Stande ist, die Ideen zu fassen und zu behalten, mit einem Worte die göttliche Vernunft, also eine
Fähigkeit, die von Gott selbst gar nicht getrennt werden
kann, ebenso wenig wie der als Analogon gebrauchte λογισμός des Baumeisters von diesem zu sondern ist, so sehen
wir auf einmal den Sprung gemacht zu einem objectivierten
Gedankenbild, dem schon eine gewisse Selbständigkeit zugesprochen werden kann, freilich ein nicht zu rechtfertigender
Sprung, da von dem blossen beinahe räumlich gedachten Insich-
begreifen plötzlich auf die Identität des begreifenden mit
dem begriffenen geschlossen wird. Unsere Phantasiebilder
sind ja auch nicht unser Phantasievermögen, und die Pro-
ductionen unseres Verstandes nicht unser Verstand selbst.
Allerdings konnte Philon weit eher als wir versucht sein,
eine derartige Einheit zu schliessen wegen der Vieldeutigkeit des Wortes λόγος, das ja sowohl den Gedanken als
die Fähigkeit zu denken bezeichnete. So finden wir den
Logos öfter ganz gleich der Idee gesetzt, indem es heisst,
dass Gott die ganze Welt geformt habe εἰκόνι καὶ ἰδέᾳ,
τῷ ἑαυτοῦ λόγῳ[1]), und sogar mit einer einzelnen Idee wird
er identificiert, indem der Verstand im Menschen gebildet
ist πρὸς ἀρχέτυπον ἰδέαν τὸν ἀνωτάτω λόγον[2]).
Es ist also der λόγος, die göttliche Vernunft, das intelligible Urbild für die Sinnenwelt, und es ist dies insofern
erklärlich, als in der Welt ein Abbild der höchsten Vernunft
gefunden wurde, so weit es der anfängliche Stoff zuliess.
Häufig wird, um dies Verhältniss darzustellen, der Logos
verglichen mit einem Siegel, von welchem die Abdrücke gemacht werden, die ἐκμαγεῖα oder ἀπεικονίσματα in unendlicher Anzahl, ohne dass eine Abnutzung stattfindet, wobei
natürlich der Vergleich nicht zu urgieren ist[3]). Ebenso häufig

---

[1]) De somn. II. I, 665.
[2]) De spec. leg. II, 333.
[3]) De profug. I, 547 f.: ὁ δὲ τοῦ ποιοῦντος λόγος αὐτός ἐστιν ἡ

werden die Ideen *σφραγῖδες* und *τύποι* genannt, im Pluralis,
weil das allgemeine Vorbild aus vielen einzelnen Theilen
besteht, deren einzelne Abdrücke für sich genommen wieder
sinnlich wahrnehmbar sind.

Wie nun von vielen Ideen gesprochen wird, die der
Logos alle in sich fasst, so werden wir auch erwarten, dass
wenn das Gesammturbild Logos heisst, die einzelnen Vorbilder gleichfalls mit diesem Namen bezeichnet werden, und
wir so zu einer Mehrheit von *λόγοι* kommen, die unter dem
einen wieder begriffen sind. In andern Beziehungen kommen
diese *λόγοι* oft genug vor, besonders werden sie häufig mit
den *ἄγγελοι* zusammengestellt, aber auch in dieser besonderen Bedeutung, in der Identität mit den Ideen als Urbildern, finden wir sie. Der Logos ist Vater heiliger *λόγοι*,
und einige der letzteren sind Vorsteher und Aufseher der
natürlichen Dinge. Der Logos ist aber an der ganzen Stelle
als Idee behandelt, und so werden auch die *λόγοι* Ideen
sein[1]), aus denen die Natur hervorgeht.

Sind die Ideen bei Philon ganz gleich gestellt den *λόγοι*,
so werden wir zur näheren Bestimmung der letzteren und
ihres Gesammtbegriffs, des Logos, nachforschen müssen, welche

---

σφραγίς, ᾗ τῶν ὄντων ἕκαστον μεμόρφωται· παρ' ὃν καὶ τέλειον τοῖς
γινομένοις ἐξ ἀρχῆς παρακολουθεῖ τὸ εἶδος, ἅτε ἐκμαγεῖον καὶ εἰκὼν
τελείου λόγου. Τὸ γὰρ γενόμενον ζῷον ἀτελὲς μέν ἐστι τῷ ποσῷ —
τέλειον δὲ τῷ ποιῷ· μένει γὰρ ἡ αὐτὴ ποιότης, ἅτε ἀπὸ μένοντος
ἐκμαχθεῖσα καὶ μηδαμῇ τρεπομένου θείου λόγου. Vgl. De migrat.
Abr. I, 452.

[1]) De somn. II. I, 683: Der Logos ist *πατὴρ λόγων ἱερῶν· ὧν οἱ μὲν*
ἐπίσκοποι καὶ ἔφοροι τῶν τῆς φύσεως πραγμάτων. S. z. der Stelle
Keferstein a. a. O. 141 f. Wenn Daehne a. a. O. I, 249 f. auch De somn.
I. I, 640 auf die *λόγοι* als Einzelpläne bezieht, so thut er das mit Unrecht.
Es heisst allerdings daselbst, dass der *θεῖος τόπος* voll ist von *ἀσώματοι*
λόγοι, aber gleich darauf werden diese *ἀσώματοι λόγοι* erklärt für *ἀσώμα-*
τοι ψυχαί. Eher möchten die *θεῖοι λόγοι*, bei denen der Weise verweilt,
bevor er zum Schauen Gottes kommt, De posterit. C. I, 229 gleich den Ideen
sein. Vgl. Gfrörer, Krit. Gesch. des Urchristenth. I, 172.

Stellung weiterhin die Ideen bei unserem Theosophen einnehmen. Hierbei finden wir, dass sie fast ganz dieselbe Geltung haben, wie bei Platon, abgesehen·davon, dass sie bei
letzterem ungeschaffen und ewig sind, während sie bei Philon
erst durch das Denken Gottes hervorgebracht werden. Es
ist schon oft genug erwähnt und auch bereits von den Alten
erkannt[1]), wie viel Platon von dem alexandrinischen Philosophen benutzt worden ist, und gerade bei der Durchführung der Lehre von den Ideen fällt dies am deutlichsten
ins Auge.

Nicht nur als Urbilder werden sie angesehen, nach
welchen die sichtbare Welt gebildet, sondern auch als Gattungen und Species, denen sich das individuelle unterordnet,
und die vor dem individuellen bestehen, so dass das letztere
blos durch die Theilnahme an ihnen Existenz hat und
dauert, während durch den Untergang des Individuums die
Gattung nicht berührt wird, sondern ihr in Wahrheit reales
Dasein fortsetzt[2]). Philon polemisiert gegen die, welche die
Ideen als einen leeren Namen ansehen und ihnen die Wesenheit nehmen wollten, da sie damit das nöthigste in der Welt
des seienden vernichteten, alles untereinander wirrten und
nichts übrig liessen als die formlose Materie[3]).

---

[1]) Πλάτων φιλωνίζει, ἤ Φίλων πλατωνίζει. Phot. Biblioth. 86, b, 26.
[2]) Leg. alleg. I. I, 47 f.: Es existiert vor dem einzelnen eine Idee, und
dies wird dann näher ausgeführt: πρὶν μὲν γενέσθαι τὰ ἐπὶ μέρους νοητὰ
ἦν τὸ αὐτὸ τοῦτο νοητόν, οὗ κατὰ μετοχὴν καὶ τὰ ἄλλα ὠνόμασται· πρὶν
δὲ γενέσθαι τὰ κατὰ μέρος αἰσθητὰ ἦν τὸ αὐτὸ τοῦτο γενικὸν αἰσθητόν,
οὗ κατὰ μετουσίαν καὶ τὰ ἄλλα αἰσθητὰ γέγονε. — τὸ μὲν γὰρ κατὰ
μέρος νοητὸν ἀτελὲς ὄν οὐ πᾶν, τὸ δὲ γενικὸν ἅπαν, ἅτε πλῆρες ὄν. —
πρὶν ἀνατεῖλαι κατὰ μέρος αἰσθητὰ ἦν τὸ γενικὸν αἰσθητὸν προμηθείᾳ
τοῦ πεποιηκότος, ὃ δὴ πάλιν „ἅπαν“ εἴρηκεν. Qu. det. pot. ins. I; 206:
διὸ πᾶς φίλαυτος — διδαχθήτω, ὅτι ἀνήρηκε τὸ εἶδος, τὸ μέρος, τὸν
ἐπεικονισθέντα τύπον, οὐ τὸ ἀρχέτυπον, οὐ τὸ γένος, οὐ τὴν ἰδέαν, ἅπερ
οἴεται μετὰ ζώων ἄφθαρτα ὄντα συνεφθαρκέναι. Vgl. De Cherub.
I, 148, wo die Idee als ewig und sich ganz gleich bleibend geschildert wird.
[3]) De vict. off. II, 261.

Uebrigens sind die Ideen sowohl die Gattungen nach
der objectiven Seite hin, als auch die Begriffe nach der subjectiven. Deshalb heissen sie nicht blos γένη, sondern auch
ἐννοήματα, als Gedankenbilder. Sonst werden sie bezeichnet
als das γενικόν, das πᾶν, und ganz dem platonischen Sprachgebrauch gemäss, als τὸ αὐτό oder αὐτὸ τό, während das
darunter subsumierte μέρος, ἄτομον heisst und mit ähnlichen
Ausdrücken benannt wird[1]). Auch das platonische οὐσία ist
dafür üblich, wenn auch mit Hinzusetzung des Adjectivs ἀσώματος, weil das Wort sonst häufig im stoischen Sinne bei
Philon vorkommt. Die Bezeichnung εἶδος, die Platon in
ganz gleicher Weise wie ἰδέα selbst, also für den Gattungsbegriff, angewandt hat, scheint Philon gewöhnlich für das
nachgebildete zu gebrauchen und nicht, wie Dähne will, für
die Urbilder[2]); wenigstens macht er zwischen γένη und εἴδη
ganz denselben Unterschied, wie zwischen dem allgemeinen
und dem einzelnen[3]). Bisweilen werden freilich auch die
εἴδη in weiterem Sinne genommen und mit den Maassen
zusammengestellt: nach ihnen wird dann das werdende
in Formen gebracht und abgemessen[4]). Wir sehen so,
dass sich Philon im Gebrauch dieses Wortes nicht gleich
bleibt.

Es bedarf kaum einer besonderen Erwähnung, dass die
Ideen nicht blos Urbilder, Gattungen und Begriffe des sinn-
lichen sind, sondern ganz in derselben Weise alles geistigen.
Das eigentliche Wesen der Künste, Wissenschaften und
Tugenden beruht in ihnen, und nur durch Theilnahme an

---

[1]) Vgl. Daehne I, 256. Anm.

[2]) A. a. O.

[3]) Qu. det. pot. ins. a. a. O. Vgl. Leg. alleg. a. a. O., wo von der Aus-
prägung der εἴδη durch die ἰδέα die Rede ist. Leg. alleg. II. I, 69, wo
die γένη vor den εἴδη fertig sind.

[4]) De m. opific. I, 31: τὰ πρεσβύτερα εἴδη καὶ μέτρα οἷς εἰδοποιεῖται
καὶ μετρεῖται τὰ γινόμενα.

ihnen werden die einzelnen Individuen künstlerisch, wissenschaftlich gebildet, tugendhaft[1]).

Den Umfang der Ideen hat Philon etwa ebenso weit bestimmt wie Platon, wenn er auch den künstlerischen Erzeugnissen und den Negationen des schönen und guten keine beigelegt haben mag.

Fragt man nach der höchsten Idee bei Philon, so haben wir in dieser Eigenschaft schon den Logos kennen gelernt. Aber auch nach der Beziehung der Ideen als Gattungen und Begriffe hin, wird er besonders als solche hervorgehoben, indem er die allgemeinste Kategorie ist, der sich alles unterordnet, und hiermit wird die stoische Lehre von dem τi, als dem obersten Begriffe, in Verbindung gebracht. Wir werden mit dem göttlichen Logos gespeist, das ist das Manna. Dies wird im griechischen übersetzt durch τi, und durch die Vermischung des Interrogativums mit dem Indefinitum wird der Logos mit dem letzteren identificiert[2]). Eine Spielerei mit Worten, durch die wir aber doch der Geltung des Logos als oberster Kategorie versichert werden.

Die wesentliche Realität der Ideen steht fest. Aber wie kommen diese nun an den Stoff heran? Wer drückt das Siegel in das Wachs ein, so dass die Abbilder entstehen? Wer formt die Erscheinung des veränderlichen nach dem unveränderlichen ewig sich gleich bleibenden Urbilde? Platon nahm wahrscheinlich die Ideen als lebendige Kräfte an, als wirkende Ursachen. Denn nichts anderes macht nach ihm

---

[1]) De agricult. I, 326. De mutat. nom. I, 600: αὐτὸ δὲ τοῦτο τὸ μουσικὸν καὶ γραμματικόν, ἔτι δὲ δίκαιον καὶ σῶφρον, φρόνιμόν τε καὶ ἀνδρεῖον ἓν αὐτὸ μόνον τὸ ἀνωτάτω, μηδὲν ἰδέας ἀρχετύπου διαφέρον, ἀφ' οὗ τὰ πολλὰ καὶ ἀμύθητα ἐκεῖνα διεπλάσθη.

[2]) Er ist so γενικώτατος τῶν, ὅσα γέγονε, und im allgemeinen τὸ γενικώτατον. Qu. det. pot. ins. I, 211. Leg. alleg. III. I, 121. Ebd. II. 82. An der letzten Stelle heisst es freilich: τὸ δὲ γενικώτατόν ἐστιν ὁ θεός καὶ δεύτερος ὁ θεοῦ λόγος, so dass hier keine Scheidung zwischen Gott und dem Logos stattzufinden scheint.

ein jedes zu dem, was es ist, als die Gegenwart der Idee
oder die Theilnahme an ihr[1]), und dasselbe werden wir als
die Lehre Philons constatieren müssen. Nur ist es bei letzterem entschiedener ausgesprochen, als bei seinem Vorgänger.
Gott selbst konnte an die formlose Materie nicht herantreten wegen seiner Erhabenheit, also mussten die geschaffenen
Urbilder selbst die Kraft besitzen, oder vielmehr erhalten,
sich einzuprägen. Zwar könnten die Ausdrücke Maasse,
Zahlen oder Qualitäten, wie sie selbst genannt, oder mit
denen sie in Verbindung gebracht werden[2]), darauf hindeuten, dass sie blosse Formen ohne alles Princip der Bewegung wären. Aber einmal ist in diesen Begriffen noch
keineswegs das Merkmal des leblosen eingeschlossen — man
erinnere sich nur an die Zahlen der Pythagoreer und des
Platon, an den λόγος ποιός der Stoiker, der aus dem logischen in das physische überspringt —, und dann nennt
Philon sie selbst geradezu Kräfte, die also wirksam sein
müssen. An der schon erwähnten Stelle, nach welcher Gott
die Materie nicht berühren darf[3]), ist hinzugefügt, dass er
sich der unkörperlichen Ideen als der Kräfte zur Weltbildung bediente, und anderwärts werden sie mit den Kräften
identificiert, welche die Eigenschaften an dem eigenschaftslosen hervorbringen, die Formen an dem formlosen, und von
ihnen selbst wird gesagt, dass sie ein jedes der Dinge zum
Individuum machen, das gestaltlose gestalten, das unbegrenzte
begrenzen[4]), so dass wir nicht deutlicher ihre eigene Thätigkeit ausgedrückt finden können.

---

[1]) Phaid. 100, D.
[2]) De vict. off. II, 261: ποιότητες, De m. opific. I, 7: μέτρα, Vgl.
Quaest. in Gen. IV, 138. II, 349 Auch. Qu. rer. div. her. I, 495: ἀριϑμοί.
[3]) De vict. off. a. a. O.
[4]) De monarch. I. II, 219. Gott spricht zu Moses: Ὀνομάζουσι δὲ
αὐτὰς (die göttlichen Kräfte) οὐκ ἀπὸ σκοποῦ τινὲς τῶν παρ᾽ ὑμῖν ἰδέας,
ἐπειδὴ ἕκαστον ἰδιοποιοῦσι, τὰ ἄτακτα τάττουσαι καὶ τὰ ἄπειρα καὶ

Es wird uns an dieser Lehre nicht irre machen, wenn es von dem Logos heisst, dass er die Wege des Vaters nachahmend, nach den Urbildern sehend die Gestalten geformt habe [1]), und es so den Anschein gewinnt, als sei der Logos wieder losgetrennt von den Ideen und bilde blos nach ihnen den leblosen Stoff. Will man Philon nicht der grössten Inconsequenz beschuldigen, so müssen auch hier die Ideen als der Inhalt des Logos gelten, der selbstthätig und wirkend auftritt. Es geht aus dieser Stelle dann sehr deutlich hervor, wie der Logos nicht blos als todtes Urbild, auf das bei der Weltentstehung von dem Künstler gesehen worden wäre, betrachtet werden darf, sondern als ein lebensvolles Wesen, das die Formen in sich hält, sich der Materie bemächtigt und nun durch eigene, allerdings nicht ursprüngliche, Kraft Bewegung in die Masse bringt und ihr die Gestalten einbildet.

So hat Philon die ganze Ideenlehre des Platon den Hauptzügen nach in seine Logoslehre übertragen. Nur haben diese Urbilder bei jenem ursprüngliche Wesenheit, finden ihre Ursache blos in sich selbst, während sie bei dem jüdischen Philosophen von Gott abgeleitet sind, also der Grund ihrer Existenz ausser ihnen liegt. Auch gipfeln sie bei Philon nicht in der Idee des guten, wie bei seinem Vorgänger, sondern werden, wie wir gesehen, von dem Logos zusammengefasst. Es ist indess hier daran zu erinnern, dass auch Platon [2]) das gute mit der Vernunft identificiert, und andererseits Philon in seinem Logos natürlich auch die Idee des guten eingeschlossen hat. Lebendig sind die Ideen bei beiden, aber der Alexandriner hat diese innere Kraft in ihnen noch mehr hervorgehoben, wahrscheinlich mit Rücksicht auf die wirkenden λόγοι der

---

ἀόριστα καὶ ἀσχημάτιστα περατοῦσαι καὶ περιορίζουσαι καὶ σχηματί-
ζουσαι καὶ συνόλως· τὸ χεῖρον εἰς τὸ ἄμεινον μεθαρμοζόμεναι.

[1]) De confus. ling. I, 414.

[2]) Phileb. 22, Ϲ.

stoischen Philosophie. Dass der Logos gleich der Idee gesetzt wurde, kann uns nicht mehr auffallen, nachdem wir ihn schon bei den Neupythagoreern als Vorbild, welches bei der Erschaffung der Welt diente, gefunden haben.

Gestaltende Kraft heisst der Logos wegen der in ihm enthaltenen thätigen Vorbilder, aber dasselbe Prädicat kann ihm auch vermöge einer andern Eigenschaft beigelegt werden, nämlich wegen der eines Zertheilers. Es hängt diese Anschauung innig zusammen mit der Denkthätigkeit, der Vernunft im Menschen, die ein Abbild des göttlichen Logos ist. Sobald unser Verstand — es wird hier nicht zwischen νοῦς und λόγος unterschieden — Vorstellungen von äusseren Gegenständen in sich aufgenommen hat, theilt er und sichtet, trennt und sondert, um die Begriffe möglichst von einander zu scheiden, setzt dies ins unendliche fort, und je mehr er es gethan hat, um so mehr Begriffe, um so grösseren Inhalt hat er gewonnen.

Gerade so ist es nach Philon mit dem Logos bei der Bildung der Welt. Dieser wird von Gott auf das schärfste zugespitzt und hat nun sowohl den Himmel als die geistige Welt zu gestalten, indem er sie theilt, und wenn er bis zu dem einfachen und untheilbaren gelangt ist, so fängt der Zertheiler von neuem an, das mit der Vernunft ergreifbare in unzählige und unendliche Theile zu zerlegen, so dass es unkörperlichen Linien ähnlich wird. Als er die Welt bildete, nahm er nun zuerst die Materie und machte aus ihr zwei Theile, das leichte und das schwere, indem er das grobe von dem feineren trennte. Dann theilte er wiederum jedes von diesen beiden, das feine in Luft und Feuer, das grobe in Wasser und Erde, und legte so die sichtbaren Elemente gleichsam als Grund für die sichtbare Welt. Ferner zerlegte er wiederum das schwere und das leichte in andere Arten, das leichte in kaltes und warmes und nannte das kalte Luft, das warme aber Feuer, und das schwere in nasses und trockenes, ersteres Wasser, letzteres Erde genannt. Jedes von diesen wurde nun wieder in anderer Weise getheilt: Die Erde in Festland und Inseln, das Wasser in Meer und Flüsse, die Luft in Sommer und Winter, das Feuer in das zum praktischen Gebrauch, das auch verderblich wirken kann, und in das rettende (σωτήριον), das zum Werden des Himmels bestimmt ist.

In ähnlicher Weise wird nun der ganze Inhalt der Welt durch Scheidung gebildet. Auch die Seele wird in den vernünftigen und in den unvernünftigen Theil zerlegt, die Rede in Wahrheit und Lüge, und die Wahrnehmung in eine Vorstellung, die den Gegenstand ergreift, und eine andere, die dies nicht thut (εἰς καταληπτικὴν φαντασίαν καὶ ἀκατάληπτον)[1]. Wie nun durch das Spalten und durch das Zerlegen in Gegensätze mehr und mehr Arten und schliesslich Einzelwesen entstehen müssen, so umgekehrt jede höhere Einheit wieder aus dem Zusammenfassen von Gegensätzen, und ohne diese Gegensätze kann nichts, weder als Art, noch als in der Art zusammengefasst, gedacht werden. Ja aus Gegensätzen besteht geradezu die ganze Welt[2].

Es hängt übrigens diese ganze Lehre von der Entwickelung des Kosmos durch das Herausbilden der Gegensätze eng mit der zusammen, nach welcher der Logos als

---

[1] Qu. rer. div. her. I, 491 f., wo einer der abschliessenden Sätze lautet: Οὕτως ὁ θεὸς ἀκονησάμενος τὸν τομέα τῶν συμπάντων αὑτοῦ λόγον διαιρεῖ τήν τε ἄμορφον καὶ ἄποιον τῶν ὅλων οὐσίαν καὶ τὰ διὰ τούτων παγέντα ζῷά τε καὶ φυτά. Vgl. Quaest. in Gen. I, 64. II, 44 Auch.

[2] Qu. rer. div. her. 493 f., wo die Gegensätze ausführlich behandelt werden. 503 f.: Παγκάλως οὖν ὁ τῶν τῆς φύσεως ἑρμηνευτὴς γραμμάτων ἕκαστον ἀφανῶς ἀναδιδάσκει, καθὰ καὶ νῦν τὴν ἀντιπρόσωπον ἑκάστων θέσιν οὐχ ὁλοκλήρων ἀλλὰ τμημάτων ὑπαρχόντων. ἓν γὰρ τὸ ἐξ ἀμφοῖν τῶν ἐναντίων, οὗ τμηθέντος γνώριμα τὰ ἐναντία. Quaest. in Gen. III, 5. II, 177 Auch.: *Et universim quicunque simul et aeque bipartitas partes praescriptas consideret in unum collectas, inveniet unam ex ambabus confectam naturam.* Qu. rer. div. her. I, 518: ἐξ ἐναντιοτήτων ἅπας ὁ κόσμος συνέστηκε.

Träger der Ideen sie formt. Wir erinnern uns, dass die
Urbilder auch Maasse von Philon genannt wurden. Mit
diesen tritt der Logos begrenzend und beschränkend zur
Materie und legt die Maasse an, zuerst die generellen, dann
die speciellen und so werden die Gattungen und Arten gebildet, das heisst, es trennt sich eins von dem andern, bis
es in dem individuellen die Grenze der Scheidung im Gebiete
des wahrnehmbaren erreicht hat. In Folge dessen heisst der
Logos auch *praemetitor*[1]), womit die Thätigkeit des Abgren-
zens durch Maasse wahrscheinlich bezeichnet werden soll.
Auch kann der $\tau o\mu\epsilon\dot{\upsilon}\varsigma$ vorgestellt werden als lebendiger,
höchster Gattungsbegriff, der sich selbst in die Genera und
diese in die unendlichen Arten zerlegt, und so treten wir
wieder einer andern Anschauungsweise Philons nahe.

Auch ohne dass er noch besonders auf die Verwandtschaft dieser Sätze mit dem heraklitischen System aufmerksam machte[2]), wäre doch die Uebereinstimmung sehr ins
Auge fallend. Wiewohl die Grundanschauungen der beiden
Philosophen ganz verschieden sind, so ist doch die Lehre
von dem Streit als bewegendem Princip, von dem $\pi\dot{o}\lambda\epsilon\mu o\varsigma$
als Vater aller Dinge und dessen Identität mit dem Logos
offenbar aus der Lehre Heraklits auf den Alexandriner übergegangen. Nur ist bei diesem der bildende Factor nicht von vornherein der Materie immanent, oder sogar ganz gleich mit ihr, sondern erst von aussen an sie herangekommen. Bei Heraklit ist
der Streit ewiges Grundgesetz, und ohne ihn auch kein Fort-
bestehen der Welt denkbar. Auch Philon hat dasselbe, um
dies sogleich hier zu erwähnen, vielleicht von dem ewigen
Scheiden abhängig gemacht. Es spricht gegen diese Annahme

---

[1]) Quaest. in Gen. I, 4. II, 3 Auch. Vgl. dazu Keferstein 76.

[2]) Er thut dies an zwei, schon früher bei der Behandlung Heraklits
erwähnten Stellen (S. oben 11. 14): Qu. rer. div. her. a. a. O. und Quaest.
in Gen. III, 6. 11, 178 Auch., wobei er selbstverständlich die Priorität dem
Moses zuschreibt.

bei ihm nichts wesentliches, und einmal lässt er sogar die
Kräfte mitten durch die Dinge und Körper dringen, ohne
dass sie etwas verderben, und deren innerste Natur auf das
trefflichste trennen und scheiden. Es ist hier von einer fortwährenden Thätigkeit der Kräfte die Rede, da sonst wohl nicht
der Ausdruck „durchdringen" (διὰ — ἰοῖσαι) gebraucht wäre[1].
Bei beiden, sowohl dem Ephesier, als dem alexandrinischen
Juden ist die Entwickelung der Welt nichts anderes als die
Entfaltung der Vernunft, und alles lässt sich aus dieser herleiten, ist also logisch. Philon bringt diesen Process noch
in engeren Zusammenhang mit der Thätigkeit des menschlichen Denkens, mit der logischen Gliederung, so dass er
nicht zu weit entfernt ist von der Identität des Denkens
und des Seins, welches beides freilich nicht absolut, sondern
nur abgeleitet ist.

Bis jetzt haben wir gesehen, dass Philon griechische
Philosopheme mit dem Begriff des Logos zusammenbrachte,
um eine Weltbildung möglich zu machen. Aus dem bisher
dargelegten würde kaum ersichtlich sein, dass er ein ortho-
doxer Jude war, der in seinen heiligen Urkunden die Wahrheit in einziger Weise fand, wenn wir nicht die allegorische
Methode, die überall in Anwendung kommt, in Anschlag
bringen wollten. Auch die Vorstellung von dem völlig transcendenten Gott lässt sich leicht aus der heidnischen Weisheit
erklären, wenn wir auch nicht leugnen können, dass wahrscheinlich zur Ausbildung derselben jüdische Elemente bei
Philon thätig gewesen sind. Aber auch bei der Bildung
der Welt sieht er, wenn es auf das Werkzeug ankommt,
durch welches dieselbe ausgeführt wurde, nicht ganz ab von
der rein alttestamentlichen Ansicht, wonach durch das Wort
Gottes die Welt entstand, und das Heraustreten Gottes zur

---

[1] Qu. rer. div. her. I, 518.

Thätigkeit als Rede aufgefasst wurde. Er brauchte hierbei
von der bis jetzt vorgetragenen Lehre scheinbar nicht einmal abzuweichen, da der vieldeutige Logos es erlaubte, ihn
auch in der Bedeutung Wort zu brauchen, ῥῆμα mit ihm zu
verbinden und letzteres sogar für ihn zu setzen, ohne dass
eine Differenz der Lehre den Ausdrücken nach zu Tage getreten wäre. Dem Worte Gottes wurde ja in der jüdischen
Theologie eine grosse Stelle eingeräumt, wie wir in dem
Buche der Weisheit und bei Aristobulos gefunden, und in
ähnlicher Weise wird auch öfter von Philon hervorgehoben,
dass bei Gott das Wort identisch ist mit der That, womit er
auf dem Boden der heiligen Schrift stand. So heisst es
De sacrific. Ab. et C. I, 175: ὁ γὰρ θεὸς λέγων ἅμα ἐποίει
μηδὲν μεταξὺ ἀμφοῖν τιθείς· εἰ δὲ χρὴ δόγμα κινεῖν ἀλη-
θέστερον, ὁ λόγος ἔργον αὐτοῦ, und an einer andern Stelle
De decal. II, 188: ὅσα ἂν λέγῃ ὁ θεός, οὐ ῥήματά ἐστιν, ἀλλ'
ἔργα ἅπερ ὀφθαλμοὶ πρὸ ὤτων διορίζουσι. Geradezu als
Werkzeug bei der Bildung der Welt tritt das Wort auf
De sacrif. Ab. et C. I, 165, wo Moses stirbt „διὰ ῥήματος
τοῦ αἰτίου"[1]), und es dann heisst: δι' οὗ καὶ ὁ σύμπας κόσμος ἐδημιουργεῖτο. Zum deutlichen Beweis dafür, dass
hier das Wort dieselbe Stellung hat wie sonst der Logos,
ist letzterer unmittelbar darauf in seiner Eigenschaft als
Werkzeug bei der Hervorbringung des Alls auch noch erwähnt. Ja sogar an der Stelle, wo Philon von dem Erschaffen der Ideen durch seinen Logos spricht, identificiert
er diesen mit dem ῥῆμα[2]), so dass kein Zweifel obwalten
kann an der vollen Bedeutung des Logos als „Wort". Auch
in seiner sonstigen Thätigkeit als eines Leiters der Welt
— um dies hier vorauszunehmen — tritt der Logos bisweilen als Wort auf, wie daraus hervorgeht, dass er der

---

[1]) Deuteron. 34, 5.
[2]) Leg. alleg. I. I, 47. Vgl. oben 218, 3.

Lenker der als Rosse gedachten Kräfte ist, während der auf
dem Wagen sitzende Gott spricht und befiehlt [1]).

Natürlich ist der Logos in dieser seiner Geltung nicht
etwa als blosser tönender Laut zu fassen, sondern als die
ausgesprochene Vernunft Gottes, durch welche sich dieser
offenbart und sich der Welt mittheilt. Er ist das Haus,
in dem Gott, der *νοῦς τῶν ὅλων*, wohnt, geradeso wie ein
Mensch sich selbst und alle seine Gedanken durch den Logos
an das Tageslicht bringt, nachdem er sie in diesem, wie in
einem Hause, wohl geordnet hat [2]). Das Wort Gottes wird
dann als ausgegangen von ihm gedacht und gewisser Maassen
als losgelöst und selbständig die in ihm liegende göttliche
Vernunft in der Materie ausprägend und in der gebildeten
Welt erhaltend, wie die befehlende und lehrende Rede des
Menschen dessen Gedanken zur Darstellung in der That
bringt und zur Aufnahme in die Seelen seiner Mitmenschen.

Häufig werden von Philon für menschliche Ueberlegung
und menschliche Sprache die stoischen Ausdrücke *λόγος
ἐνδιάθετος* und *λόγος προφορικός* gebraucht [3]), und da der

---

[1]) De profug. I, 561. Die Verbindung des *λόγος* mit Gott als *λαλῶν*
zeigt deutlich, dass ersterer hier als „Wort" zu fassen ist.

[2]) De migrat. Abr. I, 437.

[3]) Für *προφορικός* steht auch *γεγωνός*. De Abrah. II, 13: *πατήρ
γὰρ ὁ ἐνδιάθετος φύσει τοῦ γεγωνοῦ, πρεσβύτερός τε ὢν καὶ τὰ λεκτέα
ὑποσπείρων*. Im allgemeinen bezeichnet das Verhältniss De migrat. Abr.
I, 447: *λόγος δὲ ὁ μὲν πηγῇ ἔοικεν, ὁ δὲ ἀπορροῇ· πηγῇ μὲν ὁ ἐν
διανοίᾳ, προφορὰ δὲ ἡ διὰ στόματος καὶ γλώττης ἀπορροῇ*. S. die betreffenden Stellen bei Grossmann, Quaest. Philon. II, 26 ff. Zu vgl. noch
Quaest. in Exod. II, 110 f. II, 299 f. Auch. und De animal. 12. I, 127 Auch.
aus der Rede des Alexander *De probanda brutorum animalium ratione:
Verbi enim duplex est species. Una intus in consilio sita, quae habet sicut
fons aut sedes in se animae principatum directivum. Altera pronuntia-
tiva similis fluvio, per os et linguam naturali instrumento ad aures per-
currens. Utriusque videre est in animalibus, si minus perfectionem, atta-
men haud contemnenda principia et semina.* Die letztere Ansicht be-
kämpft Philon in ähnlicher Weise, wie bei Sextus die skeptische Ansicht
von den Stoikern angegriffen wird. S. oben 143, 1.

Logos im Menschen nur ein Abbild des göttlichen ist, so
hat es schon von vornherein eine gewisse Wahrscheinlichkeit, dass dieselbe Zweitheilung in dem göttlichen zu finden
sein werde. Allerdings ist es richtig, dass Philon mit aus-
drücklichen Worten dieser Unterscheidung nicht erwähnt,
aber sie trotzdem bei ihm anzunehmen, dazu geben manche
Stellen Anlass, vor allem Vita Mos. III. II, 154, wo von dem
Brustschilde (λογεῖον) des Hohenpriesters gesagt ist, dass es
nicht absichtslos doppelt sei, und fortgefahren wird: διττὸς
γὰρ ὁ λόγος ἔν τε τῷ παντὶ καὶ ἐν ἀνθρώπου φύσει. Κατὰ
μὲν τὸ πᾶν ὅ τε περὶ τῶν ἀσωμάτων καί παραδειγματικῶν
ἰδεῶν, ἐξ ὧν ὁ νοητὸς ἐπάγη κόσμος καὶ ὁ περὶ τῶν ὁρα-
τῶν, ἃ δὴ μιμήματα καὶ ἀπεικονίσματα τῶν ἰδεῶν ἐκείνων
ἐστίν, ἐξ οὗ ὁ αἰσθητὸς οὗτος ἀπετελεῖτο. ἐν ἀνθρώπῳ δὲ
ὁ μέν ἐστιν ἐνδιάθετος, ὁ δὲ προφορικὸς καὶ ὁ μὲν οἷά τις
πηγή, ὁ δὲ γεγωνὸς ἀπ᾽ ἐκείνου ῥέων. Bei dieser beiderseitigen Theilung wird man geneigt sein, die entsprechenden
Glieder mit einander in Parallele zu setzen, und darin wird
man durch das folgende noch mehr bestärkt. Weiterhin wird
nämlich die ἀλήθεια und δήλωσις, wie von den LXX die
Urim und Thummim an dem Choschen übersetzt sind, diesem
beiderseitigen Logos zugeschrieben, dem göttlichen allerdings
im allgemeinen, in dem Menschen aber dem ἐνδιάθετος die
ἀλήθεια, dem προφορικός die δήλωσις[1]. Es ist nun höchst
wahrscheinlich, dass Philon auch dem göttlichen Logos,
dem der unsichtbaren Ideen die ἀλήθεια, und dem der sichtbaren Materie die δήλωσις beigelegt hat, und dass also der
erste ganz und gar dem ἐνδιάθετος, der zweite dem προφορικός entspricht. Dass dies nicht besonders angezeigt
wird, thut dabei nichts. Denn in der Mitte zwischen dem
göttlichen Logos und dem gewöhnlicher Menschen steht noch
der des Weisen, der doch offenbar dieselbe Eintheilung er-

---

[1] Vgl. De iudice II, 347.

fahren muss, wie der aller übrigen Menschen, ohne dass es besonders angegeben würde. Diesem spricht Philon auch nur überhaupt die beiden Eigenschaften zu, ohne speciellere Angabe.

Zeller[1]) wendet gegen diese Analogie des menschlichen Logos mit dem göttlichen ein, die Darstellung des Logos in der übersinnlichen Welt würde bereits dem hervortretenden Logos angehören, und die betreffende Stelle spräche demnach nicht von einem doppelten Logos, sondern nur von einer doppelten Offenbarung desselben. Allein dass die intelligible Welt von Philon schon als eine Offenbarung des Logos hingestellt worden wäre, wird schwer zu beweisen sein. Sie entspricht dem Gedankenbild in der Seele des Baumeisters, und bei diesem ist von einem Hervortreten, einer Offenbarung, noch nicht die Rede. Ausserdem wird von diesem κόσμος νοητός geradezu gesagt, dass er bei Gott bleibe[2]), und er ist deshalb ohne Bedenken dem menschlichen ἐνδιάθετος an die Seite zu stellen. Bei dem ferneren Einwand Zellers[3]), dass, falls Philon eine doppelte Existenz des Logos angenommen hätte, er nothwendiger Weise den

---

[1]) A. a. O. 327.

[2]) Qu. D. s. immutab. I, 277: Ὁ μὲν γὰρ κόσμος οιτος νεώτερος υἱὸς θεοῦ, ἅτε αἰσθητὸς ὤν· τὸν γὰρ πρεσβύτερον τούτου οὐδένα εἶπε, νοητὸς δ' ἐκεῖνος, πρεσβείων δὲ ἀξιώσας παρ' ἑαυτῷ καταμένειν διενοήθη. In der Stelle ist weiter nichts schwierig als das οὐδένα, wofür Keferstein εἰκόνα vorschlägt 115 Anm. und die richtersche Ausgabe ἰδίαν als Conjectur aufgenommen hat. Die Worte so zu übersetzen, wie es Daehne thut 252: „Den älteren Sohn liess Gott nicht in das sinnliche übergehen", ist nicht möglich, und die beiden Conjecturen befriedigen auch nicht vollständig. Doch kommt auf die Interpretation dieser Worte für unseren Zweck nichts an; die Hauptsache für uns ist der Schluss des Satzes. Verfehlt muss die Auffassung von Daehne a. a. O. erscheinen: „Denn da er (doch wohl Gott) es unter die Rechte der Erstgeburt rechnete, dass er (der Logos) bei ihm bleibe, wurde er nur gedacht." Das Object zu ἀξιώσας ist noch πρεσβύτερον, und der Sinn ist ganz klar: Da er die Ideenwelt dieser Ehre für werth hielt, beschloss er, dass sie bei ihm bleiben sollte, nicht aus ihm heraustreten, wie es die sichtbare Welt gethan.

[3]) A. a. O.

Uebergang von dem einen zu dem andern Zustande hätte
berühren müssen, scheint mir nicht genug berücksichtigt, wie
wenig der Alexandriner bemüht ist, seinem System eine bestimmte Abrundung zu geben.

Für die Unterscheidung eines in Gott immanenten und
eines hervorgehenden Logos spricht ferner, dass[1]) von einer
ἔννοια und einer διανόησις in Gott die Rede ist, und zwar
wird die erstere bestimmt als ἐναποκειμένη νόησις, und die
letztere als νοήσεως διέξοδος, Bezeichnungen, die allerdings
mit Wortspielereien zusammenhängen, aber doch auch ohne
besondere Erwähnung des Logos deutlich auf die beiden in
Rede stehenden Begriffe hinweisen. Aehnlich wird das διανοεῖσθαι — freilich hier im Gegensatz zu der letzten Bestimmung als immanent zu betrachten — von dem προσ-
τάττειν bei Gott geschieden[2]), so dass auch hieraus der
zweifache Logos zu entnehmen ist. Ohne diese Annahme
würde das Verhältniss des Logos zur Weisheit als seiner
Quelle gar nicht zu erklären sein. Doch soll damit nicht
gesagt werden, dass die Weisheit nie als λόγος προφορικός vorkäme[3]).

Erhebliches lässt sich gegen diese Unterscheidung des
doppelten λόγος in der philonischen Speculation nicht ein-
wenden, ausser dass sie nicht mit den betreffenden Ausdrücken selbst bezeichnet wird. Man muss deshalb allerdings zugestehen, dass Philon Bedenken getragen hat, die
Parallele zwischen menschlichem und göttlichem Logos in
dieser Beziehung zu präcisieren, vielleicht weil er fürchtete,
dadurch die Gottheit zu sehr in das menschliche herab-
zuziehen. Auch würden sich bei der Durchführung derselben
erhebliche Schwierigkeiten gezeigt haben, z. B. die Unmöglichkeit, die Ideen durch das Wort von Gott schaffen zu

---

[1]) Qu. D. s. immutab. I, 277.
[2]) De m. opific. I, 3. Vgl. die Erklärung von Müller z. d. Stelle.
[3]) S. über dies Verhältniss weiter unten.

lassen [1]). Dass er sie aber öfter im Sinne gehabt, und auch deutlich genug ausgesprochen hat, scheint mir aus den herbeigezogenen Stellen erwiesen.

Im bisherigen ist gezeigt, wie die Welt durch die Vernunft oder, nach einer etwas veränderten Auffassung, wenigstens durch deren Offenbarung, das Wort, gebildet worden. Sie ist selbst ein Abdruck der göttlichen Vernunft, also das vollendetste Werk, und letzteres wird häufig hervorgehoben. Bewegende Ideen waren bei der Entstehung thätig gewesen, wie steht es nun mit der Erhaltung? Zwar wirken die Urbilder fortwährend, wie aus der Bemerkung hervorgeht, dass sie nicht abgenutzt werden, zwar ist der Logos auch nach seiner andern Seite als τομεύς immerfort thätig, doch hält dies Philon noch nicht für genügend und hebt häufig ausdrücklich hervor, es sei nothwendig, damit die Welt sich nicht wieder auflöse in ihre Elemente, die Formen nicht wieder verliere, dass ihre Theile zusammengehalten würden durch eine besondere Kraft, die keine andere sein kann als der Logos. Er ist es, der den Kosmos an dem Zerfallen und der Vernichtung hindert. Durch ihn den schwankungslosen wird die Ordnung in dem Wechsel der Jahreszeiten und in den Bewegungen der Himmelskörper gesichert [2]). Sich selbst überlassen würde das gebildete, da es keinen Halt in sich hat, preisgegeben sein dem Verderben, es würde die ganze Erde von dem Wasser aufgelöst, die Luft vom Feuer entzündet, das Feuer von der Luft gelöscht werden [3]).

Auf die verschiedenste Weise findet sich diese Thätigkeit des Logos bei Philon verdeutlicht, aber am häufigsten wird er als unzerreissbares Band bezeichnet, das alles umspannt und einschnürt und so alles in gehörigen Schranken

---

[1]) S. oben 218, 3.
[2]) Vit. Mos. III. II, 154.
[3]) De plantat. N. I, 331. De profug. I, 562. De confus. ling. I, 425.

hält[1]), wobei es gar keinen Unterschied macht, wenn statt λόγος bisweilen νόμος steht[2]). Wie wir gesehen, wurden diese Ausdrücke auch bei den Stoikern als identisch gebraucht. Ferner ist er die sichere und feste Stütze des Alls, auch der Kitt, welcher das seiner eigenen Natur nach klaffende an einander fügt; er knüpft und webt zusammen, versieht die Stelle von Vocalen unter lauter Consonanten, damit das ganze einen Laut giebt und zusammenpasst[3]). In ganz stoischer Weise, auch mit stoischen Ausdrücken wird er genannt ὁ συνέχων καὶ διοικῶν τὸ σύμπαν[4]) und ist so der Lenker des Alls, der Steuermann des Weltschiffes[5]). Er ist das ausgleichende Schicksal, von der Menge Zufall genannt, das von Stadt zu Stadt, von Volk zu Volk, von Land zu Land eilt und im Wechsel der Zeiten allen gerecht wird[6]), und hiermit ist schon der Uebergang zu der sittlichen Weltordnung gemacht.

Aber ein Umfassen, Erhalten und Regieren könnte noch rein äusserlich gedacht werden. Deshalb bleibt Philon bei diesen Ausdrücken nicht stehen, sondern, um das Verhältniss als ein durchaus innerliches darzustellen, lässt er den Logos in die Dinge eindringen, geradezu alles erfüllen, ihn ausgespannt sein von der Mitte bis zu dem äussersten Ende,

---

[1]) De profug. a .a. O.: ὅτε γὰρ τοῦ ὄντος λόγος δεσμὸς ὢν τῶν ἁπάντων — καὶ συνέχει τὰ μέρη πάντα καὶ σφίγγει καὶ κωλύει αὐτὰ διαλύεσθαι καὶ διαρτᾶσθαι.

[2]) De plantat. N. a. a. O.

[3]) Qu. rer. div. her. I, 499: χαῦνα γὰρ τά τε ἄλλα ἐξ ἑαυτῶν, εἰ δέ που καὶ πυκνωθὲν εἴη, λόγῳ σφίγγεται θείῳ. κόλλα γάρ ἐστι καὶ δεσμὸς οὗτος. ὁ δ' εἵρας καὶ συνυφήνας ἕκαστα, πλήρης αὐτὸς ἑαυτοῦ κυρίως ἐστίν. De plantat. N. a. a. O.

[4]) Vita Mos. III. II, 155.

[5]) Quaest. in Gen. IV, 110. II, 331 Auch.: *Dei autem verbum rector est ac dispensator universorum.* De Cherub. I, 145: πηδαλιοῦχος καὶ κυβερνήτης τοῦ παντὸς λόγος.

[6]) Qu. D. s. immutab. I, 298.

und von diesem wieder nach der Mitte, so dass nichts ohne
ihn oder ganz bar von seinem Wesen gedacht werden kann[1].
Um anschaulich zu machen, wie er seiner Natur nach allgegenwärtig sei, wird er verglichen mit dem Golde, das sich
treiben und ausdehnen lässt in die dünnsten Blättchen und
doch unzerreissbar bleibt[2]. So überall hindringend, aber con-
tinuierlich ($\sigma\nu\nu\varepsilon\chi\dot{\eta}\varsigma$)[3] und untheilbar ($\ddot{\alpha}\tau\mu\eta\tau o\varsigma$), ist er der
eigentliche Inhalt, der Kern der ganzen äusserlich erscheinen-
den Welt. Denn er zieht dieselbe an wie ein Kleid, so dass
die vier Elemente und die aus denselben bestehenden Dinge
seine äussere Hülle sind, durch die er sich offenbart und
für die Menschen wahrnehmbar wird[4]. In seinem kleinsten
Theilchen lebt noch seine ganze Kraft, wie der Koriandersamen auch in unzählige Stücke zerlegt werden kann, ohne
dass irgend eins die volle Fähigkeit zu keimen, wie sie das
ganze hatte, verlöre.

Durch göttliche Vernunft ist die Welt gebildet und durch
die göttliche Vernunft wird sie erhalten, indem diese überall
in der Welt verbreitet ist. Es erinnert diese ganze Lehre
sehr stark an den Panlogismus der Stoiker, und wenn wir
auch nicht durch die einzelnen Ausdrücke an diese Schule
gemahnt würden, so müssten wir doch durch die ganze Anschauung auf sie, als auf die Quelle, hingewiesen werden. Ab-

---

[1] Ganz ähnlich wie an der früher erwähnten Stelle von Gott selbst,
heisst es von dem Logos Qu. rer. div. her. I, 499: $\tau\grave{\alpha}$ $\pi\acute{\alpha}\nu\tau\alpha$ $\tau\tilde{\eta}\varsigma$ $o\dot{v}\sigma\acute{\iota}\alpha\varsigma$
$\dot{\varepsilon}\kappa\pi\varepsilon\pi\lambda\eta\varrho\omega\kappa\acute{\omega}\varsigma$. Joann. Dam. Sacr. parall. 752, A: $\dot{o}$ $\vartheta\varepsilon\tilde{\iota}o\varsigma$ $\lambda\acute{o}\gamma o\varsigma$ $\pi\varepsilon\varrho\iota$-
$\dot{\varepsilon}\chi\varepsilon\iota$ $\tau\grave{\alpha}$ $\ddot{o}\lambda\alpha$ $\kappa\alpha\grave{\iota}$ $\pi\varepsilon\pi\lambda\acute{\eta}\varrho\omega\kappa\varepsilon\nu$. De somn. II. I, 691: $\tau\grave{o}\nu$ $\vartheta\varepsilon\tilde{\iota}o\nu$ $\lambda\acute{o}\gamma o\nu$ —
$\mu\eta\delta\grave{\varepsilon}\nu$ $\ddot{\varepsilon}\varrho\eta\mu o\nu$ $\kappa\alpha\grave{\iota}$ $\kappa\varepsilon\nu\grave{o}\nu$ $\dot{\varepsilon}\alpha\upsilon\tau o\tilde{\iota}$ $\mu\acute{\varepsilon}\varrho o\varsigma$ $\ddot{\varepsilon}\chi o\nu\tau\alpha$, $\mu\tilde{\alpha}\lambda\lambda o\nu$ $\delta\grave{\varepsilon}$ — $\ddot{o}\lambda o\nu$ $\delta\iota^{,}$
$\ddot{o}\lambda\omega\nu$ $\dot{\alpha}\nu\alpha\chi\varepsilon\acute{o}\mu\varepsilon\nu o\nu$. Quaest. in Exod. II, 68. II, 515 Auch.: *Dei verbum
nihil omnino in natura relinquit vacuum, omnia implens.* Vgl. Vita Mos.
III. II, 154.

[2] Qu. rer. div. her. I, 503.

[3] Vgl. die stoische Lehre oben 94, 3.

[4] De profug. I, 562: $\dot{\varepsilon}\nu\delta\acute{\upsilon}\varepsilon\tau\alpha\iota$ $\delta\grave{\varepsilon}$ $\dot{o}$ $\mu\grave{\varepsilon}\nu$ $\pi\varrho\varepsilon\sigma\beta\acute{\upsilon}\tau\alpha\tau o\varsigma$ $\tau o\tilde{\upsilon}$ $\ddot{o}\nu\tau o\varsigma$
$\lambda\acute{o}\gamma o\varsigma$ $\dot{\omega}\varsigma$ $\dot{\varepsilon}\sigma\vartheta\tilde{\eta}\tau\alpha$ $\tau\grave{o}\nu$ $\kappa\acute{o}\sigma\mu o\nu$, $\gamma\tilde{\eta}\nu$ $\gamma\grave{\alpha}\varrho$ $\kappa\alpha\grave{\iota}$ $\ddot{\upsilon}\delta\omega\varrho$ $\kappa\alpha\grave{\iota}$ $\dot{\alpha}\acute{\varepsilon}\varrho\alpha$ $\kappa\alpha\grave{\iota}$ $\pi\tilde{\upsilon}\varrho$ $\kappa\alpha\grave{\iota}$
$\tau\grave{\alpha}$ $\dot{\varepsilon}\kappa$ $\tau o\acute{\upsilon}\tau\omega\nu$ $\dot{\varepsilon}\pi\alpha\mu\pi\acute{\iota}\sigma\chi\varepsilon\tau\alpha\iota$.

gesehen von der Verschiedenheit der obersten Sätze, von der
Transcendenz Gottes und der Präexistenz der Materie bei
Philon, finden wir den stoischen Logos hier vollständig wieder.
Bei den Stoikern ist er freilich wesenseins mit Gott und ma-
teriell, hier bei dem Alexandriner ist er von Gott und der
Materie getrennt, nicht blos begrifflich, sondern wesentlich.
Aber ausserdem hat er ganz die Bedeutung des stoischen
Logos, zumal die Renitenz der Materie nicht als so stark
angenommen wird, dass seine absolute Wirksamkeit bedeutend
gehemmt zu sein schiene. Auch ist noch zu bemerken, dass
die Stoiker ihren Logos als nothwendigen Begriff in der
Physik philosophisch zu gewinnen versuchten, während Philon allerdings die Nothwendigkeit eines Mittelwesens in seiner
Art deduciert, aber zur Ausfüllung dieser dargethanen Lücke
den fertigen Logos mit seinem Inhalte aus der früheren Philosophie herübernimmt und diesen nicht erst aus der Betrachtung der Natur selbständig gewinnt.

Die Gleichmässigkeit im ganzen zwischen dem stoischen
und dem philonischen Logos fällt deutlich ins Auge. Dies
Verwandtschaftsverhältniss besonders betont zu haben ist Zellers Verdienst; es ist aber wahrscheinlich dem Philon selbst
schon klar. Wir finden wenigstens bei einer andern Gelegenheit
die mosaische Gesetzgebung als Quelle für Zenon angegeben[1],
und Zenon und Kleanthes gelten für heilige Männer[2]. Hier soll
nur noch auf einzelnes aufmerksam gemacht werden. Wie die
Stoiker von einem κοινὸς τῆς φύσεως λόγος sprechen, so kommt
dieser φύσεως λόγος häufig genug bei Philon vor[3], freilich
öfter in ethischem als in physischem Sinne, ein Unterschied, der
übrigens bei ihm, wie bei der Stoa keine reelle Bedeutung

---

[1] Qu. omn. prob. lib. II, 454: ἔοικε δὲ ὁ Ζήνων ἀρύσασθαι τὸν λόγον ὥσπερ ἀπὸ τῆς πηγῆς τῆς Ἰουδαίων νομοθεσίας.

[2] S. oben 205.

[3] Z. B. De migrat. Abr. I, 452. Vita Mos. III. II, 154: χρὴ καὶ τὸν
τῆς φύσεως λόγον — βεβηκέναι πάντη. De Josepho II, 46.

hat, und dass die lebendige Ordnung in der Welt, der Logos, auch bei Philon identificiert wird mit der Natur, wie es bei den Stoikern üblich war, sieht man deutlich aus De m. opific. I, 1, wo der gesetzmässige Mann sogleich als Weltbürger bezeichnet wird, insofern er seine Handlungen einrichtet πρὸς τὸ βούλημα τῆς φύσεως, καθ᾽ ἣν καὶ ὁ σύμπας κόσμος διοικεῖται[1]).

Auch den Begriff des λόγος σπερματικός hat Philon gekannt und verwerthet, freilich bei weitem nicht in dem Umfange, wie es die Stoiker thaten, da mit dem Begriffe zu sehr die Vorstellung des materiellen verbunden sein mochte. Ganz dasselbe wie physische ˙Samenbestandtheile sind die λόγοι σπερματικοί Legat. ad Gai. II, 553 f. Hier sagt Gaius nämlich, vermittelst ihrer würde die Aehnlichkeit des Körpers und der Seele in Gestalt, Haltung, Bewegung, Willen und Handlungen von Eltern auf Kinder fortgepflanzt, ebenso die Anlagen zum Herrschen. Schon vorher ist die Rede gewesen von den πρῶται τῶν σπερμάτων καταβολαί, in welchen die Herrscherfähigkeiten *implicite* enthalten sein sollen, und es liegt gar nichts vor anzunehmen, dass Philon unter diesen beiden Begriffen die immateriell formende Potenz ohne den materiellen Samen verstanden habe. Er scheint sich vielmehr an dieser Stelle, wo es nicht darauf ankam, philosophische Gedanken darzulegen, dem gewöhnlichen Sprachgebrauch angeschlossen zu haben. Anderwärts unterscheidet er sehr wohl zwischen der treibenden Kraft im Samen und der äusseren Erscheinung. So besonders De m. opific. I, 9, wo ihm der stoische Begriff offenbar vorgeschwebt hat, indem er lehrt, die Früchte seien nicht nur dazu bestimmt, als Nahrung für die Thiere zu dienen, sondern auch zur fortwährenden Erzeugung von gleichartigen Pflanzen. Sie fassten deshalb in sich die σπερματικαὶ οὐσίαι, das heisst den sicht-

---

[1]) Vgl. oben 108, 2 Kornutos und M. Aurelius.

baren Samen der Pflanzenwelt, und in diesem seien wieder
ἄδηλοι καὶ ἀφανεῖς οἱ λόγοι τῶν ὅλων, die nach bestimmten
Zeitabschnitten ebenfalls sichtbar würden, nämlich ohne
Zweifel bei der Entwickelung der ganzen Pflanze, die dann
wieder Samen hervorbringt. So gehe es ins unendliche fort,
indem sich der Anfang mit dem Ende, und das Ende mit
dem Anfang stets verknüpfe. Was hier über die Pflanzen
gesagt wird, ist offenbar von der ganzen Natur zu verstehen.
Der Unterschied ist bemerkbar zwischen dem Samensubstrat,
das ganz materiell ist, und den in ihm enthaltenen lebendigen
Vernunftkeimen, welche den Stoff von innen heraus nach
Zwecken formen. Nur haben letztere durchaus nichts materielles bei Philon, entsprechen aber ausserdem vollständig
den stoischen *λόγοι σπερματικοί*.

Uebrigens kommt auf physischem Gebiete die Bezeichnung bei Philon ausser an der vorhin besprochenen Stelle
gar nicht vor, sondern nur auf intellectuell-moralischem, so
viel ich gefunden, zwei Mal. Das eine Mal, wo der *ὀρθὸς
λόγος* bezeichnet wird als *σπερματικὸς καὶ γεννητικὸς τῶν
καλῶν* [2]), und das andere, wo der, welcher die *μήτρα* des
Verstandes, der Rede, der Sinne und des Körpers [3]) bricht,
der *ἀόρατος καὶ σπερματικὸς καὶ τεχνικὸς καὶ θεῖος λόγος*
ist, so dass er nur auf immateriellem Gebiete bahnbrechend
und befruchtend gedacht wird. Es ist demnach auch zu weit
gegangen, wenn von einem samenartig in den sichtbaren
Dingen verbreiteten Logos bei Philon gesprochen wird [4]), oder
wenn es heisst, dass der Logos, insofern er sich selber über-
prägte, angemessen nach stoischem Sprachgebrauch *λόγος
σπερματικός* von ihm genannt worden sei [5]). Wenn das gött-

---

[1]) Vgl. Müller, Philo's Buch von der Weltschöpfung 205.
[2]) Leg. alleg. III. I, 117.
[3]) Qu. rer. div. her. I, 489.
[4]) S. Ueberweg, Grundriss d. Gesch. der Philos. I, 248. 4. Aufl.
[5]) S. Daehne a. a. O. 264 Anm. 264.

liche Wort einmal *seminativa entium vere essentia* genannt
wird[1], in der lateinischen Uebersetzung aus dem armenischen,
wonach es den Anschein haben könnte, als wäre die Materie
in dem Logos mit begriffen, da die *essentia* der griechischen
οὐσία entsprechen kann, so ist zu bemerken, dass der arme-
nische Text, wie aus vielen Zeichen hervorgeht, nicht als ge-
naue Uebersetzung gelten kann, und auch wenn man sich
auf ihn verlassen dürfte, ist es doch wahrscheinlich, dass die
οὐσία hier für geistige Wesenheit genommen werden muss,
da an der Stelle nicht von materiellem gesprochen wird,
sondern von dem Ausfliessen der Kräfte aus dem Logos[2].

Obgleich Philon sich energisch gegen den Materialismus
und Somatismus der Stoiker sträubt, indem er häufig den
Kräften und seinen übrigen Mittelwesen das Prädicat unkörperlich beilegt, und die Ideen wenigstens *ἄϋλοι* nennt[3],
so kommen doch auch bei ihm Spuren von dem stoischen
Materialismus vor. Abgesehen davon, dass er die Vergleiche
mit dem Lichte liebt, die als Bilder nichts beweisen können
nennt er den Logos *ὀξυκινητότατον καὶ θερμόν*[4], und etwas
später an derselben Stelle sogar *ἔνθερμον καὶ πυρῶδι*. Es
ist dies nicht etwa ein Vergleich, sondern die Qualität des
Logos wird angegeben, und es ist nicht anders denkbar, als
dass Philon so sehr in der stoischen Philosophie zu Hause
war und sie sich so angeeignet hatte, dass er gleichsam unbewusst und wider seinen eigenen Willen in diese An-

---

[1] Quaest. in Exod. II, 68. II, 515 Auch.

[2] Nicht berücksichtigt zu werden braucht De incorrupt. m. II, 504:
μένοντος (nämlich das Feuer) *μὲν οὖν ὁ σπερματικὸς τῆς διακοσμήσεως ἐσώζετο λόγος, ἀναιρεθέντος δὲ συναίρηται*, wo allerdings der
λόγος σπερματικός mit dem Feuer beinahe identificiert wird. Die Schrift
rührt aber nicht von Philon her, vgl. Frankel, Alexandrinische Schriftfor-
schung, und ausserdem ist an der Stelle der *λόγος σπερματικός* bei der
Behandlung der stoischen Dogmen auch in stoischem Sinne genommen.

[3] Leg. alleg. III. I, 81.

[4] De Cherub. I, 144. Vgl. De sacrif. Ab. et C. 174 f.

schauungsweise hineinkam. Auch sonst finden wir Spuren
von derselben; wenigstens ist das Feuer in enge Verbindung
mit dem geistigen gesetzt. Bei der Erzählung von dem Opfer
Isaaks wird allegorisch das Feuer gedeutet auf das δρῶν
αἴτιον, das Holz, die ὕλη, auf das πάσχον, die beiden stoischen Principien, und gleich darauf wird der νοῦς ein ἔνθερμον καὶ πεπυρωμένον πνεῦμα genannt[1].

Wie wir gesehen, hielten die Stoiker die Gottheit oder
den Logos für ein πνεῦμα διὰ πάντων διεληλυθός. Wenn
auch Philon nicht gerade die Identität des πνεῦμα und des
Logos ausspricht, so wird doch ersteres in Ausdrücken behandelt, die auf eine solche schliessen lassen, und es dem
stoischen πνεῦμα gleich setzen. Es ist πάντη δι' ὅλων ἐκ-
πεπληρωμένον, also die alles erfüllende Kraft, worin Philon
freilich nicht ganz consequent bleibt, da er es anderwärts als zusammenhaltende Kraft blos des einen Theils der
Erde ansieht, während der andere durch die Feuchtigkeit
vor der Zerbröckelung geschützt wird[2]. Ganz stoisch ist
es, wenn Philon bei der Beschreibung der verschiedenartigen
Körper auf die ἕξις in Holz und in Steinen kommt und von
dieser sagt, Qu. D. s. immutab. I, 278: ἡ δέ ἐστι πνεῦμα ἀνα-
στρέφον ἐφ' ἑαυτῷ[3]. Ἄρχεται μὲν γὰρ ἀπὸ τῶν μέσων
ἐπὶ τὰ πέρατα τείνεσθαι, ψαῦσαν δὲ ἄκρας ἐπιφανείας ἀνα-
κάμπτει πάλιν, ἄχρις ἂν ἐπὶ τὸν αὐτὸν ἀφίκηται τόπον, ἀφ'
οὖ τὸ πρῶτον ὡρμήθη. Wir haben hier deutlich den *tenor*
der Stoiker, der den Dingen Halt und Festigkeit giebt[4], und
durchaus materiell gedacht ist, und auch Philon wird sich
dabei nicht ganz frei von der Vorstellung des Stoffes gemacht haben, so dass hierdurch ein Licht auf die Qualität

---

[1] De profug. I, 565.
[2] De gigant. I, 266. De m. opific. I, 31.
[3] Wahrscheinlich nach dem spät compilierten Werke De mundo II,
606 zu lesen ἐφ' ἑαυτό.
[4] Vgl. oben 93, auch Stob. Ekl. I, 374.

des Logos fällt. Das πνεῦμα hat übrigens bei Philon nicht nur diese Bedeutung in der Natur, sondern es ist auch das intellectuelle Princip, ἡ ἀκήρατος ἐπιστήμη, ἧς πᾶς ὁ σοφὸς εἰκότως μετέχει, und der Geist der Weisheit, erinnernd an die pseudosalomonische Weisheit, ist gleichgestellt dem ὀρθὸς λόγος als Princip der Sittlichkeit[1]), so dass der Begriff sich mit dem Logos nach verschiedenen Seiten deckt. Sehr geläufig ist der Gebrauch desselben dem Philon nicht, und wo er vorkommt, fast stets in Anlehnung an Stellen des Alten Testaments. Es wurde die Vorstellung von dem Geist Gottes aus demselben herübergenommen, aber doch vermischt mit der stoischen Vorstellung des πνεῦμα.

Auch die stoische Lehre, wonach der Logos als Weltgesetz ganz gleich der Nothwendigkeit ist, hat bei Philon Eingang gefunden, wenn er derselben auch nicht so viel Platz einräumt, wie seine Vorgänger, besonders wohl deshalb nicht, weil er ihrem ausgeprägten Monismus nicht huldigt, sondern wenigstens im Princip Dualist ist, so oft er auch diesen ersten Grundsatz vergessen zu haben scheint[2]). Schon dass Philon den Logos ἀΐδιος νόμος nennt, deutet auf eine Annahme der εἱμαρμένη hin, aber bestimmt spricht er dies aus[3]), wenn er das haltende Band identificiert mit der εἱμαρμένη, der ἀκολουθία καὶ ἀναλογία τῶν συμπάντων εἱρμὸν ἔχουσα ἀδιάλυτον, also mit dem Causalitätsgesetz. Es ist dies die stoische Ansicht und die stoische Ausdrucksweise, und es liegt auch blos in der Consequenz der philonischen Lehre, das Fatum als allgewaltiges anzuerkennen. Der Logos ist ja der überall ausgebreitete, alles beherrschende, sich selbst gleiche, eine; die Materie scheint häufig nicht mehr als hindernd zur

---

[1]) De gigant. I, 265.

[2]) Trotzdem dass es ihm sonst geläufig ist, das böse auf Rechnung der Materie zu schieben, wird Gott doch öfter die Ursache desselben genannt. Leg. alleg. I, 102.

[3]) De mutat. nom. I, 598.

Geltung zu kommen, und so ist er die Nothwendigkeit, der sich nichts zu entziehen vermag. Für Glück oder Unglück im Leben kommt es nicht darauf an, was der Mensch selbst thut und treibt, sondern alles ist abhängig von dem Steuermann und Lenker des ganzen, dem göttlichen Logos [1]).

Der Anklänge in dieser Lehre von dem Allwalten des Logos in der Welt an die Stoa sind demnach viele gefunden: nicht nur die Grundidee ist stoisch und von keiner andern philosophischen Schule in dieser Bestimmtheit und Allgemeinheit ausgesprochen, sondern auch in vielen Nebenpunkten zeigen sich Uebereinstimmungen, sogar bis zu der Ausdrucksweise herab, so dass es unmöglich scheint, den directen Zusammenhang zwischen beiden Systemen zu leugnen, besonders da wir auch in andern Partien der philonischen Speculation, welche die Lehre vom Logos berühren, zahlreiche Erinnerungen an die Stoa finden, z. B. in der jetzt zu behandelnden Lehre von den Kräften, welche in engste Verbindung mit dem Logos, als Erhalter des Weltalls, gebracht werden.

Der stoische Pantheismus hatte bei Philon wie bei seinen Vorgängern schon so viel gewirkt, dass er sich die Welt ohne Theilnahme an der Gottheit nicht denken konnte. Da dies aber keine unmittelbare sein durfte, wurde nach Zwischenwesen gegriffen, und zwar nehmen wir hier eine ganze Stufenleiter von Auffassungen bei Philon wahr, indem er mit der Aufgabe ringt, die Gottheit nach stoischer Weise in die Welt zu setzen, aber zugleich ihre Transcendenz nicht preiszugeben.

Oben haben wir gesehen, wie er den Worten nach wenigstens eine Innerweltlichkeit Gottes selbst annimmt. Die nächste Stufe ist nun die, wo er diese auch noch als seine Lehre beibehält, aber doch hinzufügt, sie werde vermittelt durch seine Kraft, die sich überall in der ganzen Welt ausbreite, ein Uebergang, der stark erinnert nament-

---

[1]) De Cherub. I, 145. Qu. D. s. immutab. I, 298.

lich an die früher erwähnten Versuche des Verfassers Περὶ κόσμου, Theismus und Pantheismus zu vereinigen. Bezeichnend ist nach dieser Seite hin eine Stelle De posterit. C. I, 229, wo Philon sagt, Gott sei über der Welt und ausserhalb des von ihm gebildeten, aber nichts desto weniger habe er doch seine Welt mit sich erfüllt, das heisst, wird nun hinzugesetzt, durch seine Kraft, die er bis an die Grenzen der Welt ausgedehnt, und so habe er alles in schönster Harmonie mit einander verwebt[1]). Es ist hier die Kraft Gottes kaum von ihm getrennt, sondern lässt sich noch rein als seine Eigenschaft betrachten, so dass er doch mit einem Theil seines Wesens in der Welt wäre. Etwas mehr lösen sich die Kräfte schon von Gott los De confus. ling. I, 425, wo allerdings auch noch das All von Gott erfüllt sein soll, dem allein die Fähigkeit zukommt, überall und nirgends zu sein, letzteres weil er den Raum selbst gebildet und deshalb nicht von ihm umfasst sein kann, ersteres weil er seine Kräfte durch Erde, Wasser, Luft und Himmel ausgedehnt und so alles zusammenfassend mit unsichtbaren Banden umschnürt habe, und dann wird von dem ἐπεράνω τῶν δυνάμεων ὄν gesprochen, so dass schon eine volle Gegenüberstellung der Kräfte und des Wesens Gottes stattfindet. Wir können also unter der Kraft oder unter den Kräften nicht mehr Gott innewohnende Eigenschaften verstehen, sondern müssen sie uns von ihm losgetrennt, selbstständig wirkend denken.

An der letzterwähnten Stelle wurden sie als Bänder des Weltalls bezeichnet, also ihnen dasselbe Prädicat beigelegt wie dem Logos. Da sie auch sonst in naher Beziehung zu ihm stehen, ist es nothwendig, hier etwas genauer auf sie einzugehen. Im Grunde sind die Kräfte von den Ideen

---

[1]) ἐπιβεβηκὼς δὲ καὶ ἔξω τοῦ δημιουργηθέντος ὢν οὐδὲν ἧττον πεπλήρωκε τὸν κόσμον ἑαυτοῦ· διὰ γὰρ δυνάμεως ἄχρι περάτων τείνας ἕκαστον ἑκάστῳ κατὰ τοὺς ἁρμονίας λόγους συνύφηνεν.

nicht geschieden und werden sogar in der höchsten Unterweisung, die von Gott selbst Moses gegeben, mit ihnen identificiert[1]). Da heisst es, dass sie ihrem Wesen nach unsichtbar wie Gott und nicht einmal mit dem Verstande zu begreifen seien, aber ein sichtbares Abbild ihrer Thätigkeit liessen sie in der Welt zurück, indem sie wie Siegel in der Materie sich abdrückten. Wir haben hier also nichts anderes als die Ideen, bei denen nur ihre eigene Thätigkeit besonders hervorgehoben wird. Ganz gleich den Ideen werden sie ebenfalls an der Stelle gesetzt, wo davon die Rede ist, dass Gott mit der unreinen Materie sich nicht befassen kann und in Folge dessen körperlose Kräfte gebrauchen müsse ὧν ἔτυμον ὄνομα αἱ ἰδέαι[2]). Auch wenn der Logos von Gott angefüllt wird mit unkörperlichen Kräften, so können blos die Ideen darunter verstanden sein, die wir oben als den Inhalt des Logos kennen gelernt haben[3]).

In den anderweitigen Angaben über sie erfahren wir, dass sie, wenigstens zum Theil, ein πρός τι sind[4]), dass sie zeitlos und Gott in unendlicher Anzahl wie sein Hofstaat umgeben[5]), dass aber doch unter ihnen einige besonders hervortreten, und bisweilen werden sie sogar in bestimmter Zahl angeführt. Die beiden ersten und vornehmsten sind

---

[1]) De monarch. I. II, 218.

[2]) De vict. off. II, 261. Vgl. oben 210, 1.

[3]) De somn. I. I, 630. Dagegen sind sie nur als wirkend hingestellt De confus. ling. I, 431: δι' αὖ τούτων τῶν δυνάμεων ὁ ἀσώματος καὶ νοητὸς ἐπάγη κόσμος, τὸ τοῦ φαινομένου τοῦδε ἀρχέτυπον, ἰδέαις ἀοράτοις συσταθείς. Ihre Eigenschaft als Urbilder, die Zeller V, 314 und ebd. Anm. 7 auch hier in ihnen findet, tritt ganz zurück, da sie von diesen deutlich unterschieden werden. Es ist der eine Begriff in seine beiden Hauptbestandtheile zerlegt, eine Scheidung, wie sie auch bei dem Logos vorkommt.

[4]) De somn. I. I, 644. Die βασιλική und εὐεργετική. Als Grund dafür wird angegeben: βασιλεὺς γὰρ τινὸς καὶ εὐεργέτης τινός.

[5]) De sacrif. Ab. et C. I, 176. De monarch. a. a. O.: τὰς σε(τὸν θεὸν) δορυφορούσας δυνάμεις. De sacrif. Ab. et C. I, 173. De Abrah. II, 19.

die *ποιητική* und *βασιλική*. Vermittelst der einen hat Gott die ganze Welt gebildet [1]), da der Kosmos aber zur Ursache die Güte Gottes hat, so wird die bildende Kraft auch häufig als *ἀγαθότης* oder *χαριστική*, *εὐεργετική* bezeichnet [2]), wobei dann die Wirkung dieser Kraft nicht auf die Bildung der Welt beschränkt bleibt. Diese ursprünglichste Kraft wird auch geradezu *θεός* genannt, wodurch sie als die erste Offenbarung der Gottheit hingestellt zu werden scheint.

Die *βασιλικὴ δύναμις* hat es mit der Leitung der Welt zu thun, dafür zu sorgen, dass alles erhalten bleibt in der einmal eingeschlagenen Ordnung. Ihr kommt das Herrschen und Regieren zu [3]), sie heisst auch *ἐξουσία*, *ἡγεμονία* und *κύριος* [4]). Es wird ihr die *δίκη* beigegeben, und in Folge dessen tritt sie als *νομοθετική* und *κολαστική* auf [5]). Sie ist es, welche alles in ihren Schooss aufgenommen hat und die Theile des Alls durchdringt [6]).

Die angegebenen einzelnen Namen sind übrigens nicht immer blos Synonyma von den Grundkräften, sondern es findet auch das Verhältniss der Ueber- und Unterordnung statt, so dass z. B. die wohlthuende sich herleitet aus der weltbildenden, und die strafende und gesetzgebende aus der königlichen [7]). Anderwärts sind sie geschieden in solche, die

---

[1]) De Abrah. II, 19: *ταύτῃ (τῇ ποιητικῇ) ἔθηκέ τε καὶ διεκόσμησε τὸ πᾶν.*

[2]) De migrat. Abr. I, 464: *δύναμιν δὲ αὐτοῦ, καθ᾽ ἣν ἔθηκε καὶ διετάξατο καὶ διεκόσμησε τὰ ὅλα. αὕτη δὲ κυρίως ἐστὶν ἀγαθότης.* De Cherub. I, 144. De somn. I. I, 645. De sacrif. Ab. et C. I, 173.

[3]) De Abrah. II, 18.

[4]) A. a. O. De Cherub. I, 144.

[5]) Qu. rer. div. her. I, 496. Vgl. über die einzelnen Bezeichnungen Daehne a. a. O. 234 f.

[6]) De confus. ling. I, 425: *ἐγκεκόλπισται δὲ τὰ ὅλα καὶ διὰ τῶν τοῦ παντὸς μερῶν διελήλυθε.* Allerdings ist dies hier im allgemeinen von der *δύναμις* Gottes gesagt, aber doch auf keine andere speciell zu beziehen.

[7]) Quaest. in Exod. II, 68. II, 515 f. Auch.

uns ferner stehen, zu denen die königliche und weltbildende gerechnet wird, und solche, die das menschliche Geschlecht näher berühren, zu welchen letzteren die gnädige und gesetzgebende gehören[1]), und man zählt fünf oder mit dem Logos sechs. Philon war sich nicht klar über den Eintheilungsgrund, und daraus ist es zu erklären, dass er verschiedene Gesichtspunkte aufstellt.

Eben daher kommt es auch, dass der Logos bisweilen unter die Kräfte gezählt wird, freilich dann als die erste von ihnen, als die Metropolis, von der die übrigen Kräfte nur Pflanzstädte sind, bisweilen auf ihn und die Kräfte das Bild von den Rossen und dem Wagenlenker angewandt wird, während Gott dann der im Wagen sitzende und Befehle ertheilende ist[2]). Ein anderes Mal wird der Logos wiederum als Verbindung zwischen den beiden Grundkräften angesehen, wie aus De Cherub. I, 144 hervorgeht, wo es heisst: τρίτον δὲ συναγωγὸν ἀμφοῖν (der ἀγαθότης und der ἐξουσία) μέσον εἶναι λόγον· λόγῳ γὰρ καὶ ἄρχοντα καὶ ἀγαθὸν εἶναι τὸν θεόν. Diese Stelle so zu verstehen, wie Zeller[3]) es thut, dass der Logos als das gemeinsame Product von diesen beiden zu betrachten sei, weil Gott selbst nach der gewöhnlichen Darstellung unmittelbar zwischen den beiden Grundkräften in der Mitte stehe, kann ich nach der ganzen Vorstellung, die Philon vom Logos hat, nicht für richtig halten. Nirgends befindet sich dieser in einem Abhängigkeitsverhältniss von etwas anderem als von Gott, ausser in einem bald zu behandelnden Falle. Wo er mit den Kräften sonst genannt wird, ist er stets das höhere. Das Rangverhältniss ist genauer angegeben Quaest. in Exod. II. 68. II. 516 Auch. Zuerst kommt Gott, der redende, dann der Logos, zu dritt die weltbildende Kraft, hierauf die herrschende.

---

[1]) De profug. I, 561.
[2]) De profug. a. a. O. S. oben 231.
[3]) A. a. O. 322. u. ebd. Anm. 2.

Es folgen die beiden abgeleiteten, die wohlthuende und die strafende, zuletzt als siebente die intelligible, aus den Ideen bestehende Welt. Kurz vorher ist gesagt, dass die beiden Kräfte geradezu aus ihm hervorgehen, und auch als Zertheiler wird er ihnen gegenüber genannt, indem er sie selbst erst scheidet[1]. Wenn ein Mensch zu schwach ist, um sogleich in der Erkenntniss bis zu dem obersten Logos vorzudringen, so soll er erst die Kräfte, zunächst die unterste, die gebietet, was zu thun, und verbietet, was nicht zu thun ist, zu begreifen suchen, und von dieser aus weiter nach oben streben[2]. Aus alle dem geht hervor, dass die ganze Stellung des Logos bei Philon vollständig umgestürzt wäre, wenn er erst von den Kräften abgeleitet würde. Viel einfacher ist es anzunehmen, dass das eine Mal Philon Gott als zwischen den Kräften in der Mitte stehend darstellt[3], und das andere Mal dafür, in allerdings nicht consequenter Weise, der Logos eintritt. Aber ähnliches finden wir bei Philon häufig; wird ja sogar von den Kräften öfter dasselbe ausgesagt, wie von Gott.

Der Logos ist die höhere Einheit für die Kräfte, und wir haben auch schon vorher gesehen, dass ihn Gott mit den Kräften angefüllt hatte. Er vereinigt sie alle in sich, und es tritt so wieder deutlich die Herrschaft des logischen in dem System Philons hervor. Nicht blind sollen die Kräfte walten, ohne Ziel und Zweck, sondern ausgehend aus der göttlichen Vernunft, die überall bestimmend und leitend mitwirkt, ja sie sind selbst Theile dieser Urvernunft, geradeso wie die Urbilder in der höheren Einheit des Logos zusammengefasst werden, mit denen sie übrigens, wie wir ge-

---

[1] Qu. rer. div. her. I, 496.

[2] De profug. I, 464.

[3] Z. B. De Abrah. II, 19. De sacrif. Ab. et C. I, 173, wo übrigens beide Male Gott nur $\mu\acute{\epsilon}\sigma o\varsigma$ und nicht $\sigma v\nu\alpha\gamma\omega\gamma\acute{o}\varsigma$ genannt wird.

sehen, identisch sind. Es ist dasselbe, nur von verschiedenem Gesichtspunkte aus betrachtet.

Die Kräfte werden allerdings bei Philon selbständig behandelt, so dass es beinahe scheinen könnte, als seien sie von den Ideen, von dem Logos getrennt. Nachdem aber ihre Identität erwiesen ist, bliebe nur zu fragen, weshalb Philon gerade diese Seite so hervorhob, dass daraus beinahe losgetrennte Wesen zu entstehen schienen. In den Ideen war zu sehr die Vorstellung des blos ruhenden gegeben, in dem $\lambda\acute{o}\gamma o\varsigma$ $\sigma\pi\epsilon\varrho\mu\alpha\tau\iota\kappa\acute{o}\varsigma$ der Stoiker und in dem Logos überhaupt, war allerdings die Bewegung in eminentem Grade enthalten, aber sie wurde doch durch das Wort nicht ausgedrückt. Hatte Philon nun für seine vermittelnden Wesen diese Bezeichnung aufgenommen, so konnte doch der Gedanke an ein unmittelbares Eingreifen Gottes ·noch Platz finden, und, um diesen abzuschneiden, scheint auf die Kräfte so bedeutendes Gewicht gelegt. So war die Ausserweltlichkeit und Unveränderlichkeit Gottes vollkommen gewahrt.

Vorgänger hatte für diese Lehre von den $\delta\upsilon\nu\acute{\alpha}\mu\epsilon\iota\varsigma$ Philon schon in seinen Landsleuten und in den Syncretisten, deren Versuche zur Lostrennung Gottes nur weiter fortgeführt zu werden brauchten. Auch boten die heiligen Schriften in Darlegung der göttlichen Eigenschaften reichlichen Stoff, den er verwerthete. Unter den Philosophenschulen der Griechen hatte besonders auch die Stoa nach dieser Seite hin vorgearbeitet, indem sie von den Theilkräften der Gottheit spricht, die mit verschiedenen Namen genannt wurden [1]), und auch Kräfte von dem $\acute{\iota}\gamma\epsilon\mu o\nu\iota\varkappa\acute{o}\nu$ der Welt, wie von einer Quelle ausströmen liess nach den einzelnen Theilen des Alls [2]). Es bedurfte nichts als diese Kräfte von Gott zu lösen, so waren sie, obgleich in der Welt wirkend, übergeführt in

---

[1]) Diog. VII, 147.
[2]) Sext. Mathem. IX, 102 S. 575.

die Lehre von der Ausserweltlichkeit Gottes und dienten dem philosophischen Bedürfniss des Alexandriners.

Eine eigenthümliche Stellung nimmt neben den Kräften und den Ideen in der philonischen Speculation die Weisheit ein. Wir haben dieselbe in der besprochenen pseudosalomonischen Schrift als intellectuell-moralisches Princip, wie es ihrem Namen gemäss ihr zunächst zukommt, dann aber auch als kosmisches kennen gelernt. Dieselbe zweifache Bedeutung hat sie bei Philon. Sehen wir uns zunächst letztere genauer an, weil durch dieselbe die Weisheit in ein Verhältniss zum Logos treten muss, so fällt zuerst auf, dass auch durch die Weisheit die Welt gebildet worden ist[1]), und zwar wird das Verhältniss dann so dargestellt, dass Gott der Vater und die Weisheit die Mutter ist. De ebrietate I, 361 f. heisst es: τὸν γοῦν τόδε τὸ πᾶν ἐργασάμενον δημιουργὸν ὁμοῦ καὶ πατέρα εἶναι τοῦ γεγονότος εὐθὺς ἐν δίκῃ φήσομεν· μητέρα δὲ τὴν τοῦ πεποιηκότος ἐπιστήμην, ᾗ συνὼν ὁ θεός, οὐχ ὡς ἄνθρωπος, ἔσπειρε γένεσιν. Ἡ δὲ παραδεξαμένη τὸ τοῦ θεοῦ σπέρμα τελεσφόροις ὠδῖσι τὸν μόνον καὶ ἀγαπητὸν υἱὸν ἀπεκύησε τόνδε τὸν κόσμον. Auch anderwärts wird die Weisheit als Mutter der Dinge in der Welt angesehen und diese als ihre Kinder[2]). Setzen wir das Bild in die gewöhnliche philosophische Sprache des Philon um, so kann es nichts anderes heissen, als dass die Weisheit die intelligible Welt in sich aufnimmt und als thätige Kraft

---

[1]) De profug. I, 562: σοφία, δι' ἧς τὰ ὅλα ἦλθεν εἰς γένεσιν. 560: ἔργῳ δὲ ὁ θείᾳ σοφίᾳ δημιουργηθεὶς κόσμος ἅπας. Nicht als Beweisstelle dafür kann De migrat. Abrah. I, 442 gelten, wo es heisst: τὴν σοφίαν αὐτοῦ διασυνίστησιν (sc. ὁ θεός) οὐ μόνον ἐκ τοῦ τὸν κόσμον δεδημιουργηκέναι ἀλλὰ καὶ ἐκ τοῦ τὴν ἐπιστήμην τῶν γεγονότων ἱδρυκέναι βεβαιότατα παρ' ἑαυτοῦ. Bucher a. a. O. 152 liest mit Gfrörer a. a. O. 218 hieraus die σοφία als Weltschöpferin. Das Subject in δεδημιουργηκέναι ist aber Gott selbst, der allerdings als mit Weisheit verfahrend gedacht werden muss.

[2]) Qu. det. pot. ins. I, 213 f. Ebd. 201 f. Leg. alleg. II. I, 75.

sie zur Darstellung in der sichtbaren Welt bringt, so dass sie dann der Logos wäre, insofern er die Ideen zusammenfasst und sie der Materie einbildet. Damit hängt unmittelbar zusammen, dass sie ebenfalls in der Eigenschaft als Zertheiler auftritt, die Gegensätze durch sie geschieden werden, und die Erscheinungen so ins Leben treten [1]. In Folge dessen muss die Weisheit älter sein, nicht nur als der einzelne Mensch, sondern als die ganze Welt [2], und sie wird geradezu als die erste der Kräfte, die Gott von sich absonderte hingestellt [3], in ganz ähnlicher Weise, wie dies auch von dem Logos gesagt wird. Ebenso ist sie *πο-λυώνυμος*, heisst *ἀρχή* und *εἰκὼν θεοῦ*, wie der Logos [4]. Lässt sich so im einzelnen schon die Identität von Weisheit und Logos annähernd nachweisen, indem ihnen dieselben Thätigkeiten zuertheilt, dieselben Prädicate gegeben werden, so gewährleistet Philon dieselbe noch im allgemeinen dadurch, dass er die beiden Bezeichnungen hintereinander als Synonyma gebraucht [5], und geradezu ausgesprochen findet sie sich Leg. alleg. I. I, 56, wo von der generellen Tugend gesagt wird: *αὕτη ἐκπορεύεται ἐκ τῆς ᾿Εδὲμ τοῦ θεοῦ σοφίας*, und es weiter heisst *ἡ δέ ἐστιν ὁ θεοῦ λόγος· κατὰ γὰρ τοῦτον πεποίηται ἡ γενικὴ ἀρετή* [6].

Wenn auf diese Weise die Einheit von *λόγος* und *σοφία* bewiesen ist, so scheint doch auf der andern Seite ein Ab-

---

[1] De profug. I. 575: *ταίτη ὁ ἱερὸς λόγος τῇ πηγῇ* (der Weisheit) *προσφυέστατα ὀνόματα τίθεται, κρίσιν αὐτὴν καὶ ἀγίαν προσαγορεύων — ὅτι ἡ τοῦ θεοῦ σοφία ἁγία τέ ἐστι, οὐδὲν ἐπιφερομένη γήϊνον καὶ κρίσις τῶν ὅλων, ᾗ πᾶσαι ἐναντιότητες διαζεύγνυνται.*

[2] De humanit. II, 385.

[3] Leg. alleg. II. I, 82: *ἡ γὰρ ἀκρότομος πέτρα ἡ σοφία τοῦ θεοῦ ἐστιν, ἣν ἄκραν καὶ πρωτίστην ἔτεμεν ἀπὸ τῶν ἑαυτοῦ δυνάμεων.*

[4] Leg. alleg. I. I, 51 f.

[5] Qu. det. pot. ins. a. a. O.

[6] Vgl. noch einige auf diese Identität bezügliche Stellen bei Grossmann a. a. O. 67 f. Gfrörer a. a. O. 213 ff.

hängigkeitsverhältniss stattzufinden, da der Logos die Quelle
der Weisheit genannt[1]), und auch das gerade umgekehrte
behauptet wird, nämlich dass der Logos aus der Weisheit
als der Quelle ströme, Gott zum Vater und die Weisheit zur
Mutter habe[2]). Es liegt hier also ein handgreiflicher, sogar
doppelter Widerspruch vor. Wir sind bei Philon allerdings
schon an Inconsequenzen gewöhnt, aber selbst für ihn wäre
eine solche Nichtachtung der Denkgesetze doch unerhört,
weshalb wir für diesen speciellen Fall nach einer Lösung
suchen müssen. Diese findet sich darin[3]), dass einmal
die Weisheit oder der Logos, die als Wechselbegriffe mit
einander vertauscht werden können, die auf die Welt wirkende Gotteskraft, das andere Mal die bei Gott ruhende
sind, die begrifflich von einander geschieden werden, so
dass dann der Logos, wenn er als die heraustretende gedacht wird, von der Weisheit als der ihn heraustreten
lassenden abhängig gemacht werden kann, aber auch das
umgekehrte Verhältniss stattfindet, mit blossem Wechsel
der Namen „σοφία" und „λόγος". Mit dieser Abhängigkeit,
in der wenigstens bisweilen die Sophia zum Logos dargestellt wird, fällt auch die Ansicht Dähnes[4]), wonach die
Weisheit eine Theilkraft des Logos wäre, und zwar die in
der weltbildenden Mittelursache nothwendig zu postulierende
Fähigkeit, weise zu disponieren. Sie hätte danach immer

---

[1]) De profug. I, 560: θεῖος λόγος, ὃς σοφίας ἐστὶ πηγή. Vgl. ebd.
566. De somn. II. I, 691. Es ist allerdings an diesen Stellen nicht von
der Weisheit als kosmischem Princip die Rede, sondern insofern sie in
den Herzen der Menschen Wohnung nehmen soll; aber es gehen diese
beiden Bezeichnungen sowohl bei dem Logos als bei der Weisheit so in
einander über, dass sie nicht geschieden werden können.

[2]) A. a. O. 562. De somn. II. I, 690: κάτεισι δὲ ὥσπερ ἀπὸ πηγῆς,
τῆς σοφίας, ποταμοῦ τρόπον ὁ θεῖος λόγος, ἵνα ἄρδῃ καὶ ποτίζῃ τα
ὀλύμπια καὶ οὐράνια φιλαρέτων ψυχῶν βλαστήματα.

[3]) Vgl. Gfrörer a. a. O. 223. Keferstein 156 f.

[4]) A. a. O. 221 ff

die erste Stelle nach Gott einnehmen müssen, und nicht die
zweite. Ausserdem liesse sich auch ihre Thätigkeit als Zer-
theilerin, vermöge deren sie unmittelbar an die Dinge herantreten muss, mit dieser Auffassung von ihr nicht vereinigen.

Die Lehre von der Weisheit hat Philon aus der jüdischen Litteratur herübergenommen, er bringt sie selbst in
Verbindung[1]) mit der bekannten Stelle aus den Proverbien
8, 22, und nach den früheren Ausführungen über das
pseudosalomonische Buch der Weisheit braucht der Zusammenhang zwischen diesem und Philon nicht noch nachgewiesen zu werden.

Die Frage liegt hier nahe, warum sich Philon nicht mit
der Weisheit als vermittelnder Kraft hat genügen lassen, da
er sie ja bei seinem Volke in einer ähnlichen Stellung, die
leicht für seine Zwecke umgeändert werden konnte, vorfand.
Es ist richtig, dass ihm die Weisheit als weiblichen Geschlechtes häufig nicht genügte, sobald er die Mittelwesen
als thätig oder gar als befruchtend der Materie gegenüber
stellt, und er sagt selbst, die Natur der Weisheit sei eigentlich männlich, wenn sie gleich einen weiblichen Namen habe[2]).
Das männliche, mehr zum Herrschen geboren, sei verwandter
der wirkenden Ursache, während das weibliche, zum Ge-
horchen geschickt, sich mehr im Dulden als im Handeln er-
probe[3]). Wenn er sich nun auch bisweilen über den Namen
hinwegsetzt[4]), so ist es doch natürlich, dass er lieber für
männliche Functionen auch ein männliches Subject wählte
und deshalb häufig den Logos gebrauchte.

Kaum würde indess dieser Grund der entscheidende ge-

---

[1]) De ebrietate I, 362.
[2]) De profug. I, 553.
[3]) De vict. offer. II, 241.
[4]) De profug. a. a. O.: λέγομεν οὖν μηδὲν τῆς ἐν τοῖς ὀνόμασι δια-
φορᾶς φροντίσαντες, τὴν θυγατέρα τοῦ θεοῦ σοφίαν ἄρρενά τε καὶ
πατέρα εἶναι σπείροντα καὶ γεννῶντα.

wesen sein, die Sophia der Art zurückzustellen, wie es bei
ihm geschieht, zumal er ja den Anlauf nimmt, das Hinderniss zu überwinden, und dies nur hätte weiterzuführen
brauchen. Auch kann bei ihm nicht bestimmend gewirkt
haben die Anschauung, dass in der Welt überall die
Vernunft regiere und er demnach diese als weltbildendes
und leitendes Princip hätte annehmen müssen. Denn die
Weisheit hätte dasselbe leisten können, wie wir die Ansätze
dazu schon in dem Buche der Weisheit finden, und sie ist
ja auch in Wirklichkeit von Philon dazu gebraucht worden,
wiewohl das eine auffällig ist, dass er sie nie als die Kraft
Gottes darstellt, die alles durchdringt, nie als das die Welt
umspannende Band [1].

Die erwähnten Gründe haben mitgewirkt, aber sie können eine so auffallende Bevorzugung des Logos doch nicht
hinreichend erklären. Philon, in der griechischen Philosophie
erzogen, wird sich durch den Gang seiner Bildung daran
gewöhnt haben, auch diesen Begriff, den er in der stoischen
Schule, als sehr gebräuchlich und praktisch anwendbar vorfand, und der schon bei seinen eigenen Landsleuten sich
eingebürgert hatte, zu benutzen, und hat ihn dann als einen
ganz bekannten in seine eigene Philosophie hinübergenommen,
zumal er von ihm den ausgedehntesten Gebrauch machen
konnte. Seinem nationalen und religiösen Bewusstsein genügte er dadurch, dass er ihn überall in der heiligen Schrift
fand, und zu seiner vollen Selbsttäuschung in dieser Hinsicht
mochte bedeutend mitwirken, dass die Vieldeutigkeit des
Logos ihm erlaubte ihn mit dem Worte des Alten Testa-
mentes zu identificieren. Daneben fand er in seinen heiligen
Urkunden noch die Weisheit, welche er nicht ganz ver-

---

[1] Leg. alleg. I. I, 52 wird sie ἀρχή genannt, und in dieser Eigenschaft
könnte sie allerdings auch als die sich durch alles ausdehnende gedacht
werden. Doch ist dies nicht besonders von ihr gesagt.

schmähte, aber doch meist blos dann benutzte, wenn gerade
für die Auslegung der betreffenden Stelle ein Femininum
besser passte als ein Masculinum, besonders in Verbindung
mit weiblichen Substantiven wie μήτηρ, θυγάτηρ, πέτρα und
andern. Sobald es die zu erklärende Stelle nicht erheischte,
zog er entschieden den Logos vor, wie man auch daraus
ersieht, dass er in Büchern, wo er nicht zur Allegorie gezwungen wurde, nur sehr spärlich von der Sophia redet[1].
Der Ausgangspunkt für seine Speculation ist der griechische
Boden. Das meiste in der Ausführung lässt sich ebenfalls
aus griechischen Elementen erklären. Auch die Wurzel für
den Logos, so weit wir ihn bis jetzt kennen gelernt, ist nicht
die alttestamentliche σοφία — sonst würde er sich eben an
dieser haben genügen lassen —, sondern zunächst für die
Thätigkeit des Logos die stoische Philosophie mit platonischen Elementen vermischt, und für die Stellung des Logos
unter Gott, das auch sonst in der damaligen philosophischen
Welt anerkannte Bedürfniss einer Mittelursache. Es wird
demnach Bucher[2] nicht beizustimmen sein, wenn er zu dem
Resultate kommt, dass der philonische Logos nichts anderes
sei als die alttestamentliche jüdische Sophia, die von Philon
mittelst heidnischer Philosophie ausgebildet sei. Es wird
bei dieser Ansicht nicht genug beachtet, wie sehr Philon
in allen seinen Philosophemen mitten in der Weisheit der
Griechen steht.

Wir haben gesehen, wie der Logos wirkt, zunächst als
Bildner der Welt, dann als Erhalter derselben; wie er die
Ideen in sich zusammenfasst und ihre Einheit ist; wie er in
demselben Verhältniss zu den δυνάμεις steht. Wir haben
ferner gesehen, wie er identisch ist mit dem alttestamentlichen Schöpferwort und mit der alttestamentlichen Weisheit

---

[1] Vgl. Gfrörer a. a. O. 226.
[2] A. a. O. 170 ff.

als kosmischem Princip, und wir haben uns auf diese Weise
seine Bedeutung der Welt im ganzen, dem Makrokosmos
gegenüber klar gemacht. Nun kommt es darauf an, zu er-
forschen, wie er sich dem Mikrokosmos, dem Menschen gegenüber bethätigt. Schon daraus, dass der Mensch die grösste
Aehnlichkeit mit dem Weltganzen hat, in Folge wovon er
βραχὺς κόσμος genannt wird, und die Welt μέγας ἄνθρωπος[1]), kann man schliessen, dass auch das Verhältniss zu
dem Logos viele Analogieen bieten wird.

Die göttliche Vernunft durchdringt die ganze Welt, also
nichts kann ohne sie sein; aber in dem engsten Verwandtschaftsverhältniss zu ihr steht die menschliche Seele. Der
ganzen Welt ist der Körper ähnlich, insofern er aus den
vier Elementen gemischt ist, aber seiner Denkfähigkeit nach
ist der Mensch verwandt dem göttlichen Logos, ja er ist
sogar ein Abglanz, ein Stück von ihm[2]). Es wäre nicht
möglich, dass der menschliche Verstand eingeschlossen in
das Gehirn oder das Herz, die von so kleinem Umfange
sind, solche Grösse des Himmels und der Welt fassen könnte,
wäre er nicht ein Stück von jener göttlichen Seele oder auch
von der Seele des Alls[3]), freilich nicht ein losgetrenntes;
denn nichts wird dem göttlichen durch Abtrennung losgelöst,
sondern es dehnt sich nur von ihm aus[4]).

Die Emanationstheorie der Stoiker kann kaum deutlicher ausgesprochen werden, als es hier von Philon ge-

---

[1]) Qu. rer. div. her. I, 494. De plantat. N. I, 334. De posterit. C. I,
236. Aehnliches kommt übrigens schon früher vor. So heisst bei Aristoteles Phys. VIII, 2. 252, b, 26 das lebende Wesen μικρὸς κόσμος.

[2]) De m. opific. I, 35: πᾶς ἄνθρωπος κατὰ μὲν διάνοιαν ᾠκείωται
θείῳ λόγῳ, τῆς μακαρίας φύσεως ἐκμαγεῖον, ἢ ἀπόσπασμα ἢ ἀπαύγασμα γεγονώς, κατὰ δὲ τὴν τοῦ σώματος κατασκευὴν ἅπαντι
τῷ κόσμῳ.

[3]) De mutat. nom. I, 612.

[4]) Qu. det. pot. ins. I, 209: τέμνεται γὰρ οὐδὲν τοῦ θείου κατ᾽ ἀπάρ-
τησιν, ἀλλὰ μόνον ἐκτείνεται.

schieht, aber auch in der weiteren Bestimmung derselben
huldigt er der stoischen Ansicht, indem er sich von dem
Materialismus nicht losmachen kann, der freilich fast immer
mit einer Emanationslehre verbunden sein wird. Die vier Elemente, aus denen der Leib des Menschen gebildet ist, sind
körperlich, aber es giebt nach der Lehre der Alten noch
einen fünften Stoff, der sich im Kreise dreht und höher steht
als die vier andern. Aus diesem sollen die Sterne und der
ganze Himmel gebildet sein, und folgerichtig muss man auch
die Seele als Theil desselben ansehen[1]. Dieser Stoff ist der
Aether des Aristoteles und der Stoiker, wenn er auch von
letzteren nicht gerade als fünftes Element bestimmt wurde,
sondern mit ihrem πῦρ τεχνικόν zusammenfällt. Auch Philon
denkt sich den Aether feurig, wie aus De somn. I. I, 625
hervorgeht, wo er fragt, ob der Geist dadurch entstehe, dass
in uns die Feuernatur durch ausströmende Luft zur festen
Masse werde. Wohl zu bemerken ist übrigens, dass er diese
ätherische stoffliche Seele nicht als körperlich gedacht wissen
will, so dass bei ihm Körper und Stoff nicht dasselbe war.
Zugleich fällt aus dieser Materialität der Seele ein Licht auf
die Beschaffenheit des Logos, der als ganzes von unendlich
viel materiellen Theilen auch stofflich gedacht werden muss,
und so wird das, was wir früher über seine feurige und
warme Natur fanden, auf bestimmte Weise bestätigt.

Huldigt Philon mit dieser seiner Ansicht über die Seele
der stoischen Lehre, und steht er dabei nicht auf dem Boden
des Alten Testaments, so nähert er sich diesem schon,
wenn er meint, der Stoff der Seele sei ein doppelter, und
als Stoff für das ganze das Blut ansieht, für den herrschenden

---

[1] Qu. rer. div. her. I, 514. Ganz dasselbe Qu. D. s. immutab. I, 279:
ἡ ψυχὴ οὐκ ἐκ τῶν αὐτῶν στοιχείων, ἐξ ὧν τὰ ἄλλα ἀπετελεῖτο, διε-
πλάσθη· καθαρωτέρας δὲ καὶ ἀμείνονος ἔλαχε τῆς οὐσίας, ἐξ ἧς αἱ
θεῖαι φύσεις (jedenfalls die Sterne) ἐδημιουργοῦντο. Auch hier ist also
deutlich ein Stoff angenommen.

Theil aber das πνεῦμα θεῖον, obgleich unter diesem letzteren auch noch die Aethermaterie verstanden sein kann[1]. Einmal wehrt er sich geradezu gegen die Aethermaterie, und sagt, die Seele sei noch etwas höheres als ätherischer Hauch, nämlich ein Abglanz der seligen und dreimal seligen Natur, wobei er also die stoische Ansicht von der stofflichen Qualität der Seele verlässt, aber ihre Lehre von der Emanation beibehält[2]. Ganz deutlich wendet er sich aber der alttestamentlichen Lehre zu, wenn er den Verstand nach dem Bilde Gottes geschaffen sein lässt, wie es De mutat. nom. I, 612 heisst: λογισμὸς δὲ βραχύτατον μὲν ὄνομα, τελειότατον δὲ καὶ βραχύτατον ἔργον τῆς τοῦ παντὸς ψυχῆς ἀπόσπασμα, ἤ, ὅπερ ὁσιώτερον εἰπεῖν τοῖς κατὰ Μωσῆν φιλοσοφοῦσιν εἰκόνος θείας ἐκμαγεῖον ἐμφερές. Man sieht hier zugleich in interessanter Weise den inneren Process, der in Philon vorgieng, wie ihn nämlich sein religiöses Gefühl trieb, den Boden der griechischen Speculation, der er als Philosoph beistimmte, zu verlassen und sich den alttestamentlichen Vorstellungen anzubequemen. An einer weiteren Stelle schreibt er sogar die Ansicht, dass der Verstand ein Theil der ätherischen Natur, also des Logos sei, nur andern zu, ohne ihr selbst beizupflichten, indem er sich offenbar auf Seite des Moses stellt, der ihn nach dem Siegel Gottes gebildet sein lässt[3]. Unter dem Bilde Gottes, unter dem Siegel Gottes, ist nichts anderes zu verstehen als der urbildliche Logos, der als Idee für den menschlichen Verstand, für die menschliche Seele im engeren Sinne, gedient hat[4].

---

[1] Qu. rer. div. her. 480 f.

[2] De concupisc. II, 356. Unter der φύσις ist natürlich der Logos zu verstehen. Vgl. Gfrörer a. a. O. 378.

[3] De plantat. N. I, 332.

[4] De spec. leg. II, 333: ἐπειδὴ θεοειδὴς ὁ ἀνθρώπινος νοῦς, πρὸς ἀρχέτυπον ἰδέαν τὸν ἀνωτάτω λόγον τυπωθείς. De monarch. II, II, 225: ψυχὴ ἡ ἀθάνατος, ἥν φασι τυπωθῆναι κατὰ τὴν εἰκόνα τοῦ ὄντος· λόγος δέ ἐστιν εἰκὼν θεοῦ. De m. opific. I, 33: οὐδενὶ γὰρ ἑτέρῳ πα-

Philon verbindet hier die platonische Ideenlehre[1]) mit der Darstellung in der mosaischen Schöpfungsurkunde, es erheben sich aber dabei manche Schwierigkeiten. So muss man, um anderes zu übergehen, was den Logos nicht unmittelbar berührt, vor allem fragen: Wer ist der Bildner, wenn der Logos das Urbild ist? Philon antwortet hierauf nicht. Da aber Gott diese Thätigkeit nicht zugeschrieben werden kann, muss es der Logos selbst sein, als wirkende Idee gedacht, wie wir früher die Urbilder schon als Kräfte kennen gelernt haben. Es würde in dieser Annahme vielleicht zugleich die Vereinigung der beiden Ansichten liegen, die Philon von dem Wesen der Seele hat, indem er sie das eine Mal als ein Stück der allgemeinen Weltvernunft, das andere Mal nur als ein Abbild derselben hinstellt. Der Logos entfaltet sich dann aus eigener Kraft in unendlich viele Theile, die aber noch unmittelbar mit ihm zusammenhängen, und diese sind zugleich Nachahmungen des einheitlichen ganzen, worauf das schon erwähnte Bild von dem Koriandersamen passt.

Auch von einem γενικός oder οὐράνιος ἄνθρωπος ist die Rede, und zwar ist dies der nach der Schöpfungsurkunde von Gott zuerst geschaffene, während der wirkliche, natürliche Mensch erst darauf nach jenem gebildet wurde. Zwischen beiden besteht ein grosser Unterschied: der später geformte ist sinnlich wahrnehmbar, hat an der Qualität Theil, besteht aus Leib und Seele, ist Mann oder Weib, von Natur sterblich, dagegen der andere, nach dem Bilde Gottes gewordene, eine Idee, oder Gattung, oder Siegel, intelligibel, unkörper-

---

ραδείγματι τῶν ἐν γενέσει πρὸς τὴν κατασκευὴν αὐτῆς (der Seele) ἔοικε χρήσασθαι, μόνῳ δέ, ὥσπερ εἶπον, τῷ ἑαυτοῦ λόγῳ. Vgl. De plantat. N. I, 332. De animal. sacrific. II, 289. Quaest. in Gen. I, 4. II, 3 Auch.

[1]) Vgl. De decal. II, 202, wo der Mensch ein μίμημα und ἀπεικόνισμα τῆς ἀϊδίου καὶ εὐδαίμονος ἰδέας ist, indem er den Verstand empfängt. Bei Platon selbst freilich ist die Nachbildung der Seele nach einer Idee nicht nachweislich.

lich, weder Mann noch Weib, unsterblicher Natur [1]. Gfrörer [2] und Keferstein [3] nehmen letzteren geradezu für den λόγος, weil der wirkliche Mensch sowohl nach dem einen wie nach dem andern gebildet worden sein soll. Allein es ist dies eine Verwechselung des Inhalts der gesammten Idealwelt mit einer einzelnen Idee. Der Logos ist ja das γενικώτατον, der Idealmensch blos ein γένος, das nur die beiden Arten Mann und Weib in sich hat, wie deutlich aus Leg. alleg. II. I, 69 hervorgeht, wo es heisst, dass Gott vor den Arten die Gattungen vollendete und so auch bei den Menschen verfuhr. Er bildete nämlich den Gattungsmenschen, in welchem männliches und weibliches Geschlecht vereinigt ist, und später erst vollendete er die Art, den Adam, das heisst das besondere Geschlecht [4]. Richtig ist dies, dass der Idealmensch unter allen möglichen Ideen dem Logos am ähnlichsten sein muss, da er genau nach ihm geformt wurde. Er ist das unmittelbare Abbild des ganzen, ebenso wie die andern Genera oder Species Abbilder der Urideen sind, aber trotzdem wieder Arten unter sich haben können.

Ob Philon diese ganze Lehre von dem Schaffen des Idealmenschen nach dem Logos, und von dem Bilden des natürlichen nach dem idealen, vereinigen kann mit seiner platonisierenden Ansicht von der Präexistenz der Seelen, wonach diese, in der Luft lebend, herunter gestiegen sind in die Leiber und offenbar dadurch eine Schuld schon auf sich geladen haben, indem sie sich mit dem unreinen Element der Materie vermischten [5]), dies zu untersuchen ist hier nicht unsere Aufgabe.

Sind die Seelen Theile des Logos, so stehen sie mit

---

[1]) De m. opific. I, 17. 32.
[2]) A. a. O. 268.
[3]) A. a. O. 58 f.
[4]) Vgl. Müller zu De m. opific. 360.
[5]) De gigant. I, 263 f. De plantat. N. 231 f.

ihm in unmittelbarer und continuierlicher Verbindung, und
schon die physische Ansicht von der Aethernatur des Logos
machte diese fortwährende Communication nicht blos möglich, sondern sogar nothwendig. Vermöge dieses Antheils
am Logos ist der Mensch auch verwandt mit Gott selbst
und wird, obwohl er sterblich ist, unsterblich [1]. Auch schon
die innige Verbindung mit dem Logos, ohne die nahe Beziehung zu Gott selbst, muss ihn vor Vernichtung schützen;
denn da der Logos nicht wieder untergehen kann, so ist
dies auch unmöglich bei seinen einzelnen Theilen, die ihn
abspiegeln. Freilich braucht darin die Fortdauer der Persönlichkeit nicht mit eingeschlossen zu sein. Nicht recht in
Einklang ist damit zu bringen die Ansicht Philons, wonach
das Entstehen der Anfang zum Untergehen ist [2], also zu dem
Wesen des erschaffenen das Vergehen gehört. Allerdings
wird sogleich hinzugesetzt, durch die Vorsehung des Schöpfers
könne es auch unsterblich gemacht werden.

Ist die Fortdauer nach dem Tode abhängig von der
Wesensgleichheit mit dem Logos, so ist dies noch mehr der
Fall mit der Erreichung des Zieles, das den Menschen hier
auf Erden gesteckt ist. Nach dem Ebenbilde Gottes ist die
menschliche Seele geschaffen; es kommt daher auch darauf
an, dieses Ebenbild, von dem sie ausgegangen ist, in jedem
einzelnen auf das getreuste herzustellen. Das ethische Ziel,
das den Menschen gesteckt worden, ist demnach die ἐξο-
μοίωσις πρὸς τὸν θεόν [3], die sich von der platonischen nach
meiner Ansicht nicht wesentlich [4] unterscheidet. Dafür tritt
auch ein, wie es scheint ohne besondere Aenderung des
Sinnes, das ἕπεσθαι θεῷ mit stoischer Terminologie, und

---

[1] De spec. leg. II, 398: ἀγχίσπορος ὢν θεοῦ καὶ ἐγγενὴς κατὰ
τὴν πρὸς λόγον κοινωνίαν ὃς αὐτὸν καίτοι θνητὸν ὄντα ἀπαθανατίζει.
[2] De decal. II, 190: γένεσις δὲ φθορᾶς ἀρχή.
[3] De m. opific. I, 35. De caritate II, 404.
[4] Anders Daehne 335 Anm. 409.

derselben noch bestimmter folgend, das *ἀκολούθως τῇ φύσει
ζῆν*[1]), welches nach Philon die trefflichsten Philosophen als
Lebensziel aufgestellt haben. Er erkennt dies auch dadurch
factisch an, dass er in der näheren Bestimmung dieses End-
zwecks sehr viel aus der stoischen Ethik herübergenommen
hat, mehr als aus irgend einer andern griechischen Schule,
so dass man beinahe alle stoischen Sätze bei ihm findet[2].
Weicht er auch darin fundamental von der Stoa ab, dass er nicht
annimmt, der Mensch könne sich auf seine eigene sittliche
Kraft gründen, und so die moralische Vollendung erreichen.

Zugleich nahm Philon neben dieser speciell von Platon
und der Stoa entlehnten Bestimmung des ethischen Ziels die
im allgemeinen von der griechischen Philosophie als Zweck
des Menschen angesehene Glückseligkeit in seine Ethik
herüber. Es ist diese Glückseligkeit im Grunde nichts anderes
als die Erreichung dessen, wozu der Mensch angelegt ist,
nur von Seiten des individuellen Gefühls aus betrachtet.
So bestimmt, kann sie nie etwas unsittliches enthalten und
wird auch nie aus der Ethik verbannt werden können. Bei
der specielleren Ausführung dieser *εὐδαιμονία* nähert sich
Philon einerseits den Stoikern, indem er dieselbe allein in
der Tugend findet und alle übrigen sogenannten Güter ohne
Einfluss auf sie sein lässt[3]), andererseits wieder dem Aristo-

---

[1] De migrat. Abr. I, 456. Hier wird das *ἕπεσθαι θεῷ* sogar auf
Moses zurückgeführt. De plantat. N. I, 337: *τὸ γὰρ ἀκολουθίᾳ φύσεως
ἰσχῦσαι ζῆν εὐδαιμονίας τέλος εἶπον οἱ πρῶτοι.* Auch das vorhergehende ist schon stoisch, indem das *ὁμολογουμένως ζῆν* im zenonischen
Sinne als Ziel hingestellt wird. Vgl. De praem. sacerd. II, 286.

[2] Vgl. Zeller 352 ff.

[3] De posterit. C. I, 251. De nobilit. II, 437: *ἐπειδὴ τὸ πρὸς ἀλήθειαν
ἀγαθὸν οὐδενὶ τῶν ἐκτός, ἀλλ᾽ οὐδὲ τῶν περὶ σῶμα, μᾶλλον δὲ οὐδὶ
παντὶ μέρει ψυχῆς, ἀλλὰ μόνῳ τῷ ἡγεμονικῷ πέφυκεν ἐνδιαιτᾶσθαι.*
Stärker kann die Lehre nicht von dem entschiedensten Stoiker ausgesprochen werden. Wir brauchen kaum noch darauf hinzuweisen, dass das
ἡγεμονικόν auch ganz stoisch ist, wie sich Philon überhaupt in seinen

teles, da er besonders Gewicht darauf legt, dass die Glückseligkeit nicht allein in dem Besitze der Tugend bestände,
sondern vornehmlich in dem Gebrauche derselben[1].

Wie wird nun diese Glückseligkeit oder die Erreichung
des vorgesteckten sittlichen Ziels in dem einzelnen Menschen
hervorgebracht? Wie wird er am ersten Gott ähnlich? Wie
erlangt er es mit der Natur in Einklang zu leben? Man
sollte meinen, wenn des Menschen Geist ein Stück vom
Logos ist, so bedürfe es keiner besonderen Anstrengung
seinerseits, auch keiner besonderen Wirkung von anderer
Seite, um die Bestimmung zu erfüllen. Es käme dann nur
darauf an, dem einfachen physischen Process nachzugehen.
Wir haben aber in diesem Punkte schon die Inconsequenz
bei Heraklit, wie bei den Stoikern kennen gelernt. Das
physische Princip scheitert an der tagtäglichen Erfahrung,
so dass aus dem Optimismus der Stoiker der schlimmste
Pessimismus in der Ethik entstanden war, aus dem es keine
Rettung gab.

Etwas ähnliches finden wir bei Philon. Nur hat es sich
dieser von vornherein leichter gemacht, den Zwiespalt zu
verdecken, insofern er in der Materie ein zweites ungött-
liches Princip annimmt, das nicht ganz überwunden werden
kann, und insofern er dem Menschen als höchsten Vorzug
vor allen übrigen Geschöpfen, vermöge dessen er auch das
vollkommene Ebenbild Gottes ist, die Freiheit gegeben
sein lässt. Ihn allein, heisst es, hat Gott der Freiheit gewürdigt, und die Bande der Nothwendigkeit lösend, hat er
ihn sich selbst überlassen, indem er ihm von dem herrlich-

---

psychologischen Ansichten stark an die Stoiker anlehnt, z. B. in der
Gliederung der Seele. Doch bleibt er darin nicht consequent, da er häufig
auch die platonische Dreitheilung annimmt.

[1] Qu. det. pot. ins. I, 203: χρῆσις γὰρ καὶ ἀπόλαυσις ἀρετῆς τὸ
εὔδαιμον, οὐ ψιλὴ μόνος κτῆσις. De agricult. I, 324: καὶ τό γε εὐδαιμονεῖν ἀρετῆς χρήσει τελείας περιγενέσθαι νομίζει.

sten eigenen Besitzthum, soviel er fassen konnte, schenkte[1].
In Folge dessen ist der Mensch allein verantwortlich, verdient Tadel, wenn er böses thut und wird dafür gestraft[2].
Wie diese Freiheit und Selbstbestimmung des Menschen mit
der Lehre von der universellen Thätigkeit des Logos ver-
einbart werden kann, darüber lässt sich Philon nicht aus,
ebensowenig wie bei der Freiheit des Willens das allgemeine
moralische Elend, das er in der Menschenwelt anerkennt, zu
erklären ist. Denn für niemanden ist es möglich, sich frei
von Sünde zu erhalten, auch wenn er nur die kürzeste Zeit
lebte[3]. Freilich ist schon der Hang zu der Materie, wodurch die Seele sich mit dem irdischen Körper vereinigte,
Abfall von der eigentlichen Bestimmung, und insofern der
Anfang zur Sünde vor die Entstehung des Menschen zu
setzen, und dann liegt die fortwährende Versuchung zum
Unrecht eben in dieser Materie, dem Körper, der ein
quälender Kerker für den Geist ist, unausgesetzt die Ursache
zu schwerem Leiden, in platonisch-pythagoreischer Weise,
der sich übrigens auch die späteren Stoiker, z. B. M. Aurelius
näherten[4].

Der Mensch kann auf diese Weise seine Bestimmung
nicht erreichen, kann nicht einmal gutes thun. Woher
kommt nun doch die Tugend, oder die Quelle der Tugend,
die Weisheit in die mit der Sinnlichkeit behafteten Geschöpfe?
Deren eigenes Werk ist sie nicht; sich gute Handlungen
zuschreiben zu wollen wäre Selbstüberschätzung und Gott-
losigkeit. Wer anders soll nun in die Seelen das gute

---

[1] Qu. D. s. immutab. I, 279. Ebd. weiter unten: μόνη δὲ ἡ ἀνθρώπου
ψυχὴ δεξαμένη παρὰ θεοῦ τὴν ἑκούσιον κίνησιν καὶ κατὰ τοῦτο ὁμοιω-
θεῖσα αὐτῷ. Vgl. De plantat. N. 1, 336.

[2] Qu. D. s. immutab. a. a. O.

[3] Vita Mos. III. II, 157: παντὶ γεννητῷ καὶ ἂν σπουδαῖον ᾖ παρ'
ὅσον ἦλθεν εἰς γένεσιν συμφυὲς τὸ ἁμαρτάνειν ἐστί. S. andere Stellen
bei Gfrörer 398 f.

[4] S. Zeller 349 f.

pflanzen und säen als der Vater der Welt, der ungezeugte Gott! Von ihm kommt jede treffliche That, er würdigt uns dieser seiner Geschenke, nicht etwa wegen unserer Verdienste, sondern aus reiner Gnade [1]. Ja wenn die Menschen sie erfahren haben, merken sie wohl voller Freude, was mit ihnen geschehen ist, woher es aber gekommen, wissen sie nicht [2]. Mit der Ausübung der Tugend ist die Glückseligkeit identisch, deshalb muss auch Gott ihr Urheber sein, und so lesen wir bei Philon, dass Gott den Samen der Glückseligkeit in die Seelen des sterblichen Geschlechtes geworfen habe [3]. Oben sahen wir nun, dass Gott in unmittelbare Beziehung zu der erschaffenen Welt nicht gesetzt wird, deshalb müssen wir annehmen, dass dieses Hervorbringen des guten in dem Menschen nicht von der qualitätslosen, sich ewig gleichbleibenden Gottheit selbst ausgeht, sondern von ihrem Vermittler, dem Logos. Auch ohne besondere Belege wäre dies doch nach der ganzen Lehre Philons als feststehend zu betrachten. Allein auch durch specielle Angaben lernen wir diese Thätigkeit des Logos sowohl im allgemeinen als im besonderen kennen.

Zunächst heisst es, dass die Seele durch den Logos oder durch das Wort Gottes ernährt wird. Das soll wohl bedeuten: Sie wird in ihrem Wesen erhalten und ihrer Bestimmung entgegengeführt [4], wobei es nicht auffallen kann, dass ῥῆμα θεοῦ als ganz identisch mit dem Logos gebraucht wird, mit Hindeutung auf die bekannte alttestamentliche Stelle. Nichts als Spitzfindigkeit ist es, wenn das „Wort" einmal als Theil des Logos bezeichnet wird, und nur · die

---

[1] S. d. Stellen dazu Gfrörer 400 ff.

[2] De profug. I, 566.

[3] De Cherub. I, 148. Leg. alleg. III. I, 131: αὐτὸς γὰρ πατήρ ἐστι τῆς τελείας φύσεως σπείρων ἐν ταῖς ψυχαῖς καὶ γεννῶν τὸ εὐδαιμονεῖν.

[4] De profug. I, 566: ζητήσαντες καὶ τί τὸ τρέφον ἐστὶ τὴν ψυχήν — εὗρον μαθόντες ῥῆμα θεοῦ καὶ λόγον θεῖον.

Seelen der vollkommenen mit dem ganzen Logos gespeist werden sollen [1]), während andere mit einem Theil zufrieden sein müssen. Beides, sowohl der Logos als auch das Wort, ist geradezu das Brod, das uns Gott zu essen gegeben, oder der Trank, den er uns zum Labsal gereicht [2]), und besonders beliebt ist der Vergleich mit dem Manna in der Wüste, das wie der Logos wahre himmlische Speise genannt wird. Ferner ist der Logos nicht blos Speise und Trank von Gott gereicht, er theilt auch beides selbst aus. Er ist der οἰνοχόος τοῦ θεοῦ und der συμποσίαρχος [3]), was uns nicht auffallender sein kann, als wenn er die Idee ist und zugleich die Kraft, diese in den Stoff einzubilden. Das eine ist ganz dasselbe wie das andere, nur dass in letzterem Falle die Materie mit ins Spiel kommt, in dem ersteren die Seele ihre Stelle vertritt. Beide Male theilt sich der Logos selbst mit, und auch beide Male als Idee.

Wir haben oben die Identität von Logos und Weisheit kennen gelernt. Auch hier tritt sie wieder zu Tage, indem die Weisheit ganz des Logos Stelle einnimmt, wenn es darauf ankommt, die Seelen derer zu ernähren, welche nach unvergänglicher Kost verlangen, und zwar lässt sie entweder Gott von oben herab tropfen in die schaulustigen, wissbegierigen Seelen, oder sie spendet geradezu die Nahrung aus sich selbst, wie auch der Logos sich selbst als solche darbietet [4]). Es wäre natürlich, dass gerade, wenn es darauf ankommt, die Seele zu dem zu machen, wozu sie angelegt

---

[1]) Leg. alleg. III. I, 122.

[2]) Leg. alleg. III. I, 121. De somn. II. I, 690 f. Ebd. II. I, 82. Qu. rer. div. her. I, 484.

[3]) Qu. rer. div. her. 499 f. De somn. a. a. O.

[4]) Qu. det. pot. ins. I, 214 f., wo sie τροφὸς καὶ τιθηνοκόμος καὶ κουροτρόφος τῶν ἀφθάρτου διαίτης ἐφιεμένων heisst, und dann weiter von ihr gesagt wird: αὕτη γὰρ οἷα μήτηρ τῶν ἐν κόσμῳ γενομένων τὰς τροφὰς ἐξ ἑαυτῆς εὐθὺς ἤνεγκε τοῖς ἀποκυηθεῖσιν. Vgl. De confus. ling. I, 412.

ist, vornehmlich die Thätigkeit der Weisheit hervorträte,
weil ja darin der Fortschritt der Menschen liegt, dass sie
an Erkenntniss und Einsicht bereichert werden, woraus sich
dann das ethische Leben unmittelbar entwickeln kann. Allerdings finden wir in dieser Beziehung die Weisheit von
Philon häufiger angewandt als sonst, aber doch bei weitem
nicht ausschliesslich, woraus hervorgeht, wie tief der Begriff
des Logos in die alexandrinische Philosophie eingriff, und
wie er nicht aus der alttestamentlichen σοφία herzuleiten ist.

Durch die Weisheit wird das Auge der Seele geöffnet,
und die Weisheit im Weltall wird durch sich selbst, nachdem sie im Menschen zu Bewusstsein gekommen, erkannt[1].
Zwar ist sie die Tochter Gottes, aber doch männlich und
Vater, da sie in den Seelen Wissen und Erkenntniss erzeugt[2], und dies kann sie leicht, da ihr der Mensch seinem
Wesen nach innig verwandt ist. In derselben Art trägt die
Theilnahme an dem Logos dazu bei, das Dunkel und den
Nebel von der Seele zu scheuchen, da er selbst ja am
scharfsichtigsten ist und alles zu schauen vermag[3].

Schon früher ist die Aehnlichkeit zwischen dem Logos
und dem menschlichen Verstande in der Analyse dargelegt
worden, auch schon erwähnt, dass nur als einem Theil des
alles durchdringenden Logos es der menschlichen Seele
möglich sei, den ganzen Himmel und die ganze Welt zu begreifen[4]. Aehnlich heisst es, dass gerade wie der Logos
der Natur, so auch der des Menschen alles durchschreiten,
das heisst mit seiner Erkenntniss durchdringen müsse, und
sich in nichts verwirren lassen dürfe[5]. Ja der Verstand

---

[1] De migrat. Abr. I, 442.
[2] De profug. I, 554.
[3] Leg. alleg. III. I, 120 f.
[4] Qu. det. pot. ins. 1, 208 f. Vgl. oben 226.
[5] Vita Mos. II, 154: ὡς χρὴ καὶ τὸν τῆς φύσεως λόγον καὶ τὸν τοῦ
ἀνθρώπου βεβηκέναι πάντη καὶ κατὰ μηδ᾽ ὁτιοῦν κραδαίνεσθαι.

des Menschen kann sogar mit der Seele des Alls bewegt
werden und auf diese Weise die Zukunft voraussagen [1]. In
der σοφία oder dem λόγος sind sämmtliche Specialwissen-
schaften enthalten; sie sind der Quell, von dem das Wasser
des Wissens unaufhörlich in unendlich vielen Strömen sich
ergiesst. Ohne das Wesen der Sache zu modificieren drückt
dies Philon auf die mannigfaltigste Weise aus [2]. Wenn sich
die wahre Weisheit in das Herz des Menschen gesenkt hat,
besitzt dieser die Wissenschaft von allem göttlichen und
menschlichen und von den Ursachen davon, wie Philon, sich
zu eng an Chrysippos haltend, die σοφία definiert. [3]

Nach der stoischen Philosophie sollte der Mensch ganz
Intelligenz sein, und alle Tugend auf dem Wissen und auf
Begriffen beruhen, während die Fehler gleich sind dem
falschen Meinen. Ganz dasselbe nimmt Philon an, setzt deshalb die Tugenden völlig gleich den einzelnen Gebieten des
Wissens und verbindet sie häufig mit ihnen. Das scheinbar
beste Handeln, wenn es nicht mit Ueberlegung und mit dem
Logos geschieht, also aus Begriffen hervorgeht, ist nichts
werth [4]. Der Weise spielt bei Philon dieselbe Rolle wie bei
den Stoikern, ja sogar dieselben Paradoxen werden über ihn
aufgestellt [5].

Als Ideen existieren die Tugenden bei Gott, und was
wir bei Menschen finden an Gerechtigkeit und Wahrheit,

---

[1] De somn. II. I, 659.

[2] De ebriet. I, 370, wo es von der σοφία heisst, dass sie sich nach
den verschiedenen Stoffen zu ändern scheint, ihre wahre Gestalt aber
doch immer beibehält. De profug. I, 566. Ebd. 575. 554. De gigant. I, 265.

[3] De congr. erud. gr. I, 530. Vgl. ebd. 544.

[4] De posterit. C. I, 241. Es klingt dies ganz aristotelisch.

[5] De somn. II. I, 691: μόνος ὁ σοφὸς ἄρχων καὶ βασιλεὺς καὶ ἡ
ἀρετὴ ἀναπείθυνος ἀρχή τε καὶ βασιλεία. De mutat. nom. I, 601, dazu
das ganze B. Qu. omn. prob. lib. Philon hat aber, im Gegensatz zu den
Stoikern, wenigstens angenommen, dass es wirklich Weise giebt, wahrscheinlich im Hinblick auf die Essener und Therapeuten. De mutat.
nom. I, 584.

ist blos Gleichniss des urbildlichen[1]), so dass bei den sterblichen keine Tugend ganz rein gefunden wird. Der Logos fasst die Ideen zusammen, also muss er auch die urbildlichen Tugenden in sich haben, und allerdings wird dies in der Weise ausgedrückt, dass die Haupttugenden aus ihm wie aus einer Wurzel herausgewachsen seien[2]), oder dass er sich theilt in vier Herrschaften, nämlich in die vier Tugenden, deren jede eine Königin ist. Die Genera der Tugenden sind die vier bekannten stoischen und werden wie bei den Stoikern rein logisch gefasst. Das Verhältniss zu dem Logos ist auch so bezeichnet, dass die γενική ἀρετή nach ihm gebildet sei, genau so wie wir sahen, dass zwischen dem Logos und den beiden Geschlechtern der Menschen noch ein Idealmensch eingeschoben wurde[3]). Die generelle Tugend nimmt ihren Ausgang auch von der göttlichen Weisheit[4]), ohne dass dadurch ein Unterschied in der Anschauung hervorgebracht werden soll.

Ist der Logos die substantielle oder objective Tugend, so kommt es wiederum auf die Theilnahme an ihm an, ob wir tugendhaft sind oder nicht. Sind wir λογικοί, so sind wir auch glücklich, d. h. wir üben die Tugend, einen wesentlichen Bestandtheil des Logos, sind wir ἄλογοι so sind wir unglücklich, haben nichts von Tugend in uns[5]), und zwar muss dieser Zusammenhang mit dem Logos nach den Grundansichten Philons als ein physischer gedacht werden. Die pantheistische Anschauung sollte eigentlich die allein maass-

---

[1]) Quaest in Gen. IV, 115. II, 334 Auch.

[2]) De posterit. C. I, 250.

[3]) Leg. alleg. I. I, 56. Diese γενική ἀρετή ist es jedenfalls, wenn von einer himmlischen Tugend gesprochen wird, von der die irdische ein Abbild ist, die dann mit vielen Namen genannt wird, während die urbildliche eine ist. Leg. alleg. I. I, 52.

[4]) Ebd. 56.

[5]) De Cherub. I, 146: λόγος δέ ἐστι φύσεως, προςτακτικὸς μὲν ὧν πρακτέον, ἀπαγορευτικὸς δὲ ὧν οὐ ποιητέον.

gebende bei ihm sein, aber sie tritt bei der factischen Un-
gleichheit der Menschen zurück. Dennoch spielt das physische in die ethischen Anschauungen bei Philon sehr hinüber,
besonders wenn als das objective Sittengesetz hingestellt
wird der λόγος τῆς φύσεως. Er ist es, der gebietet, was
geschehen soll und verbietet was zu lassen sei, in ganz
stoischer Weise[1]. Die einzelnen Gesetze sind nichts anderes
als ἱεροὶ λόγοι τῆς φύσεως, welche durch sich selbst allgemeine Gültigkeit haben[2]. Ausdrücklich wird hervorgehoben, dass die mosaischen Gesetze übereinstimmen mit dem
Logos der ewigen Natur[3]. Ihm kommen in einem Vergleich mit den Urim und Thummim an dem Kleide des
Hohenpriesters die beiden Tugenden der δήλωσις und der
ἀλήθεια zu, und ihn nachahmend muss auch der Logos des
Weisen diese beiden Eigenschaften besitzen[4].

Das natürliche Gesetz schlägt so in das Sittengesetz
um; die Vernachlässigung des letzteren wird geahndet, und
überhaupt die sittliche Ordnung in der Welt aufrecht erhalten. Wie jede Stadt ihre Verfassung hat, so auch die
ganze Welt, und zwar ist dies der Logos der Natur, nach
welchem allen das ihnen zukommende zu Theil wird[5]. Den
Freunden der Tugend ist Zuflucht und Hilfe gewährt, über
ihre Gegner unheilvolles Verderben verhängt, Strafe und
Lohn nach Verdienst vertheilt[6]. Es ist das Sittengesetz
von dem natürlichen keineswegs verschieden, höchstens kann
man sagen, dass sie zwei Relationen eines und desselben
Logos seien. So wird auch das objective ethische Gesetz,

---

[1] De Josepho II, 46. Vgl. oben 151.
[2] De spec. leg. II, 272. Vgl. De praem. sacerd. II, 296: τὸ δὲ ἔπε-
σθαι τοῖς τῆς φύσεως νόμοις, ὠφελιμώτατον, καὶ ἂν παραυτίκα αὐστη-
ρὸν ᾖ καὶ μηδὲν προσηνὲς ἐμφαίνῃ.
[3] Vita Mos. II. II, 142. Vgl. De vict. off. II, 253.
[4] Vita Mos. III. II, 154.
[5] De m. opific. I, 34.
[6] De somn. I. I, 633. De Josepho II, 66.

der *νόμος*, welcher ewig und unveränderlich ist, geradezu der *θεῖος λόγος* genannt und hinzugefügt, sobald der Weise das Gesetz thue, handele er nach dem Logos[1]). Nicht die Menschen etwa haben festgestellt, was gut und was schön ist, sondern der vor dem menschlichen Geschlechte und vor allem irdischen existierende göttliche Logos, deshalb wird auch der, welcher diese Bestimmungen verändern wollte, mit Recht als verflucht angesehen[2]). Es wird im Ausdruck öfters gewechselt, und für den *θεῖος λόγος* finden wir *ὀρθὸς λόγος* gesetzt ohne alle Veränderung des Sinnes[3]), so dass dieser Begriff die subjective Bedeutung, die er in der älteren griechischen Philosophie noch hatte[4]), ganz verloren zu haben scheint. Die Verfassung für die ganze Welt, nach welcher der Kosmopolit, d. h. jeder Mensch, leben soll, ist nichts anderes als *ὁ τῆς φύσεως ὀρθὸς λόγος*, oder mit entsprechenderem Namen genannt, das göttliche Gesetz[5]). Dieser Logos ist die Quelle aller übrigen Gesetze ganz im heraklitischen Sinne[6]) und wird mit den Tugenden in objectiver Weise zusammengebracht, indem er bezeichnet wird als ihre Quelle[7]), als *εὐάρμοστος καὶ πάμμουσος συμφωνία ἀρετῶν*[8]).

---

[1]) De migrat. Abr. I, 457: *νόμος δὲ οὐδὲν ἄρα ἢ λόγος θεῖος, προστάττων ἃ δεῖ καὶ ἀπαγορεύων ἃ μὴ χρή —. εἰ τοίνυν λόγος μέν ἐστι θεῖος ὁ νόμος, ποιεῖ δὲ ὁ ἀστεῖος τὸν νόμον, ποιεῖ πάντως καὶ τὸν λόγον, ὥσθ' ὕπερ ἔφην, τοὺς τοῦ θεοῦ λόγους πράξεις εἶναι τοῦ σοφοῦ.* Vgl. De Josepho II, 66. De praem. et poen. II, 417. De somn. I. I, 633.

[2]) De posterit. C. I, 241.

[3]) Qu. omn. prob. lib. II, 455. De ebriet. I, 379, wo besonders hervorgehoben, dass er ewig ist. Vgl. Grossmann a. a. O. 31 ff.

[4]) Man s. oben 75 ff., dagegen schon die Stoiker 151, 2.

[5]) De m. opific. I, 34. Vgl. De agricult. I, 308, wo der *ὀρθὸς θεοῦ λόγος* die Leitung der Welt übernimmt.

[6]) Qu. omn. prob. lib. II, 452: *τὸν ὀρθὸν λόγον, ὃς καὶ τοῖς ἄλλοις ἐστὶ πηγὴ νόμοις.*

[7]) Vita Mos. II, 88. De gigant. I, 265, wo die Wissenschaften und Tugenden seine Töchter sind.

[8]) De confus. ling. I, 411.

Objectiv existiert dies Gesetz in der Welt, als Vernunft wirkt es überall, hat aber seine besondere Stätte in der Seele des Menschen aufgeschlagen, wie es Qu. omn. prob. lib. II, 452 heisst: νόμος δὲ ἀψευδὴς ὁ ὀρθὸς λόγος, οὐχ ὑπὸ τοῦ δεῖνος ἤ τοῦ δεῖνος θνητοῦ φθαρτὸς ἐν χαριδίοις ἤ στήλαις, ἄψυχος ἀψύχοις ἀλλ᾽ ὑπ᾽ ἀθανάτου φύσεως ἄφθαρτος ἐν ἀθανάτῳ διανοίᾳ τυπωθείς. Auch wird dieses Gesetz beleuchtet unter dem Verhältniss eines Gatten und eines Vaters. Eines Gatten, insofern es den Samen der Tugenden in die Seelen wie in ein gutes Fruchtland streut, eines Vaters, insofern es gute Absichten, schöne und treffliche Thaten erzeugt und fördert. Die Seele des Menschen gleicht bald einer Jungfrau, bald einem verheiratheten Weibe, bald einer Wittwe; je nachdem sie sich keusch und rein hält, frei von Leidenschaften, und der zeugende Vater (der Logos) sie schirmt und schützt, oder sie mit dem tugendhaften Logos zusammenlebt, und dieser für sie die Sorge übernimmt, indem er sie mit trefflichen Gedanken befruchtet, oder sie endlich den Logos der Weisheit weder als Vater noch als Mann besitzt, so dass sie, sich selbst anheimgegeben, lasterhaft lebt und Schuld auf sich ladet [1]. Schon oben ist der Logos uns vorgekommen als σπερματικὸς καὶ γεννητικὸς τῶν καλῶν [2], und es wurde auch hervorgehoben, dass er gerade auf sittlich-intellectuellem Gebiete vorzüglich als zeugender gedacht wird.

Eine andere Vorstellung ist es, wenn er auftritt als

---

[1] De spec. leg. II, 275. Vgl. Leg. alleg. III. I, 117: ἐὰν ὑπὸ πάθους μὴ μιανθῇ, καθαρεύῃ δὲ πρὸς τὸν νόμιμον ἄνδρα τὸν ὑγιῆ καὶ ἡγεμόνα λόγον, γόνιμον ἕξει ψυχὴν καὶ καρποφόρον, φέρουσαν γέννημα φρονήσεως καὶ δικαιοσύνης καὶ τῆς συμπάσης ἀρετῆς. De somn. I. I, 651, wo alle ὀρθοὶ λόγοι der Weisheit aufgefordert werden, sobald sie eine tiefe, jungfräuliche Seele fänden, diese zu befruchten und gutes in ihr zu erzeugen.

[2] Leg. alleg. III. I, 117. Vgl. De migrat. Abr. I, 456.

Führer im Leben, dem man sich anvertrauen muss[1]), unter dessen Leitung das Leben wie ein Fahrzeug unter der Führung eines tüchtigen Steuermanns sanft dahingleitet[2]) als Taxiarch, in dessen Reihe stehend, man nichts thörichtes im Sinne führen kann[3]). Wenn er in die Seele einzieht und daselbst herrscht, so schwinden die nichtigen Vorstellungen, gewinnen aber wieder Boden, sobald er seine Stärke verliert[4]). So lange er in ihr lebt, ist es ihr nicht einmal möglich, unfreiwillig etwas schlechtes aufzunehmen, da er durchaus nichts mit Sünde zu thun haben kann; trennt er sich aber von ihr, so vergeht sie sich sogleich wieder freiwillig[5]).

Die Tugend, von negativer Seite betrachtet, ist dem Philon das Freisein von Affecten und von Fehlern, die vollkommene stoische Apathie, welche als sittliche Vorschrift geradezu dem Moses zugeschrieben wird[6]). Mit der akademisch-peripatetischen Metriopathie konnte sich der Alexandriner bei seiner völligen Lossagung von der Sinnlichkeit nicht zufrieden geben. Die erste Aufgabe, soll die Seele tugendhaft werden, ist daher, ihre Schwäche zu heilen, die sie in die Affecte fallen lässt. Demnach werden von Gott die λόγοι als Helfer und Aerzte zu den tugendliebenden Seelen hinabgeschickt, um ihnen gute Lehren zu geben und unüberwindliche Stärke einzupflanzen, die sie künftighin gegen die leidenden Zustände bewahrt[7]). Auch wird diese

---

[1]) Qu. omn. prob. lib. II, 455. De mutat. nom. I, 595 f.
[2]) Leg. alleg. III. I, 103.
[3]) De humanit. II, 396.
[4]) De somn. II. I, 671.
[5]) De profug. I, 563. Vgl. De posterit. C. I, 241.
[6]) De mutat. nom. 603 f. Leg. alleg. III. I, 112. Ebd. 110. II. 85: ἐὰν γὰρ ἀπάθεια κατάσχῃ τὴν ψυχήν, τελέως εὐδαιμονήσει. In der ganzen Lehre von den Affecten hat sich Philon an die Stoiker gehalten, so dass sie bei ihm natürlich aus falschen Urtheilen bestehen. S. Fragm. II, 678.
[7]) De somn. I. I, 631.

Thätigkeit, die Seele frei von Sünden zu machen und zu erhalten, einem andern Logos zugeschrieben als dem, welcher sie nährt und positiv gutes in ihr erzeugt [1]. Selbstverständlich ist hier aber nicht an Wesensverschiedenheit zu denken, sondern der eine Logos ist blos nach seinen verschiedenen Thätigkeiten zertheilt, wie wir auch oben von vielen λόγοι haben reden hören.

So lange nun der göttliche Logos in unsere Seele nicht eingetreten ist, weiss sie selbst nicht, ob sie das rechte thut oder unterlässt, und glaubt oft etwas gutes zu vollbringen, während sie doch ein grosses Verbrechen ausübt. Sobald er aber eingekehrt, wie der hellste Strahl eines Lichts, dann erkennen wir, wie unsere Absichten nicht lauter sind, und unsere Handlungen tadelnswerth, auf welche wir uns aus Unkenntniss des besseren einliessen. Der Logos befiehlt dies alles auszuräumen, um das Haus der Seele zu säubern und die etwaigen Krankheiten, mit denen sie behaftet ist, zu heilen [2]. Der λόγος spielt hier die Stelle des Gewissens, wird auch geradezu ἔλεγχος genannt, und ist als solches der göttliche Engel, der uns leitet, die Hindernisse vor den Füssen wegschafft, damit wir ohne zu straucheln auf dem gefährlichen Wege dahinschreiten können, indem er uns fortwährend Weisungen und Warnungen ertheilt zur Besserung des ganzen Lebens [3], und zwar wird er von Gott

---

[1] De somn. I. I, 650.
[2] Qu. D. s. immutab. I, 292 f.
[3] A. a. O. 299: ὅταν ἐπιστάντος ἐλέγχου — λόγος δέ ἐστι θεῖος ἄγγελος ποδηγετῶν καὶ τὰ ἐν ποσὶν ἀναστέλλων, ἵνα ἄπταιστοι διὰ λεωφόρου βαίνωμεν τῆς ὁδοῦ — τὰς ἀκρίτους ἑαυτῶν γνώμας πρὸ τῶν ὑφηγήσεων τάττωμεν τῶν ἐκείνου ἃς ἐπὶ νουθεσίᾳ καὶ σωφρονισμῷ καὶ τῇ τοῦ παντὸς ἐπανορθώσει βίου, συνεχῶς εἴωθε ποιεῖσθαι. Vgl. Fragm. II 649. Joan. Dam. Sacr. parall. 349, B. Ueber die Thätigkeit des Gewissens s. besonders Qu. det. pot. ins. I, 195 f., wo es allerdings in der Seele jedes Menschen wohnen soll und daselbst bald als Herrscher und König, bald als Richter und Preisvertheiler, bald als Zeuge und Ankläger auftritt. Vgl. De profug. I, 563.

selbst gesandt, uns zu beschirmen. zu züchtigen, und so die Seele zu heilen [1]).

Die Reinigung der Seele wird freilich nicht möglich sein im Getümmel der Welt und der Städte, in dem lebhaften Verkehr mit Menschen, wo Lüge und Eitelkeit, Hochachtung des sinnlichen und Geringschätzung des göttlichen an der Tagesordnung sind. Es wird demnach für den, der nach wahrer Tugend strebt, das theoretische Leben dem praktischen vorzuziehen sein [2]), wie dies schon in den meisten griechischen Schulen gelehrt wurde. Aber dies ist nur die erste Stufe, wer weiter kommen will, muss sich geradezu absondern und der Einsamkeit ergeben. Denn die, welche Gott suchen und sich danach sehnen, ihn zu finden, lieben die ihm theure Einsamkeit und trachten, darin eben zuerst seiner seligen und glücklichen Natur gleich zu werden [3]). Denn Gott ist einer, und einsam zu denken; auch seine Weisheit und sein Logos lieben in Folge dessen die Einsamkeit [4]) und lassen sich am liebsten in den Seelen nieder, die mit dem Gewühl des Lebens und mit andern Menschen nichts zu thun haben wollen. Das objective Vernunftgesetz hat im Menschen dann am ersten Geltung, d. h. wandelt sich um in die subjectiv herrschende praktische Vernunft, wenn er zurückgezogen lebt, und die Sinnlichkeit keine Gelegenheit hat zu erwachen und zu dominieren. Es arbeitet der Logos also direct auf Entsagung und Askese hin, welche letztere bei Philon sehr geschätzt und anempfohlen wird,

---

[1]) Qu. det. pot. ins. I, 219, wo er sogar σωφρονιστής ἔλεγχος genannt wird.

[2]) Vgl. das ganze Buch De vita contemplativa.

[3]) De Abrah. II, 14. De decal. II, 181 f.

[4]) Qu. rer. div. her. I, 490: φιλέρημος μὲν γὰρ ἡ θεία σοφία, διὰ τὸν μόνον θεόν, οὗ κτῆμά ἐστι, τὴν μόνωσιν ἀγαπῶσα. Ebd. 506: ὁ γὰρ θεοῦ λόγος φιλέρημος καὶ μονωτικὸς ἐν ὄχλῳ τῶν γενομένων καὶ φθαρησομένων οὐχὶ φυρόμενος ἀλλ' ἄνω φοιτᾶν εἰθισμένος ἀεὶ καὶ ἑνὶ ὁπαδὸς εἶναι μεμελετηκώς.

wie sie überhaupt in dem Bedürfniss der damaligen Zeit lag.
Die Stoiker hatten mit ihrer Gleichgültigkeit gegen alles
von aussen kommende vorgearbeitet, und von späteren Mit-
gliedern dieser Schule finden wir die Askese sogar als sitt-
liches Element aufgenommen, so von Musonios, und noch
mehr ausgebildet bei den Pythagoreern und Sextiern.
Wir haben jetzt gesehen, dass auch die philonische Ethik
bestimmt wird durch den Begriff des Logos, der gewisser
Maassen physisch zu fassen ist, in derselben Weise wie
er bei Stoikern das herrschende Princip in der Ethik ist
und diese mit der Physik aufs engste verbindet. Wir haben
ferner gesehen, wie auch in den specielleren Ausführungen
sich Philon meist an die Stoiker anschliesst, nicht nur die
Tugend auf das begriffliche Wissen gründet, sondern auch
als hauptsächliche ethische Forderung die absolute Apathie
aufstellt, also entschieden den übrigen Schulen gegenüber
auf Seite der Stoa tritt und auch, trotz einiger mildernder
Bestimmungen, in die nämlichen Widersprüche, wie die
Stoiker verfiel. Die Betrachtung des Logos in seiner physischen Bedeutung hatte uns schon darauf geführt, dass die
ganze Anschauung und auch viele ihrer einzelnen Punkte
von der Stoa entlehnt sind; wir werden uns durch diese
Uebereinstimmung in der Ethik blos noch sicherer überzeugt
haben, dass der Logos bei Philon nichts anderes ist als der
stoische, allerdings mit platonischen Elementen vermischt
und auch mit einiger Berücksichtigung der Dogmen des
Alten Testaments. Es könnte beinahe die ganze stoische
Lehre von der weltdurchdringenden Vernunft umgesetzt
werden in die Speculation Philons, ohne dass eine augen-
fällige Veränderung in dieser einträte; nur müsste das eine
festgehalten werden, was aber bei der Ausführung nicht in
den Vordergrund tritt, dass nämlich der Logos nicht absolutes Princip, sondern abgeleitetes ist. Auch die Grundverschiedenheit in den beiden Systemen, der Monismus auf der

einen, und der Dualismus auf der andern Seite, macht sich
bei Philon in keiner schroffen Weise geltend, zumal, wie bemerkt, er selbst der materiellen Auffassung des Logos und
seiner Einzeltheile nicht völlig abgeneigt ist.

Nachdem wir den Logos in seinen verschiedenen Thätigkeiten betrachtet haben, ist es noch nöthig, kurz die Logoi zu
erwähnen. Sie sind uns schon oben als Ideen vorgekommen,
aber auch sonst treten sie als Theile der Universalvernunft
in derselben Weise wie ihre Einheit auf, und es ist in der
obigen Darstellung manches, das von den Logoi gesagt war,
auf ihre Zusammenfassung, den einen Logos, bezogen worden.
Finden wir sie auch bei der Betrachtung der Natur im
ganzen nicht häufig erwähnt, so desto öfter auf dem intellec-
tuellen und moralischen Gebiete. Sie sind Quelle der Erkenntniss und dann als die einzelnen Wissenschaften zu betrachten, sie erzeugen die Weisheit und deren unmittelbare
Folge, die Tugend. Sie steigen, ganz objectiv gedacht, in
der Seele herauf und herunter und suchen sie von dem
irdischen zu lösen, sie helfen, trösten und heilen[1]. Die Ausführung im einzelnen würde uns nicht zu einer genaueren
Kenntniss des Logos führen und hat keine philosophische
Bedeutung. Deshalb kann sie hier unterbleiben[2].

Es tritt uns in diesem pluralischen Gebrauch Aehnlichkeit mit der heidnischen Vielgötterei und Dämonenlehre,
aber auch mit der jüdischen Engellehre entgegen, und diese
beiden Anschauungen mögen darauf hingewirkt haben, dem
Philon die Logoi so geläufig zu machen. Mit den Engeln
werden sie häufig zusammengenannt und identificiert, wie
wir weiter unten noch sehen werden. Die Wesen, welche
Moses Engel nannte, hiessen nach Philons Ansicht bei den

---

[1] De somn. I. I, 683. Ebd. 631. 643. 650 f.: ὀρθοὶ λόγοι τῆς σοφίας,
welche die Seele befruchten sollen. Vita Mos. III. II, 163, wo der Logos
ἄρχων τῶν ὀρθῶν λόγων genannt wird.
[2] Es genügt, auf Keferstein a. a. O. 131 ff. zu verweisen.

andern Philosophen Dämonen, es sind aber Seelen, die in
der Luft umherfliegen[1]). Als solche Seelen werden wir.
später die Logoi finden. Demnach liegt hier schon eine Zusammenstellung der heidnischen Dämonen mit den Logoi
vor. Geradezu werden aber die hellenischen Götter so ge-
genannt De vict. off. II, 262, wo es heisst: εἰσηγησάμενοι
πλῆθος ἀρρένων τε καὶ θηλειῶν (θεῶν), πρεσβυτέρων τε
αὖ καὶ νεωτέρων, πολυαρχίας λόγων τὸν κόσμον ἀναπλή-
σαντες, ἵνα τὴν τοῦ ἑνὸς καὶ ὄντως ὄντος ὑπόληψιν ἐκ τῆς
ἀνθρώπων διανοίας ἐκτέμωσιν, und Philon muss also offenbar eine Analogie zwischen diesen und seinen Logoi gefunden haben. Er steht überhaupt dem Polytheismus nicht
so fern, wie man von ihm als orthodoxem Juden erwarten
sollte. Zwar missbilligt er entschieden die Anbetung von
Statuen und Götterbildern aus leblosem Stoff, aber viel
weniger scheinen ihm diejenigen im Unrecht, welche Sonne,
Mond und den gesammten Himmel als Götter verehren. Die
Gestirne sind ihm vernünftige Wesen, vollkommen und ganz
fehlerfrei[2]), und blos dies scheint ihm irrig bei ihrer Verehrung, dass man dem Herrscher die ihm untergebenen
Wesen vorziehe. Höchst wahrscheinlich hat die ganze poly-
theistische Ansicht des Heidenthums auf die Annahme der
Mittelwesen in der alexandrinischen Schule mitgewirkt,
wenigstens war durch dieselben das besondere Hervorheben
von Naturkräften zwischen dem unveränderten einen Gott
und der veränderlichen Welt sehr vorbereitet. Philon selbst
nimmt bei den hellenischen Götternamen sogar den λόγος
φυσικός der Stoiker an, indem er sie einzeln nach den
Regeln der Allegorie deuten heisst[3]), was ihm, dem ausschweifendsten Allegoriker, nicht schwer werden konnte.

[1,) De gigant. I, 263.
[2,) De decal. II, 191. De m. opific. I. 17. 34, wo sie λογικαὶ θεῖαι
φύσεις — οὐκ ἄνευ σωμάτων.
[3,) De provid. II, 41. I, 76 Auch.: *Si quae de Vulcano fabulose refe-*

So viel auch Philon in seiner Lehre vom Logos Anhalt
an den Stoikern fand, in einer Beziehung konnten sie ihm
doch nichts zur Benutzung bieten, nämlich in dem Verhältniss des Logos zu der eigenschaftslosen Gottheit. Bei Betrachtung dieses Punktes wird sich zugleich die wichtige
Frage lösen, ob der philonische Logos als Hypostase zu
denken ist oder nicht, ob er als wirkliche Person, oder nur
als Personification betrachtet werden muss. Zur besseren
Würdigung des folgenden sei zunächst im allgemeinen bemerkt, dass die Ansicht des Philon gerade in diesen Punkten
eine ausserordentlich schwankende ist, so dass man zu
sicherem Resultate weniger als in irgend einem andern Theile
seiner Speculation kommen kann, vielleicht eben deswegen
weil er darin nicht den Stoikern als seinen gewohnten
Führern folgen konnte.

Dem stoischen Pantheismus näherte sich Philon bisweilen auf bedenkliche Weise, wie wir öfter gesehen, und
diese Ansicht zeigt sich auch noch deutlich, wenn Gott von
ihm ψυχὶ τῶν ὅλων oder νοῦς τῶν ὅλων genannt wird [1].
Unter dem letzteren kann nichts anderes verstanden werden
als der Logos, der das Weltall bildet und erhält, und es
wäre demnach vollständige Identität des Logos und der
Gottheit, wie bei den Stoikern, ausgesprochen. Es lässt sich
nicht leugnen, dass Philon sich dieser Auffassung wenigstens
bisweilen nähert, wiewohl er meist den Logos von der Gottheit trennt und für dieses Verhältniss eine ganze Reihe von
Abstufungen aufzuweisen hat. Wenn zunächst der Logos
der Ort für die Ideen ist, der dann verglichen wird mit der
Seele des Baumeisters, in welche der Plan für die projec-
tierte Stadt eingeprägt wird [2], so ist auch noch an keine Ob-

---

*runtur, reducas in ignem, et quod de Junone, ad aeris naturam: quod
autem de Mercurio, ad rationem etc.*
[1] Leg. alleg. I. I, 62. De m. opific. I, 2. De migrat. Abr. I, 466.
[2] De m. opific. I. 5. S. oben 217.

jectivierung oder Sonderung gedacht, ebensowenig wie die
Seele von dem ganzen Menschen getrennt werden kann.
Etwas mehr ist dies schon der Fall, indem der Logos die
Einheit der Ideen ist und so Gott gewisser Maassen gegen-
überstehen kann, einmal durch den Denkprocess geformt
und fixiert, wie Gedanken genau präcisiert und formuliert
in der Erinnerung eines Menschen niedergelegt sein können,
so dass dieser an sie, wie an etwas fertiges, an dem nichts
mehr zu ändern ist, anknüpfen und in seiner praktischen
Thätigkeit nach ihnen verfahren kann. Freilich loszulösen
von dem Inhaber ist ein solches Gedankenbild nicht, und
noch weit davon entfernt, substanziell zu existieren. Nicht
anders verhält es sich mit den Kräften Gottes, als deren
Zusammenfassung der Logos ja [1]) auch betrachtet wird, oder
als deren erste er bisweilen gilt. Unter Kräften stellen wir
uns Bestimmungen an einem Substrat vor, aber sie bestehen nicht für sich, und hätten wir den Logos blos unter
diesem Verhältniss zu Gott bei Philon gefunden, so würden
wir ihn und die Kräfte trotz aller Qualitätslosigkeit Gottes
doch nur als dauernde Bestimmungen oder als Eigenschaften
desselben ansehen, vielleicht als Relationen der göttlichen
Substanz der Welt gegenüber.

Mit der Verbindung dieser beiden Begriffe der Idee und
der Kraft zu einem sich selbst in die Materie einprägenden
Urbild ist ein bedeutender Schritt vorwärts gethan. Es ist
allerdings auch von Gott geschaffen, aber es wirkt nicht
mehr innerhalb seines Erzeugers, sondern es trägt sein eigenes
Entwickelungsgesetz, von Gott gegeben, in sich und wir
können uns wenigstens denken, wie bei einer Art deistischer
Anschauungsweise, der sich Philon mit seiner absoluten
Transcendenz nähern muss, diese mit Kraft ausgestatteten
Urformen sich nun selbst überlassen sind, freilich durch das

---

[1]) S. oben 249.

immanente göttliche Gesetz ihrer Bewegung immer noch mit der höchsten Gottheit in Verbindung.

Als selbstwesentlich, das heisst als Hypostase, muss der Logos gedacht sein, sobald ihm Functionen zugeschrieben werden, die man für Gottes unwürdig erachtet und deshalb von ihm fern hält, und wie wir oben gesehen, ist gerade diese überschwengliche Ansicht von der Erhabenheit Gottes eins der Hauptmotive, weshalb die Mittelkräfte von Philon eingeführt wurden. Durch den Logos als Werkzeug muss die Welt geschaffen, durch ihn erhalten werden, weil sich Gott mit der Materie nicht befassen darf. Um also die Befleckung zu verhüten, muss dieses Werkzeug von Gott wesentlich verschieden sein. Aber auch die Prädicate, die dem Logos in dem Verhältniss zur Gottheit zugelegt werden, sprechen deutlich für diese Ansicht Philons. Er ist der Diener Gottes, und als solcher giebt er dem Jacob einen andern Namen, während dem vollendeten Abraham von Gott selbst der Namenswechsel befohlen worden war[1]); ferner der Statthalter Gottes, offenbar bei der Leitung der Welt[2]), der Interpret, der den Willen Gottes der Welt und besonders den Menschen auslegt[3]), der Engel, welcher vom Verderben errettet[4]). Auf diese Weise bringt er Gott der Welt nahe, aber nicht weniger ist er thätig, indem er die Welt an die Gottheit heranführt, also zum Vermittler, ohne welchen keine Einigung möglich wäre, dient. Als μεσίτης

---

[1]) De mutat. nom. I, 591: ὑπηρέτης τοῦ θεοῦ.

[2]) De agricult. I, 309: ὕπαρχος τοῦ θεοῦ. De somn. I. I, 656 f.: ἐξάρχων. De confus. ling. I, 413.

[3]) ὁ ἑρμηνεὺς λόγος. Leg. alleg. III. I, 128. ὁ ὑποφήτης θεοῦ λόγος. De mutat. nom. I, 581. Es passt dies gut zu dem λόγος in der Bedeutung „Wort", die es erlaubt ihn sogar ὄνομα θεοῦ zu nennen. De confus. ling. I, 427. Vgl. Daehne 209 Anm. 162.

[4]) Leg. alleg. III. I, 122.

und διαιτητής haben wir ihn schon früher gehabt[1]); er ist
auch der Priester in der Seele des einzelnen und der Hohe-
priester für die ganze Welt[2]). Was demnach von diesem
Vertreter des jüdischen Volkes gilt, das wird auch von ihm
ausgesagt, und so verrichtet er die wichtigste Function
desselben, das heisst er legt Fürbitte für die ganze Welt
ein. Ob der Logos παράκλητος genannt wird, ist mir
zweifelhaft. Wenigstens scheint mir an der Stelle wo man
darauf schliessen will[3]) Vita Mos. III. II, 155 gerade so gut
die Welt darunter verstanden werden zu können. Allerdings
liegt auch nichts besonderes gegen die Deutung auf den
Logos vor, so dass man sich des entschiedenen Urtheils über
diese Stelle enthalten muss. Ganz deutlich wird der Logos
aber ἱκέτης genannt, wie am sichersten aus der gleich zu
erwähnenden Stelle Qu. rer. div. her. hervorgeht. Aber auch
De migrat. Abr. 1, 455 ist so zu erklären. Hier wird
auseinandergesetzt, wie er der Genosse, die Stütze des
Menschengeschlechts ist. „Was er selbst besitzt," heisst es,
„giebt er reichlich zum Nutzen derer, die es brauchen, und
was er nicht bei sich selbst hat, darum bittet er den über-
reichen Gott. Dieser nun öffnet dann seinen himmlischen
Schatz und regnet und schneit in Fülle seine Gnadengaben
herab, so dass alle irdischen Behälter überströmen von
Segen. Diese Geschenke pflegt er aber zu geben, indem er
sich nicht abwendet von seinem um Hülfe flehenden Logos"
(ταῦτα δὲ τὸν ἱκέτην, ἑαυτοῦ λόγον, οὐκ ἀποστραφεὶς εἴωθε
δωρεῖσθαι). Denn es heisst auch an einem andern Orte, als
Moses um Hülfe bat: Ich bin ihnen gnädig nach deinem

---

[1]) S. oben 214, 1.
[2]) Qu. D. s immutab. I, 292 f. De somn. I. I, 653. Vgl. Grossmann
a. a. O. 48 f.
[3]) S. Gfrörer 277 ff. und Zeller 324, 3.
[4]) Vgl. Keferstein 103 ff.

Worte. Keferstein[1]) fasst den *ἱκέτης λόγος* als Umschrei-
bung blos in dem Sinne von *ἱκέτης* und versteht darunter
geradezu den Moses als Symbol der frommen, fürbittenden
Seele. Es ist richtig, dass Moses sogar als historische Persönlichkeit bisweilen Logos genannt wird[2]), aber wo dies
angenommen werden muss, da ist es auch ausdrücklich gesagt, und an der einen Stelle, wo dies nicht der Fall ist,
und die Keferstein doch in diesem Sinne fasst[3]), ist es blos
eine äusserst anfechtbare Annahme, auf die also kein Beweis gegründet werden darf. Wenn im weiteren Verlauf
unserer Stelle[4]) allerdings unter dem *ἱκέτης καὶ θεραπευτής*
der gerechte, fürbittende verstanden werden muss, so lässt
sich daraus gar nichts auf unseren *ἱκέτης λόγος* schliessen.
Zeller[5]) fasst ihn für „das an Gott gerichtete Wort des
Flehens." Allein dann müsste das dabeistehende *ἑαυτοῦ* objectiv gefasst werden, so dass dadurch der angegeben würde,
an den sich das um Hülfe flehende Wort richtet. Wäre
dies nun auch bei dem alleinstehenden *ἱκέτης* der gewöhnliche Gebrauch, so scheint es mir doch wegen des hinzu-
gesetzten *λόγος* sprachlich sehr hart. Demnach wird die
von vorn herein einfachste und nächstliegende Erklärung
auch die richtige sein, nämlich dass der Gott objectiv gegen-
überstehende Logos hier die Partei der Menschen nimmt
und Gott um Hülfe für sie bittet, und da er auch sonst in
dieser Thätigkeit vorkommt, ist gar keine Ursache da, sich
hier besonders dagegen zu sträuben. Ihn als Person an
dieser Stelle zu fassen, ist dabei noch keineswegs nothwendig.
Im Gegentheil scheint es wahrscheinlich, dass er als die, in

[1]) A. a. O. 105 ff.
[2]) Vgl. die von Keferstein 108 angegebenen Stellen.
[3]) De mutat. nom. I, 581, wo der *ὑποφήτης θεοῦ λόγος* auf Moses
gedeutet wird.
[4]) 455 etwas über die Mitte.
[5]) A. a. O.

den Seelen der Weisen subjectiv vorhandene, aber wegen ihrer Reinheit sich mit dem Logos vollständig identificierende Vernunft gedacht werden muss, die deshalb auch geradezu der Logos Gottes genannt werden kann. Jedenfalls ist er etwas von Gott verschiedenes, sonst könnte er nicht mit der Thätigkeit des Flehens an die Gottheit herantreten.

Eine das Verhältniss des Logos zwischen der Welt und Gott sehr bezeichnende Stelle findet sich Qu. rer. div. her. I, 502 f. Der alles erzeugende Vater hat es dem Erzengel und ältesten Logos als auserlesenes Geschenk gegeben, dass er beides abgrenzend, das gewordene trenne von dem bildenden und doch zugleich beides mit einander verbinde, indem er einestheils immer um Hülfe fleht bei dem unvergänglichen für das angstvolle sterbliche, andererseits aber die Befehle des herrschenden an den untergebenen vermittelt (ὁ δ' αὐτὸς ἱκέτης ἐστὶ τοῦ θνητοῦ κηραίνοντος ἀεὶ πρὸς τὸ ἄφθαρτον, πρεσβευτὴς δὲ τοῦ ἡγεμόνος πρὸς τὸ ὑπήκοον). Er freut sich des Geschenks, und es rühmend erzählt er von ihm, indem er spricht[1]): „Und ich stand zwischem dem Herrn und Euch." weder ungezeugt, wie Gott, noch gezeugt, wie ihr, sondern in der Mitte zwischen den Gegensätzen, für beide als Bürge dienend (οὔτε ἀγέννητος ὡς ὁ θεὸς ὢν οὔτε γεννητὸς ὡς ὑμεῖς, ἀλλὰ μέσος τῶν ἄκρων ἀμφοτέροις ὁμηρεύων), bei dem Erzeuger dafür, dass nie ein vollständiger Abfall des sterblichen Geschlechts eintrete, bei dem erzeugten aber dafür, dass der gütige Gott nie sein eigenes Werk ganz vernachlässigen werde. Es kann die Mittelstellung und zugleich das vermittelnde Amt nicht deutlicher bezeichnet werden.

Dass die Natur des Logos die Mitte hält zwischen Gott und den sterblichen, wird auch sonst häufig hervorgehoben. Er berührt die beiden Extreme, steht unter Gott, doch über

---

[1]) Num. 16, 48.

den Menschen [1]), wird aber zu dem entstandenen gezählt, wenn er auch das älteste und erste von allem ist und erhaben über die ganze Welt [2]. Keinem sinnlich wahrnehmbaren Wesen ist er jedoch ähnlich. Er steht dem wahrhaft seienden am nächsten, ohne dass noch ein abscheidender Zwischenraum zwischen beiden wäre [3], er wird deshalb auch geradezu Gott genannt, freilich nicht im eigentlichen Sinne [4], wie wir ja schon gesehen haben, dass die weltbildende Kraft auch so hiess. Um sein Verhältniss der Unterordnung anzugeben, wird er bezeichnet als der zweite Gott [5], und diesem geradezu der höchste Gott oder der erste gegenübergestellt. Dem letzteren darf nichts sterbliches nachgebildet werden, aber wohl dem zweiten Gott [6]. Für uns, die unvollendeten, kann der Logos als Gott gelten, für die weisen aber und vollendeten nur der erste Gott [7]. Die nach Wissen strebenden müssen suchen, das seiende zu sehen, und wenn sie dies nicht können, wenigstens den heiligen Logos [8]. Wenn die Strahlen Gottes die Seele verlassen, so geht das zweite und

---

[1]) De somn. II. I, 688 f., wo es von dem Logos heisst: μεθόριός τις τοῦ θεοῦ φύσις καὶ ἀνθρώπου, τοῦ μὲν ἐλάττων, ἀνθρώπου δὲ κρείττων. — τίς οὖν εἰ μὴ ἄνθρωπος; ἆρα γε θεός; οὐκ ἂν εἴποιμι — οὔτε ἄνθρωπος· ἀλλ' ἑκατέρων τῶν ἄκρων, ὡς ἂν βάσεως καὶ κεφαλῆς, ἐφαπτόμενος. Ebd. II, 689: ἡ μεταξὺ φύσις θνητοῦ καὶ ἀθανάτου γένους.

[2]) Leg. alleg. III. I, 121: καὶ ὁ λόγος δὲ τοῦ θεοῦ ὑπεράνω παντός ἐστι τοῦ κόσμου καὶ πρεσβύτατος καὶ γενικώτατος τῶν ὅσα γέγονε. Vgl. De somn. II. I, 688.

[3]) De profug. I, 561: τῶν νοητῶν ἅπαξ ἁπάντων ὁ πρεσβύτατος, ὁ ἐγγυτάτω, μηδενὸς ὄντος μεθορίου διαστήματος, τοῦ μόνου ὅ ἐστιν, ἀψευδῶς ἀφιδρυμένος.

[4]) De somn. I. I, 655.

[5]) Z. B. Fragm. II, 625. Euseb. Praep. ev. VII, 13. 323, a.

[6]) A. a. O. Quaest. in Gen. II, 62. II, 147 Auch.: *mortale enim nihil formari ad similitudinem supremi patris universorum poterat, sed ad normam secundi dei, qui est ejusdem verbum etc.*

[7]) Leg. alleg. III. I, 128.

[8]) De confus. ling. I, 419.

schwächere Licht, der Logos auf[1]), gleich dem Scheine des
Mondes, wenn die Sonne untergegangen ist; wobei es nichts
ausmacht, dass anderwärts auch der Logos Sonne genannt
wird[2]). Um das Verhältniss der Abhängigkeit klar darzustellen wird der Logos häufig als das Bild Gottes bezeichnet,
ja sogar als der Schatten Gottes[3]). Die völlige Verschiedenheit wird ausdrücklich ausgesprochen De somn. I. I, 630,
wo zuerst der Logos τόπος genannt wird, dann Gott selbst,
und Philon hierauf fortfährt: ἀλλὰ μήποτε δυοῖν πραγμάτων
ἐστὶν ὁμωνυμία διαφερόντων, ὧν τὸ μὲν ἕτερον θεῖός ἐστι
λόγος, τὸ δὲ ἕτερον ὁ πρὸ τοῦ λόγου θεός. Diese Verschiedenheit wird dann dahin ausgeführt, dass man den
Logos gefunden haben, aber noch weit von dem wahren Gott
entfernt sein könne, den zu sehen man nicht einmal im
Stande sei.

Durch diese letzte Angabe über den Logos wird sein
Verhältniss zu Gott derart bestimmt, dass er von der höchsten Gottheit wesentlich und nicht nur begrifflich verschieden
ist, demnach als selbständig und nicht etwa als blosse
Eigenschaft Gottes gedacht werden muss.

Die Beweise hierfür liessen sich noch leicht vermehren,
aber es mag an dem angeführten genug sein. Ist der Logos
eine Hypostase und gehört er zu dem gewordenen, so muss
natürlich noch gefragt werden, wie ist er entstanden, wie
erklärt sich sein Ursprung aus Gott, und zugleich muss diese
Frage ausgedehnt werden auf alle die Mittelwesen, die unter
dem Logos zusammengefasst sind. Offenbar ist Philon sich
auch über die Modalität dieser Entstehung nicht klar geworden, hat vielleicht auch gar nicht das Bedürfniss gefühlt,
sich darüber eine deutliche Ansicht zu verschaffen, wie daraus
hervorzugehen scheint, dass er sich nicht scheut, seine Un-

---

[1]) De somn. I. I, 638. Vgl. ebd. 631.
[2]) A. a. O. 639.
[3]) Leg. alleg. III. I, 106. 107.

kenntniss über das innerste Wesen der Zwischenkräfte zu
gestehen[1]. Je nach der Vorstellung, die er gerade mit dem
Logos verbindet, schwankt er von dem einen Ausdruck zu
dem andern. So braucht er *ἐννοεῖν* oder *διακοσμεῖν*, wenn
von den Ideen oder vorbildlichen Formen gesprochen wird[2],
τείνειν, *προτείνειν*, *διαστέλλειν* wenn es darauf ankommt, das
Wirkenlassen der Kräfte anzugeben, und bei dem Logos
selbst wird am gewöhnlichsten *λέγειν*, auch *γεννᾶν* oder *ἀνα-*
τέλλειν angewandt[3]. Man sieht, durch diese Ausdrücke wird
man der Antwort auf die Frage nicht näher geführt. An
den Gebrauch von *γεννᾶν* schliesst es sich an, wenn der
Logos *υἱὸς θεοῦ* heisst und zwar *ὁ πρεσβύτατος*, *ὁ πρωτό-*
γονος[4], im Gegensatz zu der Welt als dem *νεώτερος*[5]); dass
aber in dieser Bezeichnung kein specifisches Verhältniss zwischen Gott und dem Logos angegeben werden soll, ist schon
deutlich, wenn die Welt ebenfalls so genannt wird, und
wollte man in dieser auch noch den Logos erblicken, so
erhält doch das Lachen dasselbe Prädicat[6]. Sogar die
Menschen, welche Weisheit besitzen, und die, welche der
Natur gemäss leben, sind mit Rücksicht auf Deuteron. 1, 14
υἱοὶ τοῦ θεοῦ[7]. Nichts weiter als ganz im allgemeinen die

---

[1] De monarch. I. II, 219: *πεφυκυῖαι δὲ ἀκατάληπτοι κατὰ τὴν*
οὐσίαν.

[2] De m. opific. I, 4.

[3] Vgl. Keferstein a. a. O. 215.

[4] De confus. ling. I, 413. 414. 427. De agricult. I, 308.

[5] Qu. D. s. immutab. I, 277: *ὁ μὲν γὰρ κόσμος οὗτος νεώτερος υἱὸς*
θεοῦ, ἅτε αἰσθητὸς ὤν. Τὸν γὰρ πρεσβύτερον τούτου οὐδένα εἶπε,
νοητὸς δ᾽ ἐκεῖνος. Sohn Gottes heisst die Welt auch sonst öfter, so De
ebrietat. I, 361 f. De migrat. Abr. I, 466. Andere Stellen sehe man bei
Grossmann a. a. O. 51.

[6] De mutat. nom. I, 598: *γέλως ὁ ἐνδίαθετος υἱὸς θεοῦ* in Verbindung mit Isaak und als die vorzüglichste der *εὐπάθειαι*, die ganz in
stoischer Weise den Affecten gegenüber stehen.

[7] De confus. ling. I, 426. De vict. off. II. 260.

Ableitung von Gott und die innige Verbindung mit ihm wird durch die Gottessohnschaft bei Philon angezeigt.

Etwas genauer scheint die Bestimmung über die Entstehung des Logos zu lauten, wenn Gott seine Quelle heisst [1], und man könnte daraus auf eine Emanationslehre schliessen. Freilich derselbe Ausdruck wird von Gott in mannigfacher Verbindung gebraucht. Nicht nur heisst er Quelle der Klugheit, Gerechtigkeit und jeglicher Tugend, der Künste und Wissenschaften, der Weisheit und Gesetze [2], sondern ganz im allgemeinen wird gesagt, er sei die älteste Quelle und er habe die ganze Welt geregnet [3]. Auch sonst ist dem Philon das Bild von der Quelle, besonders bei dem Gewinnen der geistigen Güter, geläufig, so dass es von Gott gebraucht sein kann, ohne dass man mit Sicherheit Emanation annehmen dürfte. Noch weniger lässt sich auf eine solche schliessen aus der Bezeichnung Gottes als des Urlichtes, die bei Philon oft ·vorkommt [4], ein Vergleich, der im einzelnen ausgeführt wird und bisweilen sogar in die wirkliche Vorstellung von Gott als einem Lichtwesen umzuschlagen scheint. Auch die Kräfte, die ihn umgeben, strahlen das hellste Licht aus [5], der Logos selbst ist $\pi\varepsilon\varrho\iota\varphi\alpha\nu\acute{\varepsilon}\sigma\tau\alpha\tau\sigma\varsigma$ $\varkappa\alpha\grave{\imath}$ $\tau\eta\lambda\alpha\upsilon\gamma\acute{\varepsilon}$-$\sigma\tau\alpha\tau\sigma\varsigma$ [6], und die Welt ist ein $\dot{\alpha}\pi\alpha\acute{\upsilon}\gamma\alpha\sigma\mu\alpha$ $\dot{\alpha}\gamma\acute{\iota}\omega\nu$ [7]. Aber nirgends ist geradezu gesagt, dass Gott in seiner Eigenschaft als Licht die Kräfte von sich ausströmen lässt.

Am ersten spricht dafür, dass die Kräfte emanieren, nicht aber geschaffen werden, die Vorstellung von der Ausdehnung, welche Philon auf sie anwendet, und die sich zeigt

---

[1] Qu. det. pot. ins. I, 207: $\acute{o}$ $\vartheta\varepsilon\acute{o}\varsigma$, $\acute{\eta}$ $\tau\sigma\tilde{\upsilon}$ $\pi\varrho\varepsilon\sigma\beta\upsilon\tau\acute{\alpha}\tau\sigma\upsilon$ $\lambda\acute{o}\gamma\sigma\upsilon$ $\pi\eta\gamma\acute{\eta}$.

[2] S. d. Stellen b. Keferstein a. a. O. 223.

[3] De profug. I, 575: $\tau\grave{o}\nu$ $\gamma\grave{\alpha}\varrho$ $\sigma\acute{\upsilon}\mu\pi\alpha\nu\tau\alpha$ $\tau\sigma\tilde{\upsilon}\tau\sigma\nu$ $\varkappa\acute{o}\sigma\mu\sigma\nu$ $\ddot{\omega}\mu\beta\varrho\eta\sigma\varepsilon$. Vgl. De somn. II. I, 688.

[4] S. die Stellen bei Daehne a. a. O. 272 ff.

[5] Qu. D. s. immutab. I, 284.

[6] Leg. alleg. I. I, 47. Vgl. ebd. III, 121.

[7] De plantat. N. I, 337.

iu der Stelle Qu. det. pot. ins. 208 f. [1]), wo gesagt. ist, dass der Mensch nur deshalb die Welt mit seinen Gedanken fassen könne, weil er selbst ein Stück der göttlichen Seele sei, aber kein getrenntes, da von der Gottheit nichts abgeschnitten würde, sondern nur eine Ausdehnung von ihr aus stattfände, und es weiter heisst: *διὸ μεμοιραμένος τῆς ἐν τῷ παντὶ τελειότητος ὕταν ἐννοῇ κόσμον τοῖς πέρασι τοῦ παντὸς συνευρύνεται, ῥῆξιν οὐ λαμβάνων, ὁλκὸς γὰρ ἡ δύναμις αὐτοῦ* [2]). In derselben Weise also, wie der menschliche Geist bei dem Denken alles umspannt, indem seine Fähigkeit darin besteht, sich unermesslich weit auszustrecken, ohne je zu zerreissen, muss das Heraustreten Gottes aus sich selbst auch vorgestellt werden. Es ist eine Erweiterung ohne irgend welche Veränderung des Urgrundes, und zwar der Art, dass die durch die Erweiterung hervorgebrachten Substanzen ebenfalls göttlich sind und mit der Wurzel in stetem Zusammenhang bleiben, wie unsere Gedanken mit unserem Geiste; eine Verbindung, auf welche auch die übrigen Vorstellungen von der Quelle und dem ausströmenden Wasser, dem Lichte und seinen Strahlen hinzuzielen scheinen. Die Emanationslehre ist mit dieser Erweiterung gegeben, wir haben sie auch schon bei der menschlichen Seele als Theil der Allseele gefunden, und wir würden sie überhaupt als sicher in dem Verhältniss der Gottheit zu den Mittelwesen annehmen können, wenn die Ausdehnungstheorie eben nicht nur bei den Kräften vorkäme, sondern auch bei den andern Bezeichnungen des Logos und der Logoi, oder wenn bei letzteren Ausdrücke desselben Sinnes regelmässig gebraucht

---

[1]) Vgl. oben 257, 4.

[2]) Vgl. Quaest. in Exod. II, 111. II, 540 Auch., wo es vom *intellectus* heisst, dass er *longitudinem et latitudinem* hat, *quoniam extenditur et dilatatur ad omnia intelligibilia per comprehensionem.* S. andere Stellen bei Zeller, 318, 2.

wären. Da beides aber nicht der Fall ist[1]), müssen wir der
Ansicht sein, dass gerade für die Charakterisierung des Ver-
hältnisses zu den Kräften dem Philon das Verbum τείνειν
und ähnliche als die passendsten erschienen sind, ohne dass
er im allgemeinen die Emanation damit hat lehren wollen.
So viel muss freilich zugegeben werden, dass er entschiedene
Neigung zu dieser Lehre hatte, und dass er mit einiger
Consequenz im Denken zu ihr nothwendig gekommen wäre.
Er fühlte sich aber nicht gedrungen, in diesem Punkte zur
vollen Klarheit zu gelangen und blieb demnach auf halbem
Wege stehen.

Aehnlich stellt sich das Resultat, wenn wir fragen, ob
Philon seinen Zwischenwesen Persönlichkeit zugeschrieben habe,
oder nicht. Nehmen wir als Hauptkriterium dieses Begriffes
das Selbstbewusstsein an, so wird sich niemand zu der Vorstellung erheben können, dass Philon unter den Kräften, von
denen eine jede wieder andere in sich begreift, unter den
Ideen, sofern sie zu Gattungs- und Art-Begriffen werden,
also in das logische hinübergreifen, unter der Weisheit, die
wenigstens häufig als Eigenschaft Gottes gedacht wird, unter
dem Logos selbst soweit er das γενικώτατον ist, sofern er
die erste der Kräfte bildet, soweit er ewiges Gesetz, physisches und ethisches, auch Gewissen in den einzelnen Wesen
ist, Persönlichkeiten verstanden haben sollte. Eine Person
kann nicht verschiedene andere Personen zugleich unter sich
begreifen, eine Person muss stets substanziell sein und kann
nicht als reines Attribut gedacht werden. Auf der andern
Seite wird man zugeben, dass an eine Person bei dem Logos
zu denken ist, wenn er δημιουργός[2]), ὑπηρέτης, οἰνοχόος,
ἱερεύς, πρεσβευτής, ἱκέτης genannt wird, wenn er in der
Mitte steht zwischen Gott und Menschen, niedriger als jener,

---

[1]) Dass Philon bei den Lichtstrahlen auch einmal τείνειν gebraucht,
Qu. D. s. immut. I, 284, kommt hier nicht in Betracht.
[2]) De somn. II. I, 683.

höher als diese[1]), mit beiden Wesen aber doch gleichartiges haben muss, um sie mit einander verbinden zu können; wenn er einmal *ἄνϑρωπος ϑεοῦ* oder auch blos *ἄνϑρωπος*[2]), wenn er *δεύτερος ϑεός*, oder auch blos *ϑεός* heisst. Bei der grossen Vorliebe allerdings zu Personificationen, die sich bei Philon bemerklich macht[3]), können wir es trotz dieser Bezeichnungen des Logos noch nicht für ausgemacht halten, dass dieser wirklich eine Person ist. Ich erinnere nur daran, dass auch die weltschaffende Kraft *ϑεός* genannt ist, die man schwerlich als Persönlichkeit ansehen wird. Auch kann es in dieser Beziehung noch nicht überzeugend sein, wenn der Logos häufig als Engel oder Erzengel auftritt[4]). Zwar sind nach einigen Stellen die Engel Seelen, so namentlich nach De ·somn. I. I, 642, wo gelehrt wird, dass von den Seelen in der Luft die einen rein und lauter wären, hoher und göttlicher Gedanken theilhaftig, nach irdischem niemals verlangend, untergebene des Allherrschers. Diese pflegten die andern Philosophen Dämonen zu nennen, die heilige Schrift aber Engel, das heisst hier Boten, da sie die Befehle des Vaters den Kindern, und die Bedürfnisse der Kinder dem Vater verkündeten[5]). Aber der Engel, welcher dem Bileam in den

---

[1]) A. a. O. S. oben 286 u. das. Anm. 1.

[2]) De confus. ling. I, 411, freilich wohl blos mit Rücksicht auf die zu erklärende Stelle Genes. 42, 11, wo es heisst *πάντες ἐσμὲν υἱοὶ ἑνὸς ἀνϑρώπου*. Zugleich ein Beispiel dafür, wie von Philon Ausdrücke leicht gewählt wurden aus Veranlassung des vorliegenden alttestamentlichen Textes. Ebd. 414, wo dieselbe Bemerkung auch noch in Betreff des Verbums *ἀνατέλλειν*, das Philon auf den Logos anwendet, gemacht werden kann.

[3]) Vgl. Keferstein a. a. O. 91 ff.

[4]) De confus. ling. I, 427: *τὸν ἄγγελον πρεσβύτατον ὡς ἀρχάγγελον πολυώνυμον ὑπάρχοντα*. Qu. D. s. immutab. I, 501. De mutat. nom. I, 591.

[5]) Vgl. De gigant. I, 264, wo eine ähnliche Auseinandersetzung abgeschlossen wird mit den Worten: *ψυχὰς οὖν καὶ δαίμονας καὶ ἀγγέλους, ὀνόματα μὲν διαφέροντα, ἓν δὲ καὶ ταὐτὸν ὑποκείμενον διανοηθεὶς ἄχϑος βαρύτατον ἀποϑήσῃ δεισιδαιμονίαν*.

Weg tritt, ist zwar der Logos, jedoch zugleich das Gewissen, also durchaus nicht persönlich[1]. Die Sodomiter schwören bei den Werken und Logoi Gottes, οὕς καλεῖν ἔϑος ἀγγέλους[2]), wo aus der Zusammenstellung mit den ἔργα hervorgeht, dass unter den Logoi Worte zu verstehen sind. Auch den Abraham begleiten Logoi οὕς ἔϑος ὀνομάζειν ἀγγέλους[3]), unter denen man sich gewiss keine persönlichen Wesen vorzustellen hat. Es kann dies nicht befremden, da wir schon aus dem Alten Testamente die Vermischung von Wort Gottes und Engel kennen, und sehen, wie die Bedeutung des letzteren als Person verwischt wird.

Bisweilen ist sogar von einem Erscheinen des Logos in sichtbarer Gestalt die Rede, wie zum Beispiel der Hagar ein Engel-Logos begegnet, den sie für Gott selbst ansieht[4]. Auch dem Moses zeigt sich der Logos in dem feurigen Dornbusch, wenigstens wird diese Gestalt als Bild Gottes bezeichnet, worunter wir uns nichts anderes als den Logos vorstellen können[5]. Glaubt man aber unter diesen Erscheinungen wirkliche Persönlichkeiten verstehen zu müssen, so spricht dagegen der Engel, der sich Bileam in den Weg stellt. Dieser wird nämlich das eine Mal[6]) dargestellt als objectiv wahrnehmbar mit dem leiblichen Auge, das andere Mal[7]) ist er das Gewissen, als rein subjectiv zu fassen. In derselben Weise können wenigstens die sonstigen Logophanien verstanden werden.

Trotz aller dieser Instanzen gegen die nothwendige Annahme der Persönlichkeit, werden wir doch durch eine Stelle

---

[1]) Qu. D. s. immutab. I, 299.
[2]) De confus. ling. I, 409.
[3]) De migrat. Abr. I, 463.
[4]) De somn. I. I, 656.
[5]) Vita Mos. I. II, 91.
[6]) Ebd. 123.
[7]) S. oben 275.

gezwungen, sie dem philonischen Logos zu vindicieren. De somn. I. I, 640 heisst es nämlich: εἰδέναι δὲ νῦν προσήκει, ὅτι ὁ θεῖος τόπος καὶ ἡ ἱερὰ χώρα πλήρης ἀσωμάτων ἐστὶ λόγων· ψυχαὶ δέ εἰσιν ἀθάνατοι οἱ λόγοι οὗτοι. Τούτων δὴ τῶν λόγων ἕνα λαβὼν (Ἰακώβ) ἀριστίνδην ἐπιλεγόμενος τὸν ἀνωτάτω καὶ ὡσανεὶ σώματος ἡνωμένου κεφαλῆς ἱδρύεται διανοίας τῆς ἑαυτοῦ· — ὡς ἀναπαυσόμενος ἐπὶ λόγῳ θείῳ. Hier werden also die Logoi und auch der höchste Logos zu den Seelen gerechnet, und mit der Seele scheint in diesem Falle auch unzweifelhaft die Persönlichkeit verbunden. Haben wir diese einmal gefunden, so steht auch nichts im Wege, sie an andern Stellen, die darauf hinzuweisen scheinen, dem Logos, ja sogar den Kräften zuzusprechen. Nur scheinen mir die andern dafür gebrauchten Stellen dies nicht dringend zu fordern, auch nicht die von Keferstein[1]) als unzweifelhaft angesehenen.

Es ist übrigens mit dieser für den Logos sicher stehenden Persönlichkeit nicht viel gewonnen, da sich Philon selbst offenbar über den Punkt nicht klar geworden ist, und sich die Frage in der Weise, wie wir dies thun, gar nicht vorgelegt hat. Zeller macht treffend darauf aufmerksam[2]), dass überhaupt der Begriff der „persönlichen Subsistenz" im Alterthum häufig nicht klar gefasst und folgerichtig festgehalten worden sei, zum Beispiel sei schwer zu sagen, ob Platon die Welt und ihre Seele, die Stoiker die Gottheit als Person gedacht hätten. Ja man kann sagen, dass die Alten in ihre Philosophie den Begriff der Persönlichkeit überhaupt gar nicht aufgenommen hatten, welcher übrigens bei uns noch nicht einmal genau bestimmt und festgestellt ist. Sie hatten gar kein Wort dafür, das deutlichste Zeichen, dass er bei ihnen sich noch nicht gebildet, da sie kein Be-

---

[1]) A. a. O. 117 f.
[2]) A. a. O. 317 und ebd. Anm. 4.

dürfniss hatten, damit zu operieren. Dies gilt nun auch
von Philon, bei welchem noch hinzukommt, dass er nicht
das Bedürfniss fühlte, ein System zu bilden. Deshalb war
es ihm möglich, in dieser Beziehung widersprechende Bestimmungen mit dem Logos zu verbinden, auf der einen Seite
ihn als Eigenschaft Gottes zu behandeln, auf der andern
ihn als selbständiges persönliches Wesen darzustellen und
alle zwischen diesen beiden Extremen möglichen Mittelstufen
zu durchlaufen, ohne dass er sich dieser Inconsequenz irgend-
wie bewusst zu werden scheint.

Wir sehen demnach, dass die ganze Frage nach der
Persönlichkeit oder Unpersönlichkeit des Logos bei Philon
eine aus dessen eigener Speculation gar nicht geschöpfte,
sondern von aussen, von einem späteren Standpunkte, hinein-
getragene ist. Da aber sehr viel darüber gestritten worden,
und von den Theologen besonders der Schwerpunkt in dem
ganzen philonischen System auf diese Frage gelegt wird, so
mussten wir sie hier, wenn auch mit möglichster Kürze, behandeln. Sie kann aber, wie wir sehen, mit Ja oder Nein,
oder auch weder mit Ja noch mit Nein beantwortet werden.

Am Schlusse der Betrachtung der Logoslehre Philons
mag noch darauf hingewiesen werden, wie die Erkenntniss
des Logos, die Hingabe an denselben und die völlige Aufnahme desselben doch blos der δείτερος πλοῖς bei dem
Alexandriner ist. Die Sehnsucht stieg höher, als dass sie
am wissenschaftlich vermittelten Erkennen Genüge gefunden
hätte. Das unmittelbare Erfassen des unfassbaren Gottes
war das letzte Ziel. Das wahrhafte Sein, das über allem
Erkennen steht, zu erkennen, das ist die reine Wahrheit;
die Dyas, die Offenbarung, zu überschreiten und zur unver-
mischten, in sich selbst allein ruhenden Monas zu gelangen,
die höchste Seligkeit, und das in sich widerspruchsvollste
kann erreicht werden. Auf dem Wege dahin dient der Logos,
wenn wir so sagen dürfen, das discursive Denken, als Führer,

aber der Mensch kann dem Führer an Schnelligkeit gleich kommen, ihn erreichen, und dann sind sie beide in unmittelbarer Umgebung des allherrschenden Gottes[1]. Also nicht nur die Sinnenwelt ist dann überschritten, sondern auch die Ideenwelt, zu welcher der Logos gehört; denn alles dies ist noch abgeleitetes Sein. Erst bei dem reinen Sein ist volle Genüge. Dieser Zustand wird nur möglich gemacht durch volles Aufgeben des denkenden Bewusstseins; eine Ekstase, ähnlich dem korybantischen Wahnsinn muss eintreten, ein rein passiver Zustand, ein Sterben des individuellen Menschen. Der äusserste Mysticismus ist hier der Schlussstein eines Systems, das sich den Logos zum Mittelpunkte gesetzt hatte, und doch ist dies nicht ein reiner Abfall, sondern wenigstens theilweise durch die ersten Voraussetzungen von dem absoluten Mangel der eigenen Kraft und überhaupt der Unvollkommenheit der endlichen Welt bedingt.

Hier in diesem unsagbaren Versenken in die Gottheit liegt vielleicht eine Verbindung Philons mit den orientalischen Religionen. Mit Gewissheit lässt sich dies freilich nicht behaupten, da sich deutliche Spuren davon nicht unterscheiden lassen. — Es wird wenigstens mit diesem Mysticismus ein neues Element in die griechische Speculation eingeführt, das bekanntlich später von grossem Einfluss gewesen ist.

In seiner Logoslehre steht Philon auf griechischem Boden. Sie lässt sich ausser einigen Nebenpunkten, die auf das Alte Testament zurückzuführen sind, aus der griechischen Philosophie begreifen. Nur ist sie in eigenthümlicher Weise, gemäss dem religiösen Bedürfniss, ausgebildet. Es ist daher nicht nöthig, zur historischen Erklärung dieser Lehre die targumistischen Begriffe Memra und Schechina zu Hülfe zu nehmen, die wahrscheinlich nach Philon erst ausgebildet sind,

---

[1] De Abrah. II, 19. De migrat. Abr. I, 463.

also vielleicht in Abhängigkeit von Philons Theosophie stehen, und deren Hypostase sich nicht einmal sicher nachweisen lässt.

Trotz des Mysticismus, trotz der Widersprüche, die sich vielfach in seiner Logoslehre finden, ist es Philon doch, der den Begriff des Logos als eines Mittelwesens zwischen Gott und der Welt zu einem gewissen Abschluss gebracht hat, wenn auch nicht in rein philosophischer Weise, da häufig die theologische und theosophische Färbung vorwaltet.

Sechstes Capitel.

Die Neuplatoniker.

In engerer Verbindung als man in der Regel geneigt ist anzunehmen, steht mit Philon der sogenannte Neuplatonismus, dessen Hauptvertreter Plotin seine Philosopheme wenigstens in eine systematische Form zu bringen sucht, die letzte bedeutende Leistung in dem griechischen Geistesleben. Eigentlich Anhänger des Platon, dessen Philosophie sie auffrischen wollten, haben die Neuplatoniker doch gleich Philon in eklektischer Weise alles, was ihnen, den Idealisten, aus der pythagoreischen, peripatetischen und stoischen Schule passte, sich zu eigen gemacht und mit ihren eigenen Gedanken, die zum Theil Phantastereien, sind durchdrungen. Nimmt man nur Rücksicht auf die Gedanken, so ist Philon zweifelsohne ihr unmittelbarer Vorgänger. Sehr vieles, was als den Neuplatonikern eigenthümlich betrachtet wird, ist schon von dem jüdischen Alexandriner ausgesprochen, nur ist bei ihnen die systematische Form zu finden, die wir bei der allegorischen Methode des Philon selbstverständlich entbehren müssen. Der äussere Zusammenhang zwischen den beiden in der Mystik gipfelnden Philosophien ist freilich nicht nachzuweisen, und so hat man sich gewöhnt, den Uebergang zu dem Neuplatonismus in den späteren pythagorisierenden Platonikern zu finden, von denen wir wenigstens einige hier kurz berühren müssen.

Der schriftstellerisch fruchtbarste von ihnen ist Plutarch,

der bei der Interpretation der platonischen Schriften, bei der Polemik gegen andere Schulen und bei der Deutung von Mythen seine eigenen, nicht sehr ausgeführten Ansichten zu Tage bringt. An der Transcendenz Gottes will er festhalten und geht dabei sogar so weit zu sagen, das Wesen desselben sei nicht zu erkennen und durch Denken nicht zu erreichen[1]), es könne von ihm nichts weiter gesagt werden, als dass er sei. Dann wird Gott aber doch dahin näher bestimmt, dass er einheitlich ist, frei von jeder Veränderung, von jedem Werden, von jeder Berührung mit dem irdischen und jedem Leiden[2]), dass er selbst sieht ohne gesehen zu werden[3]). Ferner ist er das gute[4]) und, was uns hier zunächst angeht, wird gleich der herrschenden und ordnenden Vernunft gesetzt[5]).

Freilich hält Plutarch die absolute Sonderung Gottes von der Welt des Werdens nicht aufrecht. Die ungeordnete böse Weltseele, welche in der sie aufnehmenden Materie ihren Ort hat, muss regelrechte Formen erhalten, und die sich nach dem guten sehnende Materie angefüllt werden mit gestaltenden Ideen. Dieses bildende Princip ist aber der göttliche Logos, der als die erzeugende Form der Materie gegenübergestellt ist. Alles ist von ihm gebildet und in Folge dessen auf das schönste geordnet[1]). Er ist die oberste Ursache,

---

[1]) De Pyth. orac. 30. 409, D.
[2]) De Ei ap. Delph. 20. 393, A ff. De Is. et Os. 54. 373, A ff. 78. 382, F f.
[3]) Ebd. 75. 381, B f.
[4]) M. s. d. Stellen bei Zeller, V, 148, 3.
[5]) De Is. et Os. 54. 373, B: Horos wird angeklagt ὡς οὐκ ὢν καθαρὸς οὐδὲ εἰλικρινὴς οἷος ὁ πατὴρ λόγος αὐτὸς καθ' ἑαυτὸν ἀμιγὴς καὶ ἀπαθής. Ebd. 67. 377, F f., wo ein εἷς λόγος ὁ ταῦτα κοσμῶν καὶ μία πρόνοια ἐπιτροπεύουσα gefunden wird.
[6]) Quaest. conviv. VIII, 2, 3. 719, F: τοῦ δὲ λόγου καταλαμβάνοντος αὐτὴν καὶ περιγράφοντος καὶ διανέμοντος εἰς ἰδέας καὶ διαφοράς, ἐξ ὧν τὰ φυόμενα πάντα τὴν γένεσιν ἔσχε καὶ σύστασιν. De Is. et Os. 55. 373, D: ὡς τὸ πᾶν ὁ λόγος διαρμοσάμενος σύμφωνον ἐξ ἀσυμφώνων

und das Verhältniss zur ΰλη wird öfter so dargestellt, dass
diese das empfangende, das weibliche, während er, der Logos,
das gestaltende, das lebendige Formen in sie hineinbringende
ist [1]). Diese Formen werden auch häufig λόγοι genannt, sind
gleich den pythagoreischen das Wesen der Dinge consti-
tuierenden Zahlen und finden sich mit ihnen zusammengestellt[2]), aber ebenso mit σπέρματα und müssen wie die
Samen thätig und wirkend sein. Sie erinnern sehr an die
λόγοι σπερματικοί der Stoiker. Wie diese als Inhalt des
wirkenden Princips angesehen werden, so sind die λόγοι des
Plutarch, auch εἴδη oder ἰδέαι oder ὁμοιότητες genannt,
wenigstens Ausflüsse Gottes, und die Transcendenz desselben
kann demnach nicht mehr als gewahrt gelten [3]).

Die Welt durch diesen λόγος geformt, ist nicht mehr
das Werk Gottes, das von seinem Schöpfer getrennt wäre,
sondern geradezu ein Theil Gottes, welchen dieser von sich
selbst in den empfangenden Stoff gesät und mit ihm vermischt hat, so dass Gott der Vater der Welt mit Recht genannt wird [4]). Dieser Theil ist aber nicht von ihm losgelöst,

---

μερῶν ἐποίησε καὶ τὴν φθαρτικὴν οὐκ ἀπώλεσεν, ἀλλ' ἀνεπήρωσε δύναμιν. Ebd. 67. 377, F f.

[1]) De Is. et Os. 53. 372, E: ἡ γὰρ Ἶσις (die ὕλη) ἔστι μὲν τὸ τῆς φύσεως
θῆλυ καὶ δεκτικὸν ἁπάσης γενέσεως —, ὑπὸ δὲ τῶν πολλῶν μυριώ-
νυμος κέκληται διὰ τὸ πάσας ὑπὸ τοῦ λόγου τρεπομένη μορφὰς δέχεσθαι καὶ ἰδέας.

[2]) Z. B. De anim. procr. 9. 1017, A. 24. 1024, E.

[3]) De Is. et Os. 59. 374, B: οἱ μὲν γὰρ ἐν οὐρανῷ καὶ ἄστροις λόγοι
καὶ εἴδη καὶ ἀπόρροιαι τοῦ θεοῦ μένουσι, τὰ δὲ τοῖς παθητικοῖς
διεσπαρμένα γῇ καὶ θαλάττῃ καὶ φυτοῖς καὶ ζώοις διαλυόμενα καὶ
φθειρόμενα. Ebd. 53. 372, F: Die Materie strebt nach dem guten, d. h.
nach Gott oder dem Logos καὶ παρέχουσα γεννᾶν ἐκείνῳ καὶ κατασπεί-
ρειν εἰς ἑαυτὴν ἀπορροίας καὶ ὁμοιότητας, αἷς χαίρει καὶ γέγηθε
κυισκομένη καὶ ὑποπιμπλαμένη τῶν γενέσεων.

[4]) Platon. quaest. II, 1. 1001, A f.: ἡ δ' ἀπὸ τοῦ γεννήσαντος ἀρχή
καὶ δύναμις ἐγκέκραται τῷ τεχνωθέντι καὶ συνέχει τὴν φύσιν, ἀπόσπασμα καὶ μόριον οὖσαν τοῦ τεχνώσαντος. ἐπεὶ τοίνυν οἱ
πεπλασμένοις ὁ κόσμος οὐδὲ συνηρμοσμένοις ποιήμασιν ἔοικεν, ἀλλ'

sondern wird als Ausfluss von ihm in fortwährendem Zusammenhang mit ihm vorgestellt werden müssen. Der λόγος oder νοῖς θεοῖ, wie auch dieser zur Bildung der Welt ausströmende Theil Gottes genannt ist, wird sogar in Bewegung gesetzt [1].

Trotz aller Polemik gegen den stoischen Pantheismus nähert sich Plutarch mit diesen Aeusserungen demselben deutlich. Wenn Gott auch nicht mit seinem Wesen in der Welt aufgeht, so doch mit einem Theil desselben, und wenn er auch selbst nicht erkennbar ist, so doch der Ausfluss, der von ihm in die Welt übergegangen, und es ist hiermit der dynamische Pantheismus schon überschritten.

Es kann von einer eigentlichen Logoslehre bei Plutarch nicht die Rede sein, aber trotzdem ist die Annäherung von der platonischen Jenseitigkeit an die stoische Immanenz, und eben so von der platonischen Ideenlehre an die wirkenden λόγοι der Stoiker zu bemerken. Nur schwankt Plutarch zu sehr von der einen Seite zur andern, so dass von einer festen Lehre bei ihm nicht die Rede sein kann.

Dass auch sonst bei den Platonikern der damaligen Zeit sich stoische Ansichten geltend machten, sehen wir bei dem Christenfeinde Kelsos, der wenigstens sagt, dass Gott selbst ὁ τῶν πάντων λόγος sei [2], obgleich er andererseits lehrte, dass man Gott nicht mit dem λόγος erreichen könne, also an der

---

ἔνεστιν αὐτῷ μοῖρα πολλὴ ζωότητος καὶ θειότητος, ἥν ὁ θεὸς ἐγκατέσπειρεν ἀφ᾽ ἑαυτοῦ τῇ ὕλῃ καὶ κατέμιξεν, εἰκότως ἅμα πατήρ τε τοῦ κόσμου, ζῴου γεγονότος καὶ ποιητὴς ἐπονομάζεται. Ebd. 2. 1001, C: ἡ δὲ ψυχὴ (die Weltseele) νοῦ μετασχοῦσα καὶ λογισμοῦ καὶ ἁρμονίας, οὐκ ἔργον ἐστὶ τοῦ θεοῦ μόνον, ἀλλὰ καὶ μέρος, οὐδ᾽ ὑπ᾽ αὐτοῦ, ἀλλὰ καὶ ἀπ᾽ αὐτοῦ καὶ ἐξ αὐτοῦ γέγονεν.

[1] De Is. et Os. 62. 376, C: ὅτι καθ᾽ ἑαυτὸν ὁ τοῦ θεοῦ νοῦς καὶ λόγος ἐν τῷ ἀοράτῳ καὶ ἀφανεῖ βεβηκὼς εἰς γένεσιν ὑπὸ κινήσεως προῆλθεν.

[2] Origen. C. Cels. V, 24.

Transcendenz Gottes festhielt[1]). Ueber die weitere Ausführung dieser Sätze haben wir leider keine Nachrichten.

Etwas genauer sind wir über Numenios unterrichtet, der
allerdings in den alten Quellen für einen Pythagoreer ausgegeben wird, aber nur deshalb, weil er die platonischen
Lehren, die er selbst in seine Speculation aufnahm, auf Pythagoras zurückzuführen versuchte. Neben der Anlehnung
an die Akademie hängt er ohne Zweifel mit den jüdischen
Alexandrinern zusammen. Es geht dies so weit, dass er die
Lehren der griechischen Philosophen auf morgenländische,
namentlich jüdische Weisheit zurückführte, und dass er
in ähnlicher Weise wie Philon Allegorie trieb. Von ihm
rührt der Ausspruch her, dass Platon ein attisch redender
Moses sei[2]).

Während Plutarch nur eine von Gott gebildete gute
Weltseele annimmt, ist von Numenios der platonische
Demiurg von dem höchsten Gotte getrennt, und wir erblicken
hier eine Einwirkung der philonischen Logoslehre, oder noch
directer der gnostischen Valentinianer[3]). Der erste Gott ist
einfach, untheilbar[4]), das an sich selbst gute, reine Vernunft
und das an sich seiende[5]). Er ist das Princip des Seins[6])
und kann als das absolute Sein, als das absolut gute nicht

---

[1]) Ebd. VI, 65: ὅτι οὐδὲ λόγῳ ἐφικτός (θεός).

[2]) Clem. Strom. I. 342, C. Euseb. Praep. ev. XI, 10. 527, a: τί γὰρ
ἐστι Πλάτων ἢ Μωσῆς ἀττικίζων;

[3]) S. hierüber Zeller V, 195, 5.

[4]) Euseb. XI, 18. 537, a: ὁ θεὸς ἐν ἑαυτῷ ὤν ἐστιν ἁπλοῦς, διὰ τὸ
ἑαυτῷ συγγινόμενος διόλου μήποτε εἶναι διαιρετός.

[5]) Ebd. XI, 22. 544, b: ὁ μὲν πρῶτος θεὸς αὐτοάγαθον. 544, d:
εἴπερ ἐστὶ (ὁ δημιουργὸς) μετουσίᾳ τοῦ πρώτου ἀγαθοῦ ἀγαθός, ἰδέᾳ
ἂν εἴη ὁ πρῶτος νοῦς, ὢν αὐτοάγαθον. XI, 18. 539, b f.: τὸν μέντοι
πρῶτον νοῦν, ὅστις καλεῖται αὐτὸ ὄν, παντάπασιν ἀγνοούμενον παρ'
αὐτοῖς. Die Stellen sind alle aus des Numenios Büchern Περὶ τἀγαθοῦ
genommen.

[6]) Ebd. 544, a: καὶ γὰρ εἰ ὁ μὲν δημιουργὸς θεός ἐστι γενέσεως,
ἀρκεῖ τὸ ἀγαθὸν οὐσίας εἶναι ἀρχή.

in das Werden eintreten und auf die unbegrenzte, unbestimmte, unvernünftige und ungeordnete Materie, die immer
den Hang zum schlechten hat, einwirken [1].

Damit überhaupt die Welt entstehen kann, ist eine Vermittelung zwischen Materie und höchster Vernunft nöthig,
gerade wie bei Philon, und diese bewirkt der δεύτερος θεός
oder Demiurg [2]), der beide Seiten in sich verbindet, ein
doppelter ist, Theil hat an der übersinnlichen Welt, an dem
guten [3]), aber auch an der sinnlichen, ebenso an dem Sein
wie an dem Werden. Er schaut auf die intelligibeln Ideen,
blickt aber ebenfalls nach der Materie [4]), seine Wesenheit hat

---

[1]) Euseb. Praep. ev. XV, 17. 918, a ff.: die Materie ist bezeichnet als
ποταμὸς ῥοώδης καὶ ὀξύρροπος, βάθος καὶ πλάτος καὶ μῆκος ἀόριστος
καὶ ἀνήνυτος.

[2]) Euseb. Pracp. ev. XI, 18. 537, c: τὸν μὲν πρῶτον θεὸν ἀργὸν εἶναι
ἔργων συμπάντων καὶ βασιλέα, τὸν δημιουργικὸν δὲ θεὸν ἡγεμονεῖν
δι' οὐρανοῦ ἰόντα.

[3]) S. vor. S. Anm. 5. Vgl. 544, d weiter oben: ὅτι πέφανται (ὁ δημιουργός) ἡμῖν ἀγαθός μετουσίᾳ τοῦ πρώτου τε καὶ μόνου.

[4]) Ebd. XI, 22. 544, b: ὁ γὰρ δεύτερος διττὸς ὢν αὐτοποιεῖ τήν τε
ἰδίαν ἑαυτοῦ καὶ τὸν κόσμον, δημιουργὸς ὢν ἔπειτα θεωρητικὸς ὅλως.
Anders bei Proklos z. Plat. Tim. 93, A: Νουμήνιος μὲν γὰρ τρεῖς ἀνυμνή-
σας θεοὺς πατέρα μὲν καλεῖ τὸν πρῶτον, ποιητὴν δὲ τὸν δεύτερον.
ποίημα δὲ τὸν τρίτον· — ὥστε ὁ κατ' αὐτὸν δημιουργὸς διττός, ὅ τε
πρῶτος θεὸς καὶ ὁ δεύτερος, τὸ δὲ δημιουργούμενον ὁ τρίτος. Ebd. B:
καθάπερ ἐνταῦθα διττὸν τὸ δημιουργικόν, τὸ μὲν πατήρ, τό δὲ ποιητής.
Hier wird also von einem doppelten Demiurgen bei Numenios gesprochen,
dem höchsten und dem zweiten Gotte. Bei Eusebios XI, 22. 544, a f.
finden wir auch den Gegensatz von δημιουργὸς ὁ τῆς γενέσεως und dem
ἰ. τῆς οὐσίας δημιουργός, der ohne Zweifel auf den ersten und zweiten
Gott bezogen werden muss. -- Ueber die doppelte Beziehung des zweiten
Gottes sehe man noch Euseb. XI, 16. 539, a f.: ὁ μὲν πρῶτος θεὸς ἔσται
ἑστώς, ὁ δὲ δεύτερος ἔμπαλιν ἐστι κινούμενος. ὁ μὲν οὖν πρῶτος περὶ
τὰ νοητά, ὁ δὲ δεύτερος περὶ τὰ νοητὰ καὶ αἰσθητά. Ebd. 539, d: ὁ
δημιουργὸς τὴν ὕλην, τοῦ μήτε διακροῦσαι μήτε ἀποπλαγχθῆναι αὐτὴν
ἁρμονίᾳ ξυνδησάμενος αὐτὸς μὲν ὑπὲρ ταύτης ἵδρυται, οἷον ὑπὲρ νεὼς
ἐπὶ θαλάττης, τῆς ὕλης· τὴν ἁρμονίαν δὲ ἰθύνει ταῖς ἰδέαις οἰακίζων,
βλέπει δὲ ἀντὶ οὐρανοῦ εἰς τὸν ἄνω θεὸν προσαγόμενον αὐτοῦ τὰ ὄμ-
ματα λαμβάνει τε τὸ μὲν κριτικὸν ἀπὸ τῆς θεωρίας, τὸ δὲ ὁρμητικὸν
ἀπὸ τῆς ἐφέσεως. Man sieht die Aehnlichkeit mit Philons λόγος διττός.

nichts mit der ῦλη gemein, aber seine Kräfte und Thätigkeiten sind ihr beigemischt [1]. Er ist ein μιμητής des ersten
Gottes, hat aber den Hang, für die Materie zu sorgen, und
indem er diese gestaltet, ordnet und zusammenhält und
zu sich emporzieht, wird er selbst in ihre Bewegung hinab-
gezogen und zertheilt [2]. So kann Numenios auch sagen,
dass der zweite und der dritte Gott, die Welt, sogar eins
wären [3], und wenn letztere auch meist Gott genannt wird
nach dem Vorgange Platons, so ist sie dies blos durch die
Theilnahme an dem zweiten Gott, durch Theilnahme an dem
schönen [4].

Wir besitzen keine ausführlichen Nachrichten über die
Ableitung dieses zweiten Gottes von dem ersten und bleiben
deshalb über vieles im unklaren. Genannt wird der oberste
Gott der Vater, und der zweite würde dann in dem Verhältniss des Sohnes zu ihm stehen, aber aufgeklärt wird man
durch diese Benennungen im ganzen nicht [5], ebensowenig
wie durch den Vergleich des obersten Gottes und des
zweiten mit einem Landmann und einem der pflanzt [6].

---

[1] Prokl. z. Plat. Tim. 299, C: (οἱ κατευθύνοντες τὴν γένεσιν θεοί)
τὴν μὲν οὐσίαν ἔχουσιν ἀμιγῆ πρὸς τὴν ὕλην, τὰς δὲ δυνάμεις, καὶ
τὰς ἐνεργείας ἀναμεμιγμένας πρὸς αὐτήν, ὡς οἱ περὶ Νουμήνιον λέγουσιν.

[2] Euseb. Praep. ev. XI, 22. 544, b. XI, 18. 539, a f. S. vorige Anm.
Ferner 537, a f.: συμφερόμενος δὲ τῇ ὕλῃ δυάδι οὔσῃ ἑνοῖ μὲν αὐτήν,
σχίζεται δὲ ὑπ' αὐτῆς, ἐπιθυμητικὸν ἦθος ἐχούσης καὶ ῥεούσης. τῷ
οὖν μὴ εἶναι πρὸς τῷ νοητῷ, ἦν γὰρ ἂν πρὸς ἑαυτῷ, διὰ τὸ τὴν
ὕλην βλέπειν, ταύτης ἐπιμελούμενος ἀπερίοπτος ἑαυτοῦ γίνεται. καὶ
ἅπτεται τοῦ αἰσθητοῦ καὶ περιέπει, ἀνάγει τε ἔτι εἰς τὸ ἴδιον ἦθος
ἐπορεξάμενος τῆς ὕλης.

[3] A. a. O. ὁ θεὸς μέντοι ὁ δεύτερος καὶ τρίτος ἐστὶν εἷς.

[4] Ebd. XI, 22. 544, b: ἧς (nämlich der οὐσία des zweiten Gottes)
ὁ καλὸς κόσμος, κεκαλλωπισμένος μετουσίᾳ τοῦ καλοῦ.

[5] Prokl. z. Plat. Tim. 93, A. Daselbst auch die Bezeichnungen des
Numenios für die drei Stufen: ἢ ὡς ἐκεῖνός φησιν τραγῳδῶν, πάππον,
ἔγγονον, ἀπόγονον. Aehnlich Harpokration.

[6] Euseb. Praep. ev. XI, 18. 538, C.

Wahrscheinlich hat Numenios selbst seine Gedanken nicht bis ins einzelne entwickelt. Trotz dieser fragmentarischen Berichte sehen wir doch die Aehnlichkeit zwischen dieser Lehre und der philonischen, wenn auch der Name Logos von Numenios für die Mittelwesen nicht gebraucht zu sein scheint. Auch auf das Gebiet der Anthropologie erstrecken sich diese directen oder indirecten Einwirkungen der Alexandriner. Freilich sind wir über die Lehre von der Seele durch unsere Quellen noch mehr im Stich gelassen. Das gute, das der Demiurg erst vom höchsten Gott empfangen, wird durch ihn, der auch als Gesetzgeber gilt, gepflanzt[1]. Doch wird das Wissen und die Einsicht, das höchste Gut der Seele, auch unmittelbar von dem höchsten Gott abgeleitet, von dem es die Seele empfängt, ohne dass dieser etwas verliert, wie ein Licht an dem andern angezündet wird, und zwar ist die Möglichkeit dieser Mittheilung gegeben durch die Gleichheit des Wesens und die gleiche Qualität der menschlichen Seele und Gottes,[2] worin ähnlich wie von den sonstigen Neupythagoreern dem Pantheismus eine bedeutende Concession gemacht wird.

---

[1] Euseb. XI, 18. 538, c: ὁ νομοθέτης δὲ φυτεύει καὶ διανέμει καὶ μεταφυτεύει εἰς ἡμᾶς ἑκάστους τὰ ἐκεῖθεν προκαταβεβλημένα. Es scheint dies auf die Gleichheit des Demiurgen und des νόμος zu deuten, und wir hätten demnach ein Analogon zu der stoischen und philonischen Lehre. Das in dem Abschnitt vorhergehende: ὁ μέν γε ὢν σπέρμα πάσης ψυχῆς σπείρει εἰς τὰ μεταλαγχάνοντα αὐτοῦ χρήματα σύμπαντα, ist nach dem Zusammenhange auf den ersten Gott zu beziehen. Anders Zeller V, 196 und das. Anm. 7.

[2] Euseb. Praep. ev. XI, 18. 538, d f.: ἔστι δὲ τοῦτο τὸ καλὸν χρῆμα ἐπιστήμη ἡ καλή, ἧς ὤνατο μὲν ὁ λαβών, οὐκ ἀπολείπεται δ᾽ αὐτῆς ὁ δεδωκώς. — τούτου δὲ τὸ αἴτιον — οὐδέν ἐστιν ἀνθρώπινον, ἀλλ᾽ ὅτι ἕξις τε καὶ οὐσία ἡ ἔχουσα τὴν ἐπιστήμην ἢ αὐτή ἐστι παρά τε τῷ δεδωκότι θεῷ καὶ παρὰ τῷ εἰληφότι ἐμοὶ καὶ σοί. Aus den letzten Worten erhellt, dass die Deutung dieser Stelle bei Eusebios, wonach sie das Uebergehen des Wissens von dem ersten Gott auf den zweiten zeigen soll, unrichtig ist. Vgl. noch Jamblichos b. Stob. Ekl. I, 868.

Den ekstatischen Zustand der Seele, wodurch sie der Anschauung des guten theilhaftig wird, wie ihn Philon, und später Plotin
als die höchste Seligkeit angiebt, finden wir in abgeschwächter
Form bei Numenios. Das gute kann man nach ihm nicht
aus etwas vorliegendem oder etwas sinnlichem, das ihm ähnlich wäre erfassen, sondern fern von allem sinnlichen muss
man allein mit ihm zusammen sein, wo weder ein Mensch
noch ein Thier ist, wohl aber eine unbeschreibliche, unaussprechliche, göttliche Einsamkeit. Um zu ihm zu gelangen
darf man sich um die sinnliche Welt nicht kümmern, sondern
muss sich mit der Mathematik, besonders mit den Zahlen
beschäftigen. So wird man lernen, was das seiende ist[1].
Die Mittelstufe des Demiurgen ist hier unnöthig und der Verkehr der menschlichen Seele mit dem Urgrunde selbst ermöglicht.

In allen diesen Ansichten können wir, nachdem wir mit
Philons Lehre bekannt geworden, nichts neues erblicken, da
wir auch gesehen, dass von diesem die Einsamkeit ganz besonders empfohlen wurde. Nur zeigt sich bei Numenios eine
grössere Hinneigung zu der Zahlenlehre als bei den jüdischen
Theosophen. Die Lehre vom Logos hat durch Numenios
höchstens darin einen kleinen Fortschritt erfahren, dass bei
dem zweiten Gotte die beiden Seiten, die Richtung nach oben
zu der ersten Ursache und die nach unten zur ὕλη besonders
stark und oft hervorgehoben wird. Doch mussten wir hier
auf ihn eingehen, da er der Zeit nach der unmittelbarste
Vorgänger des Neuplatonismus war, und schon im Alterthume
dem Plotin der Vorwurf gemacht wurde, er habe die Lehre
des Numenios als seine eigene ausgegeben, eine Anschuldigung,
die den Amelios vermochte, eine eigene Widerlegungsschrift
zu verfassen und dem Porphyrios zu widmen[2].

---

[1] Euseb. ebd. XI, 22. 543, d.
[2] Porph. Vita Plot. 17.

Das eigenthümlichste, welches den Plotin von seinen Vorgängern unterscheidet, ist seine Annahme eines Princips noch über dem νοῦς, der bei Numenios als das höchste gegolten hatte. Der νοῦς, der bei Plotin beinahe im aristotelischen Sinne zu nehmen ist, kann nach ihm als keine vollkommene Einheit gelten. Er besteht aus dem Subject des Erkennens und dem Object desselben, wenn auch der Gegenstand des Denkens der νοῦς wieder selbst ist. Er ist zugleich das νοοῦν und das νοούμενον[1]), also ein Wesen, das in zwei Theile zerlegt werden kann, eine Zweiheit ist. Ueber einer Zweiheit muss aber noch etwas anderes stehen, und demnach muss man dies suchen[2]). Es ist das absolut Eine, das stets der zwei vorausgehen muss, die höchste Abstraction, die überhaupt gedacht werden kann. Es ist über dem Denken, über dem Sein, über dem guten, über dem schönen, über aller Thätigkeit, obgleich alles Denken, alles Sein, alles gute und schöne und jede Thätigkeit aus ihm hervorgeht. Es ist weder begrenzt noch unbegrenzt, es ist über dem allen; ja wenn mit dem Namen „Eins" etwas ausgesagt werden soll, so passt auch diese Bezeichnung nicht; es ist eben gar nichts, nur ein Wunder[3]).

Dies unaussprechliche Eine ist der Urquell aller Vielheit. Weil nichts in ihm ist, ist alles aus ihm[4]). Es wird, um die Dinge ausser ihm überhaupt abzuleiten, angeknüpft, nach dem Vorgange Platons, an die Güte, die doch, wenn auch nicht sein Wesen damit ausgesagt wird, in ihm liegen muss. Wir sehen alle Wesen, die zur Vollendung kommen, nicht

---

[1]) Enn. V, 1, 4. 485, D. Vgl. ausserdem Zeller V, 429.

[2]) III, 8, 8. 350, C: καὶ οὗτος νοῦς καὶ νοητὸν ἅμα, ὥστε δύο ἅμα. εἰ δὲ δύο, δεῖ τὸ πρὸ τοῖ δύο λαβεῖν. Ebd.: εἰ οὖν μὴ νοῦς, ἀλλ' ἐκφεύξεται τι· δύο, τὸ πρότερον τῶν δύο τούτων ἐπέκεινα δεῖ τοῦ εἶναι.

[3]) V, 5, 6. 525, E. VI, 9, 5. 763, B.

[4]) V, 2, 1. 494, A: ἢ ὅτι οὐδὲν ἦν ἐν αὐτῷ, διὰ τοῦτο ἐξ αὐτοῖ πάντα, καὶ ἵνα τὸ ὂν ᾖ, διὰ τοῦτο αὐτὸς οὐκ ὄν, γεννητὴς δὲ αὐτοῦ καὶ πρώτη οἷον γέννησις αὕτη.

nur die beseelten, sondern auch die unbeseelten und die, welche ohne *προαίρεσις* handeln, nicht bei sich bleiben, sondern anderes hervorbringen und zeugen. So wärmt das Feuer, der Schnee kältet, die Heilmittel wirken auf anderes ein. Wie sollte nun das vollendetste Wesen, das erste gute und die höchste Macht auf sich beharren, als ob es Neid empfände oder ohnmächtig wäre? Auf diese Weise kommt die Thätigkeit, trotz Plotins Widerstreben in das Eins hinein. Es entwickelt sich die ganze Vielheit aus dem Einen. Was aus ihm hervorgeht, kann nicht wieder ein Eins, es muss ein Nichteins sein, eine Vielheit, und diese Entfaltung geht fort bis zur äussersten Möglichkeit[1]. Es beruht das nicht auf dem Willen oder auf Reflexion, sondern die eigene Natur des Eins bewirkt es. Es war übervoll und floss über, und so entstand ein anderes.

Das erste nun, was aus dem Eins hervorgeht, ist der *νοῦς*, der Geist, bei dem schon die *ἑτερότης*, der erste Grad der Vielheit, zu bemerken ist. Er ist Denken und Sein zugleich, wiewohl sein Name schon andeutet, dass ihn sich Plotin namentlich als denkenden vorstellt. Er denkt sich selbst, aber als Erzeugniss und Abbild des Eins, als unter ihm stehend und wendet sich zu ihm als seinem Urbild zurück, um es zu erfassen. So empfängt er die Kraft zum Erzeugen, die er aber in ihrer ganzen Fülle nicht in sich erhalten kann. Deshalb zerlegt er sie in vieles, um sie in Theilen ertragen zu können[2]. Indem so die Vielheit in ihm entsteht, entwickeln sich die Ideen, der eigentliche Inhalt des *νοῦς*, der *κόσμος νοητός*, das wahrhaftige All, während

---

[1] V, 3, 15. 513. IV, 8, 6. 474.

[2] VI, 7, 15. 708: δύναμιν οὖν εἰς τὸ γεννᾶν εἶχε παρ' ἐκείνου καὶ τῶν αὐτῶν πληροῦσθαι γεννημάτων διδόντος ἐκείνου, ἃ μὴ εἶχεν αὐτός· ἀλλ' ἐξ ἑνὸς αὐτοῦ πολλὰ τούτῳ· ἣν γὰρ ἐκομίζετο δύναμιν ἀδυνατῶν ἔχειν συνέθραυε καὶ πολλὰ ἐποίησε τὴν μίαν, ἵν' οὕτω δύναιτο κατὰ μέρος φέρειν.

die Sinnenwelt ein reines trügerisches Abbild von diesem
ist[1]. Alles wirklich seiende umfasst er wie die Gattung die
Arten, wie das ganze die Theile, alles ist in ihm zusammen
und doch geschieden, wie die Seele vielerlei Wissen in sich
fasst, ohne dass es mit einander vermischt wäre, wie die
Kraft des Samens alle Entwickelungskeime ungeschieden in
sich hat, die später doch die verschiedenen Theile bilden[2].
Wesentliche Unterschiede zwischen dieser Ideenlehre
und der platonischen treten deutlich entgegen. Bei Platon ist
der νοῦς in der Idee des guten enthalten, während bei Plotin
alle Ideen immanent im νοῦς gedacht werden, und dieser das
begrifflich frühere ist. Ferner fallen bei Plotin die Ideen des
schlechten und verkehrten weg, die Platon wenigstens in seinen
früheren Jahren annahm. Endlich aber giebt es bei dem
Neuplatoniker Ideen von allen Einzelwesen. Weil wir nicht
zwei Dinge finden, die einander vollkommen gleichen, muss
jedes einzelne auch sein eigenes Urbild haben, das jedoch
in allen Weltperioden wieder zur Nachbildung seiner selbst
gelangt. Es erinnert dies an die Lehre der Stoiker[3].
Während Philon nun die Ideen als in der Vernunft der
Gottheit ruhend ansah, andererseits aber sie gleich den in
der Welt wirkenden Kräfte setzte, gehen bei Plotin diese
Ideen nicht unmittelbar über in die Welt der Erscheinung,
aber sie sind doch auch nicht reiner Gedanke in dem νοῦς.
Der νοῦς ist selbst denkend und thätig, hat sogar eine
doppelte Thätigkeit, eine innere und eine andere auf
äusseres gerichtete[4]. So wird man auch seinen Theilen
eine Thätigkeit zuschreiben müssen, und dem gemäss werden

---

[1] S. Kirchner, Die Philos. des Plotin 53.
[2] V, 9, 6. 560: νοῦς μὲν δὴ ἔστω τὰ ὄντα, καὶ πάντα ἐν αὐτῷ οὐχ
ὡς ἐν τόπῳ ἔχων, ἀλλ' ὡς αὐτὸν ἔχων καὶ ἓν ὢν αὐτοῖς κτλ.
[3] V, 7, 1. 589. Vgl. oben 121 u. das. Anm. 1.
[4] II, 9, 8. 206: εἶναι γὰρ αὐτοῦ ἐνέργειαν ἔδει διττήν, τὴν μὲν ἐν
ἑαυτῷ, τὴν δὲ εἰς ἄλλο.

die Ideen zu einzelnen *νόες*, das ist zu denkenden Kräften,
die natürlich alle von dem einen *νοῦς* umfasst sind [1].

Die äussere Thätigkeit des *νοῦς* bringt ihn nun dazu,
etwas ausser ihm zu schaffen. Gerade so wie er aus dem
Eins mit Naturnothwendigkeit hervorfliesst, so aus ihm wieder
die Weltseele, ohne dass freilich diese Nothwendigkeit
besser motiviert wäre als das Ueberfliessen des Eins [2]. In
dem Eins hat das Denken gar keinen Raum, also kann
dessen Thätigkeit keine bewusste, oder gar überlegende
sein; dasselbe ist von der Wirksamkeit des *νοῦς* zu sagen,
da er blos beschaut, unmittelbar denkt, aber keine Reflexion
in sich schliesst, die schon eine Neigung zum niederen wäre.
Gleich dem Eins bleibt er bei seinem Schaffen unverändert.
Wie er aber tiefer steht als das Wesen, von dem er
emaniert, so muss auch die von ihm ausgegangene Weltseele
niedrigerer Wesenheit sein als der *νοῦς*, da sie nur sein
Abbild ist [3].

Durch diese dritte Hypostase wird die Vermittelung
zwischen der intelligibeln Welt und der Welt der Erscheinung hergestellt, letztere wird überhaupt erst durch die
Seele hervorgebracht. Vermöge der inneren Nothwendigkeit muss die Seele weiter gehen, muss die Entwickelung bis
zur Grenze der Möglichkeit herabsteigen. Aus dem hellsten
Lichte musste die Finsterniss, aus dem Sein das Nichtsein,
aus dem absolut guten oder vielmehr noch über dem guten
stehenden das schlechte allmählich heraustreten [4]. Es ist

---

[1] VI, 7, 17. 710: *τί δὲ τὰ πολλά; νόες πολλοί. πάντα ουν νόες καὶ
ὁ μὲν πᾶς νοῦς, οἱ δὲ ἕκαστοι νοῖ. ὁ δὲ πᾶς νοῦς ἕκαστον περιέχων.*
M. s. andere Stellen bei Zeller, V, 472, 1.

[2] V, 1, 7. 489: *ψυχὴν γὰρ γεννᾷ νοῦς, νοῦς ὢν τέλειος· καὶ γὰρ
τέλειον ὄντα γεννᾶν ἔδει καὶ μὴ δύναμιν οὖσαν τοσαύτην ἄγονον εἶναι*

[3] A. a. O.: *κρεῖττον δὲ οὐχ οἷόν τε ἦν εἶναι οὐδ' ἐνταῦθα τὸ γεν-
νώμενον ἀλλ' ἔλαττον εἴδωλον εἶναι αὐτοῦ.*

[4] I, 8, 7. 77, E: *ἐξ ἀνάγκης δὲ εἶναι τὸ μετὰ τὸ πρῶτον, ὥστε καὶ*

dies die Materie, die freilich in der Regel von Plotin nicht
behandelt wird, als wäre sie eine Emanation der Seele,
sondern blos als empfangendes Princip für das formgebende,
als passives für das active auftritt. Im ganzen sind bei
dieser Materie die platonischen Bestimmungen beibehalten,
nur haben die Neupythagoreer darauf eingewirkt, dass sie
geradezu als das böse behandelt wurde, und die Stoiker
darauf, dass sie als äusserstes Glied der Emanation gilt, aus
der Gottheit hervorgegangen ist, freilich nicht als körperlich.

Muss nun der *voῦς* schon in einem doppelten Verhältniss gedacht werden, auf der einen Seite in dem des Be-
schauens nach oben, und auf der andern in dem des Aus-
strahlens nach unten, so ist dies bei der Weltseele noch
mehr der Fall. Diese schreitet vom ersten ausgehend zum
dritten vor. Was sie im *voῦς* geschaut hat, von dem ist sie
gleichsam schwanger und sehnt sich, im Gegensatze zum
voῦς, der ohne Veränderung bleibt, danach dies wieder darzustellen. So bringt sie die sichtbaren Erscheinungen hervor [1]. Während der *voῦς* blos denkt, kann sie nicht nur bei
dem Denken verharren; denn sonst unterschiede sie sich in
nichts von diesem. Ihre Aufgabe geht dahin, auf das höhere
schauend zu denken, auf sich selbst schauend sich zu erhalten, auf das niedere schauend dies zu ordnen und zu be-
herrschen [2].

τὸ ἔσχατον. τοῦτο δὲ ἡ ὕλη, μηδὲν ἔτι ἔχουσα αυτοῦ. καὶ αὕτη ἡ ἀνάγκη
τοῦ κακοῦ.

[1] IV, 7, 13. 466: ὅτι ὅσος μὲν νοῦς μόνος ἀπαθὴς ἐν τοῖς νοητοῖς,
ζωὴν μόνον νοερὰν ἔχων ἐκεῖ ἀεὶ μένει. οὐ γὰρ ἔνι ὁρμὴ οὐδ᾽ ὄρεξις·
ὃ δ᾽ ἂν ὄρεξιν προσλάβῃ, ἐφεξῆς ἐκείνῳ τῷ νῷ ὄν, τῇ προσθήκῃ τῆς
ὀρέξεως οἷον πρόεισιν ἤδη ἐπὶ πλέον καὶ κοσμεῖν ὀρεγόμενον, καθὰ ἐν
ῥῷ εἶδεν, ὥσπερ κυοῦν ἀπ᾽ αὐτῶν καὶ ὠδῖνον γεννῆσαι ποιεῖν σπεύδει
καὶ δημιουργεῖ. — αὕτη δὲ ὁτὲ μὲν σώματι, ὁτὲ δὲ σώματος ἔξω,
ὁρμηθεῖσα μὲν ἀπὸ τῶν πρώτων, εἰς δὲ τὰ τρίτα προελθοῦσα, εἰς τὰ
ἐπὶ τάδε.

[2] IV, 8, 3. 471: προςλαβοῦσα γὰρ τῷ νοερὰ εἶναι καὶ ἄλλο, καθ᾽ ὃ
τὴν οἰκείαν ἔσχεν ὑπόστασιν, νοῦς οὐκ ἔμεινεν. — βλέπουσα δὲ πρὸς

Es erinnert diese Seele in ihrer Mischung des Strebens nach dem höheren und in ihrem Zuge nach unten an die platonische Weltseele, die aus Elementen des ταὐτόν und des ἕτερον besteht, aber noch mehr an den zweiten Gott des Numenios, an den Demiurgen, der eben von dieser doppelten Beziehung, wie wir gesehen, διττός genannt wurde. Gehen wir weiter und suchen nach dem Inhalt dieser Weltseele, so werden wir bald bemerken, dass ihr eigentliches Wesen, abgesehen von ihrer Ableitung aus dem höheren, mit dem formellen Princip, mit dem Gott und dem Logos oder auch der Weltseele der Stoiker die innigste Verwandtschaft hat, und Plotin bei der Wirksamkeit dieser Seele zunächst sich die Stoa zur Führerin nimmt, so sehr er auch geneigt ist, gegen die Anhänger dieser Schule zu polemisieren[1].

Die Seele ist Vernunft, das heisst discursives Denken im Gegensatz zu dem νοῦς, der reinen Anschauung[2]. Sie ist auch selbst gewisser Maassen νοῦς, aber ein νοῦς, der sich im Nachdenken, in der Reflexion thätig zeigt, wie es von ihr heisst καίτοι καὶ αὐτὴ λόγος ἦν καὶ οἷον νοῦς ἀλλ' ὁρῶν

μὲν τὸ πρὸ ἑαυτῆς νοεῖ, εἰς δὲ ἑαυτὴν σώζει ἑαυτήν, εἰς δὲ τὸ μετ' αὐτήν, ὃ κοσμεῖ τε καὶ διοικεῖ καὶ ἄρχει αὐτοῦ.

[1] Richter, Neu-Platonische Studien, Heft IV, 82 meint, der Begriff der Weltseele wäre „fehlerhaft", da er in allen Theilen 'der Philosophie hervorbreche. Es gehe auch aus diesem Umstande die Unsicherheit hervor, die in Bezug auf diesen Begriff herrsche. Was letzteres anlangt, so leiden andere plotinische Begriffe an derselben Unklarheit. Man denke nur an die wenig durchgeführte Kategorienlehre, auf die Richter so viel Gewicht legt, und was ersteres betrifft, so scheint mir das Hinübergreifen in die verschiedenen Gebiete der Philosophie eher für die Weltseele als gegen sie zu sprechen. In Wahrheit freilich ist sie ebenso wenig philosophisch abgeleitet als der νοῦς, ebenso wenig als das ἕν hinlänglich begründet ist.

[2] III, 8, 5. 347, E: ὃ γὰρ ἐν ψυχῇ λαμβάνει λόγῳ οὔσῃ, τί ἂν ἄλλο ἢ λόγος σιωπῶν εἴη; III, 9, 1. 357, B: οὐ νοῦ ἔργον ἡ διάνοια, ἀλλὰ ψυχῆς μεριστὴν ἐνέργειαν ἐχούσης ἐν μεριστῇ φύσει I, 1, 7. 4, G: ἡμεῖς λογιζόμεθα τῷ τοὺς λογισμοὺς ψυχῆς εἶναι ἐνεργήματα.

ἄλλο [1]. Auch unter dem νοῦς λογιζόμενος, der unterschieden
wird von dem νοῦς λογίζεσθαι παρέχων [2]), muss man die
Seele verstehen. Es ist richtig, dass Plotin an einigen
Stellen der Weltseele das λογίζεσθαι geradezu abspricht [3]).
Allein man wird zugeben müssen, dass dann der Begriff des
λογίζεσθαι sehr eng gefasst ist [4]). Die für das λογίζεσθαι
der Seele angeführten Stellen sind freilich zunächst von der
Einzelseele zu verstehen, wie Zeller bemerkt [5]), jedoch
ist die Thätigkeit der Einzelseelen, die der Weltseele ganz
ähnlich sind, kaum von der Thätigkeit der letzteren
absolut zu sondern [6]), zumal auch bei vielen andern Stellen
nicht möglich ist zu entscheiden, ob etwas von der Einzelseele oder von der Weltseele ausgesagt werden soll. Einmal
wird aber das φιλομαθές und ζητητικόν sogar entschieden
der Weltseele beigelegt [7]).

Eng hängt mit diesem begrifflichen Denken, das der
Weltseele zukommt, zusammen die Bewegung und das Leben,
das besonders von ihr ausgesagt wird. Zwar kann die Seele
nicht das erste lebende und sich bewegende sein, da es
heisst: ἡ δὲ ἐναργεστέρα αὕτη καὶ πρώτη ζωὴ καὶ πρῶτος
νοῦς εἰς· νόησις οὖν ἡ πρώτη ζωή [8]), allein andererseits wird
sie doch als der um das Eins als Mittelpunkt sich bewegende

---

[1]) III. 8, 5. 348, A. Vgl. V, 1, 8. 484: οὖσα οὖν ἀπὸ νοῦ νοερά ἐστι
καὶ ἐν λογισμοῖς ὁ νοῦς αὐτῆς.

[2]) V, 1, 10. 491. Vgl. Kirchner a. a. O. 69.

[3]) IV, 4, 10. 404: εἰ οὖν καὶ αὕτη (ἡ τοῦ κόσμου ζωή, worunter
nichts anderes als die Weltseele zu verstehen ist) μὴ ἐν τῷ λογίζεσθαι
ἔχει τὸ ζῆν, μηδ' ἐν τῷ ζητεῖν ὅτι δεῖ ποιεῖν; Ebd. 12. 406, A ff.

[4]) A. a. O. heisst es: τὸ γὰρ λογίζεσθαι τί ἄλλο ἂν εἴη ἢ τὸ ἐφίε-
σθαι εὑρεῖν φρόνησιν καὶ λόγον ἀληθῆ; und weiter: ζητεῖ γὰρ μαθεῖν
ὁ λογιζόμενος, ὅπερ ὁ ἤδη ἔχων φρόνιμος.

[5]) V, 481, 2.

[6]) Zeller bezieht 480, 1 die Stelle V, 1, 3. 484, wo es heisst, dass der
νοῦς der Seele ἐν λογισμοῖς bestehe, selbst vornehmlich auf die Weltseele.

[7]) III, 8, 4. 346, D.

[8]) III, 8, 7. 349, C f.

Kreis dem unbewegten *νοῦς*, als das von Sehnsucht nach
dem Jenseits ergriffene Wesen dem *νοῖς*, der sogleich erfasst hat und besitzt, gegenübergestellt [1]. Es wird die Bewegung und das Leben vornehmlich der Seele zukommen,
wenn sie auch nicht specifische Merkmale derselben sind.
Deshalb kann sie von Plotin bezeichnet werden als *ζωὴν
παρ' ἑαυτῆς ἔχουσα*, oder als *ἐξ ἑαυτῆς κινουμένη* oder als
φύσις πρώτως ζῶσα [2]. Die Materie ist von ihr ausgegangen, aber formlos, eigenschaftslos, unkörperlich, ohne
Grösse, als letztes Glied in der allgemeinen Entwickelung.
Sie ist der dunkle Grund, zu welchem der *λόγος* als Licht
hinzutreten muss, das *ἄπειρον*, welches durch das *πέρας*
begrenzt wird, die volle Fähigkeit, die aber aus sich nichts
werden kann, sondern erst durch die *ἐνέργεια* ins Leben
tritt [3]. Wenn man absieht von jeglicher Bestimmung, dann
kommt man zu der Materie und nur eins könnte von ihr ausge-

---

[1] IV, 4, 16. 409, C: *εἰ δὲ τἀγαθόν τις κατὰ κέντρον τάξειε τὸν νοῖν
κατὰ κύκλον ἀκίνητον, ψυχὴν δὲ κατὰ κύκλον κινούμενον ἂν τάξειε, κινούμενον δὲ τῇ ἐφέσει· νοῖς γὰρ εὐθὺς καὶ ἔχει καὶ περιείληφεν, ἡ δὲ
ψυχὴ τοῦ ἐπέκεινα ὄντος ἐφίεται.*

[2] IV, 7, 9. 463. Es ist allerdings fraglich, worauf dieses Capitel sich
bezieht, ob auf den νοῖς, oder auf die Seele. Zeller entscheidet sich 477, 6
dafür, dass ersterer geschildert wird. Mir ist es wahrscheinlich, dass die
Seele gemeint ist. Der Anfang, wo davon die Rede, dass das fragliche Wesen
*παρέχει — σωτηρίαν τοῖς ἄλλοις καὶ τῷδε τῷ παντὶ διὰ ψυχῆς σωζο-
μένῳ καὶ κεκοσμημένῳ*, dass es allen übrigen Dingen die Bewegung giebt
und Leben dem beseelten Körper, und der Schluss, dass es ein reines
Leben geniessen müsse, *ὅσον ἂν αὐτοῦ μένῃ μόνον, ὃ δ' ἂν συμμιγθῇ
χείρονι, ἐμπόδιον μὲν ἔχειν πρὸς τὰ ἄριστα* κτλ., auch noch andere
Einzelheiten scheinen mir entschieden für die Seele zu sprechen. Aehnliche Controversen können bei der Erklärung Plotins häufig vorkommen.
Freilich dient dies nicht dazu, Klarheit in seine Philosopheme zu bringen.

[3] II. 4, 5. 161, D: *τὸ δὲ βάθος ἑκάστου ἡ ὕλη διὸ καὶ σκοτεινὴ
πᾶσα, ὅτι τὸ φῶς ὁ λόγος καὶ ὁ νοῖς λόγος.* VI, 1, 26. 589: *οὐ γὰρ
δὴ ἡ ὕλη τὸ εἶδος γεννᾷ ἢ ἄποιος τὸ ποιὸν οὐδ' ἐκ τοῦ δυνάμει ἐνέργεια.* Vgl. II, 4, 4. 161. I, 8, 16. 79, C u. öfter. Es kann uns nicht
darauf ankommen, hier noch auf die intelligible *ὕλη*, die den Stoff zu
den Ideen abgiebt, einzugehen.

sagt werden, dass sie die absolute Beraubung ist. Sie ist
der volle Gegensatz zu dem *ἕν*. Hier durchaus Negation,
weil die Gedanken die Höhe nicht erreichen können; dort
bei der *ὕλη* ebenso volle Negation, weil die absolute Tiefe
nicht erfasst werden kann. Auf beiden Seiten das nichts.

Damit nun die Welt der Erscheinung entsteht, damit
doch ein sichtbares Gegenbild des intelligibeln *κόσμος*
hervorgebracht wird, dessen Nothwendigkeit man freilich
nicht einsieht, müssen die Formen in die Materie hinab-
steigen, und diese Formen sind nichts weiter als die Begriffe,
welche in der Seele ruhen, wie es scheint Abbilder der
Ideen. Die Seele ist ein Abbild des *νοῦς*, der *νοῦς* hat die
Ideen zum Inhalt, so wird der Inhalt der Seele diesen entsprechen.

Dass die denselben ausmachenden Logoi von den Ideen
ausgehen, scheint nicht ausdrücklich gesagt, dass der sie zu-
sammenfassende Logos aber wie die Seele aus dem *νοῦς*
herausfliesse, ist öfter bestimmt ausgesprochen, so dass also
der Logos das Mittelglied zwischen Gott und der Welt ist.
*οὗτος δὲ ὁ λόγος ἐκ νοῦ ῥυείς· τὸ γὰρ ἀπορρέον ἐκ νοῦ
λόγος καὶ ἀεὶ ἀπορρεῖ, ἕως ἂν ᾖ παρὼν ἐν τοῖς οὖσι νοῦς*
heisst es [1].

Welche Stellung die Logoi dem *νοῦς* gegenüber sonst
einnehmen, darüber erhalten wir keinen Aufschluss. Doch
müssen sie als Inhalt der Seele das begriffliche Denken
desselben bilden, so dass die reine Betrachtung, wie sie der
νοῦς übt gegenüber dem *ἕν*, bei der Seele in die denkende
Betrachtung des *νοῦς* vermittelst der aufgenommenen Ideen,
der Logoi übergeht. Dem näheren Vorgange dieser denken-

---

[1] III, 2, 2. 256, A. Weiter unten das Weltall mit dem *νοῦς* verbunden: *οὕτω δὴ καὶ ἐξ ἑνὸς νοῦ καὶ τοῦ ἀπ' αὐτοῦ λόγου ἀνέστη
τόδε τὸ πᾶν καὶ διέστη.* Vgl. III, 2, 16. 267, D: Der Logos *οἷον
ἔκλαμψις ἐξ ἀμφοῖν, νοῦ καὶ ψυχῆς.* Ebd. 267, G: *ἔχων τοίνυν οὗτος
ὁ λόγος ἐκ νοῦ ἑνός.*

den Betrachtung nachzukommen, dazu hilft uns nicht einmal
die Analogie mit der menschlichen Seele etwas. Die Logoi
würden sich dann, wie die Weltseele selbst, gleichsam in
zwei Theile spalten, einmal nach oben zur intelligibeln Welt
gerichtet, dann nach unten zur sinnlichen. Es wird deshalb
auch bei Plotin häufig von zweierlei verschiedenen Logoi geredet, die wahrscheinlich ebenso vereint zu denken sind, wie
die zwei Theile der Seele. Freilich kann man bei der Unbestimmtheit der Ausdrücke häufig nicht sagen, ob diese höheren
Logoi, von denen die Rede, nicht mit den Ideen geradezu identisch sind[1]. Es würde dies dann eine ähnliche Scheidung sein, wie
wir eine solche bei Philon gefunden haben zwischen den Ideen
der intelligibeln Welt und den heraustretenden, welche die
sichtbare Welt bilden, für welchen Unterschied dem Philon
die Trennung des λόγος ἐνδιάθετος und προφορικός wenig-

---

[1] V, 8, 2. 543, B: καλὰ μὲν τὰ ποιήματα καὶ ὁ ἐπὶ τῆς ὕλης
λόγος, ὁ δὲ μὴ ἐν ὕλῃ, ἀλλ' ἐν τῷ ποιοῦντι λόγος οὐ κάλλος, ὁ
πρῶτος καὶ ἄϋλος οὗτος; Wer unter dem ποιοῦν zu verstehen, ist
unklar, da sowohl der νοῦς als auch die ψυχή so genannt wird; letztere
VI, 2, 5. 599. II, 9, 4. 202, B. Ebd. 6. 204, A. Deutlich ist die
Unterscheidung zwischen dem wirkenden Logos und dem in der Seele
V, 8, 3. 544, A: ἔστιν οὖν καὶ ἐν τῇ φύσει λόγος κάλλους ἀρχέτυ-
πος τοῦ ἐν σώματι, τοῦ δ' ἐν τῇ φύσει ὁ ἐν τῇ ψυχῇ καλλίων, παρ' οὗ
καὶ ὁ ἐν τῇ φύσει. ὁ πρὸ αὐτοῦ ὁ οὐκ ἔτι ἐγγιγνόμενος, οὐδ' ἐν
ἄλλῳ, ἀλλ' ἐν αὐτῷ. διὸ οὐδὲ λόγος ἐστὶν ἀλλὰ ποιητὴς τοῦ πρώτου
λόγου, κάλλους ἐν ὕλῃ ψυχικῇ ὄντος· νοῦς δὲ οὗτος. Vgl. ferner IV,
3, 11. 380 F f.: καὶ γὰρ ἡ τοῦ παντὸς φύσις πάντα εὐμηχάνως ποιη-
σαμένη εἰς μίμησιν ὧν εἶχε τοὺς λόγους, ἐπειδὴ ἕκαστον οὕτως ἐγένετο ἐν ὕλῃ λόγος. ὃς κατὰ τὸν πρὸ ὕλης ἐμεμόρφωτο συνήψατο
τῷ θεῷ ἐκείνῳ, καθ' ὃν ἐγίνετο καὶ εἰς ὃν εἶδεν ἡ ψυχὴ καὶ εἶχε
ποιοῦσα. Vgl. IV, 6, 8. 454, A. III, 8, 1. 344, F. Wahrscheinlich sind
die Logoi als Ideen zu fassen VI, 2, 21. 613, 9: ὡς γὰρ ἂν ὁ ἀκρι-
βέστατος νοῦς λογίσαιτο ὡς ἄριστα, οὕτως ἔχει πάντα ἐν τοῖς λόγοις
πρὸ λογισμοῦ οὖσι. τί χρὴ προσδοκᾶν ἐν τοῖς πρὸ φύσεως καὶ τῶν
λόγων τῶν ἐν αὐτῇ ἐν τοῖς ἀνωτέρω εἶναι; ἐν οἷς γὰρ ἡ οὐσία οὐκ
ἄλλο τι ἢ νοῦς καὶ οὐκ ἐπακτὸν οὔτε τὸ ὂν αὐτοῖς οὔτε ὁ νοῦς. Vgl.
II, 7, 3. 187. Auch der νοῦς und der λόγος fliessen häufig in einander,
namentlich VI, 8, 17. 752.

stens vorgeschwebt hat. Derselbe Vergleich ist bei Plotin
zu bemerken, und zwar steht dann die Seele als Zusammenhang
der bildenden λόγοι gleich dem λόγος ἐν προφορᾷ gegenüber dem νοῦς, der noch alles in sich verschliesst[1].

So viel nun auch Plotin von diesen λόγοι in dem κόσμος νοητός spricht, er kommt zu keiner klaren Ansicht über
sie, und ihre eigentliche Bedeutung erhalten die λόγοι erst
bei der Bildung der Erscheinungswelt. Die Seele ist in eminentem Grade Leben und Bewegung, und diese ihre Eigenschaften zeigen sich am deutlichsten in ihrer Richtung nach
unten, in dem Formen des Stoffes. Das Reich dieser fortwährend Bewegung ist die φύσις, welche durch die Logoi
erst zu Stande kommt[2]. Der Stoff existiert übrigens nie ohne
die Form, geradeso wie bei Aristoteles und den Stoikern,
so dass blos von einer begrifflichen Scheidung die Rede
sein kann, und nicht von einer factischen. Sobald die Materie emaniert, sind zugleich die bildenden Qualitäten darin
zu denken, wie auch die Stoiker die formenden λόγοι unmittelbar mit dem Entstehen des zu gestaltenden Substrats
in diesem wirken liessen[3]. Diese, die gestaltenden Formen
sind bei Plotin hauptsächlich λόγοι genannt, offenbar nach
den Stoikern und Philon, ohne dass andere Bezeichnungen

---

[1] V, 1, 3. 484, A f.: καίπερ γὰρ οὖσα χρῆμα (ἡ ψυχή) — εἰκών
τίς ἐστι νοῦ. οἷον λόγος ὁ ἐν προφορᾷ λόγου τοῦ ἐν ψυχῇ, οὕτω
τοι καὶ αὐτὴ λόγος νοῦ καὶ ἡ πᾶσα ἐνέργεια καὶ ἣν προίεται ζωὴν
εἰς ἄλλον ὑπόστασιν. I, 2, 3. 13, F: ὡς γὰρ ἐν φωνῇ λόγος μίμημα
τοῦ ἐν ψυχῇ, οὕτω καὶ ὁ ἐν ψυχῇ μίμημα τοῦ ἐν ἑτέρῳ. ὡς οὖν
μεμερισμένος ὁ ἐν προφορᾷ πρὸς τὸν ἐν ψυχῇ, οὕτως καὶ ὁ ἐν ψυχῇ.
ἑρμηνεὺς ὢν ἐκείνου, πρὸς τὸν πρὸ αὐτοῦ. Für den λόγος προφορικός braucht Plotin gleich Philon λόγος γεγωνός. V, 1, 6. 487, A.

[2] V, 8, 1. 543, D.

[3] IV, 3, 9. 379, A: ἐπεὶ οὐκ ἦν ὅτε οὐκ ἐψύχωτο τόδε τὸ πᾶν,
οὐδὲ ἦν ὅτε σῶμα ὑφειστήκει ψυχῆς ἀπούσης, οὐδὲ ὕλη ποτὲ ὅτε
ἀκόσμητος ἦν· ἀλλ' ἐπινοῆσαι ταῦτα χωρίζοντας αὐτὰ ἀπ' ἀλλήλων
τῷ λόγῳ οἷόν τε. ἔξεστι γὰρ ἀναλύειν τῷ λόγῳ καὶ τῇ διανοίᾳ πᾶσαν σύνθεσιν.

wie *εἶδος* oder *μορφή*, ausgeschlossen wären[1], die ebenfalls
wie *λόγοι* für die Idee gebraucht werden. Mit dem Worte
Logoi scheint allerdings der Begriff des Wirkens enger verbunden zu sein, als mit den andern, so dass die Logoi geradezu als wirkende Kräfte betrachtet werden können, aber stets
nach einem bestimmten Begriff in vernünftiger Weise thätig[2].
Für sich können freilich die *λόγοι* ihre Wirksamkeit
nicht ausüben, sondern nur in der *ὕλη*, so dass eben letztere
dazu gehört, damit sie ihrer eigentlichen Bestimmung entsprechen können[3]. Bei der Bildung des Stoffes treten zuerst die Formen der Elemente auf, wie nach der Lehre der
Stoiker, dann wird zu dem weniger allgemeinen geschritten
und zuletzt zu dem Individuum, so dass die Materie völlig
von Formen umfangen ist, und es schwer hält, sie selbst zu
finden[4].

Jeder Körper besteht nicht etwa blos aus Stoff, sondern
muss einen Logos in sich haben, so dass der Körper erklärt
wird als *τὸ ἐκ πασῶν τῶν ποιοτήτων σὺν ὕλῃ* oder als *ὕλη
καὶ λόγος ἑνών*[5]. Der Logos ist also der Inbegriff der Qualitäten, die sich in einem Stoff zusammenfinden, in gleicher

---

[1] I, 6, 2. 52, A. *πᾶν γὰρ τὸ ἄμορφον πεφυκὸς μορφὴν καὶ εἶδος
δέχεσθαι ἄμοιρον ὂν λόγου καὶ εἴδους αἰσχρὸν καὶ ἔξω θείου λόγου·
καὶ τὸ πάντη αἰσχρὸν τοῦτο. αἰσχρὸν δὲ καὶ τὸ μὴ κρατηθὲν ὑπὸ
μορφῆς. καὶ λόγου οὐκ ἀνασχομένης τῆς ὕλης τὸ πάντη κατὰ τὸ
εἶδος μορφοῦσθαι. II, 4, 15. 168, F. τάττει δὲ τὸ πέρας καὶ ὅρος καὶ
λόγος.* Vgl. II, 6, 2. 181, A.

[2] Doch wird die Thätigkeit auch von andern ausgesagt; so heisst
das *εἶδος γόνιμον*, III, 6, 19. 321, F.

[3] I, 8, 8. 78, A: *ἅ τε γὰρ ποιεῖ ἡ ἐν ὕλῃ ποιότης, οὐ χωρὶς οὖσα
ποιεῖ, ὥσπερ οὐδὲ τὸ σχῆμα τοῦ πελέκεως ἄνευ σιδήρου ποιεῖ.*

[4] V, 8, 7. 548, C: *πρῶτον μὲν ἡ ὕλη τοῖς τῶν στοιχείων εἴδεσιν
εἶτα ἐπὶ εἴδεσιν εἴδη ἄλλα, εἶτα πάλιν ἕτερα· ὅθεν καὶ χαλεπὸν εὑρεῖν
τὴν ὕλην, ὑπὸ πολλοῖς εἴδεσι κρυφθεῖσαν.* Vgl. V, 9, 3. 557.

[5] II, 7, 3, 186, F u. 187. Vgl. III, 8, 2. 344, E: *οὐ γὰρ πῦρ δεῖ
προσελθεῖν, ἵνα πῦρ ἡ ὕλη γίνηται, ἀλλὰ λόγον. ὃ καὶ σημεῖον οὐ
μικρὸν τοῦ ἐν τοῖς ζῴοις καὶ ἐν τοῖς φυτοῖς τοὺς λόγους εἶναι τοὺς
ποιοῦντας.*

Weise wie bei den Stoikern der *λόγος σπερματικός* oder der *ἰδίως ποιός* die Eigenschaften zu den Einzelwesen zusammenfasst[1]. Es muss ebenso für jedes besondere einen eigenen Logos geben, wie auch für jedes Einzelwesen eine besondere Idee angenommen wird, von welcher der Logos nur ein schwächeres Abbild. Das Weltall ist aber auf das mannigfachste zusammengesetzt, also müssen auch die wirkenden Formen in derselben Verschiedenheit vorhanden sein, wie ja im menschlichen Organismus die verschiedenen Theile verschiedene Thätigkeiten haben[2].

Ein Theil dieser gestaltenden Logoi sind die wirkenden Formen in den Samen, welche die Pflanzen und Thiere bilden. Sie sind das wesentliche in dem Samen und nicht die Materie, sie bringen die Differenzen in den Organismen hervor, aber wirken organisch in der Materie und nicht mechanisch[3]. Die *φύσις* in dem Samen, wie auch das lebendige Princip genannt wird, die von etwas höherem ausgegangen ist, wie das Licht aus dem Feuer, verwandelt und gestaltet die Materie nicht durch Stoss oder Ansetzen von Hebeln, sondern durch den Begriff[4]. Der eine Logos, der das Individuum als ein-

---

[1] Vgl. oben 119 f.

[2] IV, 4, 36. 430: ποικιλώτατον γὰρ τὸ πᾶν καὶ λόγοι πάντες ἐν αὐτῷ καὶ δυνάμεις, ἄπειροι (nicht im eigentlichen Sinne zu fassen) καὶ ποικίλαι. οἷον δέ φασι καὶ ἐπ᾽ ἀνθρώπου ἄλλην μὲν δύναμιν ἔχειν ὀφθαλμὸν καὶ ὀστοῦν τόδε, τοδὶ δ᾽ ἄλλην.

[3] V, 1, 5. 486. B: οὐδὲ ἐν σπέρμασι δὲ τὸ ὑγρὸν (als das Substrat, in dem der Logos sich vorfindet, wie bei den Stoikern) τὸ τίμιον ἀλλὰ τὸ μὴ ὁρώμενον, τοῦτο δὲ ἀριθμὸς καὶ λόγος. IV, 3, 10. 380, A: οἷα καὶ οἱ ἐν σπέρμασι λόγοι πλάττουσι καὶ μορφοῦσι τὰ ζῶα οἷον μικρούς τινας κόσμους. V, 9, 9. 562, B: ὡς γὰρ ὄντος λόγου ζώου τινός, οὔσης δὲ καὶ ὕλης τῆς τὸν λόγον τὸν σπερματικόν, ἀνάγκη ζῶον γενέσθαι. Aehnlich οἱ λόγοι οἱ τὰ ζῶα ποιοῦντες VI, 2, 21. 613, F. Und die λόγοι γεννητικοί II, 3, 16, 146, E. Vgl. ausserdem IV, 3, 29. 422, E. III, 8, 6. 348, F. V, 9, 8. 503.

[4] V, 9, 6. 560, C. Der Schluss ἔτρεψέ τε καὶ ἐμόρφωσε τὴν ὕλην, οὐκ ὠθοῦσα οὐδὲ ταῖς πολυθρυλλήτοις μοχλείαις χρωμένη, δοῦσα δὲ τὸν λόγον. Vgl. III, 8, 1. 344, A f.

heitliches bildet, fasst verschiedene andere in sich, aber in der
Einheit, so dass sie nicht von einander getrennt sind, ein Verhältniss, das zum Gleichniss dafür dient, wie der νοῦς auch die
Ideen in sich hält, ohne doch die Einheit zu verlieren[1]).
Diese ganze Lehre ist, wie man sogleich sieht, von den
Stoikern genommen, nur polemisiert Plotin dagegen, dass der
ganze Weltverlauf nach diesen λόγοι σπερματικοί vor sich
gehe, vielmehr ordne sich dieser nach solchen λόγοι, die auch
noch viel frühere in sich fassten, als die λόγοι σπερματκοί
selbst seien. Denn in letzteren sei nichts enthalten von dem,
was gegen sie selbst geschehe, noch von den Wirkungen
der Materie auf das Weltganze, noch von den Einflüssen er-
zeugter Dinge auf die andern Erzeugnisse. Vielmehr gleiche
der Logos des Alls einem Logos, welcher einer Stadt Gesetze
gebe und schon wisse, was die Bürger thun würden, und
weshalb, so dass er bei den Gesetzen schon darauf Rücksicht
nehme und die Leidenschaften und ihre Folgen mit in Rechnung ziehe[2]).
Wenn die λόγοι σπερματικοί als für sich bestehende
Formen, die sich ohne alle Beziehung auf anderes entwickeln,
gedacht werden könnten, so würde allerdings diese plotinische
Kritik treffend sein. Aber nach der stoischen Lehre, die
Plotin hier wahrscheinlich im Sinne hat, sind sie alle zusammengefasst und geeint durch den höchsten λόγος σπερματικός, der die Beziehungen der einzelnen zu einander und

---

[1]) V, 9, 6. 560, B: ὁ δὲ πᾶς νοῦς περιέχει ὥσπερ γένος εἴδη καὶ
ὥσπερ ὅλον μέρη, καὶ αἱ τῶν σπερμάτων δὲ δυνάμεις εἰκόνα φέρουσι
τοῦ λεγομένου· ἐν γὰρ τῷ ὅλῳ ἀδιάκριτα πάντα καὶ οἱ λόγοι ὥσπερ
ἐν ἑνὶ κέντρῳ, καὶ ἔστιν ἄλλος ὀφθαλμοῦ, ἄλλος δὲ χειρῶν λόγος τὸ
ἕτερος εἶναι παρὰ τοῦ γενομένου ὑπ' αὐτοῦ αἰσθητοῦ γνωσθείς κτλ.
Dasselbe ist von den Kräften in dem Samen gesagt. IV, 9, 3. 479, C.
Vgl. II, 6, 1. 179, B.
[2]) IV, 4, 39. 433, A ff. Vgl. III, 1, 7 eine andere Kritik der λόγοι
σπερματικοί, die sich darauf stützt, dass wenn alles nach ihnen geschähe, auch die Nothwendigkeit allgemein herrsche. S. oben 158, 4.

zur Materie schon von vornherein geordnet hat, so dass die
Entfaltung der einzelnen auch nicht anders geschieht als
nach dem universellen Plan.

Dass die *λόγοι σπερματικοί* den Neuplatonikern nicht
genügten als Princip des Seins, haben wir schon bei Proklos
gesehen[1]) und war auch nicht anders möglich bei dem
Streben dieser Schule nach der intelligibeln Welt. Bei der
Weltentwickelung kam es aber doch dahin, die Formen
wenigstens als zeugende anzunehmen und bei allen Gebilden
von *λόγοι σπερματικοί* zu sprechen, die dann den stoischen
in ihrer Bedeutung gleich kommen, nur dass den neuplatonischen die Materie nicht zuerkannt wird[2]). Die Form heisst
bei Plotin selbst „erzeugend", und Hermes wird gedeutet als
der intelligible Logos, der die Dinge der Wahrnehmung
zeugt[3]). Es ist demnach unter diesem zeugenden Logos nicht
ein besonderer Theil des allgemeinen zu verstehen, und er
steht jedenfalls mit dem *λόγος σπερματικός* in enger Verbindung.

Weiter geht der getreue Schüler Plotins, Porphyrios.
In beschränkter Weise, wahrscheinlich nur auf die Pflanzen
ausgedehnt, fasst er diesen Begriff, wenn er meint, dass er
durch den Priapos dargestellt werde[4]). Seine volle Geltung
hat er, wenn von ihm gesagt wird, dass er durch alles hin-
durchgehe, ein Ausdruck, der von dem stoischen Logos sicht-

---

[1]) S. oben 124. Vgl. 114, 1.
[2]) Aus der Stelle V, 9, 6. 560, B f. kann man nicht mit Kirchner
a. a. O. 82, 12 schliessen, dass die *λόγοι σπερματικοί* körperlich und
materiell bei Plotin gedacht wären.
[3]) III, 6, 19. 321, F f.: *μόνον γὰρ τὸ εἶδος γόνιμον. — ὅθεν οἶμαι
καὶ οἱ πάλαι σοφοὶ μυστικῶς καὶ ἐν τελεταῖς αἰνιττόμενοι Ἑρμῆν μὲν
ποιοῦσι τὸν ἀρχαῖον τὸ τῆς γενέσεως ὄργανον ἔχοντα πρὸς ἐργασίαν
τὸν γεννῶντα τὰ ἐν αἰσθήσει δηλοῦντες εἶναι τὸν νοητὸν λόγον.*
[4]) Euseb. Praep. ev. III, 11. 110, c: *ἡ περίγειος δύναμις —
θρησκεύεται, ὡς μὲν παρθένος καὶ Ἑστία ἡ κεντροφόρος —, τοῦ εἰς
αὐτὴν κατιόντος σπερματικοῦ λόγου εἰς τὸν Πρίαπον ἐκτετυπωμένον.*

bar entlehnt ist¹), und auch die einzelnen Logoi stehen in voller
stoischer Bedeutung, indem Zeus nach ihnen alles vollendet²).

Geben diese Notizen auch keinen näheren Aufschluss
über den Begriff, und zeigen sie gleich noch weniger, dass
er eine weitere Entwickelung genommen, so ersehen wir doch
aus ihnen, dass der λόγος σπερματικός bis zum Ausgang des
Griechenthums sich erhalten hat. Wie er in die christliche
Speculation übergieng, ist bekannt aus Justin und Origenes,
von denen ihn der erstere direct aus der Stoa, der zweite vielleicht durch Vermittelung der Neuplatoniker erhalten hat,
obwohl er in seiner Lehre vom Logos öfter specifisch stoische
Ausdrücke braucht als die Neuplatoniker.

Die Thätigkeit der gestaltenden Kräfte überhaupt, mögen
sie nun nach Analogie des Samens gedacht werden oder
nicht, stellt sich Plotin vor als ohne Ueberlegung und ohne
Bewusstsein, wie auf natürlichem Wege vor sich gehend.
Es ist kein Wissen dabei, sondern nur Thun, aber doch ist
alles so vollbracht, als habe es die genauste Ueberlegung
geschaffen³). Es ist geradezu eine künstlerische Thätigkeit,
die an das πῦρ τεχνικόν der Stoiker erinnert⁴).

Das ganze Weltall wird von der Seele nach den λόγοι

¹) Ebd. III, 11. 114, c f.: ὁ δὲ ἐντεταμένος Ἑρμῆς δηλοῖ τὴν
ἐντονίαν, δείκνυσι δὲ καὶ τὸν σπερματικὸν λόγον τὸν διήκοντα
διὰ πάντων. Auch die ἐντονία, auf die Hermes, der Logos gedeutet
wird, erinnert an den stoischen tenor.

²) Ebd. III, 9. 101, c f.: Menschenähnlich haben die Griechen den
Zeus gebildet: ὅτι τοῖς ἦν, καθ' ὃν ἐδημιούργει καὶ λόγοις σπερμα-
τικοῖς ἀπετέλει τὰ πάντα.

³) Enn. II, 3, 17. 147, C: πότερα δὲ οἱ λόγοι οὗτοι οἱ ἐν ψυχῇ νοήματα; ἀλλὰ πῶς κατὰ τὰ νοήματα ποιήσει; ὁ γὰρ λόγος ἐν ὕλῃ ποιεῖ
καὶ τὸ ποιοῦν φυσικῶς οὐ νόησις οὐδὲ ὅρασις, ἀλλὰ δύναμις τρεπτικὴ
τῆς ὕλης, οὐκ εἰδυῖα ἀλλὰ δρῶσα μόνον. III, 2, 3, 256, E. VI, 8, 17.
752. Diese Welt darf niemand tadeln πρῶτον μὲν ἐξ ἀνάγκης ὄντος
αὐτοῦ καὶ οὐκ ἐκ λογισμοῦ γενομένον, ἀλλὰ φύσεως ἀμείνονος γεν-
νώσης κατὰ φύσιν ὅμοιον ἑαυτῇ. Vgl. VI, 2, 21. 613, F.

⁴) III, 2, 16. 267, E f.: ἀλλ' ἡ ἐνέργεια αὐτῆς (der Seele) κἂν μὴ αἴσθη-
σίς τις παρῇ, κίνησίς τις οὐκ εἰκῇ. — ἡ τοίνυν ἐνέργεια αὐτῆς τεχνική.

geleitet, und wie der stoische Logos, dringt diese auch überall hin; ohne sie kann nichts von der Materie gedacht werden, von vorn herein sind die Formen immanent[1]. Ist alles
von den Logoi durchdrungen, so muss auch überall die Vernunft walten, ja Plotin sagte sogar, οἶς γοῖν ἂν παρῇ (die
Thätigkeit der Seele) καὶ μετάσχῃ ὁπωσοῦν ὁτιοῖν, εὐθὺς
λελόγωται, τοῦτο δέ ἐστι μεμόρφωται[2]) und anderwärts ἀρχὴ
οὖν λόγος καὶ πάντα λόγος[3]). Deutlicher kann die Vernunft in
der Welt nicht ausgesprochen sein. — Plotin musste in Folge
dieses Allwaltens des Logos, in Folge der in der Welt absolut herrschenden Logik das Fatum anerkennen, und öfter
spricht er in stoischer Weise aus, dass alles nach einer bestimmten Ordnung vor sich gehen müsse nach physischer
Ursache und in richtiger Folge, also im Causalnexus; man
könne nicht das eine als in den Zusammenhang des ganzen
gestellt, das andere hingegen als der Willkür des einzelnen
preisgegeben denken[4]). Man ist versucht hieraus den Schluss
auf die allgemeine Thätigkeit der εἱμαρμένη und ihre Identität mit dem Logos zu ziehen. Allerdings wird zugegeben,
dass in der Erscheinungswelt nichts ohne Ursache geschieht,

---

[1] II, 3, 16. 146, B: νῦν δὲ ἔτι λέγωμεν, τὸ πῶς κατὰ λόγον ψυχῆς
διοικούσης τὸ πᾶν, εἴποιμεν. III, 2, 2. 256, D: ἣν (die Seele) οὐ κα-
κοπαθεῖν δεῖ νομίζειν ῥᾷστα διοικοῦσαν τόδε τὸ πᾶν τῇ οἷον παρ-
ουσίᾳ. Die Stelle II, 1, 4. 230, F f., welche Lassalle, Heraklit der dunkele
I, 152, 1 zur Bestätigung dieser Ansicht anführt, drückt nicht Plotins
Meinung aus, sondern die Lehre der Stoiker, die widerlegt werden soll.
[2] III, 2, 16. 267, E. Vgl. III, 8, 1. 344, D, wo die ὕλη schon
λογωθεῖσα genannt wird, wenn sie auch nur die allgemeinsten Qualitäten erhalten hat. VI, 8, 17. 752 hat Kirchhoff λελογωμένον mit Recht
aufgenommen, während Creuzer noch λεγόμενον im Text hat.
[3] III, 2, 15. 266, A. In die ὕλη eingegangen, sind die λόγοι das letzte
Glied der Reihe und verlieren die Kraft, neue λόγοι wieder hervorzubringen, sind νεκροί. III, 8, 1. 344, E.
[4] IV, 3, 16. 384, B f.: οὐ γὰρ τὰ μὲν δεῖ νομίζειν συντετάχθαι,
τὰ δὲ κεχαλάσθαι εἰς τὸ αὐτεξούσιον. εἰ γὰρ κατ' αἰτίας γίγνεσθαι δεῖ
καὶ φυσικὰς ἀκολουθίας καὶ κατὰ λόγον ἕνα καὶ τάξιν μίαν, καὶ τὰ σμι-
κρότερα δεῖ συντετάχθαι καὶ συνυφάνθαι νομίζειν. Vgl. ebd. 12. 381, E ff.

und diesen Satz bestimmt Plotin näher dahin, dass die Ursachen entweder äussere Umstände seien oder freie Entscheidung der Seele[1]). Diese letztere kann aber nicht in den Causalnexus aufgenommen sein, so dass dieser Act ohne Ursache geschieht und das, was er mitzubeweisen bestimmt ist, selbst aufhebt. Plotin negiert demnach die Allgewalt des Logos, und auch von einer durchgreifenden εἱμαρμένη kann bei ihm nicht die Rede sein.

Der Logos oder die Logoi sind Abbilder der Ideen des schönen und guten, sie treten über in die Sinnenwelt. Da sie selbst schon schwächer sind als ihre Urbilder, werden diese Verbindungen mit dem absolut formlosen von noch geringerem Werth sein. Trotzdem müssen sich noch Spuren von dem höchsten in der Erscheinungswelt finden. Die Logoi sind im Gegensatz zu der ungeordneten Materie das ordnende Princip[2]). Sie können sich nicht rein geben, sondern werden in die Vielheit zerrissen, aber man erkennt doch noch das schöne und gute in der Sinnenwelt.

Die Materie, wie sie von Plotin gedacht wurde, geradezu als Princip des bösen, hätte dazu führen müssen, die Welt als eine unvollkommene anzusehen, in der nichts gutes, nichts schönes gefunden würde. Aber der griechische Geist scheint hier bei Plotin über die Consequenzen seiner Lehre zu siegen. Er hat ein eigenes Buch gegen die Weltverachtung der christlichen Gnostiker geschrieben, worin er es als die grösste Thorheit hinstellt, das Werk der Götter zu missachten. Betrachtet man die Welt genauer, so wird man sich bald davon überzeugen, dass sie Gott gebildet hat, dass sie von ihm ausgegangen und vollendet ist, sich selbst genügend, keines Dinges bedürftig, weil sie alles in sich hat, Pflanzen, Thiere,

---

[1]) Zu vergl. das Buch Περὶ εἱμαρμένης.

[2]) II, 4, 15. 168, F: ἀνάγκη τὸ ταττόμενον καὶ ὁριζόμενον τι ἄπειρον εἶναι, τάττεται δὲ ἡ ὕλη —. ἀνάγκη τοίνυν τὴν ὕλην ἄπειρον εἶναι.

Götter, Schaaren von Dämonen, gute Seelen und Menschen, die durch Tugend glücklich sind[1].

Trotz dieser Versicherungen, die der Welt als redender selbst in den Mund gelegt werden, zeigt sich doch bei der Betrachtung des einzelnen sehr viel unvollkommenes, zweckwidriges. Es scheint dies bei der herrschenden Logik nicht zu erklären, und Plotin fühlt sich veranlasst, eine Theodicee zu geben, die ausgeführteste, die wir aus dem Alterthum haben, hauptsächlich in seiner Schrift Περὶ προνοίας. Er hält sich darin in der Hauptsache an die Stoiker, freilich in Folge der verschiedenen Principien von ihnen darin hauptsächlich abweichend, dass er sagt, in dieser sinnlichen Welt könne nicht alles so sein, wie in der intelligibeln. In dieser ist alles νοῦς und λόγος, die sichtbare habe nur Theil an dem νοῦς und λόγος, der νοῖς und die ἀνάγκη kämen hier zusammen[2], indem diese nach dem tiefer stehenden hinziehe, zur ἀλογία, da sie selbst unvernünftig sei. Wiewohl nun der νοῖς, der hier gleich sein muss dem Logos, das Uebergewicht hat, so ist doch die ἀνάγκη nicht ganz zu überwinden[3], und die Mischung hat nur so viel vom Logos in sich, als sie ihrer Natur nach zu fassen im Stande war[4].

Hiermit konnte Plotin jede weitere Rechtfertigung für überflüssig halten. Aber es scheint ihm dieser Einwand nicht ganz stichhaltig gewesen zu sein, und es muss uns allerdings auch wunderbar erscheinen, wie die Materie, die aus den höheren Principien hervorgegangen, sich gerade in deren Gegentheil verkehrt, so dass sie dem Durchdringen des Logos hinderlich in den Weg tritt.

---

[1] III, 2, 3. 257, A f.
[2] S. die Lehre Platons oben 66, 2.
[3] III, 2, 2. 256, C f.
[4] III, 2, 7. 260, A f.: ἀλλ' ἐπειδὴ καὶ σῶμα ἔχει, συγχωρεῖν καὶ παρὰ τούτου ἰέναι εἰς τὸ πᾶν, ἐπαιτεῖν δὲ παρὰ τοῦ λόγου, ὅσον ἠδύνατο δέξασθαι τὸ μῖγμα. III, 2, 17. 268, E.

Deshalb geht Plotin auch anders zu Wege und sagt
seinem ersten Princip entsprechender, man dürfe nicht das
einzelne in der Welt betrachten, sondern müsse das ganze
im Auge haben, gerade so wie die Stoiker sagten, zur Oekonomie des Alls sei das scheinbar schlechte nothwendig. Ein
Logos umfasst das ganze[1], und in der Verbindung mit allen
Dingen ist auch das scheinbar schlechte an seinem Platze.
Häufig entsteht gutes aus schlechtem, so dass letzteres dann
seinen Zweck im ganzen hat, sogar die sittliche Verderbt-
heit[2]. Vom Krieg und vom gegenseitigen Vernichten der
Thiere wird auf ähnliche Art zu beweisen versucht, dass sie
nicht ausserhalb der Logik stehen. Aber im ganzen hätte
Plotin gleich den Stoikern besser gethan, sich nicht auf diese
Rechtfertigungen im einzelnen einzulassen.

Wie aus dem schlechten oft gutes hervorgeht, so kann
letzteres ohne ersteres überhaupt nicht bestehen, es würde
sonst keine Harmonie möglich sein. Demnach hat der Logos
selbst nicht gewollt, dass alles gut wäre und schafft die sogenannten Uebel vernunftgemäss selbst. Wie ein Künstler
nicht blos Augen an einem lebenden Wesen bildet, so hat
der Logos nicht lauter Götter geschaffen, sondern Götter,
Menschen und Thiere. Auf einem Gemälde sind auch nicht
überall schöne Farben, in einem Drama treten nicht nur
Helden, sondern auch Sclaven und Bauern auf. Wenn jemand
diese wegnähme, so würde es kein schönes Kunstwerk mehr
sein. Ebenso würde keine Harmonie entstehen durch die
Töne einer Syrinx, wenn alle Saiten denselben Ton von sich

---

[1] III, 3, 6. 276. VI, 2, 21. 613, E. III, 2, 17. 270, B: καὶ δὴ καὶ ὁ
λόγος ὁ πᾶς εἰς μεμέρισται δὲ οὐκ εἰς ἴσα κτλ.
[2] II, 3, 5. 258, G f.: οὐκ ἀχρεῖα δὲ οὐδὲ ταῦτα παντάπασιν εἰς σύν-
ταξιν καὶ συμπλήρωσιν τοῦ ὅλου (Krankheit und Armuth). ὡς γὰρ φθα-
ρέντων τινῶν ὁ λόγος ὁ τοῦ παντὸς κατεχρήσατο τοῖς φθαρεῖσιν εἰς
γένεσιν ἄλλων. — ἡ δὲ κακία εἰργάσατό τι χρήσιμον εἰς τὸ ὅλον, παράδειγμα δίκης γενομένη, καὶ πολλὰ ἐξ αὐτῆς χρήσιμα παρασχο-
μένη κτλ.

gäben. Die Welt ist auch ein Kunstproduct, also muss es sich mit der Harmonie des Alls verhalten wie mit jener [1]).

Die Uebel, welche den Menschen treffen, sind entweder gar keine, da irdische Güter nicht ernstlich in Erwägung kommen können, und die Menschen auf der Bühne des Lebens wie Schauspieler nicht mit ihrer Seele, ihrem eigentlichen Wesen, jammern und stöhnen, sondern mit ihrem äusseren Schatten, oder wenn sie wirklich Uebel sind, so treffen sie die Menschen mit Recht, vielleicht sogar wegen der Schuld eines früheren Lebens [2]). Jeder, der gute sowie der schlechte, erhält in dem Drama der Welt die Rolle, die seiner Natur entspricht, so dass seine Lage kein Uebel ist, sondern nur gerechte Vergeltung [3]). Er wählt sich selbst in seiner vorzeitlichen Existenz den Dämon, nämlich seinen Character, und demgemäss muss sich das Leben gestalten [4]). Das moralische Uebel findet so seine Erklärung; aber nur für diese Welt, nicht für die intelligible, so dass daraus auch die Rechtfertigung Gottes nur für die sichtbare Geltung hat.

So ist das Princip des Logos, durch die Freiheit ge-

---

[1]) III, 2, 19. 269, G ff. III, 2, 11. 263, E ff.

[2]) III, 2, 13. 264, C ff. III, 2, 15. 266, G f.: ὥσπερ δὲ ἐπὶ τῶν θεάτρων ταῖς σκηναῖς οὕτως χρὴ καὶ τοὺς φόνους θεᾶσθαι καὶ πάντας θανάτους καὶ πόλεων ἁλώσεις καὶ ἁρπαγὰς μεταθέσεις πάντα καὶ μετασχηματίσεις καὶ θρήνων καὶ οἰμωγῶν ὑποκρίσεις· καὶ γὰρ ἐνταῦθα ἐπὶ τῶν ἐν τῷ βίῳ ἑκάστων οὐχ ἡ ἔνδον ψυχὴ ἀλλ' ἡ ἔξω ἀνθρώπου σκιὰ καὶ οἰμώζει καὶ ὀδύρεται.

[3]) III, 2, 17. 269, A f.: Wie der Dichter des Dramas die Rollen entsprechend den Persönlichkeiten vertheilt, οὕτω τοι καὶ ἔστι τόπος ἑκάστῳ· ὁ μὲν τῷ ἀγαθῷ, ὁ δὲ τῷ κακῷ πρέπων. — ἐν μὲν οὖν τοῖς ἀνθρωπίνοις δράμασιν ὁ μὲν ποιητὴς ἔδωκε τοὺς λόγους· οἱ δὲ ἔχουσι παρ' αὐτῶν καὶ ἐξ αὐτῶν τό τε καλῶς καὶ τὸ κακῶς ἕκαστος.

[4]) III, 4, 5. 285, D: ἀλλ' εἰ ἐκεῖ αἱρεῖται τὸν δαίμονα καὶ εἰ τὸν βίον, πῶς ἔτι τινὸς κύριοι;

[5]) Es erinnert dies an das heraklitische ἦθος ἀνθρώπῳ δαίμων. S. oben 50.

brochen. Zwar zeigt sich diese Freiheit hauptsächlich in einer intelligibeln That, damit ist aber die absolute Logik, der Causalnexus bei Seite gesetzt, wenn auch zunächst nur für die vorzeitliche Existenz, und wir sehen neben ihm einen andern Factor für die Vorgänge in der Sinnenwelt eingeführt. Es entspricht dies der stoischen Lehre von dem angeborenen Charakter, gegen den niemand handeln kann, nur dass damit bei Plotin die Lehre von der Praexistenz der Seelen verbunden ist.

Die Psychologie Plotins leidet noch an grösserer Unklarheit als die übrigen Theile seiner Philosophie.

Es finden sich darin Elemente aus den bedeutendsten vorplatonischen Systemen[1]), ohne dass man sagen könnte, sie seien in glücklicher Weise verbunden. Die Einzelseelen sind zwar nicht geradezu Theile der Weltseele, sie leiten sich aber von ihr her und sind ihr ganz ähnlich[2]). Mit ihr beherrschten sie die Welt vor ihrem Herabsteigen in die Sinnlichkeit[3]) Wie nun die Weltseele drei Beziehungen hat, nach dem $νοῦς$ zu, dann zu sich selbst und endlich nach der Materie hin, so hat die Einzelseele sie auch. Sie fasst die Idee in doppelter Weise in sich, einmal in dem $νοῦς$ alle zusammen, wie der göttliche $νοῦς$ sie ohne Trennung in sich hat, dann in der Seele selbst als $ἀνειλιγμένα$ $καὶ$ $κεχωρισμένα$[4]), als entwickelte Begriffe, wie sie in der Weltseele als $λόγοι$ enthalten sind. Doch mangelt jede Bestimmung über das Verhältniss der Einzelseele zu den übersinnlichen Wesen. Mit den $λόγοι$, den Begriffen, operiert sie beim Denken.

Haben wir Theil am $νοῦς$ und am Logos, so müssen auch die Gesetze des Handelns in uns geschrieben sein[5]),

---

[1]) Vgl. darüber Richter, Neu-Plat. Studien, Heft IV, 13.
[2]) III, 9, 2. 357, C f.
[3]) IV, 8, 4. 472.
[4]) I, 1, 8. 5, A.
[5]) V. 3, 4. 599.

und als ethisches Ziel wird neben andern aristotelischen und platonischen Formeln das ἐπαίειν λόγου aufgestellt, das an die heraklitisch-stoische Lehre erinnert[1]). Die ethische Forderung macht sich von selbst in uns geltend; ob wir ihr folgen, soll von uns abhängen. Die Tugend ist bei Plotin ἀδέσποτος[1]), wie bei den Stoikern αὐθαίρετος. Auf uns kommt es an, gut oder schlecht zu sein. Es liegt aber diese Freiheit in unserer einmal gewählten Natur, nicht in einem augenblicklichen Entschluss. Wenn wir nach der Vernunft leben, dann sind wir frei, geradeso wie Seneca die Freiheit in den Gehorsam gegen Gott setzt. Es ist dem Plotin daher ebensowenig gelungen wie den früheren, die Freiheit mit dem Logos zu vereinen.

Für den Begriff des Logos ist durch Plotin und durch seine Nachfolger nichts neues gewonnen. Dass der Logos als das dritte der übersinnlichen Wesen angenommen wird, statt wie bei Philon als das zweite, hat für seine Wirksamkeit in der Welt keine Bedeutung. Im ganzen sind die Stoiker bei der sinnlichen Entfaltung des Begriffs die Führer Plotins, gewiss vielfach durch Vermittelung der Alexandriner. Ueber das metaphysische Verhältniss des Logos finden sich nur unklare und widersprechende Bestimmungen. Im letzten Ziele der Ethik weicht Philon von der Stoa wesentlich ab, indem er die höchste sittliche Thätigkeit nicht in der Vernunft aufgeben lässt. Aber auch hierin können wir nach dem, was wir von Philon wissen, nichts ursprüngliches erblicken. Der alexandrinische Jude hatte die Richtung gegeben, die Plotin nun weiter verfolgte. Das Griechenthum schliesst mit vollendetem Mysticismus, nachdem beachtenswerthe Versuche gemacht waren, dem Logos die Alleinherrschaft zu geben.

---

1) III, 6, 2. 304, G.
2) IV, 4, 39. 433, A. VI, 8, 6. 739, B. II, 3, 9. 142, B.

Schluss.

Der Begriff des Logos war zu Plotins Zeiten schon übergegangen in die christliche Philosophie. Besonders Justin und die alexandrinischen Theologen haben ihn aufgenommen, und der unmittelbare Einfluss der Stoiker ist bei diesen nicht zu verkennen. Es fand hier eine Vermischung des specifisch johanneischen Logos mit der in den philosophischen Schulen der Griechen entwickelten Lehre statt. Unsere Aufgabe kann es nicht sein, den johanneischen Logos geschichtlich abzuleiten, dies ist Sache der Theologie. Dass er mit der griechischen Philosophie im Zusammenhang steht, und dass, genauer zugesehen, Philon als Hauptquelle auf dieser Seite für ihn gelten muss, kann nicht geleugnet werden.

Nur im allgemeinen sei hier bemerkt, dass die Verbindung desselben mit der griechischen Philosophie schon im Alterthum theils von Heiden, theils von Christen anerkannt wurde. Der sich vielfach an Numenios anschliessende Amelios stellt den Logos Heraklits mit dem des „Barbaren" Johannes zusammen und hält beide für dasselbe[1]. Ein anderer Neuplatoniker würdigt den Prolog des Evangeliums Johannis seiner besonderen Anerkennung und macht einen Vorschlag zu dessen allgemeiner Verbreitung[2].

---

[1] Euseb. Praep. ev. XI, 19. 540, b. Theodor. Affect. cur. IV, 751.
[2] August. Civit. D. X, 29.

Augustin selbst hat sich nicht gesträubt[1]), die enge Verwandtschaft anzuerkennen, und zwar wird er die Priorität
dieser Lehre dem Heidenthum zugestanden haben; denn er
spricht dabei von Platonikern überhaupt und setzt die Lehre
also in die frühere Zeit. Nur hebt er zugleich den funda-
mentalen Unterschied richtig hervor zwischen dem heidnischen Philosophem und dem christlichen Dogma. Er gesteht
ein, dass er in platonischen Schriften alles gefunden habe,
was der Prolog des Evangeliums enthalte, mit Ausnahme der
Lehre, dass der Logos Fleisch geworden sei, dass er in sein
Eigenthum gekommen sei, und die seinen ihn nicht aufgenommen hätten. Im Christenthum ist der Logos concrete
Gestalt geworden, bei den heidnischen Philosophen war er
ganz allgemein in der Welt verbreitet. Hier liegt die Grund-
differenz.

Auch wenn der griechische Logos nur in diesem beschränk-
ten Maasse als Quelle des christlichen anzusehen ist, so
nähme er doch dadurch schon einen hohen Platz in der Geschichte des Geistes ein. Fragen wir aber nach seiner philosophischen Bedeutung, so liegt diese darin, dass er den
Kampf gegen die blinden Kräfte in der Natur geführt hat.
Heraklit steht in der Geschichte der Philosophie dem Demokrit gegenüber, die Stoiker sind die Antipoden der Epikureer. Kraft wurde in der Natur wahrgenommen; diese Kraft
sah man wirken, aber nicht blind, sondern in vernünftiger
Weise, so dass der $\varkappa \acute{o} \sigma \mu o \varsigma$, die geordnete und geschmückte
Welt, durch sie entstand, und man den Gedanken mit ihr
verband. Wollte man aber die Vernunft allein in der Welt annehmen ohne Kraft, so war von diesem ruhenden Wesen die
Welt nicht abzuleiten. Das Bedürfniss die in Weisheit gebildete Welt zu erklären führte dazu, diese beiden Begriffe
zu verbinden, und so entstand die vernünftige Kraft oder

---

[1]) Confess, VII, 9.

die thätige Vernunft. Der ewige Strom der Bewegung wurde bald erkannt, aber die Bewegung musste ihren Grund, ihr Maass und ihr Ziel haben, sie wurde in den Gedanken aufgenommen. Nicht mehr zweierlei soll Kraft und Gedanke sein, es kann auch nicht mehr gefragt werden, welches von beiden das erste ist, sondern mit dem einen ist das andere gegeben, sie gehen in einander auf. Die Kraft ist Vernunft, und die Vernunft ist Kraft.

Diese Einheit wurde schon bei dem Erwachen des griechischen Geisteslebens intuitiv ergriffen. In diesem Halbdunkel fasste man freilich die Vernunft noch nicht als denkende, sondern der menschliche Gedanke fand nur etwas ihm analoges objectiv dargestellt. Anders in der späteren Entwickelung. Die Stoa setzte den Zweck in die Natur, und damit war die sich manifestierende Vernunft auch zum Gedanken geworden; dieser thätige Gedanke war aber in der Stoa das absolute, das All selbst. In dem weiteren Verlaufe wurde er abgeleitet von einem über der Welt stehenden Geiste, weil das religiöse Bedürfniss dahin führte, Gott nicht mehr in der Welt aufgehen zu lassen. Der Logos verlor jedoch dabei nichts von seiner Bedeutung; die Verbindung von vernünftigem Gedanken und Kraft tritt in den Vordergrund gerade bei dem, welcher auf die Mittelstellung des Logos grosses Gewicht legt, bei Philon. Von ihm aus gewinnt der Logos seine theologische Bedeutung. Mit Heraklit, den Stoikern und Philon sind die drei Hauptabschnitte in der Geschichte des Logos bei den Griechen gegeben.

Die neuere Philosophie kann von dem Logos in der Welt nicht lassen. Hegel hat auf den sich bewegenden Logos seine ganze Philosophie gegründet. Der Philosoph, welcher aus dem blinden Willen alles hervorgehen lässt, muss doch in seiner Speculation vielfach die Zweckmässigkeit der Natur anerkennen, und ohne Vernunft ist diese nicht denkbar. Auch das neueste philosophische System läuft bei der Erklärung der Welt darauf hinaus, die Logik mit dem Unbewussten zu verbinden. So lange man die Welt als etwas objectiv erkennbares ansieht und nicht glaubt, nur die Formen des menschlichen Geistes auf die Erscheinungen zu übertragen, wird auch der Logos in dem Makrokosmos als etwas der Vernunft in dem Mikrokosmos entsprechendes sein Recht behalten.

Index.

Druck von Bär & Hermann in Leipzig.